普通高等学校应用型教材 · 金融

金融风险管理

FINANCIAL RISK MANAGEMENT

主　编　王金安　陈　蕾
副主编　张玉凤

中国人民大学出版社
· 北京 ·

前　言

金融风险对经济和社会发展的影响越来越广泛、越来越深远，如何对金融风险进行有效管理也成为一个理论界、金融界和监管部门共同关心的热点问题。我国政府高度重视对金融风险的防范和化解，于 2017 年党的十九大报告中明确提出要守住不发生系统性金融风险的底线。2017 年 11 月，经党中央、国务院批准，国务院金融稳定发展委员会成立，防范化解金融风险、确保金融安全与稳定发展是其成立的目的之一，2018 年其牵头制定了打好防范化解重大风险攻坚战三年行动方案。由此可见，培养大批具有较强金融风险管理能力的金融人才符合当前的时代需求，编者希望本书的出版能为我国金融风险管理人才的培养尽一份绵薄之力。

本书的特色主要有以下几点：

1. 思政元素鲜明。2017 年全国高校思想政治工作会议强调，要把思想政治工作贯穿教育教学全过程，推动“思政课程”向“课程思政”转变。为此，本书将社会主义核心价值观、习近平总书记金融安全重要讲话精神与课程内容深度融合，通过融入中国金融发展故事和中国金融风险故事等思政内容，以达到培养德才兼备的高素质专业人才的目的。

2. 前沿理论突出。本书结合了国内外理论研究的最新成果以及风险管理实践中的最新探索，尤其是中国金融风险管理的有益探索，有助于学生了解金融风险管理理论和实践的最新进展，掌握金融风险管理的发展趋势。培养学生国际化视野的同时，更重视本土意识。

3. 理论与实践相结合。本书对金融风险管理的有关理论进行了比较全面的梳理和介绍，并在每章中增设了“资料链接”对各种理论的背景和难点进行辅助分析，有助于拓展学生的知识面和提高理论水平。同时，为满足应用型人才培养的教学要求以及贴近实际工作的需要，在每章中都安排了“导入案例”“分析案例”“实践案例”，一方面发挥价值引领作用，另一方面激发了学生的学习兴趣，使学生对金融风险管理的理解更透彻，达到掌握理论知识，提高分析运用能力的目的。

4. 内容安排独具特色。本书第 1 章简单介绍金融风险和金融风险管理有关知识，介绍习近平总书记金融安全重要讲话精神，这是我国金融风险管理工作的基本理论遵循；第 2 章到第 6 章对包括信用风险、利率风险、操作风险、流动性风险及汇率风险等几种主要金融风险的度量和管理进行介绍，并融入中国利率市场化改革和汇率制度改革等中国金融故事；第 7 章到第 12 章则分别对商业银行、影子银行、股票与基金市场、固定收益证券市场、金融衍生品市场和保险市场等不同类型金融市场的风险管理理论和实践进行介绍，并融入中国信托市场发展历程、中国公募基金和私募基金发展历程、中国信用评级发展历程等中国金融故事。

本书强调社会主义核心价值观在课程中的价值引领作用，同时力图做到前沿性、理论性和实践性的有机结合，内容安排上融入了习近平总书记金融安全重要讲话精神和金融风险管理中的中国故事，既考虑了几种常见的金融风险的管理问题，又考虑了不同类型金融市场的特殊性对风险管理的不同要求，既可以作为高等院校金融类、经济类与管理类有关专业的本科生教材，也可作为各类金融从业人员以及金融实践管理者的参考用书。

本书由王金安和陈蕾任主编，张玉凤任副主编，张美荣参与编写。其中第 1 章、第 3 章、第 5 章、第 8 章和第 10 章由王金安编写；第 4 章、第 9 章和第 11 章由陈蕾编写；第 2 章和第 6 章由张玉凤编写；第 7 章和第 12 章由张美荣编写，最后由王金安总撰定稿。在编写过程中，我们参阅的大量国内外资料，为本书的编写提供了不少思路和丰富的内容，在此对相关作者表示诚挚的感谢！对王金安的硕士研究生陈泽鑫、徐月和许茹婷在搜集资料和整理案例过程中的付出表示感谢！

由于金融风险管理的理论和实践一直在不断发展中，加之我们的水平所限，书中不足之处在所难免，恳请各位读者和专家指正，以便我们进一步完善。作者联系邮箱为：anjiali@163.com。

编者

2021 年 6 月

目 录

第1章 金融风险管理概述

学习目标

1. 理解金融风险的定义、特征、类型和产生原因；理解金融风险管理的定义。

2. 掌握金融风险管理的一般程序；重点掌握习近平总书记金融安全重要讲话精神。

3. 了解当前我国金融风险的来源、我国防范与化解金融风险的基本对策。

4. 价值塑造：培养学生的爱国爱民情怀、社会责任感和使命感、国家金融安全大局意识、守住不发生系统性金融风险的底线意识、理论自信和制度自信等。

导入案例

2007年美国次贷危机

美国次贷危机是指2007—2009年发生在美国，因次级抵押贷款机构破产、投资基金被迫关闭、股市剧烈震荡引起的一场金融风暴，它致使全球主要金融市场出现流动性不足危机。

2004年6月—2006年6月，美联储连续17次提息，将联邦基金利率从1%提升到5.25%。利率攀升直接导致次贷违约率不断上升，2007年4月2日，美国第二大次级抵押贷款机构新世纪金融公司向法院申请破产保护，次贷危机开始显现，到2007年夏天，次贷危机全面爆发。主要时间点和事件如下：

2007年8月6日，美国住房抵押贷款投资公司向法院申请破产保护。8月8日，美国第五大投行贝尔斯登宣布旗下两支基金受次贷危机影响倒闭。8月9日，法国巴黎银行宣布暂停旗下三只涉足美国房贷业务的基金交易；欧洲中央银行宣布向相关银行提供948亿欧元资金——次贷危机波及其他西方市场。此举导致欧洲股市重挫。

2008 年 3 月 16 日，第五大投行贝尔斯登被摩根大通收购。9 月 7 日，美国政府接管房利美和房地美。9 月 15 日，第四大投行雷曼兄弟宣布申请破产。9 月 15 日，第三大投行美林证券被美国银行收购。9 月中旬，高盛集团和摩根士丹利转型为银行控股公司。华尔街五大投行不复存在。

2009 年 1 月 14 日，北电网络公司申请破产保护。3 月 2 日，AIG 宣布 2008 年第四季度亏损 617 亿美元，创下了美国公司季度亏损的历史之最，也成了压倒美国股市的最后一根稻草。3 月 2 日，美国道琼斯工业股票平均价格指数收于 6 763.29 点，创下 1997 年 4 月以来的最低收盘水平。2009 年 6 月 1 日，通用公司申请破产保护。

次贷危机造成了严重的影响。首先，直接导致美国经济陷入衰退。2008 年美国经济增长率只有 2%，而失业率 2007 年 12 月就升至 5%，为两年来新高。其次，美国经济下滑和市场疲软通过国际贸易渠道影响了全球经济。依靠净出口拉动经济增长的国家或地区如德国、加拿大、墨西哥、东亚新兴市场国家、石油输出国等的影响尤为显著。最后，次贷危机造成了全球通货膨胀。

可见，金融风险累积所引发的动荡会波及银行、证券和保险等许多行业，也会对经济发展产生严重影响，这势必引起我们对金融风险的重视，1997 年的诺贝尔经济学奖得主默顿就把风险管理与货币的时间价值、资产定价并称为现代金融理论的三大支柱。在现实当中，风险无处不在，为何金融风险及其管理在金融业地位如此突出？答案要从金融风险的内涵及特征着手。本章介绍金融风险的内涵、特征、类型、成因、对经济的影响，金融风险管理内涵、一般程序以及我国的金融风险管理制度等内容。

第一节　金融风险概述

风险是金融活动的内在属性，它们总是相伴相随。20 世纪 70 年代以来，由于受金融创新、放松管制和金融自由化等因素的影响，金融市场的波动性日益增大，一些重大的损失性事件乃至系统性危机不断发生，日益严重的金融风险不仅影响了微观经济主体的正常运营，也对整个金融与经济体系的稳定构成了威胁。于是，管理风险成为现代金融最核心的内容之一。

一、金融风险的定义

（一）风险

“风险”一词现已被广泛运用到实际生活中，人们习惯于将某个结果不确定或者可能带来损失的时间称为是“有风险的”。股票市场里的价格变幻莫测，其风险对投资者而言主要在于市场价格与买价之间差价的不确定性，因为差价决定了投资者的收益或者损失的大小；商业银行等金融机构时刻面对着贷款者是否按时按量还款等风险。由此可见，风险的本质特征是不确定的。我们把风险定义为“在一定条件下和一定时期内，由于各种结果发生的不确定性而导致行为主体遭受损失的大小及其可能性的大小”。

风险与不确定性是两个不同的概念。美国经济学家、芝加哥学派创始人奈特在其 1921 年出版的名著《风险、不确定性及利润》中，对风险与不确定性的关系进行了比较全面的分析。在书中，奈特把可能测定的不确定性定义为严格意义上的风险，把不能测定的不确定性定义为真正的不确定性。是否可测定成为判别风险与不确定性的一个重要特征。因此，风险表示了损失的大小和损失发生概率的大小。

（二）金融风险

金融风险是指由于金融变量的变动所引起的资产组合的未来收益偏离其期望收益的可能性和幅度。其中，定义中的“期望收益”（或称为预期收益）是可以预计的平均收益，因而具有确定性；金融风险则是指未来收益偏离预期收益的波动值或标准差，因而具有不确定性。

根据定义，金融风险既可能包含高于预期收益的正偏差，也可能包含低于预期收益的负偏差。但是，有些风险的结果却是单向的，即只可能带来损失，而不可能带来正收益，如信用风险。另外，操作风险与收益也没有必然的联系。因此，对于信用风险、操作风险等金融风险而言，风险的含义往往仅表示未来损失的不确定性，此时的风险度量值也常常被称为非预期损失。

二、金融风险的特征

（一）普遍性

金融风险普遍存在于所有的金融活动中。虽然现实生活中人们常称某些金融业务是“无风险业务”，但是这并不表明这些活动绝对没有风险，而是相比较而言，这些活动的风险极低，乃至可以忽略不计。例如，我们通常说国库券是无风险的，实质上是指与企业债券、股票等相比，国库券的发行者是政府，一般不会发生违约等现象，尤其是在短期内肯定不会出现风险，但也有例外发生。因此，从严格意义上来说，所有的金融活动只存在风险大小之分，不存在完全无风险之说。

（二）隐蔽性

金融活动的一个典型特点就是可以创造信用，这能让经济主体在很长一段时间内得以继续维持、掩盖或补救已经失败的信用关系或已经发生的损失。通常情况下，一个不能按期偿还债务的企业往往意味着存在较大的财务风险，但该企业却可以通过借新还旧的方式将风险掩盖起来。金融风险的隐蔽性还来自金融活动的不透明性，交易人员可以在复杂的金融交易中隐蔽风险，进而可能导致损失。

（三）扩散性

作为现代经济的核心，金融活动渗透到了经济活动的方方面面，金融主体间的联系也日益密切，各种债权债务关系、交易关系错综复杂，金融风险的发生具有强烈的扩散性效应，由小到大、由此及彼、由单个主体到整个体系，其范围和强度是一个不断放大的过程。2007年爆发于美国的次贷危机是金融风险扩散性的一个极好例证，这起原本是单一国家、单一市场、单一业务的金融事件，在极短的时间内迅速蔓延到其他国家、其他市场和其他业务，最终引发了一场全球性的金融动荡。

（四）复杂性

金融市场上任何组成成分的不利变化都会导致金融风险的发生，这些成分包括金融制度变革、金融参数波动、市场参与者的主观意愿等。金融风险的成因十分复杂，某种金融风险的发生，既可能是单一因素的变化，也可能是多种因素变化的综合结果。例如，某笔贷款发生信用风险，其诱因可能是借款人主观上不愿意还款，也可能是其经营失败，没有能力还款。

（五）周期性

受经济周期和货币政策变化的影响，金融风险呈现出周期性的特点。一般来说，在经济复苏和繁荣时期，货币政策较宽松，资金充裕，企业经营状况良好，金融风险处于低发期；反之，在经济衰退和萧条时期，货币政策紧缩，经济生活中各环节的矛盾不断激化，股市下跌，贷款拖欠，金融风险则处于高发期。

（六）可管理性

金融风险所能带来的后果虽然可怕，但并不是不可控制和管理的。首先，金融市场是有组织、有秩序的市场，这个市场是有其规律可循的。只要按照规律，因势利导，就能控制这个市场中的风险。其次，金融风险理论研究和相关管理工具的不断发展给金融风险管理提供了有效手段。最后，计算机和网络的发展，为金融风险管理提供了有力的技术支持。因此，在相应的理论知识指导下，通过选择合适的金融风险管理工具可以在一定程度上达到管理金融风险的目的。正是金融风险的可管理性特征才使本书的论述具有价值和意义。

三、金融风险的类型

对金融风险的分类可以采用不同的标准，相应地，分类的结果也各不相同。我们根据以下几种不同的标准对金融风险进行分类。

（一）根据金融风险的形态划分

1. 价格风险

在市场交易过程中，往往是价格因素带来金融风险并产生扩散性的影响。汇率、利率、股价和金融衍生品价格是价格作为基础金融变量在金融市场上的主要表现形式，而作为具有一般性质的物价水平，其变动也属于一种金融风险形式，因为它涉及的范围广，整个社会系统都将受到其影响，金融活动也不例外。价格风险可以分为利率风险、汇率风险、证券价格风险、金融衍生品价格风险和通货膨胀风险（见表 1－1）。

表 1－1　价格风险的类型

风险类型	风险根源
利率风险	利率水平的不确定
汇率风险	汇率的波动
证券价格风险	证券价格的波动
金融衍生品价格风险	金融衍生品价格的波动
通货膨胀风险	一般物价水平的波动

2. 信用风险

信用风险是指由于交易对方（债务人）的信用状况和履约能力的变化导致债权人资产价值遭受损失的风险。造成信用风险的因素很多，有的来自主观原因，由债务人的品质、能力等决定，如在远期外汇交易中，公司可能由于持有外汇多头的投机者在外币贬职时不履行合约而蒙受损失；有的来自客观原因，如经济恶化、公司倒闭，这些债务人将丧失偿债能力。在商业银行的各种金融资产中，贷款的信用风险最大。而在商业银行贷款中，不同种类的贷款其信用风险也不同。

3. 流动性风险

经济实体在经营过程中，常常面对资金流的不确定性变动。建立金融市场的目的就是加快社会经济中资金的流动和运转，使经济获得效益和活力。资金流的时大时小、时快时慢会带来风险。资金流量超过所需，造成资金滞留，因货币时间价值的关系，效益下降，预期收益降低；资金流量变小，会使正常的经营发生困难，严重时资金链发生中断，会把企业推向绝境。由此可见，由流动性的不确定性变动带来的金融风险也是很重要的。

4. 操作风险

操作风险包含的内容较多，凡是由于信息系统、报告系统、内部风险监控系统失灵而导致的风险均属于操作风险。即管理层在缺少有效的风险追踪、风险报告系统的前提下，对其业务活动带来的风险超过了风险限额而未经察觉，没有采取及时有针对性的行动，最终产生了巨额损失。操作风险产生于两个不同的层面：技术层面，主要是指信息系统、风险测量系统的不完善，技术人员的违规操作；组织层面，主要指风险报告和监控系统出现疏漏，以及相关的法律法规不完善。

知识链接

投资理财产品要注意高收益承诺风险

中国银保监会主席郭树清在第十届陆家嘴论坛（2018）上谈及非法集资时表示，监管部门在对该非法行为进行打击的过程中要努力通过多种方式让人民群众认识到高收益意味着高风险。他语重心长地对投资者提示风险："收益率超过6%就要打问号，超过8%就很危险，10%以上就要准备损失全部本金。"一旦发现承诺高回报的理财产品和投资公司，就要相互提醒、积极举报，让各种金融诈骗和不断变异的庞氏骗局无所遁形。

目前，从利率水平、正常实业投资回报水平以及所有行业的正常投资回报率看，只要超过10%的收益率都可能存在大的风险，投资者面临血本无归的可能。普通投资者都应该牢记这个仅从收益率上衡量的风险线参考标准。

在这里需要强调一点的是，必须从体制机制上釜底抽薪解决利用理财产品进行金融诈骗问题。比如，下决心打破刚性兑付，一定要让百姓"吃一堑，长一智"。拿自己的血汗本金买来的教训最深刻，风险意识提高最快。

资料来源：银保监会网站。

（二）根据金融风险的性质划分

1. 系统性金融风险

系统性金融风险又称为不可分散风险，是指能产生使整个金融系统，甚至整个地区或国家的经济主体遭受损失可能性的风险。系统性金融风险是一种破坏性极大的金融风险，它隐含着金融危机的可能性，直接威胁着一国经济安全。通常由金融投资者自身不能控制的一些因素而引起投资报酬的变动，这些不可控的因素主要是政治、经济、自然灾害和突发事件等，其不利影响可能在整个金融体系引发"多米诺骨牌"效应，造成经济金融的大幅度波动，产生宏观层面上的金融风险。世界上频频发生的金融危机都反复证明了，系统性金融风险是国家经济安全最为危险的敌人之一。

2. 非系统性金融风险

非系统性金融风险又称为可分散风险，是指某个产业或企业特有的风险。对于这类风险，投资者可以通过实行多样化的策略来避免遭受损失。“特有”即是指这种风险的产生一般都是由于经济行为主体经营管理不善、客户违约等造成的，只是一种个别的风险。投资者可以通过分散化投资或转换投资品种来消除这种风险，这是由于非系统性风险是个别性的风险，不会对市场整体产生影响。

操作风险、信用风险等是非系统性风险的主要种类。当非系统性风险还没有显现之时，对于风险的防范，重点是采取分散投资的方式，即不要将所有鸡蛋都放在同一个篮子里。此外需要特别注意分散投资的程度和分散投资的品种选择，可以根据具体情况的不同来区别对待。

（三）根据金融风险的主体划分

1. 金融机构风险

金融机构可谓是金融风险的“聚居地”。由于金融机构专门经营金融业务的特殊性，金融活动是金融机构日常最普遍的活动，各种各样的金融风险都有可能发生。并且，由于商业银行在一国金融体系中仍然占据着主导地位，商业银行的金融风险问题尤为突出，其所面临的金融风险考验尤为严峻。

知识链接

当前金融机构风险的新特征

随着资产证券化等金融创新的发展，一般认为金融机构特别是商业银行在经营中面临的主要风险有信用风险、市场风险和操作风险三大类，这也是巴塞尔银行监管委员会对银行风险的基本分类，无论是最初的《巴塞尔协议》还是最新的《巴塞尔协议Ⅲ》都将信用风险视为商业银行面临的最主要风险，计算风险资产时也是主要围绕信用风险。而且，一般认为这三大类风险之间有明显区别，似乎很难相伴发生。然而，近年来，特别是自美国雷曼兄弟公司破产引爆全球金融危机以来，我们通过观察就能发现陷金融机构于困境的主要风险不再是以前通常担心的信用风险，而是主要围绕市场价格波动引起的市场风险、主权风险、法律风险等，并且往往是多种风险混杂在一起，而没有那么明显的区别，总之，可以说金融机构面临的风险出现了新的特征：(1) 通过资产证券化等金融创新手段，信用风险被转变成市场风险；(2) 一旦高杠杆的衍生品的市场风险与操作风险交织，往往会置金融机构于死地；(3) 低风险的中间业务可能蕴含巨大的法律风险；(4) 国债的“金边”不再，主权风险不容忽视。

资料来源：闫巍，赵庆明. 当前金融风险的新特征及应对措施. 银行家. 2012 (12).

---

2. 个人金融风险

个人金融风险也可以称为居民金融风险，是指个人在进行金融活动时所面临的遭受损失的可能性。股市中最为普遍的是当牛市来临时，股民们所遭遇的证券市场价格波动风险。除了股票、存款、债券、期货等日益增多可供居民选择的金融工具会给居民带来金融风险外，即使是选择持有现金，居民仍然会面临通货膨胀所带来的风险等不利因素。存款是最常选择的理财方式，此时居民不仅是资金的需求者，也是资金的提供者。

3. 企业金融风险

企业金融风险是指企业在从事金融活动中所面临的遭受损失的可能性。企业是现代经济中金融活动的重要参与者，对金融服务有着较强的需求。西方的“金融”通常指企业在资本市场上的行为，即企业金融或公司金融概念。而我国的金融概念至今仍然以金融机构为主导，企业的金融活动尚处于从属地位。企业不论在筹资还是在融资的过程中都可能遭遇金融风险。企业的金融风险与金融机构的金融风险是不同的，同一笔贷款，对于商业银行来说是资金的有效运用，但对于借款企业来说却存在实际的风险。

4. 国家金融风险

国家金融风险是指将国家作为一个经济整体来讨论其在金融活动中所面临的遭遇损失的可能性。一般来说，国家金融风险是一国在从事国际金融活动时所面临的风险。作为金融风险的承担者，国家金融风险的主要表现形式是外债风险。外债风险指的是外国投资者（主要是机构投资者）在一国所掀起的有组织、大规模的金融投机活动所造成的风险。一旦超过了一定的国际安全线，外债风险是有可能转化为外债危机的。

分析案例

泛亚事件的反思

泛亚有色金属交易所（以下简称“泛亚”）于2011年4月21日开市交易，它曾作为国内最大的稀有金属交易所受到国内外的广泛关注。泛亚已上市的品种包括铟、锗、钴、钨、铋、镓、白银、钒、锑、碲、硒、铑、镝、铽等14个品种。2014年的泛亚看上去还是很风光的样子。据泛亚2014年年初的报告显示：“交易所每天新增客户500个，以每月新增客户资金20亿元的速度发展。”其实，风光背后暗藏危机。

2015年4月，A股市场快速上涨，投资者和有色金属企业纷纷从泛亚撤资转投A股，泛亚的投资者开始感受到了流动性的压力。而泛亚的兑付风波也是从此时开始爆发。7月15日，泛亚有色金属交易所公告称，交易所委托受托交易商近日出现资金赎回困难，部分受托资金出现了集中赎回情况。交易所采取了限制委托数量、部分品种暂停委托受托业务等措施。众多投资者要求维权，引发媒体网络持续而广泛的关注。

此次泛亚事件是涉及当下热炒的“P2P”“互联网融资”合规性问题及金融监管缺失风险的集中暴露。据统计，截至2015年10月，全国各类交易场所共有654家，包含200多个品种，近700个合约。随着各类交易所的发展，各类风险事件不断出现，规模上亿元的风险事件达十余起，所涉及的资产规模都在千亿元以上。据报道，此次泛亚事件涉及22万投资人的430亿元资金，该事件背后所隐含的监管风险具有广泛的代表性和独特的复杂性。

泛亚事件的原因：（1）泛亚事件的发生源于一款名为“日金宝”的理财产品。泛亚在宣传该产品时称其年化收益率最高可达13.68%，且日金宝流动性强，当天投资第二天可支取收益，无手续费。加上日金宝名称与很多理财产品十分相似，一定程度上误导投资者认为日金宝是低风险高收益的理财产品，弱化了日金宝背后真实的风险。(2) 泛亚模式充分利用互联网金融监管缺位尤其是对P2P平台监管的放松，于2015年5月末通过上线类似于P2P平台的“泛融网”，在短短4个月内筹集资金高达124亿元，涉及4.6万名民间投资者。(3) 从某种意义上讲，泛亚事件不仅得到了学术界知名专家学者的“站台”，也得到国内许多地方政府的“背书”。一方面，泛亚为防止稀有金属低价出口，大量囤积稀有金属，抬高稀有金融价格，该操作模式曾得到国内多位著名经济学家的认可；另一方面，贵金属交易计入我国地方GDP，不但为地方上缴所得税，而且也有效拉动了地方就业，因此泛亚获得了国内多个地方政府的大力支持。(4) 金融监管缺位造成的制度性隐患。主要体现在以下方面：第一，资金第三方监管体系的缺失是造成泛亚事件风险隐患的技术性因素，也是导致公司肆无忌惮动用投资者资金的重大制度隐患；第二，发行类产品监管宽松导致类理财产品发行泛滥；第三，银行代卖金融产品存在监管真空；第四，理财产品宣传标语的监管不严，也是各类金融理财产品鱼龙混杂、乱象丛生的重要诱导因素。

泛亚事件的启发：(1) 加强投资者风险教育。借鉴我国在股票市场的风险提示及风险教育的成功经验，使各类交易所投资者明白高收益高风险的常识，也要明白风险自担的交易原则。(2) 抽掉监管“真空”。应该加强政府金融监管人员的业务培训，明确监管机构的职责，按照“谁审批，谁监管”原则进行审批和监管。(3) 完善交易场所的审批制度。要加快完善地方政府在各类交易所的审批制度建设，从顶层设计着手，将审批问题与我国区域经济发展和地方产业结构联系起来，将地方政府审批权力和未来风险责任挂钩，形成制度合理、责任明确、审批路径清晰的交易所市场审批制度。

资料来源：作者根据相关资料整理。

(四) 根据金融风险的层次划分

1. 微观金融风险

微观金融风险指的是微观经济主体所遭遇的金融风险。一旦微观金融风险转化为现实，将对金融交易者造成如资产缩水、投资损失、收益减少或严重亏损等，此外，微观经济主体还将面临破产的风险，但这类风险出现的频率相对要低得多。

2. 宏观金融风险

静态的宏观金融风险主要是看主权国家对本国金融领域是否具有较强的控制力度，如果主权国家对本国经济与金融的控制力较强，说明国家的经济、金融的政策目标与经济、金融运行的结果越接近，国家金融越安全，宏观金融风险也就越少。动态的宏观金融风险是从金融发展的角度看金融能否实现质和量的协调发展，以及使主权国家在长期内实现动态的经济和社会效益最大化。或者说宏观金融风险取决于主权国家能否实现金融的可持续发展。如果一国金融不能实现可持续发展，说明其存在风险。这种可持续发展能力的大小，就是国家金融安全系数的大小。在金融全球化和自由化的背景下，应特别注意从动态的角度考察一国的金融风险。

四、金融风险的成因

（一）信息不完全与不对称

信息不完全与不对称是产生金融风险的重要原因之一。信息经济学认为，现实世界中信息是不完全的，或者是不对称的，即当事人一方比另一方掌握的信息多。信息不对称必然产生逆向选择和道德风险。逆向选择是交易发生前的信息不对称问题，道德风险是发生在交易之后的信息不对称问题。借贷市场的道德风险有三种具体表现形式：一是改变资金用途。二是一些有还款能力的借款人可能隐瞒自己的收入，有还款能力却不归还银行贷款，特别是在缺乏对违约的相应制裁的情况下更是如此。三是借款人取得资金后，对于借入资金的使用效益漠不关心、不负责任、不努力工作，致使借入资金发生损失。道德风险三种表现形式的最终结果便是金融风险的产生。

（二）金融体系的内在不稳定性

根据《新帕尔格雷夫货币金融大辞典》的解释，金融不稳定性假说是指私人信贷创造机构，特别是商业银行和相关贷款者固有的经历周期性危机和破产的倾向。金融不稳定及其危机是经济生活的现实，经济繁荣时期就已埋下了金融动荡的种子。在经济发展的初期，贷款人的贷款条件越来越宽松，企业也充分利用宽松的信贷环境多借款。但是到了经济发展的后期，这些贷款无法偿还会导致金融中介机构经营状况的恶化，随后传导到经济中的各个方面，从而带来全面的经济衰退。金融体系的内在不稳定性蕴藏着金融风险，内在不稳定的实现意味着金融危机的爆发。

（三）金融资产价格的波动性

许多金融风险都与金融资产价格的过度波动相关，金融资产价格的过度波动是金融风险产生的一个重要来源，金融资产价格的急剧下跌是金融危机的一个重要标志。金融资产价格总是处在不断的波动之中。

金融资产价格波动性的原因主要集中在四个方面：

（1）过度投机的存在。

（2）大量信用和杠杆交易。

（3）宏观经济的不稳定。虽然宏观经济的波动通常并不像股市那样频繁而剧烈，但股市的波动在很大程度上确实来自宏观经济波动的影响。

（4）市场操纵机制作用。证券市场中的操纵行为是指某人或某组织背离自由供求关系确定证券价格，诱使他人交易证券的行为。通过操纵市场，创造虚假交易繁荣和虚假价格，操纵者从中牟取利益。

（四）金融监管的不完美

金融监管与金融风险是此消彼长的关系，即放松监管或监管不力必然加大金融风险，而金融风险的大量出现又加大了金融监管的难度。20 世纪 70 年代开始，工业化国家放松金融管制，许多发展中国家加快了金融自由化的步伐，促进了金融深化和金融发展，同时也产生了大量的金融风险，甚至成为引发金融危机的重要因素。

五、金融风险的影响

（一）对微观主体的影响

1. 金融风险带来的直接经济损失

如果出现以下情况：经济主体购买股票后，股价大跌；买进外汇进行套汇或套利时，汇率下滑；进行股价指数期货炒作，指数与预期相反，那么都会给行为人造成重大损失。

2. 金融风险带来的潜在损失

一家企业可能因贸易对象不能及时支付债务而影响生产的正常进行；购买力风险不仅会导致实际收益率下降，而且会影响经济主体持有的货币余额的实际购买力；一家银行存在严重的信用风险，会使消费者对存款安全产生担忧，从而导致银行资金来源减少，业务萎缩。

3. 金融风险增大了经营管理成本

不确定性的存在，既加大了经济主体收集信息、整理信息的难度，更增大了经济主体的决策风险。同时，经济主体在实施某计划和决策过程中，如果金融风险导致市场情况发生变化，那么必须适时调整行动方案，一些计划必须修改，一些计划必须放弃，这就增大了管理成本，甚至因为对金融风险的估计不足还将导致一些不应有的损失。

4. 金融风险降低了部门生产率

在生产经营中，各种产品的边际生产率都是随着投入的增加而递减，只有当各种投入的边际生产率相同时，部门内的资源才达到最优配置。然而，由于金融风险的存在，一方面导致过多的资源流向风险较小的产品，极少有资源流入风险较高的产品中，这使得一些产品的边际生产率接近甚至低于要素的价格，而另外一些产品的边际生产率却远远高于要素的价格，导致部门整体生产率下降。另一方面，由于长期内的不确定性比短期内的不确定性大、开发新产品的风险比较大等原因，导致一些企业行为短期化，因循守旧，也使部门生产率受到影响。

5. 金融风险降低了资金利用率

由于金融风险的广泛性及其后果的严重性，企业不得不持有一定的风险准备金来应对金融风险。如企业为了保证生产持续顺利地进行，不得不准备一笔资金以备在原材料价格上涨时能及时购回原材料，这样就造成了这笔资金闲置，无法发挥效益。对于银行等金融机构而言，由于流动性的不确定性，难以准备安排备付金的数额，往往导致大量资金闲置。此外，由于对金融风险的担忧，一些消费者和投资者往往持币观望，从而也就造成社会上大量资金闲置，增大了机会成本，降低了资金的利用率。

6. 金融风险增大了交易成本

由于资金融通中的不确定性，许多资产难以正确估价，不利于交易的顺利进行，增大了交易成本，也会因此而产生一些纠纷，影响交易的正常进行，使市场缺乏效率。而且信用风险、利率风险等的存在，往往给企业筹资带来困难，给银行的负债业务和中间业务带来影响，阻碍着市场的扩展。

（二）对宏观经济的影响

1. 金融风险对宏观经济变量的影响

金融风险将引起实际收益率、产出率、消费和投资的下降，风险越大，下降的幅度越大。这是因为金融风险可能会导致十分严重的后果，如投资者为了降低投资风险，不得不选择风险较低的技术组合，引起产出率和实际收益率的下降。同样，由于未来收入的不确定性，个人未来财富可能会出现较大波动，境况可能会变坏，因而不得不改变其消费和投资决策，即消费者为了保证在未来能获得正常消费，总是保持较谨慎的消费行为。

2. 金融风险对金融市场秩序的影响

严重的金融风险会引起金融市场秩序混乱，破坏社会正常的生产和生活秩序，甚至使社会陷入恐慌，极大地破坏生产力。1997 年发生的东南亚金融危机造成多国经济严重受损，世界经济增长率受其影响下降了 1%以上。处于危机中心的一些国家和地区的经济增长率更是受到严重打击，经济增长率都下降了 2%以上，有些国家经济更因此而倒退了十多年。

3. 金融风险对宏观经济政策制定和实施的影响

一个国家的宏观经济政策旨在通过政府对经济的调节，控制总供给或总需求，以实现政府目标。从一定程度上讲，政府对宏观经济的调节也就是对市场风险的调控。金融风险反过来又影响着宏观政策，它既增加了宏观政策制定的难度，又削减了宏观政策的效果。从宏观政策的制定来看，由于金融风险导致市场供求的经常性变动，政府难以及时、准确地掌握社会总供给和总需求状况，以做出决策，而且金融风险常导致决策滞后，在政策的传导过程中，金融风险将使传导机制中的某些重要环节（如利率、汇率、信用等）出现障碍，从而导致政策出现偏差。

4. 金融风险对国际收支的影响

金融风险特别是国际金融风险，直接影响着一个国家的国际收支，影响该国国际经贸活动和金融活动的进行和发展。主要表现在以下几个方面：

一是汇率的上升或下降影响着商品的进出口总额，从而影响到一个国家的国际收支平衡表。

二是利率风险大、通货膨胀严重、政策风险大等原因造成投资环境差，会使外国投资者减少对本国的投资和其他交往，导致各种劳务收入的减少。

三是国际金融风险影响着资本的流入和流出。利率风险和汇率风险的大小会引起国内资本的流出或者国外资本的流入，企业信用风险、国家风险等都会影响甚至决定国际金融组织贷款、政府借贷、短期资金的拆放、直接投资等经济行为和决策，从而直接影响着一国的资本项目。

四是汇率的波动将会引起官方储备价值增加或减少，因此，国际金融风险也影响着国际收支的平衡项目。

第二节　金融风险管理的定义和程序

一、金融风险管理的定义

金融风险管理是指通过实施一系列的政策和措施来控制金融风险以消除或减少其不利影响的行为。金融风险管理的具体内涵是多重的，对金融风险管理的含义应从不同角度和不同层面加以理解。

金融风险管理根据管理主体不同分为内部管理和外部管理。金融风险内部管理是指作为风险直接承担者的经济个体对其自身面临的各种风险进行管理。内部管理的主体是金融机构、企业及个人等金融活动的参与者，尤以金融机构的风险管理为代表。金融风险外部管理主要包括行业自律管理和政府监管，其管理主体不参与金融市场的交易，因而不需要对其自身的风险进行管理，而只是对金融市场的参与者的风险行为进行约束。金融风险的行业自律管理是指金融行业组织对其成员的风险进行管理。政府监管是指官方监管机构以国家权力为后盾，对金融机构乃至于金融体系的风险进行监控和管理，具有全面性、强制性和权威性。

根据管理对象的不同，金融风险管理又分为微观金融风险管理和宏观金融风险管理。微观金融风险只是对个别金融机构、企业或部分个人产生不同程度的影响，对整个金融市场和经济体系的影响较小。微观金融风险管理的目标是采用合理的方法使微观金融活动主体因金融风险而受到损失的可能性降至最低。宏观金融风险则可能引发金融危机，对经济、政治、社会的稳定可能造成重大影响。因此，宏观金融风险管理的目标是保持整个金融体系的稳定性，避免出现金融危机，保护社会公众的利益。

二、金融风险管理的程序

金融风险管理的过程一般包括风险识别、风险度量、风险管理策略与实施及风险控制等四个阶段。

（一）金融风险识别

金融风险的识别是指对经济主体面临的各种潜在的或存在的金融风险进行认识、鉴别和分析。风险识别所要解决的主要问题是确定哪些风险应予以考虑，以及分析引起金融风险的原因、类型、性质及其后果。

风险管理者首先要分析经济主体的风险暴露。金融风险暴露是指金融活动中存在金融风险的部位以及受金融风险影响的程度。风险管理者可以针对具体的资产负债项目进行分析，还要对经济主体的资产负债结构进行整体上的考察。风险管理者不仅要考察表内业务的风险暴露，还要关注表外业务的风险暴露，例如承诺、保证等业务以及金融衍生品的风险暴露。通过对风险暴露的判断与分析，风险管理者就可以确定风险管理的重点。

风险管理者要进一步分析金融风险的成因和特征。不同的金融风险具有不同的特征，有的可以通过投资分散降低或是消除风险，有的则无法消除。风险管理者对风险的性质进行分析，这可以为制定风险管理策略提供理论基础。

（二）金融风险度量

金融风险度量是金融风险管理的核心内容，风险度量就是对风险进行准确的测量，确定风险危害的严重性，并采取相应的措施。它要求我们运用概率论和数理统计的方法并借助计算机等工具，对大量已发生的金融风险的损失频率和损失的严重程度相关资料进行科学定量分析，以准确地度量风险，然后选择有效的工具来处置风险，从而实现用最小成本获得最佳风险管理效果的目的。

（三）金融风险管理策略与实施

在风险识别和风险度量的基础上，风险管理者需要采取金融风险管理措施以减少金融风险暴露，将金融风险水平控制在可承受的范围内。首先，风险管理者应当确定风险管理策略。对于不同的金融风险，可以根据其各自的风险性质、特征和风险水平采取不同的管理策略。其次，风险管理者需要制定具体的行动方案，包括使用何种风险管理工具以及如何运用这些工具、如何调整资产负债结构等。风险管理者需要从中选出最为合理的方案。最后，风险管理者组织该方案的实施，各部门配合执行。

(四) 金融风险控制

风险控制是指对风险管理措施实施后的检查、反馈和调整。风险管理者要督促各部门严格执行风险管理的有关规章制度，确保风险管理方案得以落实和实施。因此，管理者需要定期或不定期对各业务部门进行全面或专项检查，发现隐患后迅速加以纠正或补救。管理者应对风险管理方案的实施效果进行评估，测定实际效果与预期效果之间是否一致，并根据内部条件与外部环境的变化，对金融风险管理方案进行必要的调整。

第三节　中国金融风险管理概述

随着我国的改革开放和经济水平的提升，我国金融企业不断发展，在我国经济发展中发挥着越来越重要的作用，几乎所有的行业以及企业在发展过程中都需要得到金融业的支持。虽然国内金融产业发展迅速，但金融风险发生的概率也随之上升，而金融安全问题不仅关系到每一家企业的切身利益，还影响着国家的经济大局和社会稳定。为了维护良好的市场秩序，更好地发挥金融在经济高质量发展中的作用，需要深入了解我国金融风险管理的发展状况，进一步加强金融风险的管理。

一、我国金融风险管理现状

(一) 金融风险防范意识较低

无论是传统金融还是新兴的互联网金融，都是对风险管理要求较高的行业，因此风险防范能力非常重要。但是我国金融体系的建立和市场经济的发展相对滞后，金融风险的防范和管理存在许多问题。大多数的金融机构缺乏对金融风险的管理，相关人员法律意识较淡薄，存在金融风险防范意识低的情况。在实际情况中，投资者参与投资活动大多只关注收益，而对投资中的风险不具备专业的识别能力，因此也没有采取相应的金融风险防范措施。在市场化发展的过程中，企业由于缺乏金融风险意识，盲目地扩大生产和经营规模，在无形中加大了风险系数；企业虽然制定了金融风险的防控制度，但是很多流于形式，没有实质性的内容，外部监管职能也相对弱化。尤其在互联网时代的背景下，网络技术逐步渗入金融业的各个环节。金融业务与互联网的结合，一方面可以有效提高业务的效率，另一方面也会给资金安全带来一定的安全隐患。同时，一些平台在利用网络技术解决安全问题的能力方面存在不足，无疑会进一步增加平台风险。

(二) 金融风险管理体系不健全

完善的金融风险管理体系是确保金融活动有序开展以及金融行业高效发展的重要基础，但是，自改革开放以来，我国金融行业的风险管理体系就不完善。目前，我国的金融行业虽然比较重视风险管理，采取了相应的解决措施，也取得了一定的成绩，但我国有关金融业务的监督管理体系还不完善，它主要针对的是一些传统的金融业务，而对于近几年刚刚兴起和发展起来的科技金融，还缺乏专门的法律法规，再加上金融企业自身监管制度不完善，现存的风险难以得到有效的评估、控制和预防。一些金融改革偏重于机构的增减和变动，对金融制度与组织结构创新不够重视。我国现行的金融监管体制也不健全，中央银行信贷资金管理和金融监管工作注重对业务范围的控制，而风险管理体制仍然延续着信贷风险管理模式，没有形成真正意义上的独立风险管理体系，相对于国际上对现代金融企业的要求，我国金融机构的外部互不干涉和内控体制还是比较脆弱的，无法适应当前的金融监管体制和目前的金融市场运作模式。

（三）资本市场信息透明化程度不够高

目前在我国金融风险管理中，资本市场信息透明化程度不够高。虽然在早期我国针对金融业出台了信息披露准则，从根本上提升了信息的披露水平，但是仍旧存在着一些问题，企业信息的真实性存在着不足，所以行业市场信息的真实性和有效性还有待考量，存在着信息不对称的现象。只有信息数据的公开与透明，才能为项目投资者提供良好的条件，在投资前详细地了解与掌握企业的实际发展情况，才能根据自身的需求与想法做出正确的判断，并且也会对项目投资采取相应的阶段性措施，使金融市场能够稳定有序地发展。而信息数据的模糊，会对投资者的投资决策造成一定的影响，一旦投资决策出现失误，那么就会造成经济损失，再加上内部交易行为，会使金融市场的资金流方向被其内部所操控，造成市场秩序紊乱。从目前我国金融市场的发展情况分析，出现了一些市场信息不透明的现象，信息数据的流动性较低，有的企业的财务信息数据缺乏客观性和真实性。这可能引起内幕交易以及市场操控行为，如果这种情况在短期内得不到较好的控制，对金融市场的发展将会造成不利的影响。

（四）信用管理体系和相关法律不够完善

在我国的金融机构中，信用管理体系不够健全。虽然我们已建立了个人信贷信用体系，但涉及信贷管理的业务仍然相对有限，与其他外部金融机构的信贷管理体系不相容。此外，中国还制定了针对金融风险控制的法律法规和金融风险产生后的规则。但是，对于金融监管中发现的非法经营行为，法律解释不充分。金融监管过程中还存在着法律空白，很多政策都是边试边推，等到市场认可后才会立法确定监管，如果在立法前出现重大失误，也只能借鉴其他国家的监管办法进行惩处，对于投资者的损失也没有明确的赔偿责任，导致这些问题的主要原因也是资本市场发展过程中积累的遗留问题及制度性的缺陷和结构性的矛盾，但主要根源还是资本市场向市场经济接轨过程中的早期制度设计存在缺陷，这使得金融业务的发展受到了影响和阻碍。

（五）金融业务种类不够丰富

目前，国际金融市场的主要金融机构是混业经营，传统的存贷款业务、财务管理业务和期货交易业务同时在全球范围内开展。但是，我国仍处于传统的经营模式，主要以存贷款为主，中间业务发展不够完善，金融产品不够丰富，不能更好地满足投资者的需求，投资渠道越来越狭窄，投资者也越来越少。随着互联网的不断发展和第三方支付平台及技术的不断完善，商业银行传统的中间业务面临的压力也越来越大。

二、我国当前金融风险的来源

近年来，随着我国金融改革不断深化，金融体系关联性不断增强，内生脆弱性和负外部性日益显著，特别是在世界政治经济格局深度调整、全球多边贸易体制受损的大背景下，我国经济下行压力较大，内外部风险叠加共振、深度交织，比以往更具复杂性、传染性和隐蔽性，对防范系统性金融风险构成巨大挑战。

（一）宏观杠杆率结构性矛盾突出

高杠杆是造成金融脆弱性的根源，也是引发系统性金融风险的核心要素。当外需萎缩与内需不振时，高杠杆有利于刺激经济增长、缓解经济下行压力，同时也会加速债务扩张，加剧金融风险积聚。我国经过2016—2019年这三年的供给侧结构性改革，宏观杠杆率趋于稳定，2019年第三季度我国宏观杠杆率为251.1%，与世界其他主要经济体比较来看，仅高于德国，低于发达经济体的平均水平275.9%。从经济部门来看，政府部门杠杆率为39.2%，远低于发达经济体的平均水平111.2%，但非金融企业部门杠杆率达到155.6%，在主要经济体中高居首位，比发达经济体平均水平高出了62.9个百分点。纵向来看，在2009—2019年，我国宏观杠杆率上升了104.3个百分点，尤其是2020年因为新冠肺炎疫情，宏观杠杆率又提高了21个百分点。这表明我国结构性去杠杆虽然取得一定成效，但宏观杠杆率仍然保持高位运行，各部门杠杆率结构性矛盾仍然突出，杠杆率风险较大。

（二）影子银行体系风险快速积聚

影子银行体系已成为我国金融体系的重要组成部分，它延长了社会融资链，但由于不透明、不规范的会计操作，导致了信息不对称，增加了银行流动性需求的不稳定性，加剧了系统性风险的积聚，对货币政策和金融监管的有效性构成挑战。数据显示，截至2017年底，我国影子银行资产规模达14.4万亿美元，同期美国为59.9万亿美元，欧元区为49.8万亿美元。如果仅从资产规模来看，我国影子银行整体水平并不高。但我国影子银行体系在其形成背景、运行机制和潜在风险等方面与发达经济体有着根本性不同。发达经济体的影子银行体系主要是基于市场需求而诞生的，与银行体系平行运作，其主要功能是转移信贷资金。而我国影子银行体系主要是由银行主导的金融体系及其监管约束形成的，除了转移信贷资金外，还具有创造信用货币、隐藏银行信用风险功能。从发展速度来看，2007—2017年我国影子银行资产规模增长了19.7倍，呈现过快增长趋势，加之这些风险在一定程度上游离于监管视线之外，一旦爆发将严重冲击金融稳定和金融安全。

（三）地方政府隐性债务加速扩张

地方政府债务在促进区域经济增长、社会发展和民生改善等方面具有积极推动作用，但加速扩张的地方政府隐性债务将会制约我国经济高质量发展，甚至会诱发系统性金融风险。自2008年全球金融危机以来，地方政府在预算软约束和财政分权及晋升压力的推动下，通过地方政府融资平台、土地抵押融资、影子银行体系、PPP模式等多种举措，绕开监管，借道融资，致使隐性债务迅速扩张。因其本身具有隐蔽性强、透明度差的特点，各界对隐性债务仍没有统一的认定标准，其规模判定也不尽相同，中国社会科学院国家金融和发展实验室认为2017年我国地方政府隐性债务为30万亿元，同期清华大学中国财政税收研究所则认为该数据高达47万亿元。标准普尔公司认为我国2018年地方政府隐性债务为30万亿～40万亿元，同期金融稳定理事会（FSB）则认为中国地方政府隐性债务约为40万亿元。此外还有多位学者对我国地方政府隐性债务进行了测算，大多位于30万亿～50万亿元区间范围。综合多方面测算结果来看，我国地方政府隐性债务约为显性债务的2倍，蕴藏的金融风险较高，这不仅增加了中央政府的调控难度和管控效能，还增加了诱发系统性风险的可能性。

（四）金融科技发展的影响

金融科技在重塑金融业的过程中，发挥了很重要的积极作用，一是金融科技激活了金融行业内部生产要素的活力，最典型的就是它激活了数据的活力，还有比如普惠金融广度和深度的加强、整个行业效率的提升、传统金融机构找到新的转型方向等。二是金融科技本身成为生产要素。随着金融与科技的融合，科技逐步产品化，成为独立于资金、用户、数据之外的第四大生产要素。在科技独立出来后，不同金融机构在科技层面的差距催收了科技合作与赋能，为开放平台模式奠定了基础。但是，金融科技的发展也暴露出很大的负面影响，随着互联网的普及和区块链等新兴技术的兴起，一些平台利用大众的好奇心理和对新兴技术的一知半解，制造非法集资、网络赌博和庞氏骗局等欺诈活动，掩盖平台问题，甚至卷钱跑路。金融科技发展同时带来了金融风险的隐蔽性和传染性问题、无证经营甚至高利贷和暴力催收等问题，尤其是有可能造成资本的垄断问题。金融技术引起的这些金融乱象如果不及时处理，也会产生严重的金融安全问题。

（五）外部风险存在较大不确定性

当前国际政治经济形势复杂多变，单边主义、霸权主义和贸易保护主义盛行，我国面临的外部发展环境更加严峻复杂。首先，全球经济将持续低迷，增速可能比新冠肺炎疫情前低一些。2008 年金融危机之后，世界经济深度调整，2012 年后全球经济再度回落，在3%左右慢速增长。2020 年预计下降 4.4%，降幅超过 2008 年 GDP 的－0.1%。新冠肺炎疫情之前世界国际贸易增长率平均是世界经济增速的 2 倍以上，新冠肺炎疫情之后，国际贸易的增速已经低于经济增速，投资者情绪较为悲观，全球经济走向存在较大不确定性。其次，以美国为代表的单边主义和贸易保护主义盛行，致使全球贸易冲突愈演愈烈，特别是中美贸易问题的广度和深度仍在不断加大，并有向经济、科技甚至社会领域蔓延的态势，这些问题深度交织，对我国经济带来负面冲击。极端情况下，可能导致资产价格下跌，外汇储备下降，加剧资本外流和人民币贬值，进而诱发系统性风险。最后，出于地缘政治考量，美国长期以来一直奉行单边主义和霸权主义。随着我国经济的快速发展，经济体量不断增大，综合实力不断提高，中美间的竞争和博弈也从幕后走到台前。美国为维护其霸权地位，势必要阻止中国经济发展、拖延现代化进程，以防止我国挑战其霸权地位。显然这不符合我国国家利益和人民利益，因此中美一旦陷入“修昔底德陷阱”，将会对我国的和平发展带来新的挑战。

经世济民课堂

习近平总书记金融安全重要讲话的相关内容

扫码了解更多中国金融故事

三、我国防范与化解金融风险的基本对策

2017 年 4 月 25 日，习近平总书记在中共中央政治局就维护国家金融安全进行第四十

次集体学习时的讲话中指出，金融是现代经济的核心，金融安全是国家安全的重要组成部分。必须充分认识金融在经济发展和社会生活中的重要地位和作用，切实把维护金融安全作为治国理政的一件大事，扎扎实实把金融工作做好。[①]

党的十八大以来，习近平总书记多次对金融工作发表讲话，但就金融安全发表的讲话，2017 年 4 月 25 日的讲话应该是最为系统的，具有很强的思想性、战略性和指导性，成为今后我们维护国家金融安全、做好金融工作的重要指导思想和行动纲领，更为金融风险管理工作指明了方向，提供了根本遵循。防范化解金融风险，必须加强党对金融工作的领导，加强顶层设计，加大力度深化金融改革开放，强化金融监管，推动金融更好服务实体经济发展。

第一，加强党对金融工作的领导，提高领导干部应对金融风险的能力。习近平强调："完善党领导金融工作的体制机制，加强制度化建设，完善定期研究金融发展战略、分析金融形势、决定金融方针政策的工作机制，提高金融决策科学化水平。金融部门要按照职能分工，负起责任。地方各级党委和政府要按照党中央决策部署，做好本地区金融发展和稳定工作，做到守土有责，形成全国一盘棋的金融风险防控格局。"[②]领导干部特别是高级干部要努力学习金融知识，熟悉金融业务，把握金融规律，既要学会用金融手段促进经济社会发展，又要学会防范和化解金融风险，强化监管意识，提高监管效率。

第二，加强形势研判，货币金融调控注重跨周期设计和调节，推动实现稳增长和防风险长期均衡。金融服务实体经济发展的前提是创造稳定的宏观货币金融环境。当前国际形势复杂严峻，疫情全球性扩散与全球经济结构性问题叠加，世界主要国家宏观政策溢出效应问题突出，全球经济减速分化，防范化解金融风险有赖于根据形势变化出台有针对性的货币金融政策。与此同时，世界正处于百年未有之大变局，我国加快推动形成以国内大循环为主体、国内国际双循环相互促进的新发展格局，货币金融政策不能仅仅注重短期的逆周期调节，还应注重跨周期的思维理念，为实体经济中长期发展创造稳定的金融环境，促进宏观经济稳定，为防范化解金融风险奠定长期的良好经济基础。

第三，深化金融改革，完善金融体系，强化审慎合规经营理念，推动金融机构切实承担起风险管理责任，完善市场规则，健全市场化、法治化违约处置机制。近年来中央已将金融监管体制改革放在突出位置，要深入研究并积极稳妥推进金融监管体制改革，把防控金融风险放到更加重要的位置，提高和改进监管能力，确保不发生系统性金融风险。关于金融监管体制怎么改革的问题，习近平曾强调："防控金融风险，要加快建立监管协调机制，加强宏观审慎监管，强化统筹协调能力，防范和化解系统性风险。要及时弥补监管短板，做好制度监管漏洞排查工作，参照国际标准，提出明确要求。要坚决治理市场乱象，坚决打击违法行为。要通过体制机制改革创新，提高金融服务实体经济的能力和水平。"[③]

第四，注重结构优化，积极处置存量不良资产，优化增量融资的金融制度安排。一方面，采取措施处置风险点，积极处置存量，处置不良资产与推动相关企业公司治理改革并举，控制好杠杆率，加大对市场违法违规行为打击力度；另一方面，积极规范发展多层次资本市场，扩大直接融资，加强信贷政策指引，鼓励金融机构加大对先进制造业等领域的资金支持。商业银行贷款属于间接融资，大规模贷款将增大杠杆率上升的挑战，提高直接融资比重成为应对上述问题的重要手段。当前科创板等资本市场制度创新不断推进，未来

---

①② 习近平：金融活经济活金融稳经济稳　做好金融工作维护金融安全．人民日报，2017－04－27（1）．

③ 习近平主持召开中央财经领导小组第十五次会议．人民日报，2017－03－01（1）．

资本市场信息披露等重要制度安排将不断完善，企业通过股市等资本市场融资，不会增加杠杆率，有助于实现保障企业的资本需求与控制杠杆率的双重目标。

第五，创新金融科技，完善互联网金融体制机制，既实现推动新业态健康发展的目标，又有效防范互联网金融系统性风险。互联网对经济社会带来了全方位深层次的影响，要加快研究金融新业态，完善促进金融创新的政策举措，及时制定相关的金融体制机制，实现金融监管全覆盖，解决互联网金融监管缺位等问题。一方面，互联网促使产业与金融的边界出现了模糊化，互联网企业涉及金融业务的现象较为突出，针对传统金融机构的金融创新，监管主体应根据新业态及时研究监管方式，强化金融监管在传统金融机构的全覆盖；另一方面，针对互联网金融创新、数字货币、区块链等金融新业态，及时研究新业态的发展模式、发展趋势及发展定位，明确金融新业态的监管主体，推动由机构监管向功能性监管和行为监管的转变。

知识链接

沙盒监管

随着数字金融的发展，为了在金融创新与金融稳定之间取得平衡，许多发达国家都转变了传统监管思维，“沙盒监管”就是英国在2015年推出的有别于传统的监管政策。“沙盒监管”为数字金融的应用提供一个范围可控的实验空间，既有利于支持金融创新，又可以减少监管不确定性给数字金融发展带来的限制。一方面，实行“沙盒监管”可以保护市场参与者的合法权益，保证金融风险不会外溢；另一方面，适当降低金融企业创新方面的监管限制能够促进数字金融的创新。目前，中国的数字金融已走在世界前列，支付、理财、小微企业贷款等行业的现有金融体系具备了创新的土壤，拉动了一些行业的快速发展，但在一定程度上也给金融体系带来了不稳定的因素。基于英国的经验，我国也可以借助“沙盒监管”制度设置改革试点，在特定区域、领域和范围内，在风险可控的前提下，为部分数字金融资产项目发展创新提供机会。

资料来源：作者根据相关资料整理。

第六，扩大金融开放，促进国际金融货币治理体系调整完善，防范对外开放过程中的金融风险，稳步提升中国在国际金融货币治理体系中的话语权。习近平强调：“要扩大金融对外开放。要深化人民币汇率形成机制改革，稳步推进人民币国际化，稳步实现资本项目可兑换。要积极稳妥推动金融业对外开放，合理安排开放顺序，加快建立完善有利于保护金融消费者权益、有利于增强金融有序竞争、有利于防范金融风险的机制。”④资本账户可兑换可能引发热钱跨境套利、套汇活动，从顺序上看，利率市场化改革先行，汇率要紧跟其后，最后推动资本账户可兑换改革。基于中国贸易大国及互联网大国的地位，可以通过国际合作和共建“一带一路”推动金融创新，加快上海金融中心的建设进程，加快互联网金融规则制定，推进人民币国际化，稳步提升我国的国际金融话语权。

总而言之，面对复杂多变的国内外金融形势，我们只有坚持底线思维原则，才能在金融风险防控中牢牢掌握主动权，有效规避各种金融风险，确保国民经济平稳健康运行和发展。

④ 习近平：深化金融改革 促进经济和金融良性循环健康发展．人民日报，2017-07-16（1）．

关键概念

金融风险管理　金融安全　金融科技　不确定性　系统性风险　信息不完全　沙盒监管

思考题

1. 如何对金融风险进行定义？
2. 金融风险有哪些分类？
3. 什么是信息不完全？
4. 什么是金融体系的内在不稳定？
5. 金融风险管理的程序包括哪些？
6. 识别和度量金融风险的方法有哪些？各有什么特点？
7. 如何理解习近平总书记关于金融安全重要讲话精神？
8. 我国当前防范化解金融风险的基本对策有哪些？

实践案例

金融科技的监管问题——从阿里巴巴被罚 182 亿元说开去

金融科技即 Fintech，是 Financial Technology 的缩写，可以简单理解成为 Finance（金融）＋Technology（科技），指通过利用各类科技手段创新传统金融行业所提供的产品和服务，提升效率并有效降低运营成本。根据金融稳定理事会的定义，金融科技主要是指由大数据、区块链、云计算、人工智能等新兴前沿技术带动，对金融市场以及金融服务业务供给产生重大影响的新兴业务模式、新技术应用、新产品服务等。

一是金融科技在重塑金融业的过程中，发挥着很重要的积极作用，金融科技激活金融行业内部生产要素的活力，最典型的就是它激活了数据的活力，还有比如普惠金融广度和深度的加强、整个行业效率的提升、传统金融机构找到新的转型方向等。二是金融科技本身成为生产要素。随着金融与科技的融合，科技逐步产品化，成为独立于资金、用户、数据之外的第四大生产要素。当科技独立出来，不同金融机构在科技层面的差距促进了科技合作与赋能，为开放平台模式奠定了基础。但是，金融科技的发展也暴露出很大的负面影响，包括风险的隐蔽性、传染性问题，比如无证经营甚至高利贷、暴力催收等，尤其是有可能造成资本的垄断问题。正因为如此，2020 年第四季度以来，我国金融科技的监管环境发生了变化，跟以往的 P2P 整顿和提高信贷 ABS 杠杆要求不同，此轮监管旨在建立完善的金融科技监管框架。

2021 年 4 月 10 日，国家市场监管总局对阿里巴巴集团在中国境内网络零售平台服务市场实施“二选一”的垄断行为做出行政处罚，责令阿里巴巴集团停止违法行为，并处以其 2019 年中国境内销售额 4 557.12 亿元 4％的罚款，共计 182.28 亿元。同时，市场监管总局也向阿里巴巴集团发出《行政指导书》，要求其全面整改，并连续三年向市场监管总局提交自查合规报告。这次反垄断处罚的落地表明了监管中心已经从互联网平台转移至金融科技平台。

那么，第一个问题是，金融科技监管应该坚持什么原则呢？第一，从整体上看，对金融科技的监管，秉持的是包容监管态度。最明显的例子是各国在探索的“沙盒监管”试点，“沙盒监管”是监管、创新性企业共同搭建的相对可控的应用场景，意在为新模式、新技术的应用提供实践机会，把决定权交给市场，这本身就体现了监管对于科技创新的呵护。第二，要明确监管的边界，实验室中的科技创新是不需要监管的，只有当科技进入应用场景，可能产生各种或正面、或负面的影响时，才需要监管的介入。第三，要提高监管效率。既要提高监管机构发现与处置风险的效率，也要提高监管机构与市场沟通的效率。监管是多目标制，不同阶段政策重心多有不同，只有提高沟通效率，才能更准确地引导市场预期。第四，用好监管调控之手。监管除了防风险、为市场发展提供基础设施外，本身也有调控职责，确保行业公平竞争、可持续发展。就金融科技创新而言，要确保在应用环节的公平竞争原则，科技输出方要一视同仁；同时也要消除因监管套利产生的不公平竞争现象。

第二个问题是金融科技监管的重点是什么？可以从两个方面把握，一个是主体监管，包括金融控股公司监管和平台反垄断。金融控股公司监管要强调持牌经营、强化资本管理和全面风险管理，完善公司治理结构。平台反垄断重心在互联网平台主业如电商等。另一个是功能监管，主要是细化各业务板块的监管要求。具体包括支付板块（微信和支付宝等）、借贷和征信、保险、资管和理财。

第三个值得思考的问题是金融科技监管的未来路径。一是数据管理。通过制度建设和技术手段，鼓励在客户隐私保护前提下的数据共享，寻求平衡点和社会利益最大化。二是资本约束，体现在金融控股公司的注册资本和借贷业务主体融资杠杆率和出资比例的要求上，目的是控制信贷规模增速和行业集中度。三是反垄断。要尽量在早期介入监管，避免垄断地位的形成，同时鼓励新的市场参与者，降低市场集中度，尽量避免采取分拆或开征数字税等严厉处罚措施。

资料来源：作者根据相关资料整理。

问题思考：如何把握金融科技监管的原则、重点与趋势？如何理解金融资本垄断的危害性？

职业素养提升：树立国家金融安全大局意识；培养金融风险管理的专业素养；了解金融科技的积极作用和消极影响等。

第2章

信用风险管理

学习目标

1. 理解信用风险的定义、特点、内容和成因。

2. 掌握信用风险的传统度量方法；重点掌握信用风险的通用度量法。

3. 了解《巴塞尔新资本协议》对信用风险度量的新要求；理解各种信用风险管理工具。

4. 价值塑造：培养学生的诚信意识、法制意识、守住不发生系统性金融风险的底线意识，提升风险管理专业素养，开拓国际视野，养成良好金融道德观。

导入案例

永城煤电10亿元债券违约

永城煤电控股集团有限公司（简称“永城煤电”）成立于2007年6月，总部位于河南省永城市，为地方国有企业，经营范围包括对煤炭、铁路、化工及矿业的投资与管理，发电及输变电，机械设备制造、销售等。该公司控股股东是河南省最大国有企业河南能源化工集团有限公司，持股比例为96.01%，实控人为河南省国资委。2020年11月10日，永城煤电发布公告称，因流动资金紧张，公司2020年度第三期超短期融资券“20永煤SCP003”未能按期足额偿付本息，已构成实质性违约，涉及本息金额共10.32亿元，从而引发信用风险。在永城煤电宣布实质违约当日，评级机构迅速做出反应。中诚信国际信用评级有限责任公司表态，发布评级下调公告，决定将永城煤电公司主体长期信用评级由AAA降为BB，并列入可能降级观察的名单。同时永城煤电10亿元债券违约事件造成了市场恐慌情绪，多只信用债大幅调整。中证公司债指数一跌再跌，引发市场发生多米诺骨牌一样的连锁反应。

永城煤电债券违约事件表明永城煤电的履约能力下降，从而给信用提供方造成了潜在损失。同时，永城煤电公司主体长期信用评级由AAA降为BB导致其债务的市场价值发生变动，信用风险不断扩大。永城煤电债券违约既有客观因素，也有企业自身问题。客观因素主要是突发疫情冲击与宏观经济放缓，引发部分行业和企业经营长时间受拖累，现金流承压；但就企业本身看，资产负债结构失衡，自身造血能力不足，内部治理不完善，导致企业财务不稳健，抗风险能力弱，甚至不排除存在恶意“逃废债”等行为。

本章主要介绍信用风险的定义、成因、度量与管理。

第一节 信用风险概述

一、信用风险的定义

（一）信用风险的传统定义

信用风险是指受信方拒绝或无力按时、全额支付所欠债务时，给信用提供方带来的潜在损失，包括由于借款人的信用评级的变动和履约能力的变化导致其债务的市场价值变动而引起损失的可能性。

信用风险有广义和狭义之分。从狭义上来讲，信用风险通常是指信贷风险。广义上的信用风险指所有因客户违约（不守信）所引起的风险。如资产业务中的借款人不按时还本付息引起的资产质量恶化，负债业务中的存款人大量提前取款形成挤兑，加剧支付困难，表外业务中的交易对手违约引致或有负债转化为表内负债等。信用风险一般分为商业信用风险和银行信用风险。信用风险的范畴还可以进一步扩展到信用的接受者。例如购买者或借款方也可能承受供货方或银行带来的风险。这种风险主要表现在，供货方或银行可能因资金原因无法提供商品、服务而使授信方的交易持续进行。

（二）信用风险的现代定义

从组合投资的角度出发，信用资产组合不仅因为交易对手（包括贷款借款人、债券发行人等）的直接违约而发生损失，而且交易对手履约可能性的变动也会给组合带来风险。一方面，一些影响交易对手信用状况的事件的发生，如信用等级降低、盈利能力下降，造成所发行的债券跌价，从而给银行带来风险。另一方面，在信用基础上发展起来的交易市场使贷款等流动性差的资产价值能得到更恰当和及时的反映。如在西方的信用衍生品市场上，信用产品的市场价格的变动也会随时影响银行资产的价值，而不仅仅在违约发生时出现。从这两个方面来看，现代意义上的信用风险不仅包括违约风险，还包括由于交易对手（债务人）信用状况和履约能力上的变化导致债权人资产价值发生变动遭受损失的风险。与传统的信用风险定义相比，这种对信用风险的解释更切合信用风险的本质。

（三）信用风险的主要特点

（1）离散化、发生概率较低，发生后的损失和影响较大且具有连锁效应。

（2）缺少连续、长周期的历史数据用于量化分析。这一方面由于信用事件并不是天天发生，另一方面由于当事机构对于信用风险事件均不愿披露，因为它们担心这些信息会对自己的信用评级或正在进行中的信用业务产生负面影响。

(3) 信用风险管理在实践中难以找到诸如久期、基点价值等直观指标来揭示信用风险的频率和危害。

(4) 信用风险的损失难以直观估算，在不同的市场、不同的政策法律环境、不同的对手方以及不同的标的物等情况下，信用风险损失率均会不同。

(5) 信用风险往往还具有正反馈放大机制。在信用事件的影响下，信用风险的承受者本身的资信状况会受到其他相关业务往来机构的质疑或下调，接受更严格的信用审查机制，从而处于雪上加霜的处境，加重了信用风险的破坏作用。

(四) 信用风险的内容

1. 违约风险

在现代市场经济条件下，无论是企业还是个人在其经济活动中一旦与他人或企业签订经纪合约，就将面临合同对方当事人不履约的风险，如不支付钱款，不运输货物，不提供服务，不偿还借款等。此外，在信用保险、不同的贸易支付方式（赊账、货到付款、预付货款、交货付款）、国际贸易、托收、汇票、合同保证书、第三方担保、对出口商的中长期融资、福费廷等业务中均存在对方当事人违约的可能。

2. 信用评级调降风险

当外部信用评级公司如标准普尔、大公国际、中诚信国际、联合资信等几大机构，调降某家企业的主体评级，或某只债券的债项评级时，这代表发债企业或债券本身的信用质量已经发生巨大改变，外部信用评级公司调整其信用级别以符合该举债企业或该债券的偿债状况。因此，观察到主体评级或债项评级被调降时，代表发债企业或债券本身产生信用风险。

3. 信用价差风险

信用价差或是信用风险溢价，是风险性债券的投资回报率与无风险债券的投资回报率间的差距。风险性债券的投资人承担风险，要求报酬补偿，投资人所要求的报酬补偿称为风险溢价。因此，风险性债券的投资回报率与无风险债券的投资回报率的差距，不仅包括发行机构信用质量的差距，也包含债券投资的其他非信用风险。

4. 信用风险与信贷风险

信用风险与信贷风险是两个既有联系又有区别的概念。信贷风险指在信贷过程中，由于各种不确定性，使借款人不能按时偿还贷款，造成银行贷款本金、利息损失的可能性。对于商业银行来说，信贷风险与信用风险的主体是一致的，都是由于债务人信用状况发生变化给银行经营带来风险。两者的不同点在于其所包含的金融资产的范围不同，信用风险不仅包括贷款风险，还包括存在于其他表内、表外的业务，如贷款承诺、证券投资、金融衍生工具中的风险。由于贷款业务仍然是商业银行的主要业务，所以信贷风险是商业银行信用风险管理的主要对象。

二、信用风险的成因

(一) 信用风险是现代金融市场内在本质的表现

信用风险是金融市场的一种内在的推动力和制约力，它既促进了市场参与者管理效率的提高，增添了市场活力，也具有风险警示效用，起到“看不见的手”的调节和约束作用。

1. 信用风险内生于金融市场

信用风险在经济金融活动中无处不在。由于金融市场上有无数参与者存在，每时每刻都有大量的交易产生，因此，金融市场上有大量的信用风险客观存在。

2. 信用风险是金融市场的一种内在的推动力和制约力量

一方面，金融市场的参与者如果能把握时机，就能获得较好的收益，从而在激烈的竞争中赢得胜利，反之，就可能陷于被动，进而遭受损失。因而从某种意义上讲，信用风险促进了金融市场参与者管理效率的提高，增添了金融市场的活力。另一方面，信用风险可能造成的严重后果具有警戒作用，能够在一定程度上约束金融市场的参与者，从而对整个金融市场起到调节作用。

（二）信用活动中的不确定性导致信用风险

不确定性是现实生活中客观存在的因素，它反映了一个特定事件在未来有多种可能的结果。在信用活动中，不确定性包括“外在不确定”和“内在不确定”。

1. 外在不确定

外在不确定来自经济体系之外，是经济运行过程中随机性、偶然性的变化或不可预测的趋势，如宏观经济的走势、市场资金的供求状况、政治局势、技术和资源条件等，外在不确定也包括国外金融市场上的不确定性冲击。一般来说，外在不确定对整个金融市场都会有影响，所以，外在不确定导致的信用风险等金融风险又被称为系统性风险。系统性风险不可能通过投资分散等方式来化解，只能通过某些措施来转嫁或规避。

2. 内在不确定

内在不确定来自经济体系内部，它是由行为人主观决策及获取信息的不充分性造成的，带有明显的个性特征。例如，企业的管理能力、产品的竞争能力、生产规模、信用品质等的变化都直接关系其履约能力，甚至企业内部的人事任命等也会影响其股票和债券的价格。加上投机者不可预测的炒作，更加大了内在不确定性。内在不确定性产生的风险又被称为非系统性风险。

（三）信用当事人遭受损失的可能性形成信用风险

信用风险往往与损失联系在一起，或者说，信用风险可能导致损失。这里包括两层意思：第一，对于信用活动的一个事件来说，只要它存在着损失的可能性，就表明它存在着信用风险，但这并不意味着该事件不存在盈利的可能性。第二，信用风险指的是一种可能性，是一种结果未知的未来事件。对于已经发生的事情，如企业不能履约归还贷款，使银行遭受损失，这一损失只是信用风险造成的结果，而非信用风险本身。

信用风险可能导致的损失有以下两种情况：一是信用风险可能给行为人带来潜在的损失。一般认为，信用风险导致的可能损失越大，信用风险就越大。二是信用风险还可以给行为人带来潜在的损失。例如，银行贷款不能及时收回，长期债券投资者由于发行人违约不能收回债券本息等，这些因素都可能使人们失去良好的再投资机会，甚至影响到正常的经营秩序。从整个国民经济来看，信用风险还会扰乱整个市场秩序，从而对经济发展产生不利的影响。

第二节 信用风险的度量模型

对于信用风险度量的研究西方国家起步比较早，经过长期的发展，信用风险度量方法目前已经相当成熟，比较常用的信用风险度量模型有多种，这些信用风险度量模型可以简单分为指标模型和非指标模型两大类。

一、指标模型

指标模型是指用一系列相关指标（主要为财务比率指标）来衡量信用主体的信用状况，因此可以通过选取一系列相关指标来识别和预测贷款公司的信用风险。

(一) 传统度量方法

1. 专家分析法

专家分析法是信用风险识别模型中最古老的方法，它是商业银行在长期信贷业务中形成的信用风险评估方法，主要有 5C、5W 或 5P 分析方法。5C 包括品质（character)、资本(capital)、偿付能力（capacity)、抵押品（collateral)、经营环境（condition)。5W 包括借款人（who)、借款用途（why)、偿还期限（when)、担保物（what)、如何归还（how)。5P 包括个人因素（person)、目的因素（purpose)、偿还因素（payment)、保障因素（protection)、前景因素（perspective)。这几种方法的共同做法都是那些经过长期训练、具有丰富经验的信贷专家对每一构成要素逐一打分，再求其加权平均，据此来判断是否贷款。

专家分析法虽然操作起来方便，能够有针对性地对公司信用风险进行评价，但是因为结果在很大程度上取决于专家的经验，所以存在很大的局限性和随意性，而且该方法只能对风险进行判断，不能准确度量风险的大小。

2. 信用评级模型

信用评级模型也叫贷款内部评级模型（IRS)，是美国货币监理署开发的一种信用风险识别模型。该模型将贷款分为五类：正常贷款、关注贷款、次级贷款、可疑贷款和损失贷款。按照不同的级别分别提取损失准备金，再通过加总计算，评价贷款损失准备金的充分性。

信用评级模型充分利用样本数据对影响模型的波动性进行估计。但是，由于该模型需要多年的数据积累进行验证，这就要求国内商业银行改进信息管理系统，建立有效的数据库。而且该模型的分类较为粗略，只能对信用风险进行判断，不能度量信用风险的大小。

(二) 现代判别模型

1. 多元判别分析模型（MDA）

基于多元判别分析的信用风险度量模型主要有 Z 值评分模型和 ZATA 模型。这两类模型的理论基础都是 Fisher 判别分析，基本原理是根据已经掌握的每类样本的历史数据对其分类，总结分类规律，建立判别函数。

Altman（1968 ）提出 Z 值评分模型，他通过对 1968 年美国破产与非破产企业进行观察，以 22 个主要财务指标作为观测变量进行数理统计，最后筛选出 $\frac{\text{营运资本}}{\text{总资本}}$（$X_1$）、

$\frac{留存收益}{总资产}$（X_2）、$\frac{息税前利润}{总资产}$（X_3）、$\frac{权益的市场价值}{负债的账面价值}$（X_4）、$\frac{销售收入}{总资产}$（X_5）等 5 个关键财务指标作为企业违约判别标准，赋予相应权重后，以这 5 个指标变动到相应临界值以下作为债务违约发生的判断标准。Z 值评分模型的基本形式为：

$$Z=1.2X_1+1.4X_2+3.3X_3+0.6X_4+0.999X_5 \tag{2-1}$$

Altman 认为，当 Z 值大于 2.99 时，公司具备偿付能力；当 Z 值小于 1.81 时，公司将发生违约；而介于两个值之间的为灰色地带，不能进行有效判断。

Altman、Haldeman 和 Nvarayanan（1977）将 Z 值评分模型中 5 个指标扩展为 7 个指标，建立了 ZATA 模型，其一般形式为：

$$ZATA=\alpha_1X_1+\alpha_2X_2+\alpha_3X_3+\alpha_4X_4+\alpha_5X_5+\alpha_6X_6+\alpha_7X_7 \tag{2-2}$$

式中，X_1表示公司规模，可用总资产的对数形式来度量。X_2表示资产报酬，是息税前利润与总资产的比率。X_3 表示资本化率，用普通股权益与总资产之比衡量。X_4 表示收益的稳定性，用资产收益率在年或年中变化的标准差表示。X_5 表示流动比率，即流动资产与流动负债之比。X_6 表示债务偿还能力，用利息保障倍数度量。X_7 为累计盈利，用公司的留存收益表示。

Z 值评分模型和 ZATA 模型在信用风险识别的不同领域已被广泛运用。这类模型的出现使得信用风险度量从定性分析转换为定量分析，预测能力强，应用面广。但是该类模型假设了变量是呈线性的，而现实经济中的变量应该是非线性的，这使得模型不能准确地描述经济现象。

分析案例

Z 值评分模型举例

下面以一个具体的例子来说明 Altman 的 Z 值评分模型的应用。以某商业银行为例，选择它的企业客户为对象，考察它们的短期贷款偿还情况。所用的财务比率是参照国内考核企业财务状况和国外相关财务比率的指标，对反映企业流动性、盈利性、增长性、速动性及偿债性等方面的指标，利用相关软件进行主因子分析，得到以下 5 个比率。

$$X_1=\frac{营运资本}{总资产}$$

$$X_2=\frac{留存收益}{总资产}$$

$$X_3=\frac{息税前利润}{总资产}$$

$$X_4=\frac{权益的市场价值}{负债的账面价值}$$

$$X_5=\frac{销售收入}{总资产}$$

调查取得的样本总数为 129 家，其中 65 家企业不能偿还银行信用贷款。这 129 家企业被划分为两个子样本，训练子样本由 74 家企业构成，包括 36 家能够偿还银行贷款的企业和38家不能按时偿还贷款的企业，检验子样本由55家企业构成，包括28家能够偿还贷款的企业和27家不能按时偿还的企业。对根据样本数据计算得到的5个比率进行检验以考察是否服从正态分布的假设，是否满足等协方差的假设，它们之间是否存在线性相关。然后，根据STSTGAPHICS软件包计算得到模型的判别系数，如表2-1所示，5个比率中的4个在1%的显著性水平下服从正态分布。模型的预测精度可通过训练样本和检验样本来检验，通常预测精度可用两类错误来度量：第一类错误是指将不能偿还贷款的企业误判为能偿还贷款的企业的错误；第二类错误是指将能偿还贷款的企业误判为不能偿还贷款的企业的错误。结果如表2-2所示，在这两类错误中，第一类错误显然更加严重，因为其误判代价更高。

表2-1 判别分析结果

变量	X_1	X_2	X_3	X_4	X_5	常量
系数	0.320 54	1.788 68	5.160 75	0.070 98	−0.067 43	−0.527 31

其中，X_1、X_2、X_3、X_4、X_5在1%的显著性水平下服从正态分布。

表2-2 训练样本和检验样本的误判

训练样本			检验样本		
第一类错误	第二类错误	总误判	第一类错误	第二类错误	总误判
5 (13.16%)	0 (0.00%)	5 (6.76%)	11 (40.74%)	3 (10.71%)	14 (25.45%)

可以看出，训练时判断分析的准确率可以达到90%以上，而且检验中的准确率也有70%以上，结果还是非常理想的。该案例表明，Altman的五因子Z值评分模型的判断精度还是非常高的。

2. 线性概率模型

由于多元判别只能直接得出判别结果，无法估计出企业破产的风险。因此研究者设计了线性概率模型（line probability model，LPM）。该模型的因变量是一个虚设变量或双值变量，并用一个或一个以上的变量的线性函数来表示。线性概率模型实际上是普通最小二乘回归模型的一种特例。其因变量只能取两个值0或1。

这种模型的具体做法是：把过去的贷款划分为两类，即违约的（$P_i=1$）和不违约的（$P_i=0$）。

$$P_i=\begin{cases}1，\text{信用危机企业}\\0，\text{信用良好企业}\end{cases} \tag{2-3}$$

然后，我们通过对随机变量（x_{ij}）的线性回归来进行估计，x_{ij}表示第j个借款者的数量信息，如财务杠杆或收益率，通过如下形式的线性回归来估算模型：

$$P_i=\sum \beta_i x_{ij}+\varepsilon_i \tag{2-4}$$

其中，β_i表示在过去的偿还情况中第j个变量的重要性。如果我们得到估计的β_i值，并且将其与对未来借款者所观测到的 x_{ij} 值相乘，并进行加总，得到借款者违约的概率为：

$$E(P_i)=(1-Z_i)=\text{预期的违约率} \tag{2-5}$$

其中，Z_i 是对贷款偿还的概率。

线性概率模型存在的一个最大问题是：计算的 Z_i 值可能不在 0 和 1 之间。为此，指数模型对此进行了简单的修正。把 Z_i 值代入以下公式，计算 Z_i 的指数转化值。转换后的值位于 0 和 1 之间。

$$f(Z_i)=\frac{1}{1+e^{-Z_i}} \tag{2-6}$$

3. Logistic 模型

Logistic 模型就是一种多元条件概率模型，克服了 MDA 与 LPM 都需要进行的限制，并且采取了极大似然估计法进行参数估计。Logistic 模型基于估计的基本问题是：属于某一特定总体的公司，它在某一特定时间内破产的概率有多大？假设 X_i 是第 i 个公司的预测变量，α 和 β 为待估计参数，公司 i 破产的概率可以由下式计算出：

$$P(x_i,\beta)=F(\alpha+\beta x_i) \tag{2-7}$$

假设第一组的样本为：$X_1^{(1)},\cdots,X_m^{(1)}$ 第二组样本为 $X_1^{(2)},\cdots,X_n^{(2)}$ 则似然函数为：

$$L(\alpha,\beta)=\prod_{i=1}^{m}\left[1-\frac{1}{1+e^{-\alpha-\beta x_i^{(1)}}}\right]\prod_{i=1}^{n}\left[\frac{1}{1+e^{-\alpha-\beta x_i^{(2)}}}\right] \tag{2-8}$$

最大化的似然函数 $\ln L(\alpha,\beta)$ 可以估计出参数 α 和 β 的值。然后计算出公司破产的概率 $P(X_i,\beta)$，以此可以划分健康的公司与财务危机的公司。

4. 人工智能：神经网络模型

人类对事情的判断并不只是依靠逻辑数量分析，绝大多数都要参考各方面的信息，包括文字的、画面的、抽象的信息，才做出最后的判断与决策。在对信用风险进行度量时，除了数量方面的客观分析外，定性的主观评价也极为重要。也就是说，人类大脑在已经累积的知识架构下，对各项信息进行复杂的接收、处理、传送等程序，才做出最后的判断与决策。这个处理过程仍像个黑箱难以掌握，需要借助一个具有右脑导向的工具进行处理，而人工神经网络就是基于这一目的所发展出来的处理工具，人工神经网络用于辨认投入资料中的隐藏关系，再凭以预测未来趋势，很像右脑的功能。

人工神经网络可以看成是从输入空间到输出空间的一个非线性映射关系。该方法用于企业财务状况研究时，主要利用其映射能力和泛化能力，即在经过一定数量的带噪声的样本的训练之后，人工神经网络可以抽取样本所隐含的特征关系，并对新情况下的数据进行内插和外推以推断其属性。人工神经网络是一种具有模式识别能力，自组织、自适应、自学习特点的非参数方法，对数据的分布要求不严格，不仅具有非线性映射能力和泛化能力，而且有较高的预测精度，促使人工神经网络在信用风险评估领域得到长足的发展。

人工神经网络存在的明显缺陷是：黑箱问题，不具有解释性，而且也没有统计理论与基础；易形成局部最优而得不到整体最优，结构确定困难；迭代次数多、收敛慢、训练效率低；等等。

二、非指标模型

非指标模型在利用诸如数字的、模拟的、分析的等方法的基础上，输出相关的连续概率以及概率分布，其中概率度量违约的可能性或者降级的可能性，概率分布是衡量受损失的严重程度。非指标模型主要有 J. P. 摩根的 CreditMetrcis 模型、基于保险精算的 CreditRisk+模型、基于期权理论的 KMW 模型、麦肯锡公司的 CPV 模型。

（一）CreditMetrics 模型

CreditMetrics 模型于 1997 年由 J. P. 摩根联合当时世界一流的银行和 KMV 公司共同开发，是当今世界最为著名的信用风险度量模型之一。该模型对违约概率（probability of default，PD）的测度是通过企业信用等级转移概率矩阵来实现的。转移矩阵由所有行业内公司信用等级逐年变化的历史数据构成，标明了不同行业公司在不同商业周期下，在一定的信用期间内，其信用等级从一个级别转移到另一个级别的概率矩阵数据组合。

1. 模型假设

（1）债券未来市场价值和风险完全由其远期利率分布曲线决定，在模型中，唯一的变量是信用等级；

（2）信用等级是离散的，同一级别的债券具有相同的迁移概率和违约概率，迁移概率遵循马尔可夫过程，同时迁移概率具有稳定性，且实际违约概率等于历史违约概率；

（3）风险期限是固定的，一般为一年；

（4）不同债务人的信用等级的联合分布是用两者资产回报率的联合分布来估计的，资产回报率的联合分布又用所有者权益收益率的联合分布来代替；

（5）每个信用等级对应一条零息票收益率曲线；

（6）违约的含义不仅指债务人到期没有偿还债务，还可指债务人信用等级的下降所导致的债券市场价值下跌，并且违约事件发生在债务到期时。

2. 模型设定与参数估计

为了阐述方便，我们仅对单一债券的违约概率进行分析，假定债券持续期限为 n（用 k 表示期限），债券等级划分为 m 等（用 j 表示信用等级），且计算第一年的信用风险值。根据不同信用等级的历史违约概率和利率预期理论，计算出信用等级为 j 的债券第 k 年零息票收益率 y_{jk}，这样就可以将债券的票息和本金折算为债券现值 P_j，即：

$$P_j=\sum_{k=1}^{n}\left[\frac{M_{jk}}{(1+y_{jk})^k}\right] \tag{2-9}$$

M_{jk} 为债券 j 第 k 年净现金流量。根据历史信用等级迁移概率计算出该信用等级的迁移概率 c_j，则债券第一年末的期望价值和方差分别为：

$$E(P)=\sum_{j=1}^{m}P_jc_j \tag{2-10}$$

$$\sigma_P^2=\sum_{k=1}^{n}P_j^2c_j-[E(P)]^2 \tag{2-11}$$

该模型计算债券价值的损失有两种方法：

（1）基于债券价值服从正态分布的假设。在这种情况下，信用等级为 j 的债券的预期损失（expected loss，EL）就是债券现值 P_j 与债券的期望价值 $E(P)$ 的差额，再根据债券价值变化的标准差 σ_P，计算债券在置信水平为 α 下的非预期损失（unexpected loss，UL），从而得出经济资本。

$$UL=N^{-1}(\alpha)\cdot\sigma_P \tag{2-12}$$

（2）基于债券价值的实际分布。在这种情况下，需要采用蒙特卡罗方法和 VaR 技术，即要累加该债券向最差的信用等级迁移的概率，直到等于或者近似等于给定的（$1-\alpha$），此时可以得到与此对应的债券价值，该值与债券的期望价值之差就是 VaR 值，即可求出该债券所需的经济资本。

3. CreditMetrics 模型的优势

（1）对组合价值的分布有正态分布假定下的解析方法和蒙特卡罗模拟法，在一定程度上避免了资产收益率正态性的硬性假设，可以用资产价值分布和百分位求出资产损失；（2）对违约的概念进行了拓展，认为违约也包括债务人信用等级恶化；（3）它是一种盯市信用风险度量模型，能考虑到债务价值的高端和低端；（4）该模型适用范围非常广泛，包括传统的商业贷款、信用证和承付书、固定收益证券、贸易融资和应收账款等商业合同，而其高级版模型还能够处理掉期合同、期货合同及其他衍生产品；（5）该模型提出了边际风险贡献的概念，很好地刻画了新增一笔债券/贷款的风险和收益及其取舍方法。

4. CreditMetrics 模型的劣势

（1）大量证据表明信用等级迁移概率并不遵循马尔可夫过程，而是跨时自相关的；（2）信用等级迁移矩阵未必是稳定的，它受到行业因素、国家因素、周期因素等影响；（3）贷款合约与债券在担保、合约条件上有很大不同，对此评价贷款的损失有一定的困难。

（二）CreditRisk+模型（信用风险附加法）

信用风险附加法是瑞士信贷第一波士顿银行产品部在 1997 年源于保险精算学思想开发的。

1. 模型假设

（1）债务/贷款偿还只有两种状态：违约与不违约；

（2）在债务人较多的条件下，在相同时间段内违约概率相同；

（3）在不重叠的时间段内违约人数相互独立。

2. 模型设定与参数估计

由于以上假设，用泊松分布比较好满足以上假设，设：

$$\Pr(n)=\frac{\lambda^n e^{-\lambda}}{n!} \tag{2-13}$$

$\Pr(n)$为计算期内发生 n 个债务人违约事件的概率，K 为单位时间段内平均违约人数，它服从 Gamma 分布，并且有 $\lambda=\sum_{k=1}^{n}\Pr(k)\cdot k$。根据泊松分布可知，$n$ 是均值为 K 的一个随机变量。

瑞士信贷第一波士顿银行在处理模型时，将债券/贷款分为 m 个频段，设基础单位金额为L（例如 100 万元），则可以根据债务人风险暴露划为某一频段（取大于相对比例的最小整数，如 435 万元的频段为 5），频段 j 的风险暴露 v_j 用L 作单位，则有 $v_j=j$，则在

频段 j 内的期望违约人数为：

$$\lambda_j=\frac{EL_j}{v_j}=\sum_{k\in\Omega_j}\frac{EL_k}{v_k} \tag{2-14}$$

则频段 j 的资产组合分布的概率密度函数为：

$$\begin{aligned}G_j(z)&=\sum_{n=0}^{\infty}\Pr(EL=nL)Z^n=\sum_{n=0}^{\infty}\Pr(n)Z^{nv_j}=\sum_{n=0}^{\infty}\left(\frac{\lambda_j^n e^{-\lambda_j}}{n!}\right)Z^{nv_j}\\&=\exp(-\lambda_j+\lambda_j Z^{v_j})\end{aligned} \tag{2-15}$$

$$\begin{aligned}G(z)&=\prod_{j=1}^{m}G_j(z)=\prod_{j=1}^{m}\exp(-\lambda_j+\lambda_j z^{v_j})=\exp\left(-\sum_{j=1}^{m}\lambda_j+\sum_{j=1}^{m}\lambda_j z^{v_j}\right)\\&=\exp\left(-\lambda+\sum_{j=1}^{m}\lambda_j z^{v_j}\right)\end{aligned} \tag{2-16}$$

损失 nL 的资产的概率函数为：

$$\Pr(EL=nL)=\frac{1}{n!}\frac{d^nG(z)}{dz^n},\quad z=0,\ n=0,\ 1,\ 2,\ \cdots \tag{2-17}$$

有了资产损失的概率密度函数，就可以直接利用 VaR 方法求出债券/贷款的经济资本要求，即在一定的置信水平下，可以计算出最大可能违约数 N，这样经济资本就为 NL。

3. 信用风险附加法的优势

（1）易于求出债券/贷款及其组合的损失概率和边际风险分布；（2）模型集中于违约分析，所需估计变量很少，只需要违约和风险暴露的分布即可；（3）模型处理能力很强，可以处理数万个不同地区、不同部门、不同时限等的风险暴露；（4）根据组合价值的损失分布函数可以直接计算组合的预期损失和非预期损失的值，比较简便。

4. 信用风险附加法的劣势

（1）只将违约风险纳入模型，没有考虑市场风险，而且认为违约风险与资本结构无关；（2）没有考虑信用等级迁移，因而任意债权人的债务价值是固定不变的，它不依赖于债务发放人信用品质和远期利率的变化与波动；（3）K_j 的方差并不完全相同，否则会低估违约率；（4）不能处理非线性金融产品，如期权、外币掉期。

（三）KMW 模型

基于期权定价理论 KMV 公司（现已被穆迪公司收购）于 1993 年开发了违约预测模型，也称 KMV 模型，用来估计借款企业违约概率。

1. 模型设定与参数估计

KMV 模型将股权视为企业资产的看涨期权，以股票的市场数据为基础，利用默顿的期权定价理论，估计企业资产的当前市值和波动率，再根据公司的负债计算出公司的违约点（为企业 1 年以下短期债务的价值加上未清偿长期债务账面价值的一半），然后计算借款人的违约距离（即企业距离违约点的标准差），最后根据企业的违约距离与预期违约率（expected default frequency，EDF）之间的对应关系，求出企业的预期违约率。

$$S=c(A,\ K,\ r,\ \sigma_A,\ \tau) \tag{2-18}$$

其中，S 为股票价值，A 为企业资产的市场价值，K 为银行借款，即负债价值，由所有的短期负债（1 年或 1 年以下）价值加上所有长期债券的账面价值的一半得到，r 为短期利率，σ_A 为企业资产市值的波动性，τ 为其他相关变量。

企业股票市值的波动性 σ_s 与资产市值波动性 σ_A 之间存在着一种理论关系式：$\sigma_s=g(\sigma_A)$。这要求根据可观测变量（尤其是股票的市场价格 S 和其波动率 σ_s）来反复进行预测。这个模型以资产的当前价值与其边界点的差额为基础计算出了预期违约率。例如，假设 $A=100\ 000\ 000$ 美元，$K=80\ 000\ 000$ 美元，并且 σ_A 为 1 000 万美元。将此对违约的差额进行标准化后就可以得到：

$$z=\frac{A-K}{\sigma_A}=2 \tag{2-19}$$

如果我们假设有正态分布的收益，标准正态变量 z 取值低于 -2 的概率为 2.3%，因此预期违约频率为 EDF=0.023。

KMV 模型中的信用模型，在本质上是由债务人资产价值变动引起的。给定企业的资本结构，一旦设定了资产价值的随机过程，那么任何期限内的实际违约率（不论是 1 年还是 2 年等）都可以被推导出来。

KMV 模型的方法最适用于公开上市的公司，这些公司权益的价值由股票市场决定，然后可以将股份和资产负债表中所包含的信息转换为内在的违约风险。KMV 公司声称这个模型对违约的预测远远优于信用评级方法。可回收率与违约间的相关系数也可以由模型自动得到。

2. KMW 模型的优势

（1）信息主要来源于资本市场而不仅仅是历史资料，充分考虑了市场信息，更能反映借款企业的信用情况，缓解了我国普遍存在的会计信息失真的影响；（2）所采用的数据主要来自股票市场，数据及分析结果更直接更快捷，具有前瞻性，是一种动态的模型；（3）以期权理论为基础，预测分析的结果更准确，能够反映出不断变化的预期违约率；（4）不要求有效市场假设，市场预测效果更好，使得预期违约率敏感度更高。

3. KMW 模型的劣势

（1）假设过于简单，实际企业财务结构往往是很复杂的，而且资产收益的分布并不满足正态分布；（2）该模型主要适用于上市公司的信用风险评估，对于非上市公司预测评估比较困难，预测的准确性差；（3）仅仅抓住了违约预测，忽视了企业信用品质的变化；（4）该模型所推出的预期违约率与违约距离之间的函数关系主要是以美国公司的数据为基础的，其适用范围受到了限制；（5）未考虑信息不对称情况下的道德风险，在违约数据缺乏的情况下，很难将违约距离转化成实际违约率，不能应用于所有的产品，如期权、外币掉期等；（6）模型不能对债务的不同类型进行区分，如偿还的优先顺序、担保等类型，使得模型的计算结果不够精确。

（四）信贷组合观点模型

1998 年，麦肯锡公司的 Saunders 和 Wilson 等人利用基本动力学的原理，从宏观经济环境的角度来分析借款人的信用等级迁移，建立了信贷组合观点（Credit Portfolio View，CPV）模型，也称麦肯锡模型。该模型是通过对 CreditMetrics 模型转移矩阵加入宏观经济因素调整而来。该模型的最大特点是考虑了当期的宏观经济环境，认为企业信用质量的变化与失业率、长期利率水平、GDP 增长等宏观经济因素变动紧密相关。该模型不以企业信用等级转移的历史数据来估计违约概率，而是以当期的经济状态为条件来计算信用等级转移概率及违约概率。该模型适合投机级别的债务人。

1. 模型假设

（1）信用等级在不同时期的迁移概率不是固定不变的，而受到诸如国别、经济周期、失业率、GDP 增长速度、长期利率水平、外汇汇率、政府支出、总储蓄率、产业等因素的影响；

（2）宏观经济变量服从 AR(2) 过程。

2. 模型设定与参数估计

$$\mathrm{Pr}_{i,t}=\frac{1}{(1+\mathrm{e}^{-Y_{i,t}})} \tag{2-20}$$

其中，$\mathrm{Pr}_{i,t}$ 为债务人 i 在时刻 t 的有条件违约概率；$Y_{i,t}$ 为由以上 m 个因素 $F_{i,t}$ 所表示的宏观指数，即：

$$Y_{i,t}=\alpha_{i,0}+\alpha_{i,1}F_{i,1,t}+\cdots+\alpha_{i,k}F_{i,k,t}+\cdots+\alpha_{i,m}F_{i,m,t}+\varepsilon_{i,t} \tag{2-21}$$

其中，$\alpha_{i,k}$ 为 $F_{i,k,t}$ 对 $Y_{i,t}$ 的影响系数；$F_{i,k,t}$ 为因素 k 的相对指数；$\varepsilon_{i,t}\sim N(0,\ \sigma_i)$，$\varepsilon_{i,t}\sim N(0,\ M_{\varepsilon})$，$M_{\varepsilon}$ 是因素指数协方差矩阵。由第二个假设可知：

$$F_{i,k,t}=\beta_{i,k,0}+\beta_{i,k,1}F_{i,k,t-1}+\beta_{i,k,2}F_{i,k,t-2}+e_{i,k,t} \tag{2-22}$$

其中，$e_{i,t}\sim N(0,\ \sigma_i)$，$e_t\sim N(0,\ M_e)$，$M_e$ 是误差项矩阵。

设定矩阵 $E_t=[v_t e_t]^T\sim N(0,\ M)$，其中 $M\begin{bmatrix}M_{v,v} & M_{v,e}\\ M_{e,v} & M_{e,e}\end{bmatrix}$，$M_{v,e}$ 是相关系数矩阵。将矩阵 M 分解为 $M=AA^T$，并设 $Z_t\sim N(0,\ I)$，则债务人数量足够多时有：$M_t=A^T Z_t$

根据历史的投资级债券的违约概率 P_t 与穆迪或者标准普尔的历史上（无条件）投资级债券的基期违约概率 P_0 的比值可以看出，比值大于 1 则说明经济膨胀，小于 1 则说明经济衰退。利用 $P_{i,t}$ 来调整 P_0，从而得到一个转换矩阵 TM：

$$TM_t=TM\left(\frac{P_{i,t}}{P_0}\right),\quad TM_t=\prod_{t=1}^{T}TM\left(\frac{P_{i,t}}{P_0}\right) \tag{2-23}$$

由上式可以得到任何信用等级在任何时刻的向任何信用等级迁移的瞬间迁移概率和累计迁移概率。事实上，CPV 模型是对信用度量术的延伸和深化，因为在信用度量术中，信用等级迁移的概率和累计概率是通过历史数据统计出来的，存在一定的时滞，所以，该模型在利用信用度量术的有关处理方法和 VaR 方法的基础上，可以求出债券/贷款及其组合的违约概率、预期损失、非预期损失和经济资本。

3. CPV 模型的优势

（1）较为充分地考虑了宏观经济环境对信用等级迁移的影响，而不是无条件用历史上违约概率的平均值来代替；（2）信用等级迁移概率具有盯市性，因而它与信用度量术结合起来可以提高信用风险度量的准确性；（3）它清晰地给出了实际的离散的损失分布模型，这个损失分布依赖于子组合中信用头寸的个数和大小；（4）它既可以适用单个债务人，也可以适用于群体债务人，如零售组合。

4. CPV 模型的劣势

(1) 模型的数据依赖于一国很多宏观经济数据，因而数据处理与计算较为繁杂；(2) 不能处理非线性产品，如期权、外币掉期。

表 2－3 比较了现代信用风险内部模型的特征分析，表 2－4 比较了信用风险内部模型数据要求。

表 2－3 现代信用风险内部模型特征分析比较表

模型名称	CreditMetrics	KMV	CPV	CreditRisk+
创始人	J. P. 摩根	KMV 公司	麦肯锡	瑞士信贷第一波士顿银行
依据原理与分析方法	评级历史数据统计和股权分析	期权定价原理	宏观经济因素调整与模拟	财险思想
违约状态	MM	MM	MM 或 DM	DM
信用事件	信用级别变化/违约	连续违约概率	信用级别变化/违约	违约
相关性结构	来自股本回报的多元模型	来自资产回报的正交多元模式	来自 ARIMA 和多元 Logistic 经济计量模型	来自使用者定义的组合子集违约概率密度与外部风险因子之间的关系
产生组合价值分布	用联合转移矩阵模拟信用状态；蒙特卡罗模拟	用蒙特卡罗模拟相关的资产价值	用蒙特卡罗模拟经济变量并预测指数值。组合子集的违约概率和转移概率是预测指数值的 Logit 函数	组合子集违约概率服从于一个混合的泊松分布，混合变量是风险因子与线性函数
结构模型或简化模型	结构模型	结构模型	简化模型	简化模型
违约驱动因素	资产价值及其波动	资产价值及其波动	宏观经济因素	预期违约率
测度的条件性	无条件测度	条件测度	条件测度	条件测度
测度的离散性或连续性	离散测度	连续测度	离散测度	连续测度

资料来源：汪办兴．中国银行业全面风险管理改进研究——基于“新资本协议”的视角．复旦大学博士学位论文，2007.

现代信用风险管理模型均具有不同的比较优势，从而也各具有不同的适用性。CreditMetrics 和 KMV 模型适用于度量公司和规模较大的私人客户信用风险；CreditRisk+模型适用于度量零售客户的信用风险；CPV 模型适用于度量对宏观经济因素变化敏感的投资级债务人或债项如房地产贷款的信用风险。从技术上来看，在我国目前的情况下，推广使用 CreditMetrics 模型是更为实际的选择。

CreditMetrics 模型几乎涵盖了所有的信用产品，具有广泛的适用性。同时，由于强调信用评级的一致性和一贯性，它也是典型的可以在不同行业之间比较的量化方法，这对于我国金融机构目前以定性分析为主难以进行跨行业比较的信用风险管理方法而言无疑是一个很好的补充。

表 2-4　信用风险内部模型数据要求

模型名称	数据要求
CreditMetrics	资产特征（回报率、到期日、回收率） 资产回报率 评级体系和转移矩阵 远期零息债收益率曲线 国别和产业指数以及单项资产对经济中不同部门的敞口
KMV	资产特征 企业资本结构 违约距离和预期违约率之间的映射关系 无风险利差 国别和产业指数以及单项资产对经济中不同部门的敞口
CPV	宏观经济变量（如 GDP 增长率、利率、失业率等） 针对国别和地区的校正系数 资产特征
CreditRisk+	单个债务人的违约概率 银行对单个债务人的敞口

资料来源：赵先信．银行内部模型和监管模型．上海：上海人民出版社，2003.

三、《巴塞尔新资本协议》与信用风险度量

在信用风险度量方面，《巴塞尔新资本协议》推荐使用内部评级法，它有两个版本，一是基础内部评级法；二是高级内部评级法。内部评级法提出 4 个主要参数，分别是违约概率、违约损失率、违约暴露及期限。基础内部评级法要求比较简单，银行只需计算违约概率，其余依照监管机构的指引即可，实施比较容易。高级内部评级法相对复杂得多，银行需要自行计算上述 4 个参数。此外，信用风险也取决于违约后损失，这可以用 1 减去回收率，或违约后回收比例来衡量。

（一）违约风险的衡量

违约风险可以用违约概率和违约损失率来衡量。违约概率（probability of default，PD）是指未来一段时间内借款人发生违约的可能性。通常，影响违约概率的因素主要有财务因素、经营因素、行业因素、宏观经济环境因素等，并且不同的风险类别，其违约概率的影响因素不同。国际先进银行确定违约概率一般采用定量和定性分析相结合的分析方法。

违约损失率（loss given default，LGD）是指预期违约的损失占违约敞口的百分比，违约损失率与关键的交易特征有关，如是否有抵押物。此处的损失是经济损失而非会计损失，包括折扣因素、融资成本以及在确定损失过程中汇总发生的直接或间接成本。违约损

失率有三大类：一是市场损失率，以违约债券或贷款的市价为依据；二是折算的损失率，指处置及清收后，估计现金流的数据，加以折算出来；三是隐含的市场损失率，是以资产估价模型按同类未违约债券的利差与价格计算。LGD的主要估算方法包括历史数据平均法、资产估值法和因素模型法：

1. 历史数据平均法

历史数据平均法最传统，也是被大多数银行在实践中普遍采用的方法，它利用回收率（recovery rate，RR）的历史数据，运用公式 LGD=1－RR 估计 LGD。此方法通常根据债务类型（即贷款、债券）和资质（有担保、优先无担保、次级）将 RR 历史数据进行加权平均，计算出某一类或组合资产的 LGD 历史平均值。《巴塞尔新资本协议》通常也使用历史数据平均法。

历史数据平均法的缺陷在于用它测度 LGD 较为保守，没有考虑诸如信用周期、借款者对信用环境的敏感度等重要因素；同时，研究表明，贷款和债券的 RR 的概率分布一般呈双峰分布，即 RR 的概率分布集中在 70%～80%或者 20%～30%，均值水平并非发生概率最大的水平。因此，使用历史平均法预测 LGD 可能会产生误差。

2. 资产估值法

资产估值法是基于对债务资产在无违约状态和违约状态下价值的变化进行估计，并进而确定 LGD 的方法，主要有三种不同的 LGD 定义和估值方法：

（1）基于历史数据回归分析法的市场 LGD。

该方法是根据违约资产的 LGD 历史数据和理论因子模型应用统计回归分析和模拟方法建立起预测模型，然后将特定项目相关数据输入预测模型中得出该项目的 LGD 预测值。该方法的估测结果可称为市场 LGD，是指在实际违约事件发生后，利用直接观察到的可上市交易的违约债券或贷款在违约发生前后出现的市场价格差异估计的 LGD，其计算公式如下：

$$\text{市场 LGD}=1-\frac{\text{债务工具的市场价值}}{\text{违约时点的债务面值}}$$

（2）基于清收数据贴现法的清算 LGD。

不同于其他方法利用违约的历史数据或债券交易的市场数据，清收数据贴现法是将违约后清算及追偿过程中产生的各期现金流的估计值以合适的贴现率折算为违约时点的现值，再与违约风险暴露（exposure at default，EAD）相比得出清算 LGD，即可表示为：

$$\text{清算 LGD}=1-\frac{\sum_{t=1}^{T} CF_t(1+r_t)^{-1}}{\text{EAD}} \tag{2-24}$$

其中，CF_t 为第 t 期现金流，r_t 为贴现率，T 表示违约至清算终止期，EAD 为违约风险暴露。

（3）基于市场数据隐含分析法的市场隐含 LGD。

该方法从市场上尚未出现违约的正常债券或贷款的信用升水幅度中隐含的风险信息（包括 PD 和 LGD）分析得出 LGD。该方法的理论前提是市场对债券定价是有效的，能够有效及时地反映债券发行企业信用风险的变化。这种变化反映在债券的信用升水中，即具有信用风险的公司债券的收益率与没有信用风险的同期限国债收益率的差额。由于 PD 与 LGD 的乘积反映了债券的预期损失，是债券信用风险的重要内容，因此，信用升水也同样反映了 PD 与 LGD。在 PD 可以通过其特定的方法估测出来的情况下，隐含在信用升水中的 LGD 也就可以求解出来。

3. 因素模型法

基于此法的著名模型就是穆迪的违约损失率模型，即 LossCalc 多元回归模型。该模型是对传统的历史数据平均法的改进，是一个动态模型。穆迪在 LossCalc 中的建模过程分三步：变量变换、建模和映射。该模型在对债券、贷款和优先股的 LGD 估计中充分考虑了贷款类型、优先等级、企业资本结构、行业差异、宏观经济状况等变量因素，即为：

$$Y=\alpha+\beta_1 X_1+\beta_2 X_2+\beta_3 X_3+\cdots+\beta_k X_k \tag{2-25}$$

其中，X_i 是模型的解释变量，反映上述因素，Y 作为被解释变量，是一个正态化了的 RR，为了得到实际 RR 的预测值，需对模型结果进行 β 分布的逆变换，因为在做线性回归时假定 RR 遵从 β 分布，但为了在参数估计中方便处理，将 β 分布转换为正态分布。

（二）信用风险暴露

信用风险暴露又叫违约风险暴露或风险敞口，是指由于债务人的违约所导致的可能承受风险的信贷业务的余额。所有违约风险暴露按扣除特别准备金后的净值计算。违约风险暴露与违约损失率一样，也取决于特定的交易。在大多数情况下，违约风险暴露等于资产的名义金额，但对于某些交易（如尚未使用的承诺），还需对违约前的继续贷款进行测算。

（三）有效期限

有效期限（maturity）是指某一风险暴露的剩余经济到期日。在其他风险因素不变的前提下，期限越短，风险就越小，金融机构必须为每项风险暴露提供一个期限测量值。

（四）违约后损失

信用风险取决于违约后损失，等于 1 减回收率。信用评级机构利用违约后债券的价值来衡量回收率，这被认为是市场对未来回收率的最好估计，它考虑到了公司的资产价值、破产程序的估计成本和各种支付形式（如用权益资本向债券持有者进行偿还），并把它们贴现为现值。有证据表明回收率取决于下列一些因素：一是债务人的状况，或其偿付优先权，较低的优先权会有较低的回收率；二是经济状况，当经济处于衰退时，回收率可能比较低。评级也可以包括违约后损失，同一个借款人也许有不同种类的债券，这些债券由于所受到的保护不同得到的评级也不一样，具有较低优先权的债务应该有一个较低的级别。统计显示，回收率的变动范围很大，回收率与违约率呈负相关关系。在债券违约较多的年份，违约后价格比平常要低，这种相关性会导致更大的损失，扩展了信用损失分布的左尾。

第三节　信用风险的管理方法

20 世纪 90 年代，公司倒闭结构性增加、脱媒效应显现、竞争白热化、担保能力下降、金融衍生品急剧膨胀、信息技术飞速发展等因素促使人们加强了对信用风险的研究。

一、信用风险管理的发展阶段

信用风险管理工具的发展演变经历了如下几个阶段：名义数量、风险加权数量、内部/外部信用评级、内部债务组合信用模型和信用衍生品。

（一）名义数量

信用风险最初是通过总的名义数量来衡量。用一个乘数，例如 8%，乘以这一数量就得到针对信用风险需要持有的资本储备。这种方法的问题是忽略了违约概率中的变量。

（二）风险加权数量

1988 年，巴塞尔银行监管委员会（以下简称巴塞尔委员会）通过信用分级制定了一个非常粗糙的信用风险分类，提供了衡量每一名义数量的风险权重。这是推动银行根据其风险程度持有足够资本金的首次尝试。

（三）内部/外部信用评级

风险权重被证明过于简单，使得银行有动机在巴塞尔委员会的资本金要求下改变它们的资产组合来最大化其股东回报。这使得商业银行的资产负债表中存在更大的风险，而这当然不是 1988 年法案的初衷。例如，AAA 评级和 C 评级的公司信用并没有什么区别。由于在同样的资本金管制下，对 C 评级公司的贷款比对 AAA 评级公司的贷款更有利可图，因此银行部门必然将其贷款组合转向低评级的贷款人。这导致了 2001 年巴塞尔委员会关于允许银行使用其自己内部的或外部的信用评级的提议，这些信用评级更好地概括了信用风险。

1. 内部信用评级

内部评级是指金融机构使用自己的评估系统，对客户进行评级及对风险资产进行监测的信用管理活动。信用风险是《巴塞尔新资本协议》最重要的监管对象，该协议的一个核心就是要求银行集团采用内部评级法作为信用风险计量工具。内部评级法根据数据积累情况，可分为初级法和高级法两种，初级法对数据的要求是由监管部门规定的，高级法对数据的要求是由金融机构自行提供的。一般情况下，其对客户的评级结果直接用于信贷活动，在本机构内有效。从国际经验看，只有风险管理水平高的金融机构才能使用内部评级。该方法的优势在于贷款客户数据和违约信息的易获得性。该方法的局限一是独立性不强；二是评级方法过于简单，风险揭示不足。

2. 外部信用评级

外部评级是指社会专业资信评估公司的信用评级活动。外部评级是相对于银行来说的。一般情况下，社会专业资信评估公司在进行信用评级时，都以《巴塞尔新资本协议》为基础，决定风险权重。因此，与各具特色、各不相同的内部评级相比，外部评级的依据与标准及其结果更具有通用性。外部评级的优势主要在于独立性、专业性与信息来源的广泛性更强。外部评级的局限在于金融机构与外部评级机构的合作意愿不强，被评级对象的覆盖面较窄，评级机构积累的数据有限，其技术方面的优势很难发挥；另外，金融机构对评级机构的评级结果使用率较低，限制了评级机构业务的推广，同时限制了评级机构违约率的计算。

（四）内部债务组合信用模型

内部债务组合信用模型开始在单独分析某一类型信用风险的基础上，综合考虑组合对应的信用风险情况。

（五）信用衍生品

信用衍生品是将信用风险从交易的一方转移到另一方的合约。这种合约允许把信用风险从贷款和债券中剥离出来，放在不同的市场上进行交易。同时，这是防范信用相关事件风险的一种重要的方法，也是推测信用风险发生的概率和损失量的一种方法。

二、主要信用风险管理工具

对信用风险的管理，主要是做好风险分散、风险转移以及风险补偿三种策略，与这三种策略匹配的信用风险管理工具如下：

（一）风险分散的工具

风险分散是风险管理过程中最常见的方法，也是最简单易行的。通常的做法就是运用资产组合理论在不同的资产组合中对收益和风险进行比较，在风险评价的基础上，将所选择的资产划分等级，目的是追求收益最大、风险最小的最优资产组合。风险分散管理方法所坚持的原则是“不要把所有鸡蛋放在一个篮子里”，在实践中，重点是做好资产组合的管理。

（二）风险转移的工具

风险转移是指经济主体通过各种金融工具和方法将信用风险损失转移给其他经济主体、保证人或投资者的一种风险处理方式。传统的信用风险转移大多数将风险转移给保证人或者是要求提供抵押和质押，但这种方式仅能降低信用风险，无法消除全部或绝大部分的信用风险，无法将风险彻底转移出去。在实践中，通常运用如下信用衍生品将信用风险从交易的一方转移到另一方。

1. 信用违约互换（CDS）

信用违约互换是国外金融市场中最流行的信用衍生产品，是在一定期限内，买卖双方就指定的信用事件进行风险转换的一个合约。信用风险保护的买方在合约期限内或在信用事件发生前定期向信用风险保护的卖方就某个参照实体的信用事件支付费用，以换取信用事件发生后的赔付。在信用违约互换交易中，违约互换购买者将定期向违约互换出售者支付一定费用（称为信用违约互换点差），而一旦出现信用类事件（主要指债券主体无法偿付），违约互换购买者将有权利将债券以面值递送给违约互换出售者，从而有效规避信用风险。信用违约互换的种类包括交易量最高的 CDS 指数合约、一篮子信用违约互换与二项数字违约互换，它们在信用风险转移方面发挥了重要的作用。

2. 总收益互换（TRS）

总收益互换是指信用风险保护的买方在协议期间将参照资产的总收益转移给信用风险保护的卖方，总收益可以包括本金、利息、预付费用以及因资产价格的有利变化带来的资本利得；作为交换，信用保护卖方则承诺向对方交付协议资产增值的特定比例，通常是 LIBOR（伦敦银行间同业拆借利率）加一个差额，以及因资产价格不利变化带来的资本亏损。因为总收益互换可以发挥信用风险转移的功能，自然而然成为信用风险管理的工具。

3. 担保债务凭证（CDO）

CDO 最早产生于 20 世纪 80 年代末的美国，随后在美国、欧洲和亚洲一些国家迅速发展起来。CDO 是以公司债、企业贷款或其他有价证券的债权资产为担保品所发行的债权凭证，CDO投资人未来各期所获得的利息与本金清偿，应视债权资产、债券、贷款或有价证券的信用风险而定。

在实际应用中，CDO根据参考资产交易目的、现金流量分配等因素，可以分为银行贷款担保证券（CLO）、公司债担保证券（CBO）、合成债权担保证券（SCO）以及证券化资产担保证券。

（三）风险补偿的工具

风险补偿主要是指对于那些无法通过风险分散、风险对冲或风险转移进行管理，而且又无法规避、不得不承担的风险，投资者可以采取在交易价格上附加风险溢价，即通过提高风险回报的方式，获得承担风险的价格补偿。信用风险的补偿是信用风险管理的最后一道屏障。

信用保险是一种主要的风险补偿工具，是指保险人对被保险人信用放款或信用售货，债务人拒绝履行合同或不能清偿债务时，所受到的经济损失承担赔偿责任的保险方式。主要有出口信用保险、抵押信用保险等形式。

关键概念

专家分析法　信用评级模型　Z值评分模型　ZATA模型　Logistic模型　线性概率模型　神经网络模型　CreditMetrics模型　CreditRisk+模型　KMW模型　CPV模型　违约损失率　信用违约互换　总收益互换　担保债务凭证

思考题

1. 什么是信用风险？什么是信贷风险？两者有何区别？
2. 常用的信用风险的度量模型有哪些？它们有何区别？
3. 信用风险管理工具有哪些？如何选择管理工具？

实践案例

数字金融的信用风险管理

数字金融是指互联网、信息技术与传统金融产品和服务形式相融合的新一代金融服务，主要利用数字技术使资金融通、支付以及投资理财更加快速便捷，用数字系统改造金融业。数字金融具体类型大体分为五类：一是数字基础设施，具体业务包括大数据、云计算以及数字身份识别等；二是清算体系，具体业务包括数字货币、移动支付等；三是筹融资，具体业务包括P2P贷款等；四是互联网投资，具体业务包括余额宝、京东科技等；五是数字保险业务，具体业务为数字保险产品。

2019年全球金融科技100强榜单显示，中国的蚂蚁金服、京东金融科技、度小满金融、陆金所和金融壹账通均进入世界数字金融公司顶级行列，移动支付和网络贷款业务规模在国际上排名靠前。移动支付是最突出的数字金融业务。根据中国人民银行2020年3月17日公布的《2019年支付体系运行总体情况》，我国2019年银行处理移动支付

1 014.31 亿笔，共 347.11 万亿元，与 2013 年相比，分别平均增长了 79.73%和 66.86%。移动支付在非现金支付交易量中所占比例自 2013 年的 3.3%增加到 2019 年的 30.6%，移动支付在非现金支付金额总值中所占比例自 2013 年的不到 1%增长到 2019 年的 9.2%。网络借贷是中国数字金融行业的另一个代表性业务，具体包括互联网银行和 P2P 贷款两类模式。我国 P2P 网贷平台在 2015 年高峰期间达到了 2 500 家，P2P 网贷成交量在 2017 年超过了 2.5 万亿元。由此可见，我国数字金融行业得到快速发展。

虽然我国数字金融的整体规模扩张速度较快，但由于我国数字金融信用风险监管机制尚未健全，数字金融相关的产品与服务的信用违约情况时有出现，数字金融的潜在风险不断增加，因此信用风险已被认为是数字金融市场面临的主要金融风险之一。截至 2019 年年底，发生提现障碍、停止运营、公司跑路以及延期兑付等问题的服务平台已有 2 923 家。因为没有完善的追偿机制，借款者、平台故意违约的情况比较严重，信用风险高。金融与信息技术相结合使得信用风险传播更快、影响更广、更加复杂，因此高效发展数字金融的同时也要进行积极的信用风险管理。

资料来源：作者根据相关资料整理。

问题思考：结合数字金融信用风险的新特征和主要来源，请使用本章介绍的几种主要信用风险评估方法和模型（CPV 模型、CreditMetrics 模型、KMV 模型和 CreditRisk＋模型）对数字金融的信用风险进行度量，并提出管理的方法。

职业素养提升：守住不发生系统性金融风险的底线；培养金融安全大局意识；提高专业素养。

第3章 利率风险管理

学习目标

1. 理解利率风险的概念、类型和产生原因。

2. 掌握利率风险度量的利率敏感性缺口模型、久期缺口模型和 VaR 模型。

3. 熟练掌握利率免疫、FRA、利率期货、利率互换和利率期权等利率风险管理方法。

4. 价值塑造：树立国家金融安全大局意识，加深对我国利率市场化 20 年历程的理解，培养社会责任感、使命感和专业能力。

导入案例

美国储贷协会危机

美国储贷协会建立于 20 世纪 30 年代，目的是鼓励美国的中产阶级进行储蓄，并向客户提供住房贷款。为了规范储贷协会的运作，国会创建了联邦住宅贷款银行委员会（FHLBB）以及它的附属机构联邦储贷保险公司（FSLIC）。储贷协会吸收公众的短期储蓄存款，并且用这些所得存款向当地的购房者提供 20 年和 30 年的抵押贷款，利率在抵押期内保持不变。显然，如果储贷协会向储户支付的利率低于储贷协会发放的抵押贷款的平均收益率，则储贷协会就有盈利；反之，如果储贷协会向储户支付的利率高于储贷协会发放的抵押贷款的平均收益率，则该机构就会亏损。

20 世纪 30—60 年代利率很低而且稳定，长期抵押贷款利率高于短期存款利率，即储贷协会的收益曲线总是向上倾斜的，因此，储贷协会的经营也很简单。局外人嫉妒地拿储贷协会经理的“3—6—3”的经营方式（以 3%的利率借款，以 6%的利率贷款，每天下午

3 点打高尔夫球）开玩笑。

不幸的是，在 70 年代中期，利率开始上升。由于起初是温和的上升，所以储贷协会遇到的麻烦不大。但在 70 年代后期，不断上升的通货膨胀对利率施加了向上的压力，并将利率提高到了储蓄机构可以向储户提供的利率上限水平。虽然立法机构授权储贷协会可以发行货币市场单据以及期限为两年半的浮息存款证，使储贷协会解决了资金来源不足的困难，但由于储贷协会的资产主要是固定利率的抵押贷款，大部分还要持续多年，根据合同，储贷协会不能提高已发放固定利率抵押贷款的利率。所以，到 70 年代末期以后，储贷协会全部抵押贷款的平均收益率低于新的抵押贷款利率，储贷协会的全部资产收益率低于资金成本，1981 年差额为－0.8%，该行业 1981 年亏损 60 亿美元，1982 年亏损 50 亿美元，到 1982 年底，大约有 1/4 或 800 家储贷协会消失，其中一些已经倒闭，另外一些则并入了更强大的机构。储贷协会行业的净值从 1979 年的大约 320 亿美元，降低到 1982 年底的 40 亿美元。

可见，如果没有对利率风险加以重视并进行有效管理，金融机构的经营将陷入危机甚至破产的境地。本章主要介绍金融结构经营过程中面临的利率风险的类型、利率风险的度量方法以及利率风险的管理方法。

第一节 利率风险概述

一、利率风险的概念

利率风险是商业银行面临的最主要的市场风险，是指由于市场利率变动的不确定性导致商业银行的净利息收入与预期值的偏差，或者由于市场利率变化所导致商业银行净值的潜在损失。

对商业银行利率风险的认识需要把握两个问题：一是市场利率变化并非都是不利风险。市场利率的变动在质上存在两种可能，即变动方向有利于或不利于商业银行的变动。前者会给商业银行带来经营收益，这是有利的风险，后者会给商业银行带来经济损失，这是不利风险。二是利率风险的实质是一种可能性。利率风险仅是商业银行在利率风险变动中可能遭受的损失的测度。利率风险的风险事故既可能发生，也可能不发生，从而利率风险的风险结果既可能出现，也可能不出现。因此，利率风险具有不确定性，不能将其直接界定为现实的损失。

二、利率风险的类型

利率风险的主要形式有四种：重新定价风险（re-pricing risk）、收益率曲线风险（yield curve risk）、基差风险（basis risk）以及隐含期权风险（imbedded option risk）。

（一）重新定价风险

重新定价风险是最主要的利率风险，它产生于银行资产、负债和表外项目头寸重新定价时间（对浮动利率而言）和到期日（对固定利率而言）的不匹配，因此也叫期限错配风险。通常把某一时间段内利率敏感性资产和利率敏感性负债之间的差额称为“重新定价缺口”。只要该缺口不为零，则利率变动时，就会使银行面临利率风险，因此该风险是普遍存在的。20 世纪 70 年代末 80 年代初，美国储贷协会危机就是由于重新定价风险造成的。

需要特别注意的是，期限错配并非只存在于存贷款之间，事实上整个银行的资产负债结构都有可能存在期限错配问题。资产及负债的市值等于未来现金流的贴现值；如果市场利率上升，资产和负债的市值将下降；如果市场利率下降，资产和负债的市值将上升。并且资产和负债市值随利率的这种变动和它们持有期的长短是有关系的，如果资产的持有期长于负债的持有期，当利率下降时，资产市值的上升大于负债市值的上升；如果资产的持有期短于负债的持有期，当利率上升时，资产市值的下降小于负债市值的下降。反之亦然。

为了说明定价风险，假设某银行用固定利率 6%的 1 年期存款发放了固定利率 7%的 2 年期贷款。第一年，该银行可以获得 1%的利差收益；由于负债的到期日是在资产的到期日之前，第二年银行需要为贷款进行再融资，但其再融资的利率是不确定的，要重新定价。如果银行在第二年取得的再融资利率水平上升了，譬如说上升到 8%，而资产的利率水平仍然是 7%，显然，银行第二年的利差收益将变为−1%。如果资产的到期日在负债之前，也会发生类似的利率风险。假设该银行是用固定利率 6%的 2 年期存款发放固定利率为 7%的 1 年期贷款。同样，第一年该银行可以获得 1%的利差收益；第一年末，贷款到期回收后银行需要重新投资，但其再投资的利率要重新定价。如果银行在第二年的贷款利率水平下降了，譬如说下降到 5%，而存款利率仍然是 6%，显然，银行第二年的利差收益也变为−1%。

（二）收益率曲线风险

所谓收益率曲线风险，是指收益率曲线的改变对银行收入或银行市场价值所造成的不利影响。以银行的资产负债表为例，大多数银行都不同程度地存在借短还长现象，以获取相应的利差收益。当收益率曲线保持向上倾斜的“正常”形状时，这种策略是成功的。即使未来的利率水平发生了突变，只要收益率曲线是平移的，即利率冲击对不同期限的收益率的影响是一样的，所有的收益率曲线都上升或下降相同的基点，则银行当前的净利息收入就不会改变。然而，如果收益率曲线是非平移的，其形状由向上倾斜变为平坦，甚至向下倾斜，银行的利差收益将减少。

除了对银行的净利息收入产生影响，收益率曲线的改变也会影响银行的市值。假设某银行利用 5 年期政府债券的空头头寸和 10 年期政府债券的多头头寸做套期保值，如果收益率曲线变陡，该银行持有的 10 年期债券多头的经济价值会显著下降。

（三）基差风险

基差风险是从名义利率角度来考察利率风险的，可以称为名义利差风险，指由于不同种类的金融工具所收到的和支付的利息调整的幅度不同而对商业银行可能造成的不利影响。在这种情形下，即使商业银行的资产负债的期限及重新定价频率都保持一致，银行的缺口头寸处于完全匹配的状况，利率的变动仍有可能导致银行的利润水平发生显著的波动。

为了说明基差风险，假设银行存款利率在 90 天之后将由 8%提高到 9%，贷款利率在同一时期内由 10%提高到 11%，从而使银行的净利差仍然保持在原来 2%的水平，以便对缺口头寸进行匹配。然而，事实上，当银行的存款利率由 8%提高到 9%时，贷款利率的上升幅度通常会超过 100 个基点。假定贷款利率的风险升水被设定在相当于 90 天定期存款利率的 25%（即 8.00%×1.25=10.00%）。如果我们假定风险升水保持不变，那么当 90 天期定期存款利率由 8%提高到 9%时，贷款利率应该从原来的 10%提高到 11.25%（= 9.00%×

1.25)。这样，银行的净利差收入就会增加 25 个基点，即从 2%（=10%－8%）增加到 2.25%（=11.25%－9%）。从长期来看，风险升水并不是一个固定不变的常数，而是随着市场上对风险认识的变化而发生不断变动。如果上述例子中 25%的风险升水减少到 19.4%，贷款利率从原来的 10%提高到 10.75%（= 9.00%×1.194），这时存款利率如提高 100 个基点，银行的净利差比以前减少 25 个基点，即从 2%（=10%－8%）减少到 1.75%（=10.75%－9%）。

（四）隐含期权风险

隐含期权风险是由于银行的资产、负债和表外业务中隐含的期权造成的。所谓期权是指其持有者有权以事先约定的价格买入或卖出某种金融资产的权利。如果市场价格变动对期权合约的持有者有利，期权合约的持有者会选择行权，此时，期权合约的空方被动执行而处于不利境地。银行的资产、负债以及表外业务中许多都带有期权性质，就利率风险而言，大量的期权成分体现在非交易业务所包含的常规工具中。以存贷款为例，一般来说，银行都允许客户提前提取存款，提前归还贷款，而不会对客户收取罚金。当利率上升时，客户有可能提前结清存款账户，然后转存，以获取新的较高利息收入；当利率下降时，客户有可能提前还款，然后再以新的利率重新贷款，以节约资金成本。随着利率的上升和下降，所有银行都会由于其客户行使隐含期权而承受一定程度的风险。利率变动的幅度越大，隐含期权对银行净利差的影响也就越为显著。

为了说明隐含期权风险，假设银行有 1 年期的存款 100 万元和 1 年期的贷款 100 万元，存款利率为 8%，贷款利率为 10%，净利差为 2%。假设 3 个月后贷款利率下降到 9%，借款客户提前归还 100 万元贷款本金，再以新贷款利率 9%重新借款 100 万元。第一季度银行的净利差是 2%，后 3 个季度净利差只有 1%，平均年净利息收入是 1.25%，净利息收入下降了 0.75 个百分点。另外一种情况同样会使银行承受隐含期权风险。假设 3 个月后存款利率上升到 9%，存款客户提前支取 100 万元存款，然后再以 9%的利率存款。第一季度银行净利差为 2%，后 3 个季度净利差只是 1%，平均年净利息收入是 1.25%，净利息收入下降了 0.75 个百分点。

第二节　利率风险的度量模型

利率风险的准确度量是利率风险管理的基础，与各种理论和方法的发展规律一样，利率风险的度量也经历了从简单到复杂、从粗糙到精确的过程。按照利率风险度量的演变过程，度量利率风险的模型主要有以下几种：

一、利率敏感性缺口模型

（一）利率敏感性缺口

在商业银行的利率风险管理实践中，一般将在较短期内到期或需要重新确定利率的资产和负债分别称为利率敏感性资产（rate-sensitive assets，RSA）和利率敏感性负债（rate-sensitive liability，RSL），利率敏感性资产和利率敏感性负债的差额即构成了利率敏感性缺口（rate-sensitive gap，RSG），用公式表示如下：

$$RSG = RSA - RSL \quad (3-1)$$

由（3-1）式可以看出，利率敏感性缺口是一个绝对数指标，反映了商业银行利率风险敞口的大小，有正缺口、负缺口和零缺口三种可能。在运用利率敏感性缺口进行利率风险管理的过程中，经常需要作横向比较以确定其缺口的大小是否合适。由于不同的商业银行规模不同，利率敏感性缺口的大小也不同，在不同的商业银行之间进行比较只能使用利率敏感性比率（rate-sensitive ratio，RSR），用公式表示如下：

$$RSR = \frac{RSA}{RSL} \quad (3-2)$$

由（3-2）式可知，利率敏感性比率是一个相对比率指标，反映了利率敏感性资产和利率敏感性负债之间的相对比率关系，有大于1、小于1和等于1三种可能。

对比上述（3-1）式和（3-2）式可以得到利率敏感性缺口与利率敏感性比率的三种对应关系：当利率敏感性缺口是正缺口时，对应利率敏感性比率值大于1；当利率敏感性缺口是负缺口时，对应利率敏感性比率值小于1；当利率敏感性缺口是零缺口时，对应利率敏感性比率值等于1。

（二）敏感性缺口分析

为了进行敏感性缺口分析，根据商业银行的资产负债结构，将考察期间分成一些更小的细分期间，然后计算在每个细分期间上的敏感性缺口（RSG），接着加总考察期内所有细分期间的敏感性缺口并得到敏感性总缺口（GRSG），再根据市场利率的变动幅度（ΔR）得到商业银行面临的净利息收入变化：$GRSG \times \Delta R$，并据此度量银行面临的利率风险。考察期间内细分期间的长短可以根据商业银行的自身需要来确定，可按周、旬、月来划分，也可按天来划分。细分期间的长短不同，风险测量的结果也会不一样，一般而言，细分期间越短，测量的结果越准确，细分期间越长，测量的结果越粗糙。由于市场利率的变化不是银行可以控制的，所以为了控制利率风险，银行只能通过调整其资产与负债的规模和结构来改变其利率敏感性缺口的大小。

知识链接

美联储对细分期间的划分

在美国，联邦储备委员会要求银行在每个季度按照以下的期限类别报送资产和负债的敏感性缺口：1天；1天～3个月；3个月～6个月；6个月～1年；1年～5年；5年以上。

（三）净利息收入的变动

商业银行的净利息收入（NI）的变动直接和利率敏感性缺口相关，用公式表示如下：

$$\Delta NI = RSG \times \Delta R \quad (3-3)$$

当然，（3-3）式是以利率敏感性资产和利率敏感性负债的利率等幅度变动为假设前提的。从（3-3）式可以看出，当商业银行的利率敏感性缺口为零时，利率的上升或下降都不对其净利息收入产生影响，利率风险处于“免疫”状态；当商业银行的利率敏感性缺口为正缺口时，如果利率上升获利，如果利率下降则受损；当商业银行的利率敏感性缺口为负缺口时，如果利率下降获利，如果利率上升则受损。这几种变动关系简单总结在表 3-1 中。

表 3-1　利率变动对商业银行净利息收入的影响

利率敏感性缺口	利率敏感性比率	利率变动	净利息收入
正缺口	>1	上升	增加
正缺口	>1	下降	减少
负缺口	<1	上升	减少
负缺口	<1	下降	增加
零缺口	=1	上升	不变
零缺口	=1	下降	不变

（四）简要评价

利率敏感性缺口模型的原理和计算都非常简单，也便于分析，因此是商业银行进行日常性利率风险度量的重要方法，通过缺口分析，商业银行可以判断其资产负债配置的敏感性风险敞口的性质、敞口的大小以及敞口发生的时间，从而可以采取不同的风险管理策略以控制利率风险。但是这种分析方法的缺陷也是显而易见的：

（1）缺口分析是一种静态的分析方法。缺口分析将商业银行的资产与负债按一定的时段予以划分，反映了该银行一定时段内利率敏感性资产与利率敏感性负债之间的差额，只是一个静态的概念，它忽视了在各时段间内资金的时间价值，因而比较粗糙，精确性不高。

（2）缺口分析忽视了利率的隐含期权风险。缺口分析假定在各细分期间内考察的资产与负债均按照既定的合同来执行。但是由于利率隐含期权的存在否定了这一假定，因而利率敏感性缺口会发生改变。

（3）缺口分析是以利率敏感性资产和利率敏感性负债作为分析对象的，不能体现部分活期存款和表外项目的利率风险。因为大多数商业银行都将活期存款视为非利率敏感性负债。事实上，利率变动对活期存款有着巨大的影响，当利率上升时，活期存款往往会急剧减少，使商业银行面临利率风险。

（4）缺口分析仅仅度量了市场利率变动对银行经营收入的影响，忽略了利率变动对商业银行资产与负债市场价值的影响。缺口分析采取的是账面价值核算法，按照这种方法，商业银行所购买的债券、提供的贷款以及吸收的存款等都是按它们的历史价值入账的，因而无法显示利率变动对这些资产与负债的市场价值所产生的影响。

（5）缺口分析存在细分期间选择不稳定的问题。细分期间选择的不同可能会出现不同的利率敏感性缺口状况，导致商业银行管理策略混乱，不能准确有效地进行利率风险管理。

二、久期缺口模型

（一）久期的概念

久期（duration）的概念是由美国经济学家麦考利（Macaulay）于 1935 年首先提出，指收回债券投资平均需要等待的时间。和到期期限相比，久期考虑了每笔现金流的不同时间问题，因此可以更准确地测量资产和负债的利率敏感度。为了得到久期的一般公式，假定债券持有者在时刻 t 收到利息 C_t，连续复利的收益率为 y，根据债券的定价原理可以得到债券的价格 B：

$$B=\sum_{t=1}^{n}C_t e^{-yt} \tag{3-4}$$

债券久期 D 的定义如下：

$$D=\sum_{t=1}^{n}\frac{C_t e^{-yt}}{\sum C_t e^{-yt}}\cdot t=\frac{\sum_{t=1}^{n}tC_t e^{-yt}}{B} \tag{3-5}$$

根据（3－4）式两边对 y 求导可得：

$$\frac{\partial B}{\partial y}=-\sum_{t=1}^{n}C_t t e^{-yt} \tag{3-6}$$

联合（3－5）式和（3－6）式可得：

$$\frac{\partial B}{\partial y}=-BD \tag{3-7}$$

把（3－7）式改写成$\frac{\partial B}{B}=-\partial yD$，其微分形式为：

$$\frac{\Delta B}{B}=-D\Delta y \tag{3-8}$$

（3－8）式表明债券价格变化的百分比等于债券的久期乘以收益率的变化量。[5] 久期反映了价格变动对收益率变动的敏感程度，即久期就是债券价格的利率弹性。因此，我们可以用久期度量利率风险的大小，即久期越大，单位利率变动引起的债券价格变动就越大，利率风险也就越大；反之亦然。

知识链接

什么是连续复利?

假设数额 A 以利率 R 投资了 n 年。如果利息按每年计一次复利，则上述投资的终值为 $A(1+R)^n$；如果利息每年计 m 次复利，则其终值为 $A\left(1+\frac{R}{m}\right)^{mn}$；如果 m 趋于无穷大，则称为连续复利（continuous compounding），此时终值为 $\lim_{m\to\infty}A\left(1+\frac{R}{m}\right)^{mn}=Ae^{Rn}$。

尽管久期的概念最早是针对债券提出来的，然而，许多商业银行的资产和负债（如贷款、存款等）都具有类似于债券的性质，都属于固定收益证券。因此，久期也可以用来度量这些银行业务的利率风险。

⑤ 如果不是采用连续复利的计息方式，（3－8）式则要使用修正久期 D^*，请参阅知识链接“什么是修正久期?”。

知识链接

什么是修正久期?

假定债券持有者在 t 年收到利息 C_t，债券的价格 B 和每年记 m 次复利的收益率 y 的关系为：

$$B=\sum_{t=1}^{n}\frac{C_t}{\left(1+\frac{y}{m}\right)^{mt}}$$

债券的久期 D 的定义为：

$$D=\frac{\sum_{t=1}^{n}t\frac{C_t}{\left(1+\frac{y}{m}\right)^{mt}}}{B}$$

也可以写为：

$$D=\sum_{t=1}^{n}t\left[\frac{\frac{C_t}{\left(1+\frac{y}{m}\right)^{mt}}}{B}\right]$$

根据公式 $B=\sum_{t=1}^{n}\frac{C_t}{\left(1+\frac{y}{m}\right)^{mt}}$，可得：

$$\frac{\partial B}{\partial y}=-t\sum_{t-1}^{n}\frac{C_t}{\left(1+\frac{y}{m}\right)^{mt+1}}=-\frac{t}{\left(1+\frac{y}{m}\right)}\sum_{i-1}^{n}\frac{C_t}{\left(1+\frac{y}{m}\right)^{mt}}$$

即

$$\frac{\partial B}{\partial y}=-B\frac{D}{\left(1+\frac{y}{m}\right)}=BD^*$$

其中 $D^*=\frac{D}{\left(1+\frac{y}{m}\right)}$ 被称为修正的久期。

（二）凸度的概念

久期可以看作债券价格对利率小幅度波动敏感性的一阶估计，但是这种估计是有偏差的，而凸度（convexity）是对债券价格的利率敏感性的二阶估计，它对久期估计的误差进行了有效的校正。因为债券的收益率曲线的形状是凸的，其斜率是不断变化的，凸度测度的正是斜率变化率。凸度可以通过计算债券价格对利率的二阶导数再除以债券的价格得到。

由（3－6）式两边对 y 求导可得：

$$\frac{\partial^2 B}{\partial y^2}=\sum_{t=1}^{n} C_t t^2 e^{-yt} \tag{3-9}$$

凸度（T_d）的定义如下：

$$T_d=\frac{\partial^2 B}{\partial y^2}\frac{1}{B}=\frac{1}{B}\sum_{t=1}^{n} C_t t^2 e^{-yt} \tag{3-10}$$

联合（3-9）式和（3-10）式可得：

$$\frac{\partial^2 B}{\partial y^2}=T_d B \tag{3-11}$$

由（3-10）式可以看出凸度具有下面几个特点：如果其他条件相同，则通常距到期日越长，凸度越大；给定收益率和久期，票面利率越低，凸度越大；当利率下降时，凸度增加，反之亦然。

为了衡量凸度在债券价格变动中的作用，根据泰勒二级展开式可得：

$$\partial B=\frac{\partial B}{\partial y}\partial y+\frac{\partial^2 B}{2\partial y^2}(\partial y)^2 \tag{3-12}$$

把（3-7）式和（3-11）式代入（3-12）式整理可得：

$$\frac{\partial B}{B}\approx -D\partial y+0.5T_d(\partial y)^2 \tag{3-13}$$

写成微分形式为：

$$\frac{\Delta B}{B}\approx -D\Delta y+0.5T_d(\Delta y)^2 \tag{3-14}$$

根据（3-14）式，债券价格总的百分比变化既受到久期的影响，也受到凸度的影响，利用久期和凸度共同估计债券价格波动会更准确。

（三）久期缺口管理

久期缺口管理的目的就是试图构造久期零缺口，使得利率变动对银行资产价值和负债价值的影响相互抵消，从而保持银行净值不变。具体做法是，先计算出银行每笔资产和负债各自的久期，然后以每笔资产或负债的价值占总资产（A）或总负债（L）价值的比重为权重计算出银行总资产和总负债的加权平均久期，分别以 D_A 和 D_L 表示，则银行的资产负债的久期缺口 D_G 可用如下公式表示：

$$D_G=D_A-\mu D_L \tag{3-15}$$

其中，$\mu=\frac{L}{A}<1$，因为负债总是小于资产。

一家银行的净值（NV）等于其资产价值减去负债价值，即 $NV=A-L$，那么随着市场利率（i）的变动，银行的资产和负债价值相应变动，从而使银行净值也发生变动，即 $\Delta NV=\Delta A-\Delta L$。

由久期公式（3-8），可得：

$$\frac{\Delta A}{A}=D_A\Delta i \tag{3-16}$$

$$\frac{\Delta L}{L}=-D_L\Delta i \tag{3-17}$$

因此，$\Delta NV=-\Delta iA\left(D_A-\dfrac{L}{A}D_L\right)$，净资产的任何变动可以用久期缺口表示：

$$\Delta NV=-D_G A\Delta i \tag{3-18}$$

根据（3-18）式，商业银行净值受到久期缺口、银行资产和利率变动幅度三个因素的影响，由于利率的变动对于银行来说是不可控的，银行资产总是大于零，因此使银行市值不受利率影响的唯一办法就是让久期缺口等于零。这正是久期缺口对银行利率风险管理的意义之所在。如果久期缺口为正值，银行的净值和利率的变动方向相反；如果久期缺口为负值，银行的净值和利率的变动方向相同；如果久期缺口为零，银行的净值和利率的变动无关。

分析案例

下面以A银行为例说明如何计算银行资产和负债的久期，并根据久期如何调整资产和负债以规避净资产面临的利率风险。假设目前利率水平为10%，A银行资产和负债的久期计算结果如表3-2所示。

表3-2　A银行资产和负债的久期

类别			数额（百万元）	久期（年）	权重	加权久期（年）
资产	准备金和现金		5	0	0.05	0
	证券	小于1年	5	0.4	0.05	0.02
		1～2年	5	1.6	0.05	0.08
		大于2年	10	7.0	0.1	0.7
	住房抵押贷款	变动利率	10	0.5	0.1	0.05
		固定利率（30年）	10	6.0	0.1	0.6
	商业贷款	小于1年	15	0.7	0.15	0.105
		1～2年	10	1.4	0.1	0.14
		大于2年	25	4.0	0.25	1
	实物资本		5	0.0	0.05	0
	加总		100	/	1	2.695

续表

类别			数额（百万元）	久期（年）	权重	加权久期（年）
负债	存款	支票存款	15	2.0	0.158	0.316
		活期存款账户	5	0.1	0.053	0.005 3
		储蓄存款	15	1.0	0.158	0.158
	CDs	变动利率	10	0.5	0.104	0.052
		小于 1 年	15	0.2	0.158	0.031 6
		1～2 年	5	1.2	0.053	0.063 6
		大于 2 年	5	2.7	0.053	0.143 1
		同业拆借	5	0	0.053	0
	借款	小于 1 年	10	0.3	0.104	0.031 2
		1～2 年	5	1.3	0.053	0.068 9
		大于 2 年	5	3.1	0.053	0.164 3
	加总		95	/	1	1.034

下面分析如果利率从 10%增加到 15%，A 银行净资产价值的变化：

根据（3-15）式可得：

$$D_G=D_A-\mu D_L=2.695-0.95\times1.034=1.713$$

根据（3-16）式可得：

$$\Delta NV=-D_G A\Delta i=-1.713\times100\times0.05=-8.565$$

可见，当利率从 10%增加到 15%，A 银行净资产市场价值下降 856.5 万元。同理，利率下降可能导致净资产市场价值的上升。那么，如何调整资产和负债以规避净资产的利率风险呢？答案就在（3-15）式中：只要久期缺口为零就可以实现净资产免疫。在本例中，由于久期缺口为 1.713 年，调整资产负债的久期使久期缺口为 0，就可以实现净资产免疫。例如，将原来持有的长期债券转换为短期债券就可以降低资产久期进而使久期缺口减少。

（四）简要评价

除了具有简单、直观、易操作的优点外，相对利率敏感性缺口管理，久期缺口管理更为精确，并从长期角度分析了利率变化对银行市场价值的影响；久期分析能与银行业务发展紧密联系，将许多银行业务综合计量，通过行资产负债在数量、期限以及地区之间进行匹配来规避利率风险，从而具有管理上的优势。然而，久期缺口管理同样也有缺陷：

（1）久期缺口管理在强调对利率变化长期影响（银行市场价值）的同时却忽略了短期影响（利差收入）。同时，久期缺口作为一个静态指标，假定当前资产负债表在考核期间不发生任何变化，未能考虑隐含期权（如客户提前还款）和资产负债表动态变化情况。

（2）久期本身是随着利率变化而变化的，由此导致久期漂移：一旦利率变化，银行就必须重新调整久期缺口。但是，资产与负债利率的变动往往无法同步进行，久期缺口无法迅速调整，具有一定滞后性。此外，久期缺口调整是有成本的，有时调整后产生的收益还不足以弥补调整成本。

（3）久期缺口管理基于许多主观的预测，而事实上准确预测利率的难度很大。对提前还款概率等假设也具有很大主观性，这直接影响到久期缺口管理的准确性和有效性。

（4）久期缺口管理没有考虑凸度问题。债券价格的变换不仅受到久期的影响，也受到凸度的影响，如果利率变化较大，只用久期分析利率风险可能导致重大的误差，由此采取的主动管理策略会造成严重的后果。

三、VaR 模型

（一）VaR 的基本原理

1. VaR 的概念

VaR 即“Value at Risk”，意思是“在险价值”，指在分析期间内某项金融资产或证券组合在一定的置信水平下预期发生的最大可能损失值。用公式表示为：

$$\text{prob}(\Delta p > \text{VaR}) = 1 - c \tag{3-19}$$

其中，Δp 表示资产在分析期内的实际损失；VaR 表示在一定置信水平下预期发生的最大可能损失值；c 表示置信水平。

2. VaR 的数学描述

根据比较基准的不同，VaR 可分为均值 VaR 和零值 VaR。零值 VaR 度量的是资产价值的绝对损失，它以初始价值为基准来度量风险。而均值 VaR 度量的是资产价值的相对损失，它是以均值作为基准来度量风险。模型使用者可根据自己对资产价值的绝对损失或相对损失的关注来最终决定选用均值 VaR 还是零值 VaR。

为了计算某一投资组合的 VaR，定义 W_0 为初始投资额，R 为投资期间的投资收益率，W 为期末资产组合的价值，且 $W=W_0(1+R)$，R 和 W 都是随机变量。假设 R 的均值为 μ，方差为 σ^2，置信水平为 c，资产组合在置信水平 c 的最小价值为 $W^*=W_0(1+R^*)$。此时，均值 VaR 和零值 VaR 可分别表示如下：

$$\text{均值 VaR} = E(W) - W^* = -W_0(R^* - \mu) \tag{3-20}$$

$$\text{零值 VaR} = W_0 - W^* = -W_0 R^* \tag{3-21}$$

可以看出，找到既定置信水平下投资组合的最小价值 W^* 或相应的投资收益率 R^*，即可求出 VaR 值。

如果风险因子的分布假定属于参数分布类，如正态分布，则 VaR 的计算可得到简化。假设资产组合价值 W 服从概率分布 $f(W)$，则 c 和 W^* 之间的关系如下式所示：

$$c = \int_{W^*}^{\infty} f(W)\,\mathrm{d}w \tag{3-22}$$

若 $f(W)$ 为正态分布，可将 $f(W)$ 转换为标准正态分布 $\Phi(\varepsilon)$，其中 ε 代表零和单位标准差。我们有 $W^*=W_0(1+R^*)$，进一步以 R^* 表示标准正态偏差 α（$\alpha>0$）：

$$-\alpha=\frac{-|R^*|-\mu}{\sigma} \tag{3-23}$$

则相当于有：

$$1-c=\int_{-\infty}^{W^*} f(W)\mathrm{d}w=\int_{-\infty}^{-\alpha} \Phi(\varepsilon)\mathrm{d}\varepsilon \tag{3-24}$$

从而在给定置信水平的条件下，可以根据累积标准正态分布函数求 α，再根据 $R^*=\alpha\sigma+\mu$ 求 VaR 值：

$$\text{均值 VaR}=-W_0(R^*-\mu)=W_0\alpha\sigma\sqrt{\Delta t} \tag{3-25}$$

$$\text{零值 VaR}=-W_0R^*=W_0(\alpha\sigma\sqrt{\Delta t}-\alpha\Delta t) \tag{3-26}$$

此处可假设参数 μ 和 α 都以年为基础，Δt 表示分析期限。

3. 置信水平和持有期的设定

从上一小节的内容可以看出，VaR 的值与持有期和置信水平两个因素有关。

持有期的长短主要取决于其资产组合的特性，如果资产组合变动频繁，应使持有期缩短，反之应该延长持有期。在西方发达国家，商业银行因资产组合变动频繁，每天都会公布 VaR 值；养老基金则由于其资产组合较为稳定而以一个月为其 VaR 的持有期。持有期短，管理者就能及时地发现风险并采取相应的措施对其进行防范或处理。然而，持有期短也意味着管理者要付出较高的监管成本，且由于要对投资组合进行频繁操作，会使交易成本增加。因此，风险管理者对持有期的设置应当使频繁监督的高成本与较早察觉到潜在问题而获得的好处两者之间达到平衡。

置信水平反映了投资组合在持有期限内将可能的损失控制在 VaR 值以内的概率。置信水平越高，意味着投资组合的损失超出 VaR 的可能性越小。反之可能性越大。首先，置信水平的选择和设置需考虑历史数据的可得性和充分性，因为在实际应用中我们常要以历史数据为基础来计算 VaR。其次，置信水平的高低可以视模型的用途而定。如果 VaR 模型纯粹是作为银行内部风险度量或不同市场风险的比较，置信水平的选取就并不关键；但如果 VaR 值是被用来评估一种资本缓冲区，如商业银行所要保持的充足风险资本时，则应慎重选择置信水平。

（二）VaR 的衡量方法

在风险管理的实践中，若用 VaR 方法来衡量市场风险，要求能够在合理的成本下准确地计算 VaR 值。因此，风险管理者在运用具体的方法衡量某项投资组合的 VaR 时，就要同时考虑到成本和准确度两个因素，在成本和准确度中找到平衡点。VaR 的估计方法主要可以分为两大类：参数法和非参数法。参数法要求已知或假设资产收益率服从某一特定分布（一般是正态分布），并依据此概率分布最终推导出 VaR 值。而非参数法则不必假设资产收益率的概率分布，一般包括历史模拟法（historical simulation）和蒙特卡罗模拟法（Monte Carlo simulation）。

1. 参数法

参数法假设风险因子服从某一特定分布（一般是正态分布），并基于资产收益率的历史时间序列所得出的期望、方差、相关系数等计算出一定置信水平下的分位数，依据资产价值与风险因子之间的关系推导出 VaR 值。资产价值与风险因子之间的关系一般是线性的，但有时也可以是非线性的。根据二者之间不同的函数关系，可以得到不同的模型，如组合正态模型、资产正态模型、德尔塔正态模型等。

（1）组合正态模型。该模型直接从整个投资组合的资产收益率来计算风险值，根据正态性假设，组合风险值可以如下表示：

$$\mathrm{VaR}=W_0\alpha\sigma \tag{3-27}$$

式中 α 表示给定置信水平对应的分位数，σ 为投资组合资产收益率的标准差，W_0 是组合头寸的初始价值。

因此，用组合正态模型来求 VaR，就转化为求出投资组合收益的标准差，非常简易方便。

（2）资产正态模型。资产正态模型假设组合内有 n 种资产，各种资产的权重为 ω，此处 ω 为一个 n 维列向量，设 Σ 为各资产之间的协方差矩阵。则该组合收益的标准差为 $\sigma_P=\sqrt{\omega^T\Sigma\omega}$，并假设各种资产的收益服从联合正态分布。类似于组合正态模型，资产正态模型下组合的风险值仍可表示为：

$$\mathrm{VaR}=W_0\alpha\sigma_P \tag{3-28}$$

（3）德尔塔正态模型。德尔塔正态模型通常适合用来衡量期权等非线性金融资产的风险。该模型假设投资组合的价值取决于单一的基础风险因子，如期权的价值由基础资产的价格来决定。期权资产的初始价值为：$V_0=V(S_0)$。定义 Δ_0 为当前期权资产 V_0 对 S 的一阶偏导数，即有：

$$\mathrm{d}V=\frac{\partial V}{\partial S}\Big|_0\mathrm{d}S=\Delta_0\mathrm{d}S \tag{3-29}$$

由上式可知，期权资产的变化与基础资产的变化呈线性关系。因此，若 S 服从正态分布，那么期权资产的 VaR 值可用其基础资产的 VaR 值来线性表示，即：

$$\mathrm{VaR}=|V_0|\mathrm{VaR}_S=|V_0|\alpha\sigma S_0 \tag{3-30}$$

类似地，对于固定收益类的投资组合，假设资产组合的价值由风险因子收益率决定，并有 $\mathrm{d}W=-D^*W\mathrm{d}y$，$D^*$ 为修正久期，同时假设 y 服从正态分布。则投资组合的 VaR 如下式所示：

$$\mathrm{VaR}=(D^*V)\alpha\sigma \tag{3-31}$$

传统的参数法都是假设风险因子是同方差的，且服从正态分布。而大多数金融时间序列的收益率并不服从正态分布，并具有尖峰厚尾的特点，若通过传统的参数法来计算 VaR 有可能会低估实际的风险。因此，国外的学者 Danielesson（1997），David Li（1999）先后提出了厚尾模型（heavy tail model）。

2. 非参数法

与参数法不同，非参数法不需要对风险因子的概率分布做出假定。常用的非参数法有历史模拟法和蒙特卡罗模拟法。

（1）历史模拟法。历史模拟法假设投资组合未来的收益率的走势符合历史规律，即未来的收益率会服从历史的频率分布。在这个基本假设下，计算收益率的 VaR 值就变得非常简单，只需要三个步骤：第一步是将收益率的样本数据由小到大进行排序；第二步是用样本总数乘以左尾概率并且取整；第三步是根据第二步所得结果，在经排序的收益率数列中找到相应位置的收益率，即为历史模拟法下的 VaR 值。

历史模拟法的优点在于不用估计协方差矩阵，运用起来简单明了，而且不需要对投资组合的风险因子的概率分布做出任何假设，不用估计模型参数，避免了模型风险。

但是历史模拟法假设历史数据能代表短期的未来，这也造成了它的不足：第一，当未来收益率的分布与历史数据的分布有较大差距时，所计算出来的 VaR 值会不准确。第二，样本数大小的选取会影响 VaR 值的估计：样本数过少，会使 VaR 值产生误差；样本数过多，可能会引进不相关的观察值。

（2）蒙特卡罗模拟法。与历史模拟法一样，蒙特卡罗模拟法也是一种全面估值的方法，比历史模拟法更精确可靠。蒙特卡罗模拟法无须对分布做出假设，而是由历史数据计算出模型参数，再利用计算机产生伪随机数，模拟风险因子的分布，从而求出在险价值。

蒙特卡罗模拟法的基本步骤如下：第一步，选择模型的风险因子；第二步，根据风险因子的历史数据估计出模型参数；第三步，利用计算机产生伪随机变量，模拟风险因子的未来分布；第四步，根据模拟分布及置信度水平求出 VaR 值。

蒙特卡罗模拟法是计算 VaR 值最有效的方法，能广泛度量包括非线性价格风险、波动风险在内的各种风险，而且考虑了波动的时间变化、厚尾问题及大幅波动等因素的影响。因此，蒙特卡罗模拟法所求的 VaR 值往往更可靠。然而，蒙特卡罗模拟法亦存在一些缺陷。首先，该方法计算复杂，特别是在投资组合中资产的类别较多时，估计数的数目将变得非常庞大。其次，蒙特卡罗模拟还容易产生模型风险，由于资产价值除了受风险因子的影响外，还可能受到一些模型以外的因素的影响，这些因素的存在使得模型存在错误估计的可能性。

（三）VaR 模型的验证

一个有效的 VaR 模型必须能够准确地预测风险，即能准确地对损失做出估计。因此，在运用 VaR 模型来度量风险时我们首先应该对模型进行验证。模型验证常用的方法有压力测试、模型回测等。其中，模型回测是最常用的检验方法。

1. 压力测试

所谓压力测试（stress testing），是指将整个金融机构或资产组合置于某一特定的极端市场情况下，然后测试该金融机构或资产组合在这些关键市场变量突变的压力下的表现，看能否经受得起这种市场的突变。显然，压力测试是对 VaR 方法的有力补充。压力测试应与其他计量方法相结合，尤其是与 VaR 方法相结合，而不是替代 VaR。

2. 模型回测

模型回测是指用来检测实际失效比率与预期失效比率是否一致的有效的统计方法，例如已知置信水平为 95%的 VaR 值，我们需要衡量该 VaR 模型的实际失效比率与预期失效比率（5%）的偏离程度。当实际损失大于 VaR（即一定置信水平下预期的最大损失值）时，可称模型对风险的估计失败。估计失败天数除以实际考察总天数即为实际失效比率。当实际失效比率过多地高于预期失效比率时，该 VaR 模型就不能有效地覆盖风险，金融机构面临的实际风险会大于预期，从而对金融机构经营的安全性带来威胁。然而，当实际失效比率严重地低于预期失效比率时，虽然金融机构能够有效地防范风险，但是同时也使其过高地估计了风险，并预留了过多的风险资本，从而在一定程度上会影响金融机构的盈利。因此，模型回测对于 VaR 在金融风险度量中的应用是必不可少的。

(四) 简要评价

VaR 模型是由 J. P. 摩根率先提出的，它有许多优点：

(1) VaR 可度量不同市场因子、不同金融工具构成的复杂证券组合和不同业务部门的市场风险暴露。

(2) 由于 VaR 提供了一个统一的方法来测量风险，因此为管理者比较不同业务部门的风险暴露大小、基于风险调整的绩效评估资本配置、风险限额设置等，提供了一个简单可行的方法。

(3) VaR 概念易于理解，给出了一定置信水平下、特定时间内证券组合的最大损失，较适宜与股东、外界沟通其风险状况。

(4) VaR 充分考虑了不同资产价格之间的相关性，这可以体现出投资组合分散化对降低风险的贡献。

(5) 特别适合监管部门的风险监管。

VaR 模型也有一些缺陷：

(1) 存在模型风险，使用 VaR 模型可以采用德尔塔正态模型、历史模拟法、蒙特卡罗模拟法等不同方法而得到资产收益的不同概率分布，其结果是同样的资产组合得到不同的 VaR 值，导致其可靠性降低。

(2) VaR 是在特定的假设条件下进行的，如数据分布的正态性等，有时这些假定与现实不符。

(3) 由于 VaR 模型对数据的严格要求，决定了其对于交易频繁、市场价格容易获取的金融工具的风险计量效用较显著，而对于缺乏流动性的资产，如银行贷款等，其计量能力受到很大局限。

(4) VaR 只是市场处于正常变动下市场风险的有效测量，它不能处理金融市场处于极端价格变动的情形，如股市崩盘等。

(5) VaR 作为当前商业银行市场风险管理的标准模式存在的另一个问题在于，在 VaR 管理体系下，受到重视的只是概率因素。然而，在完整的风险管理概念下，必然涉及风险管理者的风险偏好和风险价格因素，这样才能达到风险管理上客观量的计量与主体偏好的均衡最优。从理论上讲，这些缺陷的根源不在 VaR 自身，而在于其所依据的统计方法。

第三节 利率风险的管理方法

利率风险管理的方法主要有表内管理、表外管理以及综合管理。表内管理对表内资产和负债项目的期限进行比较和调整，其中，缺口管理是重要的组成内容，而利率免疫是缺口管理的典型代表。表外管理指运用金融衍生工具管理利率风险的技术，常用的金融衍生工具包括远期利率协议、利率期货、利率互换、利率期权等。综合管理指通过将资产或负债证券化的方式来对隐含期权的风险进行管理，这是一种涉及表内和表外业务的管理技术。

一、利率免疫

免疫是重要的利率风险管理工具，它可以定义为保护债券组合或资产负债的净现值不受利率变化的影响。上一节我们介绍了风险度量的久期缺口模型，免疫就是通过久期和凸性等风险测度来控制利率风险的。一般来说，这些计量工具能够捕捉资产收益对一个或多个利率因素变化的反应，而这些因素的具体形式取决于收益率变化的方式或者期限结构的形式。

对于债券投资者而言，购买债券后若利率发生变化，将面临两类风险：一是价格风险，即债券因利率变化而产生的价格波动风险；二是再投资风险，即未来获得的债券息票将面临不同于当前收益率的投资环境。利率变动对这两种风险的作用效果是相反的。当利率上升时，债券价格下跌，而息票再投资收益率提高；反之，则情形刚好相反。要实现债券对利率变动的免疫，就要使价格风险和再投资风险相互抵消。可以通过构造一个久期等于持有期的债券组合实现这个目的。

分析案例

利率免疫的基本原理

假设某投资者计划在5年末偿还债务1 469.36元，为此她购买了一个面值为1 000元，票面利率为8%的5年期债券。如果市场利率保持为8%，那么，利息再投资所得为$80\times(1.08^4+1.08^3+1.08^2+1.08)=389.36$（元），第5年的本息和为1 080元，所以总的投资所得是：$1\ 080+389.36=1\ 469.36$（元），投资收益率为$\left(\frac{1\ 469.36}{1\ 000}\right)^{1/5}-1=8\%$；当市场利率为6%时，利息再投资所得为$80\times(1.06^4+1.06^3+1.06^2+1.06)=370.96$（元），第5年的本息和1 080元，所以总的投资所得是$1\ 080+370.96=1\ 450.96$（元），投资收益率为$\left(\frac{1\ 450.96}{1\ 000}\right)^{1/5}-1=7.73\%$，可见，如果没有采取措施，投资者将会因为承受利率风险而带来损失。

现在假设该投资者购买的是一个6年期的面值为1 000元、息票利率为8%、久期在市场利率为8%时等于4.99年的债券。如果在投资初期市场利率下跌为6%，那么，第5年末投资者的利息再投资所得为$80\times(1.06^4+1.06^3+1.06^2+1.06)=370.96$（元），第6年的本息和为1 080元，债券还有一年到期，所以现价即第5年末的价格是$\frac{1\ 080}{1+0.06}=1\ 019$（元），所以到第5年末的总投资所得为$1\ 019+80+370.96=1\ 469.96$（元），投资收益率为$\left(\frac{1\ 469.96}{1\ 000}\right)^{1/5}-1=8\%$。

可见，免疫策略利用价格风险与再投资风险相互抵消的特点，保护投资者不受损失。

二、利用金融衍生品进行利率风险管理

（一）远期利率协议

远期利率协议（forward rate agreements，FRA）是买卖双方同意从未来某一商定的时期开始在某一特定时期内按协议利率借贷一笔数额确定、以具体货币表示的名义本金的协议。远期利率协议的买方是名义借款人，签订远期利率协议的目的是规避利率上升的风险。远期利率协议的卖方则是名义贷款人，签订远期利率协议的目的则是规避利率下降的风险。

用远期利率协议对利率风险套期保值的基本原理是：利率敏感性资产多于利率敏感性负债（即持有正缺口）的商业银行，为规避利率下跌可能带来的损失，可卖出远期利率协议，以保证即使将来利率下跌，商业银行利率敏感性资产扣除负债后的净额仍能以协议利率取得收益；相反，利率敏感性资产少于利率敏感性负债（即持有负缺口）的商业银行，为规避利率上升可能带来的损失，可买入远期利率协议，以保证即使将来利率上升，商业银行利率敏感性负债扣除资产后的净额按协议利率锁定负债成本。

为了说明如何利用FRA对利率风险进行套期保值，假定一家美国银行准备在3个月以后给一个客户贷款500万美元，期限为6个月。客户要求银行立即确认贷款利率，当时6个月期的LIBOR为8.25%。银行于是向某个FRA交易商询问“3×9”的FRA报价，交易商的报价为8.32%。银行认为该价格可以接受，并向其客户报价8.82%。这样，无论未来利率上升还是下降，只要客户与FRA交易商都不违约，发放贷款与购买FRA两笔交易保证银行能够获得50个基点的利润，在贷款结束时的价值为 $\frac{(8.82\%-8.32\%)\times 5\ 000\ 000\times 182}{360}=12\ 639$（美元）。

FRA通常在有套期保值要求的商业银行之间进行，而现实中在各商业银行利率敏感性缺口有正有负的情况下，保证了这种交易进行的可行性。有时FRA也在有套期保值要求的商业银行和企图从利率变动中获利的投机者之间进行，投机行为的存在，为套期保值行为增加了交易的对手方。需要注意的是FRA是一种场外柜台交易合约，商业银行利用FRA管理利率风险的同时，还需防范远期利率协议交易对手方可能违约的风险。

（二）利率期货

利率期货是买卖双方在期货市场上约定时间，以约定的价格和数量买卖利率产品的合约，品种包括国债期货、商业票据期货合约、定期存单期货和房屋抵押债券期货等。

商业银行用利率期货对利率风险实施套期保值的基本原理是，商业银行通过持有与利率敏感性缺口相反的期货头寸来达到消除利率风险的目的。具体来说，如果商业银行利率敏感性缺口为正值，为规避市场利率下跌可能带来的损失，商业银行可以在期货市场上做多头交易进行套期保值。如果未来利率下跌，由于利率期货的价格走向和利率变动方向相反，利率期货价格将上升，期货市场的收益将弥补现货市场的损失，商业银行的利率风险也因此消除。相反，如果商业银行利率敏感性缺口为负值，为规避市场利率上升可能带来的损失，商业银行可以在期货市场上做空头交易进行套期保值。

商业银行用利率期货对利率风险实施套期保值需要注意两点，一是选择合适的期货合约，二是确定期货合约的数量。一般来说，为减少利率变动不一致的风险，商业银行应尽

量选用基础资产与需保值的资产或负债相同或相似的期货合约，如用国债期货来为国债现货套期保值，用定期存单期货来为定期存单现货套期保值。关于期货合约的数量，计算公式如下：

$$N^{*}=h\frac{S}{F} \tag{3-32}$$

其中，S 是需要套期保值的资产或负债的金额，F 是期货合约的面值，$h=\rho\frac{\sigma_s}{\sigma_F}$是最佳套期比率。$\sigma_s$ 是 ΔS 的标准差，σ_F 是 ΔF 的标准差，ρ 是 ΔS 和 ΔF 之间的相关系数。

由于可提前偿还贷款等隐含期权资产的存在，商业银行利率风险的头寸将不时地发生变化，原有数量的期货合约将因此出现保值过度或保值不足的现象，需要商业银行对保值方案进行调整。

需要指出的是，以期货合约作为保值手段很可能存在基差风险。所谓基差，是指现货价格与期货价格之差，即基差＝现货价格－期货价格。基差风险通常有三种类型，一是风险暴露基差，即由交叉套期保值（以某类利率作依据的期货合约来抵补以另一类别的利率作依据的某现货市场金融工具的敞口风险）所产生的风险；二是期限基差，即现货市场金融工具面临风险的期限与保值工具期限不一致所产生的风险；三是收敛基差，即期货市场价格与现货市场价格变化不一致产生的风险。

期货属于远期类型的金融衍生工具，但与普通的远期合约相比，有两个明显的特征。一是期货合约的标准化，这种特征在促进市场流动性的同时，也给期货交易带来不灵活的局限；二是清算机制，期货合约采用盯市操作方式，每天进行结算，这种独特的清算程序避免了交易对手的违约风险。

（三）利率互换

利率互换（interest rate swaps）是指双方同意在未来的一定期限内根据同种货币等额的名义本金交换现金流，其中一方的现金流根据浮动利率计算出来，而另一方的现金流根据固定利率计算。互换的期限通常在 2 年以上，有时甚至在 15 年以上。双方进行利率互换的主要原因是双方分别在固定利率和浮动利率市场上具有比较优势。商业银行用利率互换对利率风险实施套期保值有两种模式，一种是利用利率互换来消除商业银行资产负债的利率特征差异；另一种模式是通过利率互换对利率敏感性缺口头寸进行套期保值。

1. 利用利率互换来消除资产负债的利率特征差异

具体来讲，用固定利率负债支撑浮动利率资产的商业银行，可通过利率互换将浮动利率资产转变为固定利率资产，也可以通过利率互换将固定利率负债转变为与资产利率相对应的浮动利率负债。

为了说明如何运用利率互换转换负债和资产的利率属性，假设 B 银行借入了一笔 3 年期的本金为 10 亿美元（与互换的名义本金相同），利率为 LIBOR＋0.8%的浮动利率借款。B 银行可以运用图 3－1 所示的这笔利率互换将该笔浮动利率借款转换成固定利率借款，分析如下：在签订了这笔互换合约以后，B 公司面临 3 个利息现金流：（1）支付 LIBOR＋0.8%给贷款人；（2）根据互换收入 LIBOR；（3）根据互换支付 5%。这样 B 公司的利息净现金流变成了支付 5.8%的固定利率。因此，运用互换 B 公司可以将一笔利率为 LIBOR＋0.8％的浮动利率负债转换成利率为 5.8％的固定利率负债。

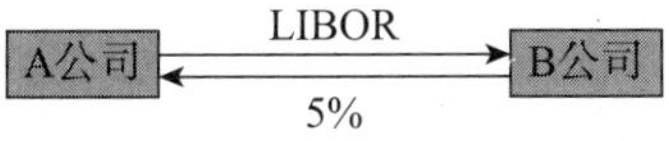

图 3-1　利率互换协议

对 A 公司而言，它可以运用该笔利率互换将一笔固定利率借款转换成浮动利率借款。假设 A 公司借入了一笔三年期的本金为 10 亿美元（与互换的名义本金相同），利率为 5.2％的固定利率借款。在签订了这笔互换合约以后，A 公司面临 3 个利息现金流：(1) 支付 5.2％给贷款人；(2) 根据互换支付 LIBOR；(3) 根据互换收入 5％。这样 A 公司的利息净现金流变成了支付 LIBOR＋0.2％的浮动利率。因此，运用互换，A 公司可以将一笔利率为 5.2％的固定利率负债转换成利率为 LIBOR＋0.2％的浮动利率负债。整个转换过程如图 3-2 所示。

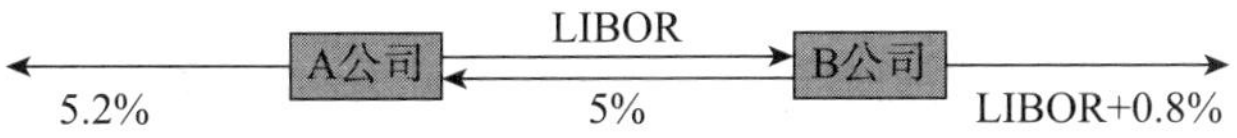

图 3-2　利率互换的流程图

运用利率互换也可以转换资产的利率属性。

假设 B 公司拥有 10 亿美元债券，在以后 3 年中收益率为 4.7％。B 公司可以利用图 3-3 的互换合约把固定收益资产改变为浮动利率资产。分析如下：B 公司签订了该协议后，面临如下 3 个利息现金流：(1) 得到债券投资收益 4.7％；(2) 根据互换得到 LIBOR；(3) 根据互换支付 5％。这样 B 公司的利息净现金流变成了收入 LIBOR－0.3％的浮动利率。因此，运用互换，B 公司可以将利率为 4.7％的固定利率资产转换成利率为 LIBOR－0.3％的浮动利率资产。

对 A 公司而言，它可以运用该笔利率互换将一笔浮动利率资产转换成固定利率资产。假设 A 公司有一笔三年期的本金为 10 亿美元（与互换的名义本金相同），利率为 LIBOR－0.25％的浮动利率投资。在签订了这笔互换合约以后，A 公司面临 3 个利息现金流：(1) 从投资中获得 LIBOR－0.25％的收益；(2) 根据互换支付 LIBOR；(3) 根据互换收入 5％。这样 A 公司的利息净现金流变成了收入 4.75％的固定利率。因此，运用互换，A 公司可以将一笔利率为 LIBOR－0.25％的浮动利率投资转换成利率为 4.75％的固定利率投资。整个转换过程如图 3-3 所示。

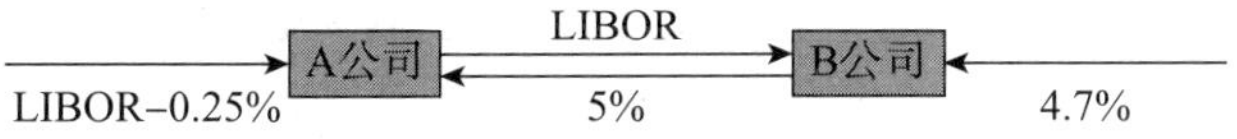

图 3-3　利率互换的流程图

2. 通过利率互换对利率敏感性缺口头寸进行套期保值

具体来说，持有正缺口的商业银行，为规避利率下跌可能带来的损失，可进行支付浮动利率收取固定利率的利率互换，从而锁定商业银行利率敏感性资产扣除负债后净额的利息收入；而持有负缺口的商业银行，为规避利率上升可能带来的损失，可进行支付固定利率收取浮动利率的利率互换，从而锁定商业银行利率敏感性负债扣除资产后净额的利息成本。

利率互换可以是在利率敏感性缺口相反的两家银行之间进行，但更多的情况是，出于降低搜寻成本等交易成本的考虑，商业银行都与专业从事互换交易的中介机构进行交易。与利率远期协议一样，利率互换也是一种场外柜台交易合约，事实上，利率互换可以看作一系列利率远期协议的合成。商业银行使用利率互换时也需防范交易对手可能违约的风险，有实力的专业性中介机构的违约风险通常较小，这也是商业银行更愿意与中介机构间接进行互换的又一个原因。

（四）利率期权

利率期权是和利率远期协议、利率期货以及利率互换等远期类型合约不同的一种期权类型合约。远期类型合约是无条件的、双方同意在约定日期以约定成交价格买卖一定数量标的资产的一种金融衍生工具。在期权合约中，购买方付给期权出具人一笔期权费，作为回报，该购买人就获得了在规定日期或在此之前以约定价格购买（买入期权）或出售（卖出期权）规定标的资产的权利（而不是义务）。远期和期权合约之间的一项主要区别是，远期合约交易双方权利和义务是对等的，而期权合约的购买人获得了权利，出具人收取期权费承担了义务。期权合约有的是标准化了的，在交易所集中交易；还有许多期权品种是柜台交易品种，是由金融工程师们根据客户的要求采取量体定做的方式设计出来的。

商业银行用来控制利率风险的期权有很多种，主要品种有普通的利率期权、利率上限/下限期权和利率双限期权。普通的利率期权是指各种与利率相关的金融产品（如国债、存贷款等）以及它们的期货合约作为标的物的期权，买方享有在未来一定时间内按照约定价格买进或卖出某种证券的权利。利率上限/下限期权是指买卖双方签订一个固定的利率作为未来一段时间内利率的上限/下限，如果结算日市场利率高于（低于）利率上限（下限），则期权的买方可以行权，按协议签订的固定利率执行。利率双限期权是指买卖双方在一个协议中同时签订未来一段时间内的利率上限和下限，如果结算日市场利率高于利率上限或低于利率下限，则期权的买方可以行权，按协议签订的固定利率执行。

商业银行用普通利率期权对利率风险实施套期保值的原理是，持有利率敏感性正缺口的商业银行，为规避利率下跌可能带来的损失，可买入看涨期权，一旦未来市场利率下跌，作为期权基础资产的利率相关证券价格将提高，银行买入的看涨期权上的获利将弥补商业银行因持有利率敏感性正缺口而遭受的收益损失，从而控制利率风险；持有利率敏感性负缺口的商业银行，为规避利率上升可能带来的损失，可买入看跌期权，一旦未来市场利率上升，作为期权基础资产的利率相关证券价格将下跌，银行买入的看跌期权上的获利将弥补商业银行因持有利率敏感性负缺口而遭受的收益损失，从而控制利率风险。

商业银行用利率上限/下限期权对利率风险实施套期保值的原理是，有浮动利率债务的商业银行或拥有利率敏感性负缺口的商业银行，可买入利率上限期权，为利率债务成本设置上限，从而把利率风险控制在一定范围内；有浮动利率资产的商业银行或拥有利率敏感性正缺口的商业银行，可买入利率下限期权，为利率相关资产收益设置下限，达到把利率风险控制在一定范围内的目标。鉴于商业银行利率敏感性缺口正负方向经常发生变化，商业银行也可以通过买入双限期权，既锁住利率上涨带来的风险，也防止利率下跌带来的收益损失。

经世济民课堂

中国利率市场化改革历程

扫码了解更多中国金融故事

关键概念

利率风险　重新定价风险　收益率曲线风险　基差风险　隐含期权风险　久期　VaR　利率敏感性缺口　久期缺口　凸度　历史模拟法　蒙特卡罗模拟法　利率免疫　远期利率协议　利率期货　互换　利率互换　利率期权

思考题

1. 利率风险主要包括哪几种?
2. 简述利率风险产生的原因。
3. 度量利率风险的基本模型有哪些?各有什么特点?
4. 常用的利率风险管理方法有哪些?各有什么优缺点?

实践案例

LPR推出后商业银行的利率风险管理

2018年我国金融领域最重要的一个改革就是贷款利率的市场化改革,推出了贷款交易报价利率(loan prime rate, LPR)。LPR的推出有助于理顺货币政策传导机制,降低社会平均的融资成本率,但是会增加商业银行的利率风险。那么,在LPR改革下,商业银行该如何应对利率风险呢?

一、LPR推进的背景

LPR推进主要是三个原因,第一个就是LPR推进是利率并轨的关键一步。我国的利率市场化改革已经推进了20多年,目前已经到了最后一公里——利率并轨。LPR的推进就是为了实现存贷款利率并轨。第二个利率市场化有助于理顺货币政策的传导机制。因为在LPR推进过程中有一个机制,中期借贷便利(medium-term lending facility, MLF)决定LPR,LPR决定最终的贷款利率,从而政策利率一定会传导到贷款端。第三个是有助于降低社会平均融资成本率,因为未来LPR会逐步降低,贷款水平一定会逐步下降,随着利率中枢下移,表外融资成本和直接融资利率水平都会有所降低,这样会整体降低社会平均融资成本率。

二、LPR的形成机制

2019年8月，央行改革完善LPR形成机制，此后LPR基于18家银行的报价，原来有10家，这次新增了8家，另外这次改革中推出了一个五年期的品种，这样会形成一个新的利率曲线；LPR报价需要与MLF利率挂钩，每月20日公布一次。因此，LPR成为最新的贷款利率定价锚。

三、LPR推进带来的利率风险及其管控

LPR推进会提高银行的利率风险，具体包括：第一是重新定价的风险，这主要是反映在房贷利率上，未来反映在存量贷款的LPR定价上；第二是收益率曲线的风险，贷款利率和存款利率变动方向不一致，导致银行利差缩窄的风险；第三是基准风险，目前银行存款利率还是基于存款基准利率来确定的，而贷款是基于LPR来定价，存款和贷款利率基准是不一样的，这样就会出现基准不同导致不同的调整，给银行带来营收上的负面影响；第四是期权类的风险，因为现在客户预期LPR一定会下降，贷款客户很可能会借低息贷款归还以前的高息贷款，银行利息收入会遭受损失。

可以选择的利率风险方法有四种，利率敏感性缺口模型、持续期缺口模型、VaR模型和压力测试。但是，现在主要使用的是利率敏感性缺口模型，因其对数据要求相对比较低。那么，如何用利率敏感性缺口模型来管理银行利率风险呢？主要关注指标是利率敏感性缺口和利率敏感性比率。对保守型银行来讲，始终会保持缺口为零，无论利率上行还是下行，对其都没有什么影响。而进取型银行会依据利率变化来确保盈利的提高，利率上行的时候保持缺口为正，利率下行就要保持缺口为负。在LPR推进过程中，未来总体来看是一个利率下行周期，因此商业银行要保持利率缺口为负，使利率敏感性比率小于1。具体而言，一方面是利率敏感性资产要尽量少，另一方面是利率敏感性负债要尽量多。

四、LPR推进，商业银行如何应对？

以上分析表明：LPR推进对商业银行带来较大的利率风险，商业银行可以通过调整资产负债结构和收益结构来应对利率下行的冲击。

其一，提高市场化负债的占比。资产端的利率变得更加敏感，只要负债端也有一些利率敏感性的负债，这样就可以对冲掉利率变化带来的负面冲击。银行未来会增加相对良性的同业负债占比，但是，同业负债和CDS的合计占比不能超过全部负债的$\frac{1}{3}$。

其二，更多地使用利率衍生品来对冲利率风险。比如，银行有2 000亿元贷款，如果LPR下降5个基点，面对的利率风险敞口就是1亿元。面对这种日常的频繁的利率风险，商业银行可以使用利率期货、利率期权、利率互换、远期利率协议等来对冲利率风险。2020年3月23日，全国银行间同业拆借中心正式推出利率期权，就是配合LPR的推进推出的一项应对政策。

其三，加大债券资产的配置。在利率下行周期中，银行贷款资产是受损的，但是非信贷资产是不受损的，因此，银行可以逐步提高债券投资的规模。

其四，加快中间业务发展，提高非息收入占比。因为利率下行影响的是银行的利息收入，但是对非利息收入没有影响，所以银行可以大力发展理财业务、代理业务、信用卡业务、投行业务等中间业务，以此来应对利率市场化的冲击。

面对利率风险，商业银行除了提高利率风险管理能力外，还要加强利率前瞻性研究，要能够准确预测未来利率变化的趋势，要理顺内部资金转移定价（funds transfer pricing，FTP）和LPR内部之间的关系，要对衍生品市场更加熟悉。

问题思考：LPR改革下，商业银行该如何应对利率风险?

职业素养提升：守住不发生系统性金融风险的底线；培养专业能力；提高金融自信，了解我国20多年利率市场化改革的伟大成就。

第4章

操作风险管理

学习目标

1. 理解操作风险的概念、类型和产生原因。

2. 掌握操作风险度量的基本指标法（BIA）、标准法（SA）和高级计量法（AMA）。

3. 了解资本金分配、保险和降低经营风险等操作风险管理方法。

4. 价值塑造：培养学生的家国情怀、社会责任感和使命感，树立金融安全大局意识和法制意识，养成良好职业道德，提升专业能力，培养正确金钱观等。

导入案例

巴林银行的倒闭

巴林银行是历史显赫的英国老牌贵族银行，尼克·李森曾被誉为国际金融界“天才交易员”，任巴林银行驻新加坡巴林期货公司总经理、首席交易员。1994 年下半年，李森认为，日本经济已开始走出衰退，股市将会有大涨趋势。于是大量买进日经 225 指数期货合约和看涨期权。然而“人算不如天算”，1995 年 1 月 16 日，日本关西地区发生大地震，股市暴跌，李森所持多头头寸遭受重创，损失高达 2.1 亿英镑。这时的情况虽然糟糕，但还不至于撼动巴林银行，只是对李森来说已经严重影响其光荣的地位。李森凭其天才的经验，为了反败为胜，再次大量补仓日经 225 指期货合约和利率期货合约，头寸总量已达十多万手。要知道这是以“杠杆效应”放大了几十倍的期货合约。当日经 225 指数跌至 18 500 点以下时，每跌一点，李森先生的头寸就要损失两百多万美元。

2 月 24 日，当日经 225 指数再次加速暴跌后，李森所在的巴林期货公司的头寸损失，已接近整个巴林银行集团资本和储备之和。融资已无渠道，亏损已无法挽回，李森畏罪潜逃。巴林银行面临覆灭之灾，银行董事长不得不求助于英格兰银行，希望挽救局面。然而这时的损失已达14亿美元，并且随着日经225指数的继续下挫，损失还将进一步扩大。因此，各方金融机构竟无人敢伸手救助巴林银行这位昔日的贵宾，巴林银行从此倒闭。

从外在因素看，衍生品价格风险是导致巴林银行倒闭的导火索。若问题仅限于此，那么巴林银行的倒闭可视为偶然事件，然而事实远非如此。回顾事件发生的整个过程，我们发现，在日本股市下行趋势非常明显的时候，在“赌徒心理”的驱动下，李森仍然不断增加头寸，而没有采取准确的应对措施。令人不解的是，李森反复的操作失误持续了很长时间，竟然没有任何人员或任何部门发现、提醒和阻止他。我们不禁要问：一个交易员为什么在未经授权或检查的情况下就能持有如此巨大的风险头寸？风险管理部门为什么对连续发生的操作失误一直“视而不见”？难以想象也难以置信，一家历史悠久、世界著名的大银行，竟然在操作风险控制方面犯下了如此幼稚却很致命的错误。可见，操作风险潜在的巨大杀伤力在相当长的时间内被巴林银行所忽视才是造成巴林银行倒闭的真正原因！本章介绍操作风险、操作风险的度量以及操作风险的管理等内容。

第一节 操作风险概述

一、操作风险的定义

操作风险是一个比较模糊的概念，简单来说，它泛指在公司操作过程中一系列可能的损失，这些损失通常与公司产品和服务的需求函数的不确定性无关。这些损失可能来自一个计算机系统的病毒，也可能是在某些特定情况下由决策者的一个失误造成的，因此很难清楚地界定企业或组织操作风险的范围和内容。特别是对于金融机构而言，操作风险又常常和信用风险的发生交织在一起，这就更很难给操作风险下定义。巴塞尔委员会于2004年6月26日正式发布了《巴塞尔新资本协议》，该协议增加了操作风险类别，将银行面临的主要风险归为三类：信用风险、市场风险和操作风险。第一次将操作风险作为主要的风险类别加以重视。一般而言，就操作风险的定义存在三种观点：广义的定义、狭义的定义和通行的定义。

（一）广义的定义

广义的定义把操作风险定义为除信用风险和市场风险以外的所有风险。这种定义虽然简单，但是几乎没有给出任何定义性和描述性的关键词句，对操作风险的识别、衡量和管理没有太大的实际意义。这一对操作风险的界定，不但包括法律风险和声誉风险，还包括战略风险和转移风险，属于最为广义的界定标准。这种界定标准曾被一些银行采用，但也由于所包含的范围太广，一方面使得银行在实践中对操作风险的识别与度量产生了更多的困难；另一方面也使得对操作风险的管理和监控的成本过高，因而不少银行不得不依据自身的情况，将其限定在自身相对容易计量的范围之内。

（二）狭义的定义

狭义的定义认为，只有与金融机构中运营部门相关的风险才是操作风险。这种观点认为操作风险是由于控制、系统及运营过程的错误或疏忽而可能引起潜在损失的风险，该定义排除了名誉、法律、人员等方面的操作风险，因而涵盖的范围较窄。这些风险是金融机构可以控制的风险，但不包括外部事件。

（三）通行的定义

通行的定义是介于狭义和广义之间。这种观点首先将事件分为可控制事件和由于外部实体如监督机构、竞争对手的影响而难以控制的事件，进而将可控制事件的风险定义为操作风险，对应另一类事件的风险也就是一些研究机构所称的“战略性风险”或“营销风险”。以下是两个具有代表性的定义：

一是英国银行家协会（British Bankers' Association，BBA）将操作风险定义为：由于内部程序、人员、系统的不完善或失误，或者外部事件造成直接或间接损失的风险。BBA认为操作风险属于人为失误，它与不完善的程序和控制、欺诈和犯罪活动相联系，由技术缺陷和系统崩溃引起。BBA 的定义得到了广泛的认可和应用。

二是巴塞尔委员会在《巴塞尔新资本协议》征询意见稿中提出的：操作风险是指由于不完善或失灵的内部程序、人员、系统和外部事件所导致的直接或间接损失的风险。损失的风险主要是产生于不充分的或失败的内部运作过程、员工和制度，或者来源于外部事件，既包括预期损失，也包括意外损失。本定义包括法律风险，但不包括策略风险和声誉风险。这一定义是目前最有影响的关于操作风险的定义。《巴塞尔新资本协议》的定义侧重于操作风险形成的原因，从金融机构内部因素和外部事件两方面进行了界定，它涵盖了金融机构内部很大范围的一部分风险，许多未被划入其他风险类型的新风险可以不断归并其中。操作风险多是由人为的错误、系统的失灵、操作程序发生错误或控制失效而引起，其内容涵盖了金融机构内部的诸多风险，随着金融管制的放松、金融全球化、金融服务产品的日益丰富以及金融技术的日益复杂，金融机构的活动花样繁多，日趋复杂，操作损失也越来越多样化，无论对于金融企业个体还是对于金融监管机构，操作风险在金融实践中的地位日趋彰显。事实上，由于长期的忽视以及操作风险管理技术的不成熟，很多公司遭受了操作风险造成的损失，如著名的巴林银行倒闭案、安然事件以及爱尔兰联合银行事件等。

二、操作风险的种类

根据风险成因或损失事件类型的不同对操作风险进行分类是目前普遍的做法。通过对操作风险类型的分析，我们也可以更好地把握其成因。

（一）人力风险

人力风险是指因金融机构员工发生内部欺诈、失职违规，以及因员工的知识、技能匮乏、核心员工流失、金融机构违反劳动用工法等造成损失或者其他不良影响而导致的风险。

（二）过程风险

过程风险是指在操作流程中由于交易处理操作差错或流程设计维护失误，以及供应商或承包商方面的原因给金融机构造成的损失，或者由于不充分和失败的内部工作流程所造成的风险。

（三）系统性风险

系统性风险是指由于信息科技部门或服务供应商提供的计算机系统和设备发生故障或

其他原因，金融机构不能正常提供部分、全部服务或者业务中断，包括系统设计不完善和系统维护不完善所产生的风险，具体体现为数据、信息质量风险，违反系统安全规定，系统设计、开发的战略风险，以及系统的稳定性、兼容性、适宜性方面存在的风险。例如2004年5月31日，加拿大皇家银行（Royal Bank of Canada）在进行系统升级的过程中，电子银行业务处理意外中断，造成零售客户的存取、转账、支付等记录不能在账户余额中显示。系统中断持续近三天，受到直接影响的客户约为250万户，占其客户总数的$\frac{1}{4}$。

（四）外部风险

外部风险也称操作风险、操作策略风险、外部事件风险，是指在应对外部事件或外部环境的时候，因采取了不适当的策略而引起的风险。这里所指的外部事件或外部环境主要包括：外部欺诈、盗窃、洗钱、政治风险、监管风险、业务外包、自然灾害、恐怖威胁等。

巴塞尔委员会通过与业界合作，按照操作风险事件导致损失发生的原因将操作风险分为七大类：内部欺诈，即故意误报头寸、员工偷窃、员工通过自己账户的内部交易等；外部欺诈，如抢劫、伪造空头支票、计算机黑客破坏等；雇佣制度和工作场所安全，如工人补偿申诉、侵害员工健康和安全条例、有组织的工会行动等；顾客、产品和业务违法，如信用违约、顾客秘密信息的滥用、银行账户上不正当交易行为、洗钱和未经许可产品的销售等；实物资产的损坏，如恐怖行为、破坏行为、地震、火灾和洪灾等；营业中断和系统瘫痪，如计算机软硬件的损毁、通信故障、供电中断等；执行、传递和程序管理，如数据录入错误、抵押管理失败、不完全的法律文件、非法进入顾客账户、非客户的交易对手操作失误和供应商纠纷等。

分析案例

光大证券“乌龙指”事件

事件经过：2013年8月16日11时后，A股出现大幅异动，短时间内涨幅一度达3.19%，多只大盘蓝筹股瞬间触及涨停。就在资本市场对大盘异动原因一头雾水之际，有消息传言，异动或与某券商有关。午后，光大证券被临时停牌，多个消息源指出，监管部门人员已进驻光大证券。同时，两市股指迅速回落。

下午14时26分，光大证券发布公告称，当天上午，其策略投资部门自营业务在使用其独立的套利系统时出现问题，正进行相关核查和处置工作，公司其他经营活动保持正常。

业内人士普遍认为，当日A股大幅震荡的主因就是光大证券的交易失误。相信此次“乌龙指”事件亦会载入中国资本市场史册。

事件分析：事件核查结果是交易系统错误，但仍足以证明当前证券行业的风险防控措施存在漏洞。作为券商风险防控部门，本来已设置了“三重门”来防范类似风险事件，但本次光大证券“乌龙指”事件却轻易地冲破了这“三重门”，导致了这“百年难得一遇”的重大风险事件发生。

第一道门，是投资与交易部门的自我检查。本次事件的发生，反映出投资与交易部门的检查流于形式。第二道门就是财务部门设立的头寸限制。财务部门为每个券商设立了用于 ETF 套利交易的资金规模，也为其设立了虚拟的资金规模，因此，券商在合规的前提下使用虚拟的资金规模并不会产生风险。但也因这一虚拟资金规模的存在，使得光大证券能够冲破财政部门的头寸限制，把惊人的 70 亿元交易规模发送出去。第三道门就是合规部门的异常审查。合规部门本应实时动态地调整公司各项投资业务的风险指标，对重大交易进行审核，并在出现异常交易行为时立即履行审查职责。然而在当今的一些证券公司，合规部门对于业务操作管控完全“有心无力”。

拓展阅读

股市史上著名的“乌龙指”事件

资料来源：光大证券自营连破三重门，合规部门形同虚设．第一财经日报，2013-08-17.

第二节　操作风险的度量模型

由于操作风险涉及很多人为因素，以及它涵盖了很多低概率但是损失程度大的损失事件，在很长一段时间内，操作风险一直被视为是不可度量的，或者至少是很难用数量方法度量的。对操作风险进行量化存在的困难，主要集中体现在以下四方面：

（1）操作风险涉及很多难以量化的定性因素，比如政策、过程等，难以用标准方式进行量化。

（2）衡量操作风险的历史和截面数据不充分。一些损失（如声誉损失）难以量化、低频率高损失事件难以衡量、经验数据具有事后性（怎样处理新的或正在改变的风险等）、判断具有随意性，使量化出现困难。

（3）从覆盖范围看，操作风险实际上几乎覆盖了银行经营管理所有方面的不同风险。既包括发生频率高、损失相对较低的小风险，也包括发生频率低、但是一旦发生就会造成极大损失甚至危及银行的存亡的大风险。而且随着金融产品的不断丰富和金融技术的日益复杂，操作损失日益多样化。因此，试图用一种方法来覆盖操作风险的所有领域几乎是不可能的。

（4）各种操作风险量化模型的效果尚未得到充分验证。由于操作风险发生的频率低，因此难以验证操作风险模型而导致其在预测未来结果方面的可靠性或有用性降低。

尽管操作风险的度量存在一些困难，但是随着监管机构对操作风险的重视、更多成熟的统计方法和模拟计算技术的介入以及损失事件历史数据积累的日益丰富，最近几年出现了一些用来度量操作风险的数量模型。目前操作风险的衡量呈现出模型化的趋势，有迹象表明这种趋势还会进一步得到加强。

1999 年巴塞尔委员会在《巴塞尔新资本协议》征询意见稿中确立了包括操作风险在内的银行风险“最小监管资本要求”的原则，这是推动操作风险模型化的标志性事件。对于如何量化操作风险，巴塞尔委员会认为，操作风险的基准衡量指标可以基于衡量机构大小的指标：

$$(\text{操作风险})_i=\phi(\text{机构大小})_i \tag{4-1}$$

其中，ϕ 是将操作风险与机构大小联系起来的变量。对于衡量机构大小的指标，巴塞尔委员会建议使用总收入、费用收入、经营成本、调整表外风险头寸后所管理的资产或总资产。这种关系尽管有一定吸引力并容易计算，但存在两个主要缺陷：首先没有反映金融机构业务性质与操作风险之间的关系。其次这种方法有可能产生反向激励。如果大大改善操作风险管理导致业务量上升，则金融机构实际会要求更多的管理资本。

《巴塞尔新资本协议》中要求在第一支柱中为操作风险配置资本金。这既是近年来国际金融界日益注重操作风险管理实践的一个总结，同时也对操作风险的管理提出了新的要求，使得金融机构的风险管理面临新的压力。计算操作风险资本包含三种方法，分别是基本指标法（BIA）、标准法（SA）和高级计量法（AMA），这三种方法在复杂性和风险敏感度方面渐次加强。

一、基本指标法

基本指标法用银行前三年总收入（净利息收入加上非利息收入）的平均值乘上一个固定的比例（用 α 表示），即：

$$K=GI\times\alpha \tag{4-2}$$

其中，K 是基本指标法需要的资本，GI 是前三年总收入的平均值，$\alpha=0.12\times\frac{MRC}{GI}$，$MRC$ 为银行最低监管资本要求，α 为 15%。

基本指标法是计量操作风险所需监管资本最基本、最简单的一种方法。其特点在于不区分银行的经营范围和业务类型，统一使用一个风险指标（总收入），优点是简便易行，但同时也过于粗略。由于操作风险暴露与总收入指标间的相关性是不确定的，因而基本指标法不能作为商业银行操作风险度量的有效方法，仅适用于业务范围单一的小银行。

二、标准法

在标准法中，巴塞尔委员会将银行业务分为八个类别。每个类别被分配了一个系数（用 β 表示），β 值代表银行在特定业务上的操作风险损失经验值与按监管标准修正的银行在该类业务下对应财务指标之间的相互关系。在各类别中，总收入是个广义的指标，代表业务经营规模，也大致代表各类别的操作风险暴露。在计算各业务类别对应监管资本要求时，用银行的总收入乘以一个该业务类别适用的系数。将这 8 类监管资本简单加总后，得到操作风险总体的监管资本要求，如下所示：

$$K=El_{1-8}\times\beta_{1-8} \tag{4-3}$$

其中，K 是用标准法计算的资本要求：El_{1-8} 是按基本指标法定义的 8 个业务类别中各产品线过去三年的年平均总收入，β_{1-8} 是设定的固定百分数，建立 8 个业务类别中各业务品种的总收入与资本要求之间的联系，具体见表 4-1。

表 4-1 操作风险标准法计算表

业务范围	业务种类	指标	分配系数（%）
公司金融	兼并、收购、承销、银团	总收入	18
交易与销售业务	固定收入、信贷、贷款和回购等	总收入	18

续表

业务范围	业务种类	指标	分配系数（%）
零售银行业务	零售银行和存款、信托不动产、银行卡等	总收入	12
商业银行业务	项目融资、租赁、贷款、担保等	总收入	15
支付与清算业务	支付和托收、资金转账、清算和结算	总收入	18
代理业务	托管、公司信托	总收入	15
资产管理业务	封闭式、开放式基金等	总收入	12
零售经纪业务	执行指令等全套服务	总收入	12

资料来源：国际清算银行，www. bis. org。

标准法把银行的行为细分为不同的业务类别，每个业务类别使用不同的风险指标，因而与基本指标法相比更为复杂，在一定程度上提高了风险敏感度，可成为商业银行的短期选择，从长期角度看，会导致“监管套利”，由于标准法中巴塞尔委员会设定的各业务部门风险权重不一，银行倾向于发展低权重的业务从而减少操作风险资本的计提。同时，标准法并不是对任何银行都适用，只有满足一定的条件时，银行才被允许使用。

三、高级计量法

这是巴塞尔委员会规定的最为复杂的计量法。高级计量法是指银行用以下定量和定性标准，通过内部操作风险计量系统计算监管资本要求。使用高级计量法应获得监管当局的批准。该方法在标准法的基础上又进一步对每一业务类别划分了七个损失事故类型。《巴塞尔新资本协议》规定操作风险的资本额应该相应于一年时间内在 99.9%的置信水平下的非预期损失额，该方法假定预期损失和意外损失之间具有固定和稳定的关系。它的含义是，有 99.9%的可能操作风险所带来的损失都可以用一般准备金弥补，而在此之外的损失却可能导致银行破产。

高级计量法使用商业银行内部操作风险损失数据计算操作风险资本，比基本指标法和标准法更具风险敏感性，因而从长期来看，标准法必然要向高级计量法过渡。

四、操作风险度量方法的比较与分析

基本指标法/标准法与高级计量法的优势与局限对比见表 4-2。

表 4-2　操作风险度量方法的比较

	优点	缺点
基本指标法/标准法	• 简单易懂，可操作性强 • 数据既容易获得及校验，又具有连贯性与可比性 • 容易识别风险暴露并估计其潜在影响，还可以进行持续的跟踪 • 便于管理者制定更加合理的激励措施	• 把总收入作为计算操作风险资本的基本指标不尽合理 • α 系数的取值标准缺乏检验，这必将影响应用两种方法的可靠性和可信性

续表

	优点	缺点
高级计量法	• 采用了许多高深、前沿的数学模型、计算机技术等手段来度量操作风险 • 搜集和应用了多维度数据，使操作风险的度量过程和度量结果更加科学、可信	• 应用过程过于复杂，难以理解 • 数据不易获得，即使获得也无法保证数据的真实性和完整性 • 不能判断操作风险的损失来源 • 不能反映操作风险与市场风险、信用风险之间的联系

进入 21 世纪后，操作风险度量技术取得了重大进展，一系列新的方法和技术，例如 VaR、极值法和贝叶斯网络法，被引入度量操作风险，银行业开始采用更先进的统计分析技术为操作风险管理建模，发展出了多种新操作风险的度量方法。这些方法大致可以分为“自上而下模型”和“自下而上模型”。

（一）自上而下模型

“自上而下模型”（见表 4－3）是主要使用财务指标和收益波动性等作为衡量风险的变量，由各部门将操作风险合计起来计算的方法。它是从宏观基础上对操作风险进行度量，并不区分损失事件和损失原因，是一个可以灵活使用且简便的方法。其优点是在搜集相关数据和估计操作风险方面相对比较容易，缺点则是银行不能按照业务线或部门来分析操作风险的原因，因而不能将操作风险的度量结果运用于各业务线或部门的风险管理和经济资本配置，因此对各类业务的业绩评价、收益管理和风险管理的激励效果不易达到。

表 4－3　自上而下模型

方法	度量方式
基本指标法	以总收入等指标的一定百分比来度量操作风险。
标准法	将银行业务划分为八条不同的业务线，每条业务线乘以一定百分比，然后将各产品线加总。
收入模型法（CAPM 法）	以收入模型等 CAPM 为基础度量银行面临的总体风险，再从中分离出信用风险和市场风险，剩余的部分即操作风险。
波动性法	将某些指标的波动看作风险，并将波动的原因归为操作风险，利用观察到的收入波动的幅度来度量操作风险。

资料来源：Junji Hiwatashi，Hiroshi Ashida. Advancing Operational Risk Management Using Japanese Banking Experiences，December 2002.

（二）自下而上模型

“自下而上模型”（见表 4－4）是根据各个损失的事件类型与业务来区别风险，并逐步进行统计的度量方法。实际度量时，首先计量不同业务线或部门的操作风险，再进行加总，从而得到银行整体面临的操作风险。其优点在于区分了过去已经发生或可能发生的事件，并对这些事件的操作风险产生的原因和作用机制进行了解释，从而可以帮助银行有针对性地采取相应管理措施，避免类似事件再次发生，缺点则在于银行需要投入更多的资源用于搜集相关损失事件的数据。

表 4-4 自下而上模型

方法	度量方式
损失分布法	首先描绘出各项业务类型/事故类型的损失频率和损失幅度的概率分布，得出累计操作损失的概率分布函数，再通过计算得出一定置信水平下的 VaR 值来度量最大可能的损失。
情景分析法	针对“低频高危”的事件，通过引入外部数据来模拟相关的情景，估计出可能造成的损失。
因素分析法	鉴别造成损失的各种因素，并且对各因素之间的相关性进行分析。
贝叶斯网络法	根据操作风险的各种原因和效应分别建模，综合起来对操作风险进行度量。

资料来源：Junji Hiwatashi，Hiroshi Ashida. Advancing Operational Risk Management Using Japanese Banking Experiences，December 2002.

在具体的度量方法选取过程中，国际先进银行一般采用了两种方式：第一种方式是，首先采用“自上而下模型”为总体的操作风险分配经济资本，再运用“自下而上模型”来分析损失事件；第二种方式则是直接运用“自下而上模型”来度量操作风险。

第三节 操作风险的管理方法

近几年来操作风险显然已经成为全球金融界一个非常流行的词汇，操作风险管理的兴起也成为全球金融界一个重要的现象。正如英国银行家协会（British Bankers' Association，BBA）在其网站上所言，“操作风险并不是一种新的风险，然而，将操作风险管理视为拥有其自有的管理架构、工具和流程的专业领域，这是一种新的思想。”

操作风险的管理包括资本金分配、保险和降低经营风险这三种途径。

一、资本金分配

操作风险资本金分配的出发点是应鼓励业务部门积极地增强自身的操作风险管理能力，如果一个业务部门能证明通过自身采取的措施减小了操作风险出现的频率以及损失程度，那么这一业务类别的资本金也就应该有所降低，这样一来会提高业务类别的资本金回报率（因此也会提高业务类别管理人员的分红）。

《巴塞尔协议》的灵魂就是用必要充足的监管资本储备来抵御和覆盖银行面临的主要风险，也就是资本约束。一家银行操作风险管理的好坏，从监管部门的视角看，最终要体现在该银行是否为其操作风险提足了必要的资本储备，是否达到了最低的监管资本要求。我国银行监管部门要求各商业银行计算操作风险加权资产，其计算公式为：

$$操作风险加权资产=操作风险资本要求\times 12.5 \tag{4-4}$$

在具体操作风险计量方法上，没有硬性要求，商业银行可以采用标准法、替代标准法和高级计量法计算操作风险资本要求。商业银行的操作风险资本应分别达到《商业银行操作风险监管资本计量指引》的相关要求。我国监管部门在《商业银行风险监管核心指标》文件中，用操作风险损失率作为监管操作风险的核心指标，该指标用操作风险造成的损失除以商业银行前三期净利息收入与非利息收入之和来表示。按照监管部门公布的数据，在国内商业银行操作风险中，案件风险是其中最主要的风险，往往能达到银行操作风险总数70%以上。为此，各银行要保证操作风险损失率达标，就必须将案件防控作为控制年度操作风险的重中之重。与之相对应，监管部门也非常重视案件防控，要求银行实事求是地报告当年案件发案率和损失情况，监管部门定期通报相关情况，并将各银行年度新案发案率和案件损失率作为操作风险损失部分重点监控。

有时无限制地降低操作风险对于管理过程来讲并不一定是最优的，有时降低风险而带来的费用可能大大超过减少资本金数量所带来的好处，费用过分提高也会减少资本金回报率，银行应该鼓励业务部门进行计算以决定自己需要的操作风险资本金，并设法优化自身的资本金回报率。

有些银行采用得分卡方式来分配操作风险的资本金。在得分卡的方式中，银行首先由专家来识别各种风险的主要来源，再对各个业务类别进行提问，通过这些提问，银行可以决定各个业务类别的风险量大小，得分卡上的问题可能是如下形式：

（1）有多少关键部门的职务是由临时雇员来代理？

（2）监督人员与雇员的比例是多少？

（3）公司业务中是否会涉及客户保密信息？

（4）部门雇员离职率是多少？

（5）有多少岗位仍属空缺？

（6）雇员工资中有多大的比例与业务表现有关？

（7）雇员中有多少人曾经连续休过10天的假期？

对于每个答案都要设定分数，每一个业务部门所得的分数都显示了这一业务部门的风险大小，由此就可以设定出这一业务部门的资本金，在可能的情况下，对于得分卡的分数要以实际损失为基准进行验证。

二、保险

（一）用于金融机构操作风险管理的保险产品

保险公司传统上就是银行和证券公司转嫁操作风险的主要对象。金融机构通过购买针对火灾、地震、恐怖袭击和伤害、盗窃和交通事故等风险事件的保险单，将由此引发的操作风险转嫁给保险公司。此外，还有专门用于金融机构转嫁由于内部人员、系统和流程问题而引发的操作风险的保险单，保险范围覆盖金融机构内部经理人员的责任和诚信、计算机犯罪、未授权交易和人员招聘责任等。近些年一些保险公司正在努力开发可用于金融机构综合性操作风险保险的产品，如“金融机构操作风险保险”（Financial Institutions Operational Risk Insurance，FIORI）覆盖了责任险、诚信保险、未授权活动险、技术险、资产保护和外部欺诈等多方面的操作风险。

（二）保险对于金融机构操作风险管理的重要意义

购买保险单来转嫁操作风险近年来越来越受到金融机构的重视，而且也获得了监管机构的支持和鼓励。2004年出台的《巴塞尔新资本协议》中明确规定购买保险成为金融机构操作风险缓释的一种重要手段，在一定程度上可以产生替代资本的作用，因而可以获得监管资本减免。因此，购买保险转嫁操作风险对于金融机构风险管理具有重要意义。这具体表现在以下几个方面：

（1）管理金融机构现金流的波动性。通过购买保险，金融机构以定期支付保险费的方式为代价，将由于保险合同中约定的风险因素所遭受的非预期大额损失转嫁给保险公司，这与不购买保险，以金融机构自身的现金流来吸收非预期损失相比，前者显然可以平滑金融机构的现金流，降低其波动性，如图 4-1 所示。

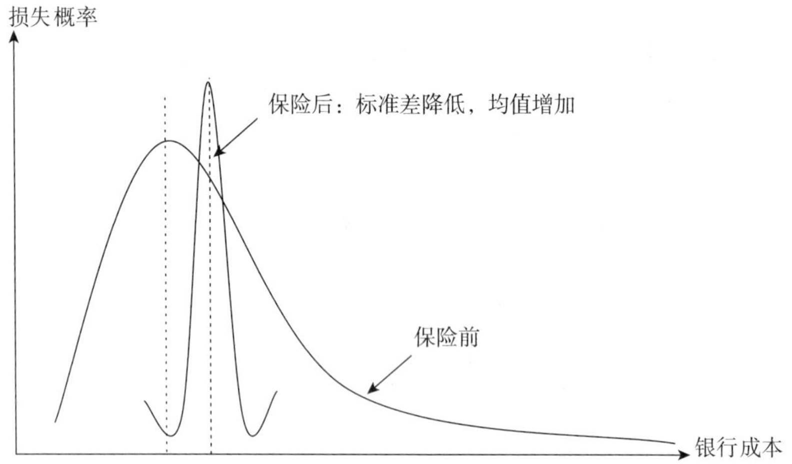

图 4-1　保险对操作风险分布的作用

注：金融机构购买保险使其成本支出增加，这一影响反映出通过保险方式降低风险的代价是支付保险费。

资料来源：Marshall，C. Measuring and Managing Operational Risks in Financial Institutions，supra note 20，p. 435.

（2）集合风险，准确预测未来损失。在单个金融机构内部，操作风险事件发生的频率较低，数据稀少，不利于准确预测未来的损失，而通过购买保险，各个金融机构的同类风险事件在保险公司汇集，根据大数法则，足够数量的相互独立的风险事件的集合将使得未来的损失可以得到比较准确的预测。

（3）为灾难性损失提供融资。保险对于灾难性损失具有更加重要的意义。在金融机构遭遇规模巨大的灾难性损失时，保险可以为金融机构弥补损失提供融资，帮助金融机构渡过难关，避免破产清算。

（4）为金融机构管理和监测风险提供外部资源和推动力。通过在整个金融行业内集合风险及其相关数据，保险公司由此可以获得相比于单个金融机构而言更加有优势的针对金融机构各项操作风险的信息，进而形成管理该操作风险的优势。同时，保险公司为了防范投保金融机构因购买保险而疏于风险管理的道德风险，会利用自身在操作风险管理信息和技术方面的优势主动监测和促进金融机构改善操作风险管理水平。

（三）有效风险转嫁的要求

保险和其他形式的风险转嫁手段在被金融机构用于转嫁操作风险时的一个重要问题就是转嫁风险的有效性。巴塞尔委员会 2003 年出台的《操作风险跨金融部门转移》专题分析报告指出，从转嫁风险的保险购买者的角度看，决定有效操作风险转移的要素主要有以下几个方面：

1. 交易对手的信用风险

对于任何形式的风险转嫁，当操作风险由一方转嫁到另外一方时，转嫁风险的保险购买者的操作风险就转换成信用风险，即保险合同所包含的损失事件发生后保险出售者不能够按合同支付的风险。一般来说，保险出售者（交易对手）的信用质量越高，分散化程度越高，交易对手的信用风险就越低。因此，大的信用评级机构对交易对手的信用评级是衡量交易对手信用风险大小的重要方面。在评估操作风险转嫁有效性的时候，保险购买者不仅应该考虑整个市场，而且要考虑特定交易对手吸收损失的能力。此外，交易对手是否受到有效监管也是保险购买者应该考虑的重要因素之一。

2. 流动性风险

从损失事件发生到保险出售者按合同偿付的这段时间内，损失转嫁机制有不同的形式。当然，对于相对较少的损失，这不是什么重要问题，但一旦发生重大损失，保险出售者延迟支付会加剧保险购买者的流动性风险。从流动性的观点看，“先偿付，再询问”的机制更受保险购买者欢迎。

3. 法律风险

有效的风险转移要求保险出售者和购买者对属于和不属于保险范围的事项都有准确的理解。在保险合同中，可扣除项和例外条款等规定都是为了明确界定保险范围，消除双重保险和不需要的保险内容，并消除或降低道德风险。如果保险条款不明确或者保险出售者和购买者双方对于保险范围有不同理解，那么，保险支付很可能被拒绝或者陷入法律诉讼当中。在这种情况下，保险购买者想要转嫁的操作风险变成了另外一种操作风险，即法律风险。

4. 基差风险

对于衍生产品或者非传统的风险转嫁机制，引发保险出售者进行偿付的事件可能和促使保险购买者需要保险出售者进行偿付的事件并不相同。如果不小心，偿付基础上的足够大的差别可能会对风险转嫁产生重大的影响。即使是在传统的保险产品中，由于不充分的限制条款导致基差风险上升，从而使得保险购买者的对冲不太有效。因此，保险购买者必须对这类风险有清楚的了解，以便确定保险水平是否合适。

5. 保险的有效期限

保险的有效期限是影响风险转嫁有效性的重要因素。一般来说，保险的有效期限越长，保险购买者受到的保护就越充分。多数保险单都有一年的首次有效期，因此保险单实际的有效期限比保单上写明的期限短，从而导致保单的实际有效期和保险购买者重视的偿付能力的期限不匹配。保险购买者在计算资本金需求时要格外注意这个问题。

6. 可撤销性

可撤销性是与保险的确定性和有效期限相关的一个概念。如果保险出售者可以临时取消或者实质上改变风险转嫁机制，那么这种转嫁机制的有效性便会大大降低。真正有效的风险转嫁机制，应该使保险购买者得到充分的保证即保护机制在保险所覆盖的所有范围内持续有效。

7. 转嫁到附属机构

由于一系列原因，特别是为了降低风险转嫁的成本，金融机构可能并不将风险转嫁给第三方，而是将其转嫁给自己的附属机构，如自我保险公司。然而，这种风险转嫁并不会降低集团内的总体风险，因此，要提高风险转嫁的有效性，还需要通过再保险或其他机制将风险进一步转嫁到集团外部。

三、降低经营风险

（一）内部控制方法

操作风险可以来自金融机构的任何一项业务、产品和流程。因此，业务部门自身对其产品和流程的管理和控制成为操作风险管理框架中的重要一环。业务部门对操作风险的管理和控制可以被纳入金融机构内部控制体系。内部控制活动主要表现为与业务管理密切融合的各项规章制度的制定和执行监督活动，因此，内部控制与业务管理活动实际上是融为一体的，业务管理部门承担着内部控制的首要和直接责任，而审计部门则负责对内部控制的有效性进行评估和监督。内部控制覆盖金融机构所有的人员、部门、分支机构、业务线路和流程，甚至负责内部控制本身的管理人员和审计部门也应该受到相应的监督和控制。以我国的商业银行为例，具体的措施包括：

1. 提高内部审计部门的独立性

商业银行的总行、分行、支行一级的机构中大多设有内部审计部门，负责对本行及下级的各类业务风险进行检查。但审计稽核部门只是银行下辖的一个部门，直接接受本机构管理者领导和管理，审计的独立性作用难以发挥。审计部门如果对检查中发现的问题在系统内进行曝光，会直接影响到本级机构在银行系统内的形象，本级银行机构的管理者也可能因此遭到上级主管机构的责任追究；如果检查人员违背了本行管理者的意愿，本行管理者在其职权范围内可能对检查人员的工作岗位、个人发展等方面进行限制，这又严重挫伤检查人员的原则性。因此，应该借鉴那些银行的内部审计部门在设立上隶属于监事会的经验，提高审计部门的独立性和权威性。

2. 健全内部控制制度

健全的内控制度是实现全面风险管理的前提，风险内控制度落后会使整个风险管理体系出现漏洞。根据巴塞尔委员会的定义，操作风险由人员、系统、流程和外部事件等四类因素引起，几乎涉及银行的各个职能部室。因此，国外银行在操作风险管理框架上一般会设置一个委员会，由各相关部门参加，而操作风险管理政策的执行和协调，由风险管理部来负责，而我国对操作风险没有统一的部门协调，管理较为分散。

内控制度还包括详尽的业务规章制度和操作手册。例如一些制度规定十分过时，而新的规定又未出台，在这种情况下，员工往往采用灵活变通的方式处理业务，失去了规章制度的严肃性和对业务行为的约束力。制度体系的不完善，导致风险控制措施缺位，发生操作风险就成为一种客观必然。

3. 全方位的人员管理

国内商业银行在操作风险管理上存在着一个根深蒂固的错误理念，即重视对基层操作人员的管理，忽视对高层管理人员的管理。在当今金融创新的背景下，服务领域不断拓展，从业人员的素质很大程度上决定了新系统的稳定性，尤其是高层管理人员的职业操守更加显得重要。因此，要加强全方位的人员管理。

4. 提升技术水平

国内银行的系统建设起步较晚，存在很多漏洞，数据在全行系统内部无法集中和共享；制度建设滞后于业务的快速发展；系统功能局限于服务经营，尚未实现服务经营与服务管理并重，系统不能为银行风险管理提供充分、完整的数据和信息。因此，应该提升通信、软硬件和信息技术安全水平，降低操作风险发生的可能性。

（二）外部控制方法

外部控制方法是指通过现场或非现场的方法对商业银行的业务经营情况和财务状况进行监督管理，保证商业银行的正常运转。在操作风险的管理上，几乎是全部依赖商业银行的内部审计部门，而内部审计部门的独立性往往不如外部审计，从而很难发现风险隐患。

法律对商业银行操作风险的涉入面较窄，商业银行对本行发生的案件一般按照内部管理规定处理，多数情况下未向监管部门报告。只有当银行损失无法收回的时候，才将案件报告监管部门。此外，银行对监管部门的介入存有疑虑，监管介入会产生较高的成本费用，有时甚至高于案件本身的损失，且监管介入导致的案件曝光会对银行的社会形象有不利的影响。因此，法律在操作风险的控制中没有发挥应有的作用。

对于商业银行已经发生的操作风险案件，应该通过监管部门在商业银行之间进行信息共享，防止同类事件的传染和蔓延。

关键概念

操作风险 《巴塞尔新资本协议》 基本指标法 标准法 高级计量法 资本金分配 保险 内部控制法 外部控制法

思考题

1. 操作风险的定义是什么？
2. 操作风险有哪些特殊性？
3. 简述操作风险的种类。
4. 操作风险管理应遵循哪些原则？
5. 保险对于金融机构操作风险管理有什么重要意义？

实践案例

中航油事件

2003年4月，中国航空油料集团有限公司（简称中航油集团）成为第二批国家批准有资格进行境外期货交易的国有企业。经国家有关部门批准，中国航油（新加坡）股份有限公司（简称中航油新加坡公司）在取得中国航空油料集团公司授权后，自2003年开始做油品期货套期保值业务。在此期间，中航油新加坡公司擅自扩大业务范围，从事石油期权交易。2003年，中航油新加坡公司确实正确判断了油价的走势，年底公司的盘位是空头200万桶，从中小赚，但公司当时已明显违背了《国有企业境外期货套期保值业务管理办法》，涉身险地从事投机性交易。2003年第三季度到2004年第一季度，中航油新加坡公司预期石油价格将下跌，因此建立空头头寸，卖出看涨期权，买入看跌期权，危机初现。

2004年第一季度，国际油价飙升，中航油新加坡公司持空仓，账面亏损580万美元，为求收复失地，加大投资增持空仓；2004 年第二季度油价持续升高，中航油新加坡公司账面亏损增至 3 000 万美元。为避免在账目上出现实际亏损，公司决定将交割日期延后至 2005 年及 2006 年，再加大投资，希望油价回落时可翻身。

2004 年 10 月，中航油新加坡公司的原油期货合约已增至 5 200 万桶，油价到达历史高位，其面临巨额亏损。10 月 10 日，中航油新加坡公司首次向中航油集团呈交报告，说明交易情况及面对 1.8 亿美元的账面损失，并已缴付了期货交易的 8 000 万美元补仓资金，公司同时面对严重的现金流问题，已接近用罄 2 600 万美元的营运资金、1.2 亿美元的银团贷款及 6 800 万美元的应收贸易款，上述数据从未向其他股东及公众披露；2004 年 10 月 20 日，中航油集团为了筹集支付补仓资金，通过德意志银行新加坡分行配售 15%的中航油新加坡公司股份，令集团持股比例由 75%减至 60%，集资 1.08 亿美元；2004 年 10 月 26 日和 28 日，中航油新加坡公司的交易对手日本三井公司发出违约函，催缴保证金，在油价高位时被强行平仓，造成中航油实际亏损 1.32 亿美元；2004 年 11 月 8 日到 25 日，由于不断遭到巴克莱资本、伦敦标准银行等国际投行的逼仓，截至 25 日中航油新加坡公司实际亏损高达 3.81 亿美元，相对于其 1.45 亿美元的净资产已经资不抵债，陷入技术性破产的境地；2004 年 11 月 29 日，在亏损 5.5 亿美元后，中航油新加坡公司宣布向法庭申请破产保护。至此中航油巨亏事件落下帷幕。

资料来源：作者根据相关资料整理。

问题思考：1. 简述中航油事件发生的背景。2. 为什么止损制度失效了？3. 对类似事件进行分析。4. 分析衍生品的投资风险。5. 分析我国衍生品市场的发展现状。

职业素养提升：培养学生家国情怀和高度的社会责任感、金融安全大局意识和守住不发生系统性金融风险的底线意识；提高专业素养与工作责任心，培养良好职业道德与正确金钱观；认识我国金融衍生品市场发展对经济高质量发展的作用。

第5章 流动性风险管理

学习目标

1. 理解流动性风险的概念、特征和类型。

2. 掌握流动性风险度量的财务指标法、市场信息法和动态指标法；重点掌握流动性风险管理的资金汇集法、资金匹配法、流动性缺口法和压力测试法。

3. 了解市场流动性风险的度量指标；了解筹资流动性风险管理的各种理论、流动性风险管理的线性规划法和期限阶梯法。

4. 价值塑造：培养守住不发生系统性金融风险的底线意识；牢固树立专业思想，培养良好金融道德观、勇于担当的社会责任感和使命感等。

导入案例

2020年3月世界流动性危机事件

2020年3月，随着新冠肺炎疫情在全球范围内蔓延，OPEC和俄罗斯未达成减产协议，国际原油暴跌，全球金融市场出现了剧烈动荡，市场上一度爆发了流动性危机，出现了股票与国债齐跌、原油与黄金齐跌的罕见局面。

从2月20日新冠肺炎疫情开始在世界范围扩散，至3月24日这一个多月的时间里，几乎所有市场的资产价格都出现了不同程度的下跌。在此期间，美国纳斯达克指数下跌了36%，多伦多300指数下跌了36%，日经225指数下跌了30%，英国富时100指数下跌了34%，法国CAC40指数下跌了39%，德国DAX指数下跌了39%。2月20日—3月30日，纽约商业交易所（NYMEX）原油价格下跌了63%。多国的股票市场和期货市场出现数次熔断，国债价格也出现一定幅度的下跌，在美国甚至触发熔断。富时世界国债指数（美元计价）从3月6日的1 056点下跌至3月18日的980点，跌幅超过7%。黄金价格也出现一定程度的回调。资产价格暴跌幅度之大、速度之快，暴跌资产范围之广，已经说明出现了流动性危机。美元指数于3月9日跌至94.63点之后上行，到3月19日达到103点，上行了8.8%，非美元货币汇率齐跌。全球出现了严重的美元流动性危机。

在美股十年“长牛”中，诸如ETF等被动投资大行其道，由于被动投资不做价格发现，对资产价格形成了一定扭曲，且在市场下跌时出现助跌效应，从投资者行为层面起到了放大器的作用。此外，风险平价、相对价值、套息交易等隐性做空波动率策略的大量扩张，也埋下了拥挤交易的隐患，在市场环境的快速变化中迅速反转。在各类资产波动明显上升的市场环境下，从控制波动率角度出发的降杠杆、减持资产，也给市场带来了冲击，且不带有明显的“风险/避险”风格，各类资产出现普杀。典型例子为3月9日至13日一周，各类资产几乎全数暴跌，市场融资成本指标（如LIBOR-OIS，欧元、日元交叉货币互换基差）等明显恶化，风险资产/避险资产相关性上升。

本轮美元流动性冲击的直接起因是疫情的蝴蝶效应。新冠肺炎疫情在全球范围内大流行，推翻了此前市场对于疫情“偏短期”（2020年第二季度基本结束）、“偏局部”（以中国为主）两大预判。对全球总需求造成了更明显的压制，且全球结构的弱点遭到疫情的强烈挑战。在疫情冲击下，原油价格战看似“突然袭击”，实则是疫情冲击下供需失衡问题的极端爆发。自2008年危机以来，全球央行的超宽松货币政策，带来资本回报大于劳动收入增速，同时全球产业链分工虽然整体看有利于提高效率，但也并非使所有部门满意，此类社会矛盾的外溢就以贸易摩擦等形式体现出来，疫情显然加速了这种变局的演绎。但疫情与原油价格战都只是流动性危机的触发剂，而非根本原因，危机根源仍是金融市场在多年牛市、宽松货币环境下积聚的杠杆和泡沫。

在流动性萎缩的情况下，央行作为最后贷款人的重要性凸显。而随着主要发达经济体陆续出台了新一轮非常宽松的财政货币政策，市场上的流动性危机得到缓解，避险资产价格开始回升，风险资产价格持续暴跌的态势也已经切换为双向波动。

从这个例子中，我们可以看到流动性对于金融市场的重要性。如果不控制流动性风险，一旦造成满足资金流动性需要能力的丧失，后果不堪设想。因此本章介绍了流动性、流动性风险以及流动性风险度量和管理的有关内容。

第一节　流动性风险概述

一、流动性风险的内涵

（一）流动性的定义

流动性（liquidity）是一个难以准确定义的经济学术语，但是通常来讲可以从两个角度对流动性进行定义：一是从金融机构（最主要的是商业银行）获取资金难易的角度来定义，称为筹资流动性（fund liquidity），指金融机构能够保证经营和正常支付的能力，简单来讲，银行在需要资金时，如果能够以合理的成本立即得到资金，该银行就具有流动性。

另一个是从金融资产变现难易的角度来定义，称为资产流动性（asset liquidity）或市场流动性（market liquidity），用来衡量金融资产在市场上的变现能力。从市场微观角度出发，如果买卖价差（bid-ask spread）越小，则表示立即执行交易的成本越小，市场流动性也就越高。从资产定价角度出发，更高的流动性意味着市场中信息不对称程度较轻，知情交易者的数目较少。从公司金融的角度出发，流动性是指一种资产的总价值，企业可以利用这种资产进行跨期财富的配置，从而以最优方式应付未来可能出现的支付。

（二）流动性风险的定义

流动性风险是由于流动性水平下降使得资产价格面临损失的可能。与流动性的两种含义相对应，流动性风险可以分成两类：

1. 筹资流动性风险

筹资流动性风险（funding liquidity risk）或者机构流动性风险，包含两层含义，第一层含义指金融机构（尤指商业银行）的偿付能力不够而产生的风险，第二层含义是商业银行的融资能力问题，即无法迅速以较低成本将资产变现的能力，需偿付到期款项时不能够以充裕的资金进行结算的可能性。

2. 资产流动性风险

资产流动性风险（asset liquidity risk）或者市场流动性风险（market liquidity risk），指投资者交易时刻的价格与最终成交价格之差的不确定性。也可以理解为投资者因为市场缺乏流动性导致的交易成本上升和交易困难，即市场流动性风险是当你需要交易时流动性变差的风险。

准确理解市场流动性风险要区分流动性水平和流动性风险两个概念。流动性水平指的是流动性的大小，而流动性风险指的是流动性水平未来变化的不可预期性，通常用波动率来刻画这种不确定性。流动性风险不同于其他的金融风险，它是一种交易风险，发生在买入或卖出资产的时候。综合上述各种观点，本书认为资产流动性风险是指资产的清算价值显著有别于当前盯市价值（mark-to-market value）的风险。

3. 二者的关系

资产流动性风险与筹资流动性风险之间存在区别和联系。首先，筹资流动性风险主要产生于金融机构内部资产和负债的不匹配，而资产流动性风险则产生于外在整个市场。其次，二者也相互联系。一般而言，筹资流动性不足时，金融机构往往需要变现自己的资产来获得现金，这样做的结果是资产流动性风险增加。比如对于上市公司而言，若公司发生筹资流动性风险，往往致使该公司股票的流动性风险增加。同样，若开放式基金面临筹资流动性风险，在投资者赎回资产时，基金经理将不得不对某些资产大量变现，导致流动性风险增加。而如果筹资流动性充足，机构在交易时间和交易策略方面有更多的选择，从而市场流动性更大。

二、流动性风险的特征

（一）商业银行流动性风险的特征

1. 客观性

风险总是伴随着商业银行的经营管理而客观存在，不以个人意志为转移。由于信息不对称性以及经济主体的有限理性，商业银行日常经营中做出的决策往往具有片面性和滞后性，有些决策甚至偏离正确预期，因此，客观上容易产生商业银行流动性风险。经济主体利用自己的信息优势，取得银行贷款后往往进行高风险投资，因此，由于信息不对称产生的道德风险导致信用风险并最终形成流动性风险。此外，商业银行作为信用中介机构及其金融服务性质也决定了其业务的复杂性，因此对流动性风险只能合理规避而不可能做到完全避免。

2. 可控性

商业银行流动性风险的可控性是指金融市场主体对流动性风险按照既定的指标体系和监管制度进行事前预测、事中防范和事后化解的可行性。在风险发生之前，根据商业银行流动性风险的性质，可以建立流动性风险预警体系，建立风险评价指标，为控制银行风险提供前提。同时还可以建立商业银行日常管理信息系统，对流动性风险管理提供日常监测报告以及技术支持，为防范银行风险创造技术性条件。此外，在长期的实践中，通过不断改进和完善流动性风险管理机制，将商业银行流动性风险控制在一定范围内。

3. 扩散性

商业银行流动性风险的扩散性具有两层含义，第一层含义是指当一家商业银行出现流动性问题时，客户的取款行为会产生一种加速效应，从而出现银行挤兑的多米诺骨牌效应。这种效应导致商业银行流动性危机一旦爆发，时常伴有加速现象。第二层含义是指商业银行作为金融中介，当其自身出现流动性风险时，不仅影响银行系统本身，还会通过各种资金渠道传染、扩散至整个经济体系，使一国乃至全球面临危机的挑战。例如 2007 年最初发生于美国的次贷危机，由于流动性风险通过各种金融创新渠道不断向其他国家扩散，最后演变成世界范围的金融危机。流动性风险的这种特性要求银行业在预测、管理和防范流动性风险时，要特别注意防止局部风险演化成系统性风险。

4. 终极性

商业银行流动性风险的终极性是指商业银行经营中出现的各种风险最后一般都会转化为流动性风险这种最终形式。因此流动性风险管理成为商业银行风险管理的核心组成部分。

（1）信用风险会瞬时逆转市场环境从而引发流动性风险。因为当商业银行不履约贷款及坏账比率显著上升时，银行被评级机构及资金提供者视作资产质量下降而影响到其融资能力，当银行达到无法融资的地步时，会因为流动性不足而破产。（2）市场风险将会影响商业银行利用其作为自营交易的金融工具组合产生流动性的能力。当商业银行被认为承受了过高的市场风险时，资金提供者便可能要求银行付出较高的利息，甚至拒绝向其提供融资，从而导致商业银行面临流动性风险。（3）银行的操作风险造成的业务损失也会影响银行的流动性供给，从而造成银行的流动性风险。（4）法律风险会影响债权人对银行的信心，或者增加银行的对外责任和负债。（5）声誉风险也会对存款人的信心产生巨大的冲击，这些因素最终都导致了银行资金来源的减少或负债的增加，减少了银行的流动性资金，给银行带来流动性风险。

（二）市场流动性风险的特征

市场流动性风险的最主要特征是流动性共性（即系统流动性）。所谓流动性共性是指单只证券（尤指股票）的流动性和市场流动性之间存在显著的协动（co-movement）现象。证券市场中若存在流动性的协动现象，则在市场出现流动性危机时，投资者无法通过分散投资来完全化解该类风险，即市场上存在着系统的流动性风险（systematic liquidity risk）。

市场流动性风险在极端情况下会表现为流动性黑洞。无论出于什么原因，如果卖方的存在吸引的不是买方，而是更多的卖方，那么流动性黑洞就会出现。流动性黑洞的最大特点是会把市场参与者本身的反应聚集起来，因此流动性黑洞类似于银行的挤兑现象，短视的交易者因为其他人卖出而跟着卖出。流动性黑洞可以用“正反馈效应”来测度，所谓正反馈效应是指价格上升导致买方增多，价格下跌导致卖方增加的现象，换句话说，交易商在市场跌落时争相卖出，而在市场上升时竞相买入。

分析案例

英国北岩银行挤兑事件

一、事件经过

2007 年受美国次贷危机导致的全球信贷紧缩影响，英国第五大抵押贷款机构——北岩（Northern Rock）银行发生储户挤兑事件。自 2008 年 9 月 14 日全国范围的挤兑发生以来，截至 9 月 18 日，仅仅几天的时间就有 30 多亿英镑从北岩银行流出，占该行 240 多亿英镑存款总量的 12%左右，其电话银行和网上银行业务一度出现崩溃。受此影响，几天内，北岩银行股价下跌了将近 70%，创下 7 年来新低，成为英国遭遇此次信贷危机以来的最大受害者。为防止系统性银行危机的出现，英国财政部、英格兰银行与金融管理局先后采取了注资以及存款账户担保等救助措施，至 9 月 18 日，北岩银行的储户挤兑情况才有所缓解，各大银行的股价也出现不同程度的上涨，银行体系的恐慌局面才得以控制。

二、原因分析

北岩银行始建立于 1850 年，其早期只是一家住房贷款协会，1997 年成为一家银行并上市。目前，该行是英国第五大抵押贷款机构，拥有 150 万储户，向 80 万购房者提供房贷，可谓规模庞大。2007 年上半年，北岩银行新增的抵押贷款额占全国新增总量的 18.9%，排名居英国第一。然而，曾经是房贷市场佼佼者的北岩银行，缘何会陷入挤兑危机呢？除了上述英国经济金融环境的不利因素之外，这可能是以下几个因素造成的：

（1）融资过于依靠批发市场。北岩银行超过 3/4 的资金来自批发市场，即通过同业拆借、发行债券或卖出有资产抵押的证券来融资，因此更容易受到市场上资金供求的影响。

（2）资产负债的利率缺口过大。批发市场和住房贷款市场不同的定价机制，又加大了北岩银行的利率缺口。北岩银行的住房抵押贷款是按照英格兰银行的基准利率来发放，这种投融资的定价方式在货币市场利率大幅高于官方利率时会造成银行损失。据估计，在这 960 多亿英镑的抵押贷款中，有 120 亿英镑是直接暴露在这种利率缺口风险之下的。也就是说，LIBOR 每超过基准利率一个基点，北岩银行每年将多支付 1 200 万英镑。

（3）银行原有的融资渠道受阻。2008 年 7 月以来，受美国次贷危机造成的全球货币市场流动性紧张的影响，英国信贷市场的大门已经开始关闭，这对于主要依靠信贷市场来融资的北岩银行来说是致命的打击。

(4) 上半年以来经营收益下降。资产负债利率缺口的扩大以及因流动性不足导致的贷款业务放缓都降低了银行经营的收益，而引起储户挤兑的直接原因也许就是北岩银行预期收益的下降。

(5) 投资美国次级债带来损失。事实上，北岩银行在美国次级债券市场上的投资并不多，仅占其全部资产的0.24%，大约有2.75亿英镑，其中2亿英镑投资于美国的担保债务凭证（CDO），0.75亿英镑投资于房产抵押担保证券（HEMBS）。尽管相对于总体的资产来说损失不大，但这在北岩银行的有价证券投资中已占40%的份额，而这对市场上投资者的心理影响效应可能更大。

三、启示

英国的银行挤兑恐慌暂时得以平息，这次危机给我们带来以下几个方面的警示：

(1) 要严格监控房地产市场泡沫带来的金融风险。我国房地产市场也存在价格过高的问题，因此要严格监控商业银行按揭贷款的风险，防止引发系统性金融风险。

(2) 要密切关注金融创新过程中的金融风险。住房抵押贷款的证券化是这次美国次贷危机的“罪魁祸首”，尤其是那些次级贷款的证券化资产。我国的资产证券化业务还处于发展初期，对于资产证券化过程中所带来的风险要密切关注。

(3) 要提高监管当局对金融风险的预见能力。因此，金融监管当局要加强金融体系内风险的监测和分析，提高对金融体系风险的预测能力，尽量把危机化解于初始阶段。这次危机中，美联储和欧央行的及时干预做法就值得我们借鉴。

(4) 要合理设计存款保险制度。存款保险制度设计的初衷就是要保护存款人利益，防范银行发生挤兑，进而维护金融体系的稳定。但是，在英国这次银行发生挤兑事件中，我们并没有发现存款保险机构发挥作用。因此，要完善我国的存款保险制度，给予存款保险机构一定的监管和救助职能。

(5) 要加强各部门的协调合作。在银行挤兑爆发前，英格兰银行和金融管理局缺少必要的沟通，结果造成各方出于各自的考虑没有及时向银行体系注资。而在银行挤兑爆发后，英格兰银行、英国财政部以及金融管理局的联合行动对于控制金融体系的恐慌起到了非常大的作用，这种一致行动在危机处理中尤为重要。这方面的教训和经验也是我们要吸取和借鉴的，我国央行和金融监管部门要加强部门间的协调和合作。

资料来源：作者根据相关资料整理。

三、流动性风险的类型

（一）根据风险载体分类

根据风险的承受主体不同可以把流动性风险分为资产流动性风险与筹资流动性风险。资产流动性风险是指资产的清算价值显著有别于当前盯市价值的风险；而筹资流动性风险则是指金融机构由于没有能力筹集到新的资金而导致不能履行到期支付义务的风险。

（二）根据风险来源分类

根据风险的来源不同可以把流动性风险分为外生流动性风险和内生流动性风险。外生流动性风险指由市场因素所引起的每个交易者同等面对的交易成本的不确定性。这种风险主要来源于市场制度安排的变动、宏观经济政策的调整、国际国内政治局势变动、自然灾害和其他一些偶发事件等不可抗力因素。外生流动性风险影响市场上的所有投资者，它不受单个投资者行为的影响。内生性流动性风险指投资者未来交易时的成本与交易头寸的大小相关，因而导致资产难于立刻变现的风险。这种风险会因为每个投资者头寸不同而变化，而且市场上所有的投资者都会受到单一投资者交易行为的影响。例如某个投资者所拥有的头寸占市场总量的10%，则市场价格会因为该投资者的变现行为出现大幅下降。

划分外生流动性风险和内生流动性风险的关键点是市场报价深度。当一个投资者所交易的数量低于或等于报价深度时将不影响市场价格，他可以市场买价卖出，以市场卖价买入，因此只单纯面临外生流动性风险。随着他所交易的规模逐步上升并高于市场报价深度，他的交易价格就会恶化。价格恶化程度取决于内生流动性风险的大小，并与所交易的规模相对应。

第二节　流动性风险的度量指标

一、商业银行流动性风险的度量

（一）财务比率指标

财务比率指标是静态指标，反映的是银行在某个时点上的流动性水平。这些指标都是侧重反映流动性风险的某个方面，只有将其综合起来成为一个指标体系才能全面衡量银行的流动性风险。而且，由于不同银行的资产规模、经营环境、经营理念不同，所以这些指标并不存在一个特定的最优值，不宜进行简单的个体比较。

1. 存贷款比率

$$存贷款比率=\frac{贷款}{存款} \tag{5-1}$$

该指标是衡量银行流动性风险的一个传统指标，综合反映了银行的资产和负债的流动性特征。一般该比率越高，银行的流动性越差。因为贷款难以变现，存贷款比率越高，意味着银行将大部分资金用于发放流动性低的贷款，并且银行要发放新的贷款必须运用存款以外的负债购买。而较低的存贷款比率意味着银行可以用稳定的存款来为新贷款融资，流动性风险较小。

存贷款比率虽然简单直观，但是也存在较大缺陷，最根本的原因在于其只考虑总量关系，忽略了存款和贷款的性质、期限、质量等结构因素。比如，同样是贷款，抵押贷款与信用贷款、长期贷款与短期贷款的流动性显然不同；存款也是如此，定期存款与活期存款、对公存款与对私存款的流动性风险也不一样。

2. 核心存款比率

$$核心存款比率=\frac{核心存款}{总存款} \tag{5-2}$$

该指标集中反映了银行负债方面的流动性。银行的存款按其稳定性可分为核心存款与易变性存款。核心存款是指对利率变化不敏感、较为稳定的存款，受季节变化和经济环境的影响小，是银行稳定和低成本的资金来源。易变性存款则受利率等外部因素的影响较大，容易流失。对同类型的银行而言，该比率越高表明流动性越好。一般来说，大银行核心存款比率低于小银行，但这并不表示大银行的流动性风险更高，因为大银行的负债来源更加多元化，对存款的依赖度较低。

在实际操作中使用该指标衡量流动性风险的一个关键问题是核心存款的计算。在美国，核心存款定义为存款总额减去 10 万美元以下的存款后的余额。除该指标以外，与核心存款相关的指标还有核心存款与总资产比率、核心存款与贷款比率等。

3. 流动资产比率

$$\text{流动资产比率}=\frac{\text{流动性资产}}{\text{总资产}} \tag{5-3}$$

该指标重点反映了银行资产的流动性。流动性资产是指期限短（不超过 1 年）、变现能力强的资产，主要包括现金、同业存款和国债等。该比率越高，银行资产中储存的流动性越多，银行应付潜在的流动性需求的能力就越强。总的来说，银行的规模越大，该比率越小，因为大银行的资金筹集能力强，不需要储存太多的流动性。

使用该指标的一个困难在于如何准确界定流动性资产。与此类似的指标有：现金与总资产比率、超额准备金比率、流动性资产与流动性负债比率等。

4. 贷款占总资产的比率

$$\text{贷款占总资产的比率}=\frac{\text{贷款}}{\text{总资产}} \tag{5-4}$$

该指标也是反映银行资产流动性的重要指标。贷款是商业银行资金运用的主要方式，一般而言，由于信息不对称和交易成本的因素，贷款难以转让，是银行流动性最低的资产。银行总资产中贷款的比例越高，说明银行资产的流动性越低；而贷款的比例越低，说明银行的资产越多元化，流动性越高。

5. 流动性指数

流动性指数是由美联储的吉姆·皮尔斯（Jim Pierce）提出的一个指标，用来衡量金融机构因突然或紧急出售资产时，相对于正常市场情况下以市场公允价值出售所遭受的潜在损失，用公式表示如下：

$$I=\sum_{i=1}^{N} w_i \frac{P_i}{P_i^*} \tag{5-5}$$

其中，w_i 代表资产 i 在总资产中的权重，P_i 代表资产 i 紧急出售的价格，P_i^* 代表资产 i 正常变现的价格。

显然，P_i 和 P_i^* 的差异越大，流动性指数的值越小，资产的流动性就越差。P_i 和 P_i^* 的差异越小，流动性指数的值越大，资产的流动性就越高。一般情况下 $P_i \leqslant P_i^*$，所以流动性指数 I 介于 0 和 1 之间。

为了说明流动性指数的计算，假定银行有占比各 50%的两种资产：1 个月期国债和房地产贷款。如果银行必须今天出售国债，只能以 90 元的价格成交，而如果留到到期，可以得到面值 100 元；如果银行必须在今天出售房地产贷款，每 100 元资产只能收回 85 元，如果一个月后出售，可以收回 95 元。这样，该银行资产组合 1 个月的流动性指数为 $I=0.5\times\left(\frac{90}{100}\right)+0.5\times\left(\frac{85}{95}\right)=0.90$。

6. 存款集中度

存款集中度可用于衡量存款提前支取风险。鉴于银行对大额存款的依赖性，存款集中度越高，意味着潜在的存款提前支取风险越大，银行的流动性风险也就越大。其计算公式为：

$$存款集中度=\sum E_i W_i \tag{5-6}$$

其中，E_i 表示存款规模等级 i 的存款份额，W_i 表示存款规模等级 i 的权重。

知识链接

我国商业银行流动性的监管指标

我国现行《商业银行流动性风险管理办法》是经中国银监会 2017 年第 15 次主席会议通过，由中国银行保险监督管理委员会于 2018 年 5 月 23 日公布，自 2018 年 7 月 1 日起施行的。该管理办法第 37 条明确了流动性风险监管指标包括流动性覆盖率、净稳定资金比例、流动性比例、流动性匹配率和优质流动性资产充足率。

流动性覆盖率监管指标旨在确保商业银行具有充足的合格优质流动性资产，能够在规定的流动性压力情景下，通过变现这些资产满足未来至少 30 天的流动性需求。其计算公式为：流动性覆盖率＝合格优质流动性资产÷未来 30 天现金净流出量。银保监会要求流动性覆盖率的最低监管标准为不低于 100%，适用于资产规模在 2 000 亿元（含）以上的商业银行。

净稳定资金比例监管指标旨在确保商业银行具有充足的稳定资金来源，以满足各类资产和表外风险敞口对稳定资金的需求。其计算公式为：净稳定资金比例＝可用的稳定资金÷所需的稳定资金。银保监会要求净稳定资金比例的最低监管标准为不低于 100%，适用于资产规模在 2 000 亿元（含）以上的商业银行。

流动性比例的计算公式为：流动性比例＝流动性资产余额÷流动性负债余额。银保监会要求流动性比例的最低监管标准为不低于 25%，该指标适用于全部商业银行。

流动性匹配率监管指标衡量商业银行主要资产与负债的期限配置结构，旨在引导商业银行合理配置长期稳定负债、高流动性或短期资产，避免过度依赖短期资金支持长期业务发展，提高流动性风险抵御能力。其计算公式为：流动性匹配率＝加权资金来源÷加权资金运用。银保监会要求流动性匹配率的最低监管标准为不低于 100%，该指标适用于全部商业银行。

优质流动性资产充足率监管指标旨在确保商业银行保持充足的、无变现障碍的优质流动性资产，在压力情况下，银行可通过变现这些资产来满足未来 30 天内的流动性需求。其计算公式为：优质流动性资产充足率＝优质流动性资产÷短期现金净流出。监管要求为不低于 100%，该指标适用于资产规模小于 2 000 亿元的商业银行。

《商业银行流动性风险管理办法》的最大亮点是新引入净稳定资金比例、优质流动性资产充足率和流动性匹配率三个量化指标。其中，净稳定资金比例适用于资产规模在 2 000 亿元（含）以上的商业银行，优质流动性资产充足率适用于资产规模小于 2 000 亿元的商业银行，流动性匹配率适用于全部商业银行。简单来说，资产规模在 2 000 亿元（含）以上的商业银行适用流动性覆盖率、净稳定资金比例、流动性比例和流动性匹配率，资产规模小于 2 000 亿元的商业银行适用优质流动性资产充足率、流动性比例和流动性匹配率。

（二）市场信息指标

虽然财务比率指标能够比较直观和简单准确地反映在一段期间内的商业银行流动性状况，但是利用这些指标在定量分析银行现有流动性状况时忽略了商业银行从金融市场获得流动性的能力。虽然银行的信誉、规模、在市场上的地位、形象和实力等指标都不容易以量化的形式体现，但是这些因素对商业银行流动性获取能力有着重要影响。因此，在用定量指标考察流动性风险时，还应对市场信息指标进行观察和分析。

1. 公众的信心

如果公众对某一银行的信心不足，则该银行在筹集资金方面将会产生困难，不容易获得存款的同时，还可能失去现有储户，并面临银行挤兑等流动性危机。

2. 银行发行存款证或其他借款的风险加价的幅度

在我国，中国人民银行统一制定存款利率，因此不存在风险加价幅度。但是可以从银行间存款额增减变动反映出存款人在选择银行时，对某银行的态度的变化以及银行流动性风险状况。

3. 资产出售损益

商业银行为偿付到期的还款及取款请求，不惜在重大亏损条件下出售资产的情况是该银行面临流动性风险增大的标志之一，并且如果该类事件发生的频率较高，则该商业银行存在较大的流动性风险。

4. 满足资信好的客户的资金需求的能力

对于能给商业银行带来优厚利润的客户，银行总是不吝惜提供更好的金融服务，当多个贷款条件相同的客户提出贷款请求时，银行会优先考虑资信好的客户。因满足客户的贷款要求的能力成为表达银行流动性风险的信息指标之一。

5. 向中央银行借款情况

虽然商业银行都期望在危急时刻能够从央行获取资金，然而使用央行的应急贷款标志着银行的流动性出现了问题，会对银行的声誉造成非常不利的影响，其他银行会收回信用额度并减少对该银行的风险敞口，进而进一步加剧融资压力。

6. 票据的贴现或转贴现

当一家商业银行发行票据时，其他金融机构是否愿意对该银行的票据进行贴现或转贴现的态度反映了该银行的资金实力及行业形象。若该银行的贴现或转贴现的要求被拒绝，则可能给市场参与者的信息是该银行的市场形象和资金实力受到怀疑，有可能发生流动性风险。

7. 资信评级

市场评级机构对市场参与者提供商业银行资信信息，银行的资信评级水平提高，则意味着银行的市场地位提高，经营稳定性增强；若评级降低，则意味着该银行可能在经营管理、投资等方面出现问题，其市场地位可能降低。商业银行评级的降低会直接导致筹资成本增大，从而流动性风险也必然增大。

8. 中间业务的情况

中间业务是现阶段商业银行普遍开展的业务，也是利润收益率较高的业务。中间业务开展的情况能够反映银行的资金实力及其市场形象。例如在信用证等中间业务中，作为开证行如果经常遇到出口商或出口方银行提出增加保兑行要求时，如经常出现这种情况，说明该开户行不能得到银行同业的认可，市场形象和资金实力受到质疑。

（三）动态指标

纯粹的静态流动性管理并不存在，因为流动性本身就是一个动态概念，流动性风险就是一种动态资产运动带来的风险。上述的静态指标可以认为是一种基于当前情况的事后统计。显然，要全面反映银行的流动性风险，必须动态预测将来一段时间内潜在的资金供求状况，其中非常重要的就是“缺口”概念。

1. 流动性缺口

缺口是银行管理特别是流动性管理中很常见的指标。流动性缺口（liquidity gap，LG）是指在未来一定时期内，银行潜在的资金需求（运用）与资金供给（来源）的差额，即：

$$LG = F_1 - F_2 \tag{5-7}$$

其中，LG 表示流动性缺口，F_1 表示流动性供给，F_2 表示流动性需求。

流动性缺口指标综合地反映了银行的流动性状况及抗风险能力。如果 LG≤0，表示流动性供给不能满足流动性需求，银行面临流动性短缺风险；如果 LG≥0，表示银行的流动性充足。流动性缺口的计量较为简单，能够方便地评估银行面临的流动性风险。在银行的日常经营中，流动性缺口都是按照一定的期间进行的，根据各个商业银行的流动性需求水平以及管理水平，流动性缺口的时期可以以周、月或季度的期间划分标准进行计算。不同时间段内的流动性缺口反映了不同时期内银行的流动性状况。

知识链接

彼得·罗斯（Peter Rose）在《商业银行管理》一书中提出的商业银行的流动性供给与需求如表 5-1 所示。

表 5-1　商业银行的流动性供给与需求

流动性供给	流动性需求
客户存款	客户提取存款
非存款服务性收入	客户贷款
客户偿还贷款	偿还存款之外的借款
资产出售	运营费用及税费
从货币市场借款	向股东分红

资料来源：彼得·罗斯（2001）。

2. 融资缺口

融资缺口的思想与流动性缺口类似，但它侧重从融资角度进行资金分析。融资缺口表示银行必须筹集的用于新资产融资及对负债进行再融资的那部分新资金。融资缺口体现为总的融资需要量与稳定的资金来源之间的差额，即：融资缺口＝预测的资金总需要量－预测的稳定资金来源。这被视为一种不稳定的融资，而不稳定的融资意味着银行必须通过不稳定负债来筹措新资金。

3. 久期缺口

商业银行的资产和负债之间存在一个期限结构的匹配问题。一般来讲，银行资金来源的期限结构制约着资金运用的期限结构，即短期负债主要用于短期资产，长期负债主要用于长期资产，流动性风险管理应该尽量使资产的收入现金流的时间和数额与负债的支出现金流的时间和数额都匹配。

为了计算商业银行的久期缺口，假设商业银行不同期限的资产数量分别为 x_1，x_2，…，x_n，期限与之对应的负债数量分别为 y_1，y_2，…，y_n，分别计算出资产组合的久期 D_x 和负债组合的久期 D_y，令 $\Delta=D_x-D_y$，得到久期缺口。如果 $\Delta>0$，说明在这段时期内，资产的久期大于负债的久期，银行容易产生支付困难和流动性问题。反之，如果 $\Delta<0$，说明在这段时期内，资产的久期小于负债的久期，银行的流动性状况比较好。

4. 现金流量分析

现金流量分析是一种国际上比较流行的流动性管理方法，具有较强的实用性。现金流量分析采取的是考察现金流入流出的基本思路，并根据流动性的实质特征将现金流量分成实际现金流量和潜在现金流量。实际现金流量是合同中约定将会在未来特定时点发生的现金流量，如即将到期的资产和负债产生的现金流入与流出、尚未到期的资产产生的利息流入、尚未到期的负债产生的利息支出等。而潜在现金流量属于不可预计、不确定的现金流量，包括无固定期限零售存款、不固定的贷款承诺以及可能被展期的即将到期的资产和负债等。通过分析实际和潜在的现金流量，可以评估银行流动性的大小，从而找到流动性风险的来源以进行有效管理。表 5－2 大致反映了一家银行实际和潜在的现金流量。

表 5－2　现金流量表

	现金流入量	现金流出量
实际现金流量	即将到期的资产	即将到期的批发性负债及固定的贷款承诺
	尚未到期资产产生的利息	尚未到期负债支付的利息零售存款的季节性变动
潜在现金流量	可变现的未到期资产	无固定期限的零售存款
	已经建立的信贷额度	不固定的贷款承诺和其他表外活动

无论是资产负债的规模不匹配还是期限不匹配，往往都集中体现为现金流量的不匹配。因此，从某种角度来说，现金流量分析法是比上述三种方法更一般的方法。但是由于大多数的银行现金流量为潜在的现金流量，并且这种现金流很难准确预测，受到未来不可控因素的影响，预测值可能出现偏差，因此该方法对银行预测的数据要求较高。

二、市场流动性风险的度量

（一）市场流动性的衡量指标

一般认为，市场（资产）流动性可以用市场宽度、市场深度、市场弹性、交易的及时性等四个维度来刻画。基于这四个维度对流动性进行多维度刻画的指标可概括如下：

1. 基于交易量的市场流动性衡量指标

基于交易量的指标主要从深度来衡量流动性，可用一定时间内的交易量（成交金额）或特定价位上可交易的量（成交金额）进行测度。特定价位上可交易的量（金额）越大，深度越大，表示可成交的机会越多，流动性越好。

换手率（turnover rate）是基于交易量的另一个流动性指标，是一个衡量证券持有时间的指标，其计算公式有两种：一种是以交易量除以总流通股数，另一种是交易金额除以市值。换手率越大，表明证券持有时间越短，流动性越大。换手率指标的缺点是没有考虑价格变化的影响，因为在同等换手率的情况下，价格变化越小，流动性越好。

2. 基于价格的市场流动性衡量指标

基于价格的指标主要从宽度来衡量流动性，最主要的指标为价差类指标，包括买卖价差（bid-ask spread）和有效价差（effective spread）等指标。买卖价差又可以分为绝对买卖价差（S_a）和相对买卖价差（S_R）两种：

$$S_a = P_a - P_b \tag{5-8}$$

$$S_R = \frac{P_a - P_b}{\frac{P_a + P_b}{2}} \tag{5-9}$$

其中，P_a 是卖出报价，P_b 是买入报价。

有效价差是订单成交的平均价格和订单到达时买卖价差的中点之间的差额。该指标反映了订单的实际执行成本，又可分为有效价差（ES_a）和相对有效价差（ES_R）两种：

$$ES_a = |P - M| \tag{5-10}$$

$$ES_R = \frac{|P - M|}{M} \tag{5-11}$$

其中，P 是实际交易价格，$M = \frac{P_a + P_b}{2}$。

3. 基于量价结合的市场流动性衡量指标

资产流动性是一个与价格、交易量、时间等因素都有关的复杂概念，为了克服单纯以价格和交易量衡量流动性的不足，可以采用价格和交易量相结合的衡量指标，主要包括两类：第一类是价格冲击系数，包括 Glostern-Harris 价格变动系数、Hasbrouck 冲击反应系数、Hasbrouck-Foster-Viswanathan 价格变动系数；第二类是流动性比率，包括 Amivest 流动性比率、Martin 流动性比率、Hui-Heubel 流动性比率、Marsh-Rock 流动性比率以及 Amihud 非流动性指标。

4. 基于时间的市场流动性衡量指标

基于时间的市场流动性衡量指标主要包括执行时间、交易频率和弹性。执行时间是指订单到达至订单得到执行的时间间隔。流动性的一个重要表现是交易的即时性，在其他条件相同的情况下，进行交易所需要的时间越短，流动性就越好。交易频率为在一个特定的时间内交易的次数，在其他条件相同的情况下，交易和交易之间的间隔时间越短或特定时间内的交易发生的次数越多，表示交易越活跃，则从即时性维度考虑的市场流动性也越高。弹性是指从价格发生变化至恢复到均衡价格所需要的时间，它是考虑了价格变化的时间指标。在假定资产的基本价值不变的情况下，价格会随机地围绕基本价值波动，市场弹性越好，则价格偏离价值以后返回的速度越快。

（二）市场流动性风险的度量方法

1. 基于方差法的流动性风险度量

Garbade 和 Silber（1979）最早提出了流动性风险的方差度量方法。这个方差是投资者决定要交易时的证券真实价值与真实的交易价格之差的方差。他们把每只证券成交的时刻都称为一次清算时刻，每次清算价格和真实价值之间的不一致来自市场流动性的不足。为使流动性风险的方差最小化，可以通过选择最优清算时间间隔，得出投资者最优交易决策下的流动性风险的大小，它是投资者因为市场流动性不足而不得不承受的价格波动方差的最小值。

2. 基于系数法的流动性风险度量

(1) 相关系数法，即计算投资组合或个股的流动性水平的扰动项与市场总体流动性水平的扰动项相关系数的大小，其中流动性扰动项是流动性指标的时间序列数据进行自回归估计的残差项估计值。

(2) 协方差法，即通过建立流动性风险调整的资本资产定价模型，考虑市场流动性与单个证券流动性之间的协方差。比较典型的是 Acharya 和 Pedersen (2005) 的 $3-\beta$ 模型，根据他们的模型，证券的流动性风险可以通过流动性水平和 3 个流动性 β 来衡量。

因为 β 系数、相关系数和协方差其实都是衡量个体流动性的共性程度的指标，所以本质上它们是同一类度量方法。

3. 基于 VaR 方法的流动性风险度量

尽管 VaR 是风险管理领域广泛使用的风险测度方法，但是传统的 VaR 没有考虑市场的流动性问题，假设无论规模大小，交易都可以一次性无成本地完成，这显然与机构投资者的实际不符，因此很多研究开始把流动性因素考虑进 VaR 的计算中，从而形成了所谓的流动性调整的在险价值法 (liquidity adjusted value-at-risk)，简写为 La _ VaR 法。

La _ VaR 度量的是由流动性风险因子和市场风险因子构成的集成风险，假设 L 为流动性风险因子，M 为市场风险因子，则由流动性风险因子和市场风险因子构成的集成风险 I 可以表示为：

$$I=M+L \tag{5-12}$$

根据本书第 3 章中对 VaR 的定义不难看出，一定置信水平下的最大可能损失即 VaR，事实上既应包括因中间价格波动所导致的可能损失，也应该包括流动性风险所导致的可能损失，所以可以运用传统方法对集成风险因子进行直接度量，得到的值就是 La _ VaR，即：

$$\text{La\_VaR}=\text{VaR}(I)=\text{VaR}(M+L) \tag{5-13}$$

对于 (5-13) 式有以下四种解决办法：

(1) 假设市场风险和流动性风险无关，市场风险的度量不需要考虑流动性风险，也就是传统 VaR 的做法，即

$$\text{VaR}(I)=\text{VaR}(M) \tag{5-14}$$

(2) 假设市场风险和流动性风险完全正相关，对风险的度量采用市场风险和流动性风险简单加总的方法，即

$$\text{La\_VaR}=\text{VaR}(I)=\text{VaR}(M)+\text{VaR}(L) \tag{5-15}$$

其中，VaR(L) 表示流动性风险的度量值。对于外生流动性风险的度量，目前普遍使用该公式进行计算。对于内生流动性风险的度量虽然也采用该公式，但是计算内生流动性风险

时更复杂一些。

(3) 使用线性相关系数衡量风险因子的相关性，进而得到 La _ VaR

$$La\_VaR=VaR(I)=\sqrt{VaR(M)^2+VaR(L)^2+2\rho VaR(M)VaR(L)} \quad (5-16)$$

其中，ρ 是流动性风险因子和市场风险因子的线性相关系数，这里的 VaR 用正值表示。由于该公式只有在正态分布和 t 分布的假设条件下才能成立，而流动性风险和市场风险一般不服从正态分布和 t 分布，因此使用该公式度量 La _ VaR 存在模型风险。

(4) 基于 Copula 函数的度量方法。Copula 函数能够处理流动性风险因子和市场风险因子的非正态特性以及两者之间复杂的相互关系，进而构造两个风险因子的联合分布函数，通过联合分布函数可以模拟出集成风险因子的概率分布，在此基础上估计出一定置信水平下的 La _ VaR。

第三节　流动性风险的管理方法

一、筹资流动性风险管理

(一) 筹资流动性风险管理理论

1. 资产管理理论

资产管理理论盛行于 20 世纪 60 年代以前。该理论认为金融机构的负债是既定而且是被动的，资产则是金融机构可以主动控制和管理的，因此，资产流动性管理是金融机构流动性管理的重点，金融机构流动性风险管理的基本目标是在资产方面将其流动性以储存起来的形式进行管理。该理论具体包括如下三种：

(1) 商业贷款理论。

商业贷款理论由亚当·斯密在《国民财富的性质与原因的研究》中提出，是最早的流动性风险管理理论，该理论认为商业银行的资金来源主要是具有高度流动性的活期存款，而银行的商业贷款也具备了流动性的特点，其中以短期贷款的流动性为最优，在借款人能够按照约定时间还本付息的前提下，商业银行可以将这一部分资金以流动性资金的方式利用起来，以满足客户的提现请求及新增企业贷款的需求。因此，合理有效的利用并保持与资金来源相适应的高度的流动性的前提在于商业银行贷款组合的正确选择以及投资组合的有效管理。

(2) 资产转换理论。

资产转换理论是莫尔顿 1918 年在《商业银行及资本形成》中正式提出的。该理论扩大了对于流动性的认定范围，他认为不仅是短期贷款为商业银行提供流动性需求，而且所有流动资产都可以用来满足商业银行对于流动性的需求，并且指出商业银行保持良好资产流动性的最好方法是持有随时可以变现的流动性资产，这些资产主要包括：政府债券、逆回购协议、银行承兑汇票和商业票据等。

(3) 预期收入理论。

预期收入理论产生于 20 世纪 40 年代，该理论认为银行资产的流动性并非只取决于贷款期限的长短，还应该将商业银行对于流动性的需求与客户的预期收入相联系，客户按时还本付息的能力取决于其预期收入，因此，只要商业银行能够掌握客户的预期偿还能力并据此合理安排贷款，就可以满足对流动性的需求。但是由于客户的预期收入会受到当时整个社会经济状况的影响，因此不确定性较大，一旦预期收入不能实现，商业银行就很有可能面临流动性风险甚至遭受挤兑危机，因此，该理论也具有一定的局限性。

2. 负债管理理论

负债管理理论盛行于20世纪60年代，该理论主张通过主动负债的方式来获得流动性，而非以单一的资产储备流动性，因此与资产管理理论侧重点截然不同。该理论认为商业银行不仅可以通过持有现金资产或其他易变现的资产来提供流动性需求，还可以通过主动负债的方式在货币市场上获得所需流动性。这样，银行既可以实现盈利性的目的，又可以较低的成本从货币市场上借入资金以保证流动性。同样，该理论也具有一定的局限性，那就是如果资金市场出现较大波动，商业银行有可能由于市场流动性的紧缩或者借入资金成本较高而不能筹集到所需资金，从而面临流动性风险。该理论具体包括如下四种：

（1）银行券理论。

银行券理论认为，客户将金银或者铸币存入银行之后，银行开出银行券，允诺持票人凭票即可取得与票面数额相同的金银或铸币。银行券是银行以其持有的贵金属作保证而发行的可兑换的信用货币，由于持券人不会同时要求兑现，因此银行不必以十足的金银资产作保证，也就是说银行可以超过所持有的贵金属数量发行银行券。

（2）存款理论。

存款理论主张存款是银行最重要的资金来源，是银行资产经营活动的基础。该理论认为银行在吸收存款过程中是被动的，存款利息是对存款者放弃流动性的补偿，并构成银行的成本支出，为保证银行经营的安全性和稳定性，银行的资金运用必须以其吸收存款沉淀的余额为限。存款的安全性是存款者和银行共同关注的问题，也是银行经营的客观要求。存款理论的优点在于将安全性放在首位，缺陷在于没有认识到银行在其他负债方面的主观能动性，也没有认识到资产负债结构的改善对于提供流动性和提高盈利性等方面的积极作用。

（3）购买理论。

购买理论与存款理论截然不同，它将被动的存款观念变为主动的借款观念，变消极的付息负债为积极的购买负债。购买理论认为银行对于负债并非消极被动的，为了增强流动性完全可以主动购买外部资金。该理论认为商业银行吸收资金的适宜时机是出现通货膨胀时，因为此时实际利率较低甚至为负数，或实物投资不景气而金融投资繁荣时，通过刺激信贷规模可以弥补利差下降对银行利润的影响。该理论的优点在于促进商业银行更加主动地吸收资金，刺激信用扩张和经济增长，以及增强商业银行的竞争能力，缺点是助长了商业银行片面扩大负债，加重了债务危机的风险。

（4）销售理论。

销售理论产生于20世纪80年代，基本观点是：银行是金融产品的提供者，银行负债管理的中心任务就是迎合顾客的需要，努力推销金融产品，扩大商业银行的资金来源和提高盈利水平。该理论是金融改革和金融创新的产物，它给银行负债管理注入现代企业的营销观念，即围绕客户的需要来设计金融产品及金融服务，并通过不断改善金融产品的销售方式来完善服务。它反映了20世纪80年代以来金融业和非金融业相互竞争和渗透的情况，标志着金融机构正朝着多元化和综合化发展。

3. 资产负债综合管理理论

20世纪70年代中后期，由于市场利率大幅上升，银行负债成本也急剧上升，银行竞争能力不断下降，经营风险不断加大，此时仅凭资产管理或负债管理都已经不能保证银行的流动性需求，资产负债综合管理理论应运而生。该理论认为流动性、安全性、盈利性综合权衡问题不是单纯依赖资产管理理论或负债管理理论就能解决的，主张流动性需求的满足应从资产和负债两方面进行，同时动态调整资产与负债的结构，并且将未来对流动性的需求划分为预期的与未预期的两部分。对于预期的流动性需求，一部分可以以持有可转换证券或在其他商业银行存款的方式储存流动性资产，另一部分从往来银行及其他融资渠道预先以信贷额度的方式给予满足。对于未预期的流动性需求可以临时通过以短期借款的方式满足，同时对于长期滚动性需求应采取手段对其做出预测，通过将中、短期贷款和证券逐步变现的方式来满足。该理论强调以利润最大化为目标，对银行资产及负债根据产品数量和期限的对称联系进行交叉配置，将资产与负债结构调整至可持续提供流动性的合理状态，实现信贷资金的优化配置。这样既增加了资产管理的盈利性又降低了负债管理的风险性。

（二）筹资流动性风险的管理方法

1. 资金汇集法

资金汇集法是指把各种资金来源统一汇集起来，按照银行的需要进行分配。具体做法如图5-1所示。银行的资金来源包括活期存款、定期存款、其他负债、自有资本。银行的资金分配包括第一级准备金、第二级准备金、中短期贷款和证券、长期贷款和证券、固定资产投资。第一级准备金是指能够立即用来满足存款提取贷款发放要求的资产，一般情况下，第一级准备金由资产负债表上的“库存现金”“在中央银行存款”“在其他银行存款”等资产项目组成。第二级准备金由具有高度流动性的盈利资产所组成。第二级准备金的规模由影响存贷款变化的各种因素间接决定，兼具盈利性和流动性。

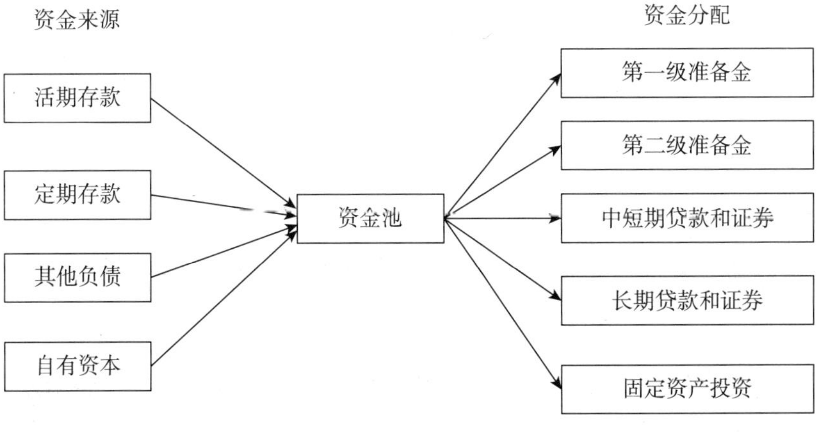

图5-1 资金汇集法

具体分配的比重如何，多少用于准备金，多少用于放款，多少用于证券和固定资产投资，并无固定比例，但一般来说，第一，考虑将一部分资金作为第一级准备金应付顾客提存和借款要求；第二，考虑分配一部分资金作第二级准备金，即购买短期高质量证券，以补充资产流动性；第三，分配一部分资金作为中短期贷款和证券；第四，用满足贷款正常需求后的资金剩余来购买较长期的有价证券或发放长期贷款；第五，最后的资金作为银行营业的固定资产投资，它最多不能超过银行的资本额。每家银行确定资金中用于准备金的比例大概是银行在 5 年以内到期的政府有价证券对总资产的比例。

2. 资金匹配法

资金汇集法强调了资产流动的重要性，但没考虑到各种不同资金来源的不同流动性要求，对流动性的管理尚不够准确，会影响到银行的盈利性。针对这种不足，资金匹配法应运而生。

资金匹配法要求银行按资金来源的不同性质确定资金在各项资产之间的分配，实际上是按照资金来源的稳定性进行分配。具体做法如图 5－2 所示：按照不同的资金来源，建立数个“流动性-盈利性中心”，每个中心根据自己资金的稳定性对各个资产项目确定相应的资金分配量。各项资金来源及运用同各个资金中心交叉对应，与之对应的资金分配量应根据盈利目标、流动性标准和资金的稳定性进行相应配置。资金匹配法的主要优点在于从资产和负债两方面统筹安排，减少了多余的流动性资产，增加了对贷款和证券投资资金的分配，提高了银行的盈利能力。

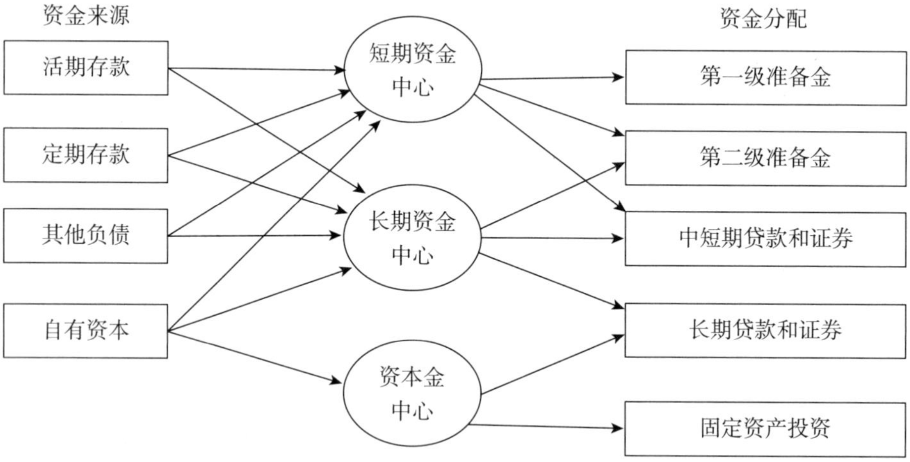

图 5－2　资金匹配法

3. 流动性缺口法

流动性缺口是指在未来一定时期内银行潜在的资金需求与资金供给的差额，即

$$\text{流动性缺口}=\text{资金需求}-\text{资金供给} \tag{5-17}$$

流动性缺口综合反映了某个时期内银行应偿还的债务与能获得的资金的差额，即银行的流动性能力。如果使用当前的资产负债状况来计算，那么得到的是静态缺口（static gap），该指标反映银行当前的流动性状况。如果银行的资产负债随着时间的推移而变动，

计算未来的预测值，那么得到的是动态缺口（static gap），反映未来一段时间内的流动性状况。此外，流动性缺口还可分为期间性缺口（periodic gap）和累计性缺口（accumulative gap），前者为某一时期内银行的净资金流，后者是当期的流动性缺口加上前期流动性缺口之和。

在银行实际操作中，流动性缺口的计算是按照一定的时间段进行的。根据各银行的流动性需要及其管理水平，计算流动性缺口的时间段可按周、旬、月为划分标准。表 5－3 反映了某个银行的流动性缺口状况，为了方便说明问题，假设该银行估算流动性的时间段分别是：0～30 天、31～90 天以及 91～365 天。

表 5－3 某银行的流动性缺口估算 单位：百万美元

项目	0～30 天	31～90 天	91～365 天
潜在资金运用			
加：到期定期存款			
小额定期存款	5.5	8	34
大额可转让存单	40	70	100
欧洲货币存款	10	10	30
加：预测新增贷款			
工商贷款	60	112	686
消费者贷款	22	46	210
不动产和其他贷款	31	23	223
减：预测新增交易性存款			
活期存款	−6.5	105.5	10
协议存款	0.4	5.5	7
货币市场存款	1.6	3	6
总运用	173	155	1 278
潜在资金来源			
加：到期证券投资			
货币市场金融工具	8	16.5	36.5
国债	7.5	10.5	40
金融机构债券	2.5	1	12.5
加：贷款本金偿还	80	262	903
总来源	98	290	992
期间性缺口	75	−135	286
累计性缺口	75	−60	206

资料来源：Koch，T. W.，*Bank Management*，4th Edition，Pryden Press，2000.

从表 5－3 中可以看出该银行在一年内资金的供给和需求的汇总情况。在 0～30 天内，该银行有流动性正缺口 7 500 万美元，说明一个月内银行将面临流动性不足的压力。在 31～90 天及 91～365 天内的期间性缺口分别为负缺口 13 500 万美元和正缺口 28 600 万美元，而这两个时期的累计性缺口分别为负缺口 6 000 万美元和正缺口 20 600 万美元。这意味着，如果不依赖外部投融资，银行在这两个时间段分别会出现 6 000 万美元富余流动性和 20 600 万美元的流动性不足。

流动性缺口的概念简单直观，但也存在一些缺陷：关键就在于对资产负债进行期限划分时往往依靠主观判断。例如活期存款属于不稳定性负债，但实际也有沉淀下来的存款；长期贷款虽然属于非流动性资产，但也有提前偿还的情况；股本是最稳定的资金来源，但如果支付现金股利也会产生流动性需求。另外，流动性缺口未能很好地反映银行潜在的资金筹措能力，而当今许多大银行正是以货币市场融资作为主要资金来源的，对它们而言这并不存在太高的风险。

4. 线性规划法

线性规划法是在一定的流动性条件下，通过数学最优化模型进行资金配置和流动性管理一种方法。要进行线性规划，首先要建立目标函数（如利润最大化或风险最小化），选择模型变量，然后考虑约束条件，一般有四类约束：一是金融法规约束（主要是法定准备金率和资本要求），二是流动性需求约束，三是安全性约束，四是贷款需求量约束。

在西方商业银行中，线性规划法的流动性管理模型在一些大银行中获得很大成功，使银行资金管理的精确性得到了极大的提高。但这种方法也存在一些问题：第一，银行管理的一些变量和限制条件无法用数学语言描述，一旦参数的选择出现较大偏差，就会得出错误的结论；第二，该方法对银行管理水平的要求较高，对小银行不适用。

5. 期限阶梯法

期限阶梯法是巴塞尔委员会推荐的一种流动性风险管理方法，它通过比较特定时间序列中银行未来的现金收入和现金支出，可以有效了解商业银行的流动性风险状况。期限阶梯法的总体思路是：首先，确定计算期限；其次分别计算该期限内所有的现金收入与支出；最后计算该期限下的现金余额，如果余额偏小，则需要注意流动性风险。在表 5－4 中，期限阶梯的一边列出了现金收入，另一边列出了现金支出。

表 5－4　以合同期限为基础的期限阶梯

	现金收入		现金支出		现金余额
第 1 天	到期资产	100	有合同期限到期负债	90	
	应收利息	50	应付利息	10	
	资产出售	20	其他存款提取	30	
	商业借款提款	10	商业借款提款	10	
	总计	180	总计	140	40
第 2 天	到期资产	100	有合同期限到期负债	70	
	应收利息	25	应付利息	20	
	资产出售	55	其他存款提取	40	
	商业借款提款	10	商业借款提款	50	
	总计	190	总计	180	10

续表

	现金收入		现金支出		现金余额
第 3 至 15 天	到期资产	130	有合同期限到期负债	90	
	应收利息	50	应付利息	30	
	资产出售	60	其他存款提取	40	
	商业借款提款	20	商业借款提款	60	
	总计	260	总计	220	40

资料来源：转引自陈建梁（2002）。

在构筑期限阶梯时，银行需要将每一笔现金收入和支出分配到自起始日开始（通常是第二天）的某一天内。作为建立期限阶梯的第一步，可以根据资产到期日或对贷款额度提取日的保守估计列出现金流入表；同样，可以按负债的到期日、负债持有人可以行使提取权的最早日期及或有负债可能被使用的最早日期列出现金流出表。现金流入与流出之间的差额，即资金的余额或缺口，便成为衡量银行在未来时点上流动性余缺的起点。银行需要管理的正是这一净资金需求。

期限阶梯法的一个优点是可以根据“正常”“机构出现危机”“市场出现危机”等不同的场景预测不同的情况下银行的现金头寸大小，以便及时做出补救。其缺点在于：第一，该方法有一个严格的前提假设，即期限内全部合约都得到执行，或者可以基本判断在每种情况下合约的执行情况；第二，该方法只是给出了一个具体的头寸，而没有给出符合风险计量习惯的表示方式。

6. 压力测试法

压力测试法是巴塞尔委员会提出的一种风险管理方法，分析极端情况下银行可能面临的流动性风险问题，衡量银行计提的资本能否完全覆盖风险，最终用以提出银行应该采取的合理措施以保证银行的流动性。

（1）压力测试的范围。

银行定期进行压力测试，即对所有货币的整体流动性状况采用各种假设情况，以确保具备足够的流动性来承受压力情况。银行应对其持有大量业务的个别外币状况进行压力测试。监管部门一般鼓励商业银行尽量设想不同类型及严重程度的压力情况，但最低限度应将个别银行出现危机和整体市场出现危机两种情况分别列入压力测试范围。

个别银行出现危机的情景应涵盖因为该银行实际或设想出现的问题，如资产质量问题、还债能力问题、信贷质量或管理层欺诈行为的传言等可能引起的情况。危机情景应作为该银行对遇到危机时其现金流量的极端评估，即该银行做最坏假设的情况。整体市场出现危机的情景是指大量金融机构在一个或以上市场内的流动性受到影响。这种情况包括：多个市场突然出现流动性枯竭、中央银行融资渠道变化、外汇可兑换性以及进入外汇市场融资的限制、要以大幅度折让才可以出售资产、因外界对银行信贷质量的担心出现很大差距而使银行获得资金的机会相差很大等。

（2）压力测试的有关指标。

压力测试包含市场参数、现金流量压力、资产变现和抵押、筹资成本、货币风险、突发事件风险等多种指标的设计。市场参数包括风险价值类的模型中所忽略的因素，即通过市场、信用和流动性测算一场灾难的全部损失，而不是某个失败日的最小损失数额。现金流量压力用来测量在没有新的现金来源下的生存能力，其中对银行来说，表外业务的现金流量压力测试特别重要。资产变现和抵押用来对流动性组合进行专门的测量。筹资成本的迅速提高或者现有的金融工具突然消失是出现流动性压力问题的第一个信号，可以导致更加严重的问题，需要进行极端情景的压力测试。货币风险指由于外币对本币贬值而带来的经济影响，同样也可能出现缺乏本国货币来源的问题。突发事件风险指如果发生国家进行货币可兑换性管制、资本冻结或者查封时，管理部门和评级机构对于银行流动性的重新评估。

知识链接

我国商业银行关于压力情景的假设条件

根据我国《商业银行流动性风险管理指引》，压力情景的假设条件包括但不限于：(1) 流动性资产价值的侵蚀。(2) 零售存款大量流失。(3) 批发性融资来源可获得性下降。(4) 融资期限缩短和融资成本提高。(5) 交易对手要求追加保证金或担保。(6) 交易对手可交易额减少或总交易对手减少。(7) 主要交易对手违约或破产。(8) 表外业务、复杂产品和交易、超出合约义务的隐性支持对流动性的损耗。(9) 信用评级下调或声誉风险上升。(10) 母行或子行、分行出现流动性危机的影响。(11) 多个市场突然出现流动性枯竭。(12) 外汇可兑换性以及进入外汇市场融资的限制。(13) 中央银行融资渠道的变化。(14) 银行支付结算系统突然崩溃。

(3) 压力测试的方法。

目前常用的压力测试的方法基本上有两种：情景分析和敏感性分析。情景分析是通过假设、预测、模拟等手段生成未来情景，并分析商业银行将面临的潜在的最大损失的方法。情景分析是一种多因素分析方法，结合设定的各种可能情景的发生概率，研究多种因素同时作用时可能产生的影响。在情景分析过程中要注意考虑各种头寸的相互关系和相互作用。情景分析中所有的情景通常包括基准情景、最好的情景和最坏的情景。敏感性分析为一种单一因素分析，其目的在于测量由于假设变动冲击而使相关风险因素产生的对商业银行的风险敞口及其承受风险能力的变化程度。简单来说就是当风险参数每变化一个单位量时，相对应的资产组合的市场价值的变动情况。由于敏感性分析无须确定冲击的来源而仅须指定风险参数变化即可使用，因此银行经常将其用于即时测试。基于该分析方法的即时性及简单的特点，该方法被广泛应用于交易前台、业务部门，甚至于风险管理者在市场环境变化冲击对机构影响的最初近似值的计算。

二、市场流动性风险管理

市场流动性风险管理的主要问题是如何整合流动性风险与市场风险，主要有两种做法。

(一) 单资产风险管理

该方法对单个资产的市场风险与流动性风险进行整合。主要有以下四种做法：

（1）假设市场风险与流动性风险完全相关。这种做法的典型代表是Bangia等（1999）提出的BDSS模型，该模型把价差作为流动性风险的衡量指标，通过将流动性风险加总在市场风险上来衡量二者的总风险。但在二者关系的处理上，BDSS模型过于简单，该模型假设市场风险与流动性风险完全相关，这显然不能正确描述二者之间的相关结构关系。

（2）事前加总，即首先利用半价差对中间价格进行调整，在此基础上衡量市场风险与流动性风险的综合风险。该方法的优点是避免了对于市场风险与流动性风险相关结构关系的讨论。但是在实际操作中，往往更希望得到两种风险之间的明确的相关结构关系，尤其在市场极端情况下，对二者相关结构关系的把握能够帮助人们有效衡量和管理风险。

（3）考虑两种风险之间的关系，对市场风险和流动性风险极值相关结构关系进行研究。这种方法一般以市场收益和相对价差来表示市场风险和流动性风险，通过运用非参数方法研究了金融危机时股票市场价格暴跌与流动性消失同时发生的可能性。但在非参数方法中，并没有讨论风险的具体分布形式，因此无法进行蒙特卡罗模拟，而蒙特卡罗模拟是计算VaR常常使用的方法，这不利于在风险管理中使用该方法。

（4）利用Copula函数这种全参数的方法来对市场风险与流动性风险的相关结构关系进行研究。

知识链接

Copula函数

Copula一词源自拉丁语，意为“连接”之意。Copula函数在1959年由Sklar首先提出，Sklar证明可以将一个联合分布函数分解为它的k个边缘分布和一个Copula函数，这个Copula函数描述了变量间的相关性。不难看出，Copula函数将边缘分布连接在一起构成一个联合分布函数。

（二）资产组合风险管理

这种方法对资产组合中市场风险与流动性风险进行整合，这其中最为核心的问题是如何将单一资产的风险加总为组合的风险，从另一个方面来讲，这个问题就是选择怎样一种相关结构关系来对导致个别风险的因素进行建模。依据研究方法中所采用的相关结构关系，资产组合风险管理一般有以下三种做法：

（1）假设资产收益之间服从联合正态分布。此种假设作为最经典的处理相关结构关系的模式，广泛应用于理论界和实务界。事实上，当假设资产收益服从正态分布时，已经隐含使用了线性相关关系来衡量相关结构关系。J. P. 摩根的RiskMetrics模型（1994）和CreditMetrics模型（1997）就是在上述前提假设下建立的，这两个模型已广泛应用于市场风险和信用风险的分析研究中。

（2）将投资组合视为一个整体，通过考察组合收益的波动性来衡量组合的VaR值。该方法避免了对组合中各个资产的相关结构关系的研究。但这种方法也存在缺陷，它隐含假设资产间相关结构关系是不随时间变化的，而大量研究表明资产间相关结构关系是时变的。因此，这种做法不可能捕捉到资产相关结构关系的时变特征，当然更谈不上相关性的其他特征了。

（3）利用 Copula 函数来刻画资产间的相关结构关系。这种做法是利用 Copula 函数对资产收益相关关系建模，同时考虑单资产内部收益波动（即市场风险）与价差波动（即流动性风险）的相关关系，达到对资产组合的市场风险与流动性风险的整合。通过对比研究资产间不同相关结构关系对风险管理的影响，给出最优的相关结构模型，并在此基础上讨论其风险管理的有效性。

关键词

流动性　流动性风险　流动性缺口　融资缺口　久期缺口　现金流量分析　La_VaR　资产管理理论　负债管理理论　资产负债综合管理理论　资金汇集法　资金匹配法　流动性缺口法　线性规划法　期限阶梯法　压力测试法　Copula 函数

思考题

1. 如何准确理解流动性和流动性风险的含义？
2. 简述筹资流动性风险和市场流动性风险的区别与联系。
3. 简述流动性风险管理理论的主要发展阶段。
4. 度量流动性的静态指标和动态指标分别有哪些？
5. 商业银行应该如何进行有效的流动性风险管理？
6. 筹资流动性风险管理的方法有哪些？

实践案例

2013 年 6 月中国银行业流动性危机

我国货币市场资金自 2013 年 5 月下旬开始出现紧张。1—3 月银行间 7 天拆借利率还在 2%～3%，到 5 月下旬已经上升到 4%，进入 6 月后更是骤升。6 月 19 日，7 天拆借利率达到 12.25%，而隔夜回购利率则由之前的 2%～3%上升到 13.44%。而到了 20 日，业内人士透露，银行间隔夜回购利率一度曾触及 30%，“比高利贷上限还要高”。

货币市场的资金紧张情况逐渐向其他市场蔓延，首当其冲的是债券市场。基金从业人士透露，最近开放式债券基金集体出现赎回，且情况较为严重。一方面，因为其他资产价格飙升，机构投资者赎回债券基金购买其他品种；另一方面，由于债券基金的主要机构投资者是保险机构，在资金紧张情况下，保险机构也要去杠杆，因此也从债券基金赎回资金。这种突如其来的状况让众多债券基金经理措手不及。为应对赎回，只能迅速卖债。一位债券基金经理透露，由于资金紧张，债市上的债券没人要。“这种情况下，一般只能是出血卖债。”而这又加剧了债券价格的下跌。自 6 月初开始，中债价格指数全面下跌；5 月 20 日—6 月 20 日，435 只债券基金的净值平均下跌 0.8%，其中有 16 只债券基金净值跌幅超过 3%。

由于资金紧张，货币基金也面临较大赎回压力。据银河证券基金研究中心的数据，截至2013年6月23日，总共73只可以通过银行购买的货币基金中，7日年化收益率超过4%的货币类基金只有16只，有24只货币基金的收益率低于一年定期存款的收益率3%。分析认为，其中重要的原因之一就是资金抽逃转投银行理财产品，或是直接在沪深证交所进行债券逆回购。

银行的资金流动性紧张也传导至股市，6月24日银行板块领跌沪深两市，跌幅逾6%，其中民生、平安和兴业三只个股跌停。而整个A股也是哀鸿遍野，沪指和深成指分别大跌5.30%和6.73%，沪指跌破2 000点关口收报1 963.24点，市场逾200只股票跌停。6月25日，沪指和深成指继续大跌，盘中最高跌幅达到5.69%和7.08%，面对这种情形，虽然6月24日央行并没有在公开市场注入资金，而且发布了《中国人民银行办公厅关于商业银行流动性管理事宜的函》，但是面对股市的狂泻，央行终于不再无动于衷。中国人民银行6月25日表示，为保持货币市场平稳运行，近日央行已向一些符合宏观审慎要求的金融机构提供了流动性支持，一些自身流动性充足的银行也开始发挥稳定器作用向市场融出资金，货币市场利率已回稳。

此次流动性紧张的原因主要有：一方面是外汇占款下降，美国退出QE3等预期带来全球货币收紧预期，热钱出现回流；另一方面，大量理财产品到期，而6月需补缴存款准备金等因素，导致银行资产错配缺口太大。分析人士认为，从短期银行间拆借利率看，短期资金有所缓解。同时央行表态，已经对部分银行提供流动性支持，短期资金面紧张状况有望缓解，但7月资金需求还是比较高，比如五大行分红会冻结一部分流动性、7月初银行存款准备金的补交、7月中旬财政缴款数量的增多，加之一些银行短期理财产品或短期基金产品也面对赎回压力。因此，2013年7月资金面情况不会有较大逆转，资金的中期压力依旧存在。

问题思考：1. 2013年6月导致我国商业银行流动性紧张的原因是什么？2. 商业银行应该如何进行资产配置才能免于流动性危机？3. 理解筹资流动性风险和市场流动性风险的关系。

职业素养提升：了解如何防范流动性风险，避免导致系统性金融风险；认识央行适时进行宏观调控的重要性；树立国家金融安全大局意识；培养家国情怀和社会责任感。

第6章

汇率风险管理

学习目标

1. 理解汇率风险的概念、特点和类型。

2. 掌握交易风险、折算风险和经济风险等三种汇率风险度量方法；掌握资产负债表保值法、调整资金流量法和远期外汇合约保值等三种折算风险的管理方法。

3. 了解汇率风险管理的原则；重点掌握汇率风险管理策略和方法。

4. 价值塑造：树立国家金融安全大局意识和守住不发生系统性金融风险的底线意识；了解我国外汇制度改革历程；牢固树立专业思想、勇于担当的社会责任感和使命感等。

导入案例

土耳其里拉的汇率风险

2018年8月，土耳其里拉兑美元贬值18%，这使得土耳其里拉超过阿根廷比索成为新兴市场中贬值幅度最大的货币——2018年年初至8月13日土耳其里拉价值蒸发45.7%，美元兑土耳其里拉由年初的3.79土耳其里拉/美元升至6.43土耳其里拉/美元。

土耳其里拉的大幅贬值由美国与土耳其的政治冲突引爆。2016年土耳其政变失败后，埃尔多安就势进行清洗并开展大规模抓捕行动。一名美国牧师布伦森被控涉嫌参与政变而被关押至2018年7月下旬后释放，但特朗普政府进一步要求土方将其引渡。对此，埃尔多安提出已将另一位涉案牧师葛兰由美国引渡至土耳其作为交换，但遭到美方拒绝，僵持之下美国宣布对土耳其司法部长及内政部长实施制裁，并且将从土耳其进口钢铝的关税翻倍。除此之外，双方在叙利亚问题上同样积怨颇深。美土的针锋相对冲击了土耳其金融市场，资产价格大幅跳水的同时，土耳其里拉汇率一泻千里。

当然，土耳其经济本身就存在巨大隐患。在埃尔多安执政的16年间，土耳其的经济高速扩张，平均GDP增速为5.9%。但与拥有经常账户盈余的中国不同，土耳其的经济增长建立在大量外债的基础上，而其经常账户常年赤字，2018年第一季度经常账户赤字占GDP的6.3%，为全球最大规模的赤字之一。2007—2017年，土耳其已披露的以硬货币（美元和欧元）发行的债券（包括国债和企业债）及贷款总额是5 595亿美元（占2017年GDP的65.7%），2018年年初至8月的发行量也达到了308亿美元。在2018年8月至年底内到期的债券本金金额及贷款未偿额是134.5亿美元（已违约2.6亿美元），2019年则达到265.8亿美元——作为参考，土耳其2017年GDP总量是8 511亿美元，即2017年土耳其发行的硬货币债务达GDP的7.3%，而2019年到期债券本金及未偿还贷款达GDP的3.1%。

除了外部施压，土耳其政府采取“为求增长不惜一切代价”的激进经济政策，使政策利率维持低位，导致国内通胀攀升（特别是2016年政变失败之后），其CPI由2016年4月的6.6%升至2018年6月的15.9%。“高通胀+高负债”的自身原因叠加流动性收紧的外部压力引发资产抛售及土耳其里拉贬值，这又进一步推升了土耳其输入性通胀，打压投资者及国民信心，由此形成恶性循环。

土耳其里拉的大幅贬值不可避免地给企业和个人带来无法估量的汇率风险，从该事件中我们可以看到企业防范汇率风险的重要性。本章介绍有关汇率风险的基本概念、汇率风险识别、度量以及汇率风险管理方法。

第一节　汇率风险概述

一、汇率风险的定义

汇率风险，又称外汇风险，是指一定时期的国际经济交易中，以外币计价的资产（或债权）与负债（或债务），由于汇率的波动而引起其价值涨跌的不确定性。这种不确定性可能产生风险损失和风险收益。风险的承担者包括直接或间接从事国际经济交易的政府、企业、银行、个人及其他部门。

汇率风险的概念最早由学者Rodriguez于1974年提出的，他认为汇率风险是外币价值改变带来的收益或损失，并将汇率风险归纳为交易风险和折算风险。汇率风险是一种系统性风险，对一国宏观经济和微观经济有着重要的影响。

汇率风险包括三种构成要素：本币、外币和时间。只有存在本、外币折算的情况，才有汇率风险。一笔应收或应付账款的时间结构也会影响汇率风险，时间越长，在此期间汇率波动的可能性越大，汇率风险越大。

二、汇率风险的特点

汇率风险的特点主要体现在三个方面：或然性、不确定性和相对性。

1. 或然性

汇率风险的或然性是指汇率风险可能发生也可能不发生，不具有必然性。汇率风险的发生是有条件的，不是所有的对外经济活动都会发生汇率风险。通常情况下，汇率风险的构成要素包括风险敞口、货币兑换以及时间，三者缺一不可。即使外汇市场存在汇率波动，某企业因进出口业务收付相同货币、相同金额、相同期限的外汇，也不会存在汇率风险。

2. 不确定性

汇率风险的不确定性是指汇率风险给持有外汇或有外汇需求的经济实体带来的可能是收益也可能是损失，它取决于汇率变动时经济主体持有的是外币资产还是外币负债。如果经济主体持有外币资产，且外汇汇率升值，其结果是这笔外汇资产的收益增加，反之，外汇汇率贬值将给外汇资产带来损失。

3. 相对性

汇率风险的相对性是指汇率风险给外币资产和外币负债持有者带来的影响是相对的，即如果给一方带来盈利，则给另一方带来的必然是亏损。在国际贸易活动中，外汇支出方（即外币负债方）和外汇收入方（即外币资产方）处于汇率波动中，其一方的损失必然是另一方的盈利。

三、汇率风险的种类

按照目前比较公认的分类方法，汇率风险可以分为交易风险、折算风险、经济风险。

（一）交易风险

交易风险是指企业或个人未了的债权、债务因外币与本币之间汇率波动而蒙受损失的可能性。交易风险是一种流量风险，是涉外计价活动中经常面临的风险，其本质是由于交易合同中的计价货币与本币不一致所带来的风险。

交易风险出现的原因是企业或个人的债权、债务在汇率变动前已经发生，但在汇率变动后才进行清算。在清算过程中，不同货币的相互兑换会产生汇率风险。交易风险存在于企业的对外贸易结算、贷款或借款、商业银行的外汇买卖以及个人的外汇买卖活动中。交易风险可以进一步划分为外汇买卖风险和交易结算风险。

1. 外汇买卖风险

外汇买卖风险又称金融性风险，是指由于进行外币买卖产生的汇率风险。这里考察的外汇买卖主要指商业银行进行的外汇买卖。商业银行在外汇买卖过程中会出现外汇空头头寸或多头头寸。如果空头的外汇汇率上涨，多头的外汇汇率下跌，商业银行为轧平外汇空头头寸而实际付出的本币要多于预期付出的本币。反之，商业银行为轧平外汇多头头寸而实际收入的本币要少于预期收入的本币，这种敞口头寸会因汇率的波动而使商业银行蒙受多支付本币或少收本币的经济损失。

例如，2020 年 1 月 3 日，一家德国银行在买进 2 000 万美元后，卖出 1 500 万美元，剩下 500 万美元的多头头寸。这 500 万美元的多头在将来卖出时会因汇率的波动而发生盈利或亏损。如果 1 月 3 日外汇市场的汇率是 USD/EUR＝0.952 4，则 500 万美元的多头头寸可以收回 476.2 万欧元。如果第二天外汇市场的汇率是 USD/EUR＝0.930 0，则 500 万美元的多头头寸只能收回 465 万欧元，损失 11.2 万欧元。

再看一个外汇空头头寸的例子。2020 年 6 月 5 日，在日本外汇市场上，美元兑日元的即期汇率为 USD/JPY＝109.585 0～109.587 5。按此汇率，日本 A 银行向顾客买入 8 000

万美元的即期外汇，向顾客卖出 9 500 万美元的即期外汇，从而出现 1 500 万美元的外汇头寸空头。按照该日的美元卖出汇率计算，该商业银行要补足这一敞口，即买进 1 500 万美元即期外汇，需支付 164 381.25 万日元。然而，第二天，美元兑日元的即期汇率上涨为 USD/JPY＝109.599 0～109.601 5，按照该日汇率价格计算，日本 A 银行实际付出 164 402.25 万日元，从而多付出 21 万日元。

2. 交易结算风险

交易结算风险又称商业性汇率风险，是指企业在对外贸易及非贸易业务中以外币计价结算，需要进行不同币别货币的相互兑换所承担的汇率风险，该风险是伴随着商品及劳务对外交易而发生的。交易结算风险通常发生在进出口商的对外经济活动中。进出口商在对外贸易中从签订合同到合同价款的给付往往要经历几个月的时间，而这段时间内的汇率不可避免地会发生波动，因此，尚未结算的款项将承担货币兑换的风险。

例如，某一法国出口商出口 100 万美元的商品，在与进口商签订出口贸易合同时，美元与欧元的汇率是 USD/EUR＝0.885 7。这表明法国出口商将换回 88.57 万欧元，但当货物装船后，收回出口货物的价款时，美元汇率下跌，美元与欧元的汇率是 USD/EUR＝0.881 5。此时法国出口商结汇时收入的欧元是 88.15 万欧元，由于汇率波动使法国出口商损失 0.42 万欧元。法国出口商签订合同时的 100 万美元即为该出口商的受险部分。

同样，进口商从签订贸易合同到货物款项的支付也会受到汇率波动的影响，与出口商的原理相同，汇率变动的影响与出口商正好相反。

（二）折算风险

折算风险又称会计风险，是指企业（通常是跨国企业）在因合并财务报表而引致的不同币别货币的相互折算中，因汇率在一定时间内发生波动而产生账面经济损失的可能性。折算风险是一种存量风险。当汇率波动时，该公司的外币资产负债数额未发生变化，但在会计账目中其本币数额却发生了相应的增减。折算风险的大小主要来源于会计制度的规定，并受不同国家会计制度的制约。企业在合并财务报表时，资产负债表中用外币计量的资产、负债、收入和费用，合并到本国货币账户内，必须按照企业所在国的会计制度等有关规定进行。

例如，美国某跨国公司在瑞士有一家子公司，母公司与子公司的往来账户年初的余额为 2 600 万瑞士法郎，此时的汇率为 USD/CHF＝0.944 0，则往来账户余额按母公司货币表示是 2 754.24 万美元。年末时美元汇率升值，瑞士法郎贬值，即汇率为 USD/CHF＝0.988 6，则往来账户余额以母公司货币表示为 2 629.98 万美元，比年初减少了 124.26 万美元。按照美国会计制度的规定，这笔损失数额应计入母公司的利润表中。

折算风险的表现方式主要有三种类型：一是存量折算风险，指企业在国外持有和销售的库存，在汇率发生波动时，其相应价值和成本折算成母公司所在地货币时发生盈利或亏损的可能性；二是固定资产折算风险，指企业购置、折旧和更新资产时，由于汇率发生波动而产生的风险；三是长期债务会计风险，指包括各种应偿还而未偿还的长期借款，如公司债、长期票据、长期借款，由于汇率发生波动而产生的风险。在实际经济活动中，这些类型的风险并不是独立事件，有时是同时发生的。

（三）经济风险

经济风险又称经营风险，是指由于非预期性的汇率变动，使得企业未来现金流量的现值受到影响。需要注意的是，经济风险强调未预期的汇率变动，而预期的汇率变动，因为已经由管理者纳入未来营运成果的规划中，所以不能构成经济风险。当未预期的汇率波动发生时，企业就会蒙受以本币计量的未来现金收入流减少或现金支出流增多，从而利润减少或亏损增加的经济损失。

经济风险与交易风险、折算风险不同，它的风险因素较为复杂。特别需要提及的是，经济风险中所指的汇率变动应该是未曾预料到的。

企业能否避免经济风险的影响，很大程度上取决于企业对风险的预测能力。企业对经济风险预测的准确度直接影响在销售和融资等方面的战略决策。因而，经济风险不但影响国内经济行为与效益，还直接影响到对外经营效益或投资效益。另外，折算风险和交易风险的影响是一次性的，而经济风险的影响是长期的，因此，经济风险一般被认为是几种汇率风险中最重要的。

（四）三种风险的比较分析

前面我们对交易风险、折算风险和经济风险分别进行了分析，三种风险都是由未预期的汇率变动引起的企业或个人外汇资产或负债在价值上的变动，但侧重点各有不同。可以把交易风险、折算风险和经济风险的不同点归纳如下：

（1）目标不同。交易风险侧重已列账及短期内将发生的交易，折算风险侧重在合并财务报表，而经济风险的目标在于衡量汇率变动的非预期效果，更关注企业长期战略规划。

（2）关注焦点不同。交易风险和经济风险都关注现金流的变动，折算风险关注资产、负债以及利润表相关项目。

（3）价值导向不同。交易风险和经济风险的价值导向在经济价值，而折算风险的价值导向在账面价值。

（4）时间导向不同。折算风险衡量的是汇率变动前即已列账的事项。交易风险则计算汇率变动前已订立，但于汇率变动后才结清的特定现金流量，而经济风险在衡量汇率变动后，未来现金流量贴现值的增减。

（5）不确定性差异。交易风险与折算风险仅有单一的不确定性，即未来的兑换汇率。这两种汇率风险的外币价值是已知的，所不确定的是汇率的波动引起本国货币价值的变动。经济风险的不确定性程度更高，除汇率的不确定性，还有销售成本、销售量、竞争力等引起的未来现金流量的不确定性。

分析案例

百富勤投资破产案

百富勤投资集团有限公司（Peregrine Investments Holdings Limited，以下简称百富勤）成立于1988年，是一家私人银行。“百富勤”取意“百富寓勤”，创立伊始就在金融市场上取得不菲成绩。从1992年开始，百富勤利用中国对外开放的契机，以保荐人或承销商的身份辅助内地企业在香港上市，迅速扩大自身业务范围。同时，百富勤在东南亚地区打开市场，投资于当地的证券市场以及服务业。到1996年时，百富勤已在15个国家或地区设有办事处或交易席位，营业额达1 755亿港元，成为当时亚洲最大的投资银行之一，亦是当时除日本外唯一能与华尔街投资大鳄一较高低的港资投资银行。百富勤随即跻身于《财富》杂志全球500强之列。

然而好景不长，1997年7月，正当百富勤的发展如日中天之时，东南亚金融危机爆发。此次危机给百富勤带来巨大冲击，使其损失惨重。在一整套“拯救计划”相继流产后，百富勤无可奈何地进入法律程序，进行清盘。

金融危机与百富勤破产究竟有什么关系呢？金融危机使东南亚大多数国家和地区的货币贬值幅度超过30%，其中，泰铢贬值达67%，印度尼西亚盾甚至贬值达70%以上。这就意味着，百富勤在该地区的印度尼西亚盾收入和泰铢收入转换成港元时会大幅缩水。危机前，百富勤的投资主要集中在印度尼西亚和泰国，业务范围涉及证券业和服务业。然而，百富勤并没有采取任何防范汇率风险的措施，危机发生后，随着当地货币的贬值，百富勤在当地的证券投资收益严重缩水，损失达几亿港元。服务业投资的损失来自对印度尼西亚 Steady Safe 出租车公司的贷款。由于 Steady Safe 公司的收入全为印度尼西亚盾，随着印度尼西亚盾汇价大跌，Steady Safe 需要用更多的本币去购买港币用以还债，结果是其根本无法偿还这笔巨额贷款。这导致百富勤未来现金流受损，间接遭受汇率风险损失。

百富勤的破产让我们看到，在国际贸易、投资和借贷中，企业必须在事前对可能存在的汇率风险进行识别和度量，进而选择有效的风险管理措施，尽可能预防和降低汇率波动带来的损失，保证公司稳健运营。

第二节 汇率风险的度量方法

为了对汇率风险进行度量，我们需要引入一个新的概念——风险敞口（risk exposure）。外汇风险敞口是指外汇资产（或负债）由于汇率变动而可能出现增值或减值，这种增值或减值可能自然抵消，也可能被某种措施人为冲销。其中无法自然抵消也没有被人为冲销的外汇资产（或负债）就暴露在汇率变动的风险中，形成了外汇风险敞口。我们从交易风险、折算风险、经济风险等三种汇率风险的计量进行解释。

一、交易风险敞口的度量

交易风险敞口是某一时点各外币预计的流入量或流出量净额，即净现金流量，也称为外汇风险敞口，其公式表示如下：

外汇风险敞口(净现金流量)=外币流入量－外币流出量

如果外汇风险敞口为正值，则外汇汇率上升，企业将产生外汇盈利；如果外汇汇率下跌，企业则出现外汇亏损。反之亦然，如果外汇风险敞口为负值，则外汇汇率上升，企业将出现外汇亏损；如果外汇汇率下降，企业则出现盈利。

举个例子，假设中国某一跨国公司H在国外有两家子公司，分别是S公司和T公司，两家子公司对其业务活动中涉及的每一种外币分别计算净现金流量，即外汇风险敞口。因跨国公司通常关注短期（通常一年）的交易风险，我们选取接近年末这一时点，考察S公司和T公司的货币现金流，分别见表6-1和表6-2。

表 6-1　跨国公司 S 子公司的外币现金流

货币名称	外币流入量	外币流出量	外币净流入或净流出
美元	5 000 000	6 200 000	−1 200 000
日元	2 500 000	1 800 000	700 000
澳元	4 600 000	3 200 000	1 400 000

表 6-2　跨国公司 T 子公司的外币现金流

货币名称	外币流入量	外币流出量	外币净流入或净流出
美元	2 000 000	3 600 000	−1 600 000
日元	3 800 000	1 600 000	2 200 000
澳元	1 300 000	1 500 000	−200 000
英镑	2 700 000	3 000 000	−300 000

从表 6-1 和表 6-2 中我们可以看出，跨国公司 H 的两家子公司分别产生不同币种的流入量和流出量，不同币种的流入量和流出量冲抵后，得出两家子公司的净外币流量，即外汇风险敞口。这意味着美元、日元、澳元和英镑汇率的波动都会使两家子公司面临不同的外汇交易风险。以澳元为例，S 子公司是外币净流入，即 140 000 澳元，T 子公司是外币净流出，即 200 000 澳元，如果澳元汇率升值，则 S 子公司将出现盈利，而 T 子公司将出现亏损。

该跨国公司把两家子公司的外币流入和流出情况进行汇总后，得出该公司各种外币的净外汇风险敞口（见表 6-3）。从表 6-3 中，我们看到：该跨国公司美元、英镑的风险敞口为负值，而日元、澳元的风险敞口为正值。这意味着如果美元和英镑的汇率上升，则该跨国公司因面临交易风险，出现亏损，反之亦然。如果日元和澳元汇率上升，则对该跨国公司极为有利，将出现外汇盈余，即该跨国公司因承担了一部分交易风险而获得了市场的补偿，反之亦然。

表 6-3　跨国公司以本外币表示的合并净额

货币名称	总流入量	总流出量	净外汇风险敞口	预期汇率（外币兑人民币）	敞口净值（人民币）
美元	7 000 000	9 800 000	−2 800 000	7.03	−19 684 000
日元	6 300 000	3 400 000	2 900 000	0.045	130 500
澳元	5 900 000	4 700 000	1 200 000	4.93	5 916 000
英镑	2 700 000	3 000 000	−300 000	8.98	−2 694 000

表 6-3 中给出了在预期汇率的情况下，跨国公司各币种外汇风险敞口以人民币表示的敞口净值。为了还原真实外汇市场每日波动情况，我们通过预测未来汇率波动区间，能更准确地评估外汇风险敞口值的取值范围（见表 6-4）。预测汇率波动区间范围越大，表明该币种外汇敞口值波动幅度越大，跨国公司承担的风险越大；预测汇率波动区间范围越小，表明该币种外汇敞口值波动的幅度越小，跨国公司承担的风险越小。

表 6-4 跨国公司的风险敞口净值范围及交易风险

货币名称	净外汇风险敞口	期末汇率波动范围（外币兑人民币）	敞口净值范围（人民币）	不确定性金额（人民币）
美元	−2 800 000	6.90～7.10	−19 880 000～−19 320 000	−560 000
日元	2 900 000	0.040～0.058	116 000～168 200	52 200
澳元	1 200 000	4.81～4.99	5 772 000～5 988 000	216 000
英镑	−300 000	8.75～9.03	−2 709 000～−2 625 000	−84 000

在表 6-4 中，我们给出了不同币种的期末汇率波动的可能范围，并根据净外汇风险敞口值计算出跨国公司不同币种的外汇交易风险以人民币表示的最大值和最小值，从而得出以人民币表示的不确定金额。

表 6-4 中，美元的净外汇风险敞口为−2 800 000 美元，期末汇率波动可能范围是 1 美元兑换 6.90～7.10 元人民币。预期期末以人民币表示的净现金流出最低为 19 320 000（=2 800 000×6.90）元，最高为 19 880 000（=2 800 000×7.10）元，不确定性金额为 560 000（=19 880 000−19 320 000）元，这一不确定性金额属于交易风险的部分。从表 6-4 中我们看到，敞口净值的范围，即不确定性金额的大小取决于两个因素：其一是净外汇风险敞口的大小，净外汇风险敞口值越大，则该跨国公司承担的交易风险越大；其二是期末汇率的波动范围，期末汇率波动的幅度越大，则该跨国公司期末不确定性金额的大小波动越大，承担的汇率风险越大。

需要补充说明的是，前面我们对跨国公司外币流入和流出的分析是考虑了一年这一期间跨度。交易风险预测期间的时间跨度可以是一个月、一个季度或一年。对于不同的期间跨度，我们可以用同样的方法去估算该期间的交易风险。事实上，跨国公司交易风险区间跨度越长，分析的准确性越低。这是由于每一种外币净外汇风险敞口、预期汇率的波动范围都会随着时间的延长而更加具有不确定性。

二、折算风险敞口的度量

通过前面的分析我们知道，跨国公司子公司的资产或负债在合并财务报表时会因汇率波动而受到影响。在实际经济活动中，折算风险敞口的大小一般受到跨国公司国外经营程度、国外子公司所在地以及不同国家会计方法的影响，其中会计方法对跨国公司的折算风险影响最大。

以美国为例，美国的公司要按照 1981 年 12 月发布的《财务会计准则公告第 52 号》（FASB-52）编制合并报表。公告中的一些规定成为美国跨国企业折算风险的主要来源。具体包括：第一，国外子公司适用的功能货币是其经营所在地的本国货币。第二，按照报告日的市场汇率把国外公司的资产和负债从功能货币折算为报告货币。功能货币指经济主体与经营活动中流转使用的各种货币。报告货币指在编制综合财务报表时使用的记账货币，通常是本国货币。第三，运用加权平均汇率把国外子公司的收入、费用、利得和损失先从功能货币转化为报告货币。第四，因外币折算价值变动形成的折算利得或损失不在本期净收入中计列，而报告为股东权益的第二要素，位于高通货膨胀地区的国外子公司不适用此条。第五，因外汇交易而实现的利得或损失，计入本期净收益，但也有例外情况。

在不同的会计方法下，跨国企业外汇资产和负债的折算损益也不同。通常情况下在进行货币折算时，我们可以选择历史汇率（即实际业务发生时使用的即期汇率）和现行汇率。

例如，日本某跨国汽车公司在美国有一家子公司。2019 年 1—12 月，该汽车公司的美国子公司在扣除销售折扣等因素后的销货净收入如表 6-5 所示。设定 2019 年 12 月 31 日为会计决算日。假定 1—12 月的汇率波动如表 6-5，则在该会计决算日，以美元计价的销货收入折算成以日元计价的销货收入，按照会计决算日现行汇率（USD/JPY=165.00）所折算出的金额将少于按照销货发生月的历史汇率折算出的金额，从而使该跨国公司的美国子公司出现一定数额的账面损失。

表 6-5　跨国公司美国子公司销货净收入的货币折算

月份	销货净收入（以东道国的货币计值）（万美元）	历史汇率（USD/JPY）	销货净收入（以母国货币计价）		折算损失（万日元）
			按照历史汇率（万日元）	按照现行汇率 USD/JPY=165.00（万日元）	
1	60.7	197.43	11 984.00	10 015.5	1 968.5
2	61.5	196.58	12 089.67	10 147.5	1 942.17
3	63.2	190.32	12 028.22	10 428	1 600.22
4	64.6	187.59	12 118.31	10 659	1 459.31
5	70.9	185.68	13 164.71	11 698.5	1 466.21
6	66.4	180.44	11 981.22	10 956	1 025.22
7	68.3	178.66	12 202.48	11 269.5	932.98
8	65.4	176.54	11 545.72	10 791	754.72
9	69.8	172.43	12 035.61	11 517	518.61
10	71.5	171.65	12 272.98	11 797.5	475.48
11	73.2	170.78	12 501.10	12 078	423.1
12	72.6	169.88	12 269.4	11 979	290.4

参考资料：刘亚. 金融风险管理学. 北京：中国金融出版社，2017.

折算风险实质是一种会计行为，对企业的资金流并没有直接影响，受险项目的界定也完全取决于会计政策中对折算汇率的不同选择。从实务上来看，企业资产负债表中的不同项目对历史汇率和现行汇率的适用也不同，由此产生了不同的折算方法。

1. *流动/非流动法*

流动/非流动法是将资产负债表项目划分为流动项目和非流动项目，并对其采用不同的汇率进行折算。对于流动资产和流动负债，采用现行汇率计算；对于非流动资产和非流动负债，以及所有者权益中的实收资本、资本公积等项目，按照历史汇率进行折算，对于利润表各项目，除固定资产折旧费用和摊销费用等按照相关资产入账时的历史汇率折算外，其他收入和费用各项目均按照当前的平均汇率折算。该种方法有一明显的缺陷，按照此方法企业的长期负债因采用历史汇率法，表面上看未受到汇率波动的影响，但在实际经济活动中，汇率的波动使企业的长期负债遭受一定的风险。该方法在后来的经济活动中逐步被淘汰。

2. 货币/非货币法

货币/非货币法是将资产负债表中所有货币性资产和负债用现行汇率折算，而将非货币性资产按照历史汇率折算。例如，资产负债表中的现金、应收账款、应付账款、长期债务采用现行汇率折算，而存货、固定资产等按照历史汇率折算。利润表中各项目的折算除折旧、摊销费按历史汇率折算外，所有费用、收入项目均按平均汇率折算。这种方法是从流动/非流动折算法向现行汇率法进行过度。

3. 时间度量法

时间度量法于1975年被美国确立为公认会计准则。该方法对现金、应收及应付账款项目按现行汇率计算，对其他资产和负债项目则根据其性质按照历史汇率或现行汇率折算。时间度量法的理论依据是，外币会计报表的折算不应当改变会计报表所反映的经济事实，因此，在选择汇率时，只能改变计量单位，而不应该改变原有的计量属性。例如，按照该方法，外币会计报表的现金、应收应付项目采用现行汇率折算；对于按照历史成本反映的非货币性资产，采用历史汇率折算；对于现行成本反映的非货币性资产，采用现行汇率折算；对于所有者权益的项目，除未分配利润外，实收资本等均采用历史汇率折算。

4. 现行汇率法

现行汇率法的会计处理最为简单，除所有者权益项目以历史汇率进行折算外，外币资产负债表中的所有项目均按现行汇率折算。这种方法首先由英格兰和威尔士特许会计师协会（ICAEW）及苏格兰会计师协会（ICAS）倡导，被英国公司广泛使用。美国在1981年《财务会计准则第5号公告》中推荐现行汇率作为可参考的公认会计准则，与时间度量法同时适用。用现行汇率法对外币会计报表进行核算，实际上是将外币会计报表中的所有项目都与一个汇率的数值相乘，只是改变外币会计报表的表现形式，并没有改变其中各项目之间的比例关系。

三、经济风险敞口的度量

经济风险与交易风险和折算风险不同，交易风险和折算风险对公司的影响是短期的，而经济风险对公司的影响是长期的。经济风险通过影响企业具体的业务活动进而最终影响企业的经营成果，这一影响过程是非常复杂的，因此，经济风险一般被认为是三种汇率风险中对企业影响最深刻的。由于经济风险影响跨度较长，要准确计量存在很大的难度。我们主要从两个方面计量跨国公司的经济风险：一是汇率对利润的影响程度；二是汇率对现金流量的影响程度。

1. 利润对汇率的敏感性分析

计量跨国公司的经济风险时，我们可以通过分析汇率变动对公司利润带来的影响来评估其经济风险。为此，我们首先选取一个基准汇率，通常选取上一年年末的汇率水平，并根据上一年跨国公司的经营情况，主观地确定下一年跨国公司利润表中每个项目的数值。然后，再根据汇率波动的可能情况，分析跨国公司未来现金流支出和未来现金流收入的相关情况，进而分析该公司利润的变化情况。

下面我们通过一个具体的例子来解释汇率波动对跨国公司利润的影响。美国某跨国公司在中国香港有一家子公司，其经营情况如下：该公司所需的原材料50%在中国香港当地采购，50%从美国进口。使用中国香港当地原材料生产的产品单位成本为8港元，其中原材料成本是7港元，工资成本是1港元；以美国进口原材料生产的产品成本中，原材料成本是0.89美元，工资成本同样是1港元。产品50%在中国香港当地销售，50%出口到英国、德国等欧盟国家。这家子公司的进口业务按美元计价结算，出口业务按欧元计价结算。2019年12月30日，国际金融市场的外汇牌价如下：USD/HKD＝7.750 4，EUR/HKD＝8.660 4。此外，这家中国香港子公司的营业费用每年固定为200万港元，折旧每年为100万港元，所得税税率是50%。在中国香港本地单位售价是12港元，出口欧盟的单位售价是1.44欧元，相当于12.47港元。中国香港子公司计划在2020年生产1 000万单位的产品。根据已知的汇率水平，该子公司在2020年的计划利润及现金流量表如表6-6所示。

表6-6　中国香港子公司2020年计划利润和现金流量表　　单位：万港元

项目名称	金额
销售收入	12 235
中国香港本地（500万单位）	6 000
国外出口（500万单位）	6 235
销售成本	7 948.93
中国香港本地（500万单位）	4 000
国外进口（500万单位）	3 948.93
营业费用	200
折旧	100
税前利润	3 986.07
税后利润	1 993.04
经营现金流	2 093.04

注：销售收入＝12×500＋12.47×500；销售成本＝8×500＋[(0.89×7.750 4)＋1]×500；
税前利润＝12 235－7 948.93－200－100；经营现金流＝1 993.04＋100。

2020年初，假设美元和欧元升值，港元贬值，外汇市场的外汇牌价如下：USD/HKD＝7.788 4，EUR/HKD＝8.728 8。汇率变动对2020年中国香港子公司的进口成本、进口量、出口收入、出口量及公司的利润产生一定程度的影响。

第一步，我们先看港元贬值对进口原材料及销售成本的影响。假定进口原材料的进口价格不变，依然是0.89美元，进口原材料的需求价格弹性大于1，则港元贬值会促使进口原材料的港元价格上升，由原来的0.89×7.750 4＝6.897 9（港元），上升到0.89×7.788 4＝6.931 7（港元），比计划增加0.033 8港元。因此，港元贬值提高了进口原材料的港元价格，同时我们考虑到在需求弹性的影响下，进口原材料的数量可能会减少，假定由原来的500万单位下降到470万单位，进口量减少的部分由中国香港本地提供原材料，则中国香港当地的原材料价格比原计划美国进口的价格每单位将增加7－0.89×7.750 4＝0.102 1（港元）。综合以上因素考虑，港元贬值将使中国香港子公司的销售成本增加0.033 8×470＋0.102 1×30＝18.949（万港元）。

第二步，我们考虑港元贬值对出口及销售收入的影响。假设出口欧盟的产品因市场竞争激烈，出口价格由原来的1.44欧元降到1.43欧元，按照变化后的汇率计算出口产品的价格用港元表示是 1.43×8.728 8=12.48（港元）。假设出口产品的需求价格弹性大于 1，根据需求弹性理论，该子公司出口欧盟的出口量将有所增加，假定增加 1 单位，在中国香港当地市场销售量保持不变的情况下，销售收入增加(12.48−12.47)×500+12.48×1=17.48（万港元）。

表 6-7　中国香港子公司 2020 年利润和现金流量表　　单位：万港元

项目名称	金额
销售收入	12 252.48
中国香港本地（500 万单位）	6 000
国外出口（501 万单位）	6 252.48
销售成本	7 975.89
中国香港本地（531 万单位）	4 248
国外进口（470 万单位）	3 727.89
营业费用	200
折旧	100
税前利润	3 976.59
税后利润	1 988.30
经营现金流	2 088.30

注：销售收入=12×500+12.48×501；销售成本=8×531+[(0.89×7.788 4)+1]×470；税前利润=12 252.48−7 975.89−200−100；经营现金流=1 988.30+100。

综合以上因素考虑，港元对美元和欧元贬值后，该跨国公司中国香港子公司的销售收入和销售成本都受到了不同程度的影响，从而使该中国香港子公司 2020 年以港元计价的税前利润减少了 3 986.07−3 976.59=9.48（万港元），经营现金流减少了 2 093.04−2 088.30=4.74（万港元）。从以上分析过程我们可以看到，经济风险的计量需要考虑的因素更为复杂。

2. 现金流量对汇率的敏感性分析

经济风险计量的另一种敏感性分析方法是利用历史数据进行回归分析，通过建立模型，对数据进行计算，以确定跨国公司的现金流量对某种货币汇率的敏感性。该方法的基本模型用公式表示如下：

$$PCF_t = \alpha_0 + \alpha_1 e_t + u_t \tag{6-1}$$

其中，PCF_t 是第 t 期以企业所在国的本国货币计量的、扣除通货膨胀因素后的现金变动率；e_t 是第 t 期外币汇率变动率；u_t 是随机误差项；α_0 表示截距，是不受汇率影响的现金流变动部分；α_1 表示斜率，是汇率变动与企业现金流量波动之间的相关系数。由于在实际经济活动中，我们需要衡量多种货币汇率的变动对跨国公司经营活动的影响，所以需要对模型进行修正，建立如（6-2）式的更为符合实际的多元回归模型：

$$PCF_t = \alpha_0 + \sum_{i=1}^{n} \alpha_{it} e_{it} + u_t \tag{6-2}$$

其中，n 表示影响现金流的外币种类数；i 表示第 i 种货币。

尽管回归分析对经济风险的估算具有一定的科学性，但回归分析也有自身的缺陷，其不足之处在于历史数据未必可以反映未来，这种测定的有效性也是有限的，但是此种方法为分析经济风险提供了另外一个视角，从这一层面上来讲，有一定的现实意义。

第三节 汇率风险的管理方法

汇率风险是企业涉外经济活动中不可避免的一种市场风险，上述分析发现不确定的汇率变动可能对企业的现金流状况和收入状况造成一定程度的影响，从而进一步影响企业的利润、价值和竞争力。因此，需要对汇率风险进行积极管理，帮助企业在收益最大化的情况下，减少企业现金流及企业价值的变动。

一、汇率风险管理的目标

有效的风险管理可以降低企业的财务危机成本、税收负担、业务成本，提高产品服务的竞争力，增加企业价值。为做好企业的汇率风险管理，我们要明确汇率风险管理的目标。具体来说，汇率风险管理的目标有如下两个：

（一）减少或避免汇率波动的不确定性带来的影响

交易风险、折算风险和经济风险都是由于未预期的汇率波动引起的企业资产和负债的变化。汇率波动的这种不确定性在一定程度上会影响企业利润和收入的变化。通常情况下，不确定性的汇率波动可能引起企业的相关经济指标出现未预期的下滑，现金流也可能随着汇率的变动而出现不利的变化。因此，企业对汇率风险管理的首要目标是全面认识汇率波动的风险及其对企业各种经济活动造成的不利影响，加强对各种金融工具的学习，在必要时选用适合的金融工具力求把不确定性的影响降到最低。

（二）降低汇率风险管理的成本，提高企业效益

企业为了规避汇率波动的风险，通常要对经营决策进行调整或从事一些金融衍生品交易以便把汇率风险的影响降到最小。因此，企业在规避汇率风险的同时，不可避免地会产生额外的成本，这些成本不仅包括投资决策或交易成本本身，还包括采取相应风险管理策略所带来的机会成本。如果企业规避风险时所增加的成本超过了规避风险所带来的收益或减少的损失，那么这种规避风险的行为是不经济的。因此，企业在对汇率风险进行管理时力求降低风险管理成本，促使企业的效益有所提高。

二、汇率风险管理的原则

为实现汇率风险管理目标，企业应遵循一些共同的指导思想和指导原则。具体如下：

（一）全面重视原则

涉外经济主体如政府部门、企业或个人在外汇交易、国际信贷、国际投资及国际结算等许多经济活动中都面临着汇率风险，全面重视原则要求经济主体对自身经济活动中的汇率风险高度重视。不同的经济主体面临的汇率风险各有不同，有的面临交易风险，有的面临折算风险和经济风险。这就要求涉外经济主体要有风险管理意识和较全面的外汇处理能力。

（二）策略多样化原则

众所周知，影响汇率波动的因素极为复杂，不同的涉外经济主体面临的汇率风险各有不同。根据这一特点，涉外经济主体应根据自身的经营范围、经营特点、管理风格以及汇率风险的情况，选择最适合自己的汇率风险管理方法进行避险。实际上，任何一种风险管理方法

都不可能完全消除汇率风险，要综合考虑来自经济主体发展战略、风险头寸的规模和结构、涉外业务范围和性质、相关国家的外汇管理政策、金融市场发达程度等内部和外部的各种因素，并要随着这些因素的变化而相应改变汇率风险的管理策略。

(三) 收益最大化原则

收益最大化原则要求涉外经济体必须遵守经济学最基本的原则，即成本收益原则，在实现汇率风险管理目标的前提下，尽可能追求收益最大化。这也是汇率风险管理的出发点。汇率风险管理本质上是利用各种金融工具对风险进行转移或分摊，如采用远期外汇交易、期权、期货等金融工具进行套期保值。这些风险管理工具的使用不可避免地会加大涉外经济体的管理成本，因此，要实现收益最大化原则，涉外经济主体要精确核算汇率风险头寸与管理成本、风险报酬、风险损失之间的关系，从而选择最佳的风险管理方法。

三、汇率风险管理策略

汇率风险的产生有诸多因素，会形成多种类型，结合企业的规模、产业、发展战略等，会有很多不同的情况，从而形成企业特有的汇率风险规避策略。目前，企业可以采取以下几种策略：

(一) 风险规避策略

涉外企业特别是风险厌恶类企业在进行避险的选择时，首先评估汇率风险的损失和收益情况，如果汇率风险给企业带来的损失大于其所能获得的收益，则该企业通过采取措施规避汇率风险，从而可以有效避免风险损失。企业对于风险规避策略的选择较少使用，因为这种消极的避险策略会在一定程度上使企业失去发展机会。

(二) 风险降低策略

风险降低策略主要通过两种途径：一种是风险敞口控制，适时调整企业的外汇资产负债结构，减小外汇敞口，降低风险头寸，从而降低风险损失；另一种是风险影响控制，通过分散化投资，避免风险过于集中于某一项目，从而降低风险影响程度。通过降低汇率风险敞口和降低汇率风险的影响程度这两种方法可以收效显著地降低汇率风险所带来的损失。

(三) 风险转移与分担策略

此种策略可以很好地保护企业免受汇率风险的威胁，因此风险的转移与分担需要企业有较强的实力和议价能力，在合同签订的过程中与客户达成共同承担汇率风险所造成损失的协议。例如，出口合同以升值的硬货币计价或要求风险补偿款等。

(四) 风险承担策略

如果涉外企业经济实力较强，或者遇到无法规避、降低和转移风险的交易时，为了公司的长远发展，维护企业声誉和客户，企业只能选择承受这部分汇率风险所带来的损失。

四、汇率风险的分类管理

(一) 交易风险的管理

1. 选择有利的计价货币

企业在签订对外经济合同时，要选择有利的计价货币，这是控制交易风险的首要环节。在国际金融市场上，计价货币有本币和外币之分，根据汇率走势的预测，又存在硬货币和软货币之分。硬货币是指币值比较稳定，有升值趋势的货币；软货币是指币值比较不稳定，有贬值趋势的货币。计价货币的选择问题意味着汇率风险的承担问题。企业在选择计价货币时，可考虑以下几个方面：

第一，企业在出口贸易、贷款或其他债权投资时应尽量选用硬货币计价结算；在进口贸易、借款时应尽量选用软货币计价结算。这样可以规避一部分因汇率波动而带来的经济损失。

第二，进、出口货币一致原则。企业在对外经济活动中，不能选用本币只能选用外币时可以采用这种方法。对进口商而言，如果自己已经持有或将要持有某种外币，则以该种货币作为计价结算货币，通过收支相互抵消可以规避汇率风险。

第三，签订对外合同时，尽量选择本币计价。企业在对外经济活动中，如果选择本币计价结算，无须进行不同货币之间的相互兑换，也就不用承担汇率变动的风险。此种货币选择方法，往往是贸易谈判中处于强势地位的企业才能达成。当然，只有在本币是可自由兑换货币的条件下才可能被选为计价货币。

第四，多种货币组合策略。企业在签订进出口合同时可以使用两种或两种以上的货币计价结算。如果一种货币贬值或升值，其他货币汇率不变，则整体组合的汇率风险也是有限的。如果有的货币贬值，有的货币升值，则汇率变动引起的收益和损失可以抵消部分汇率风险。

2. 在合同中增加保值条款

企业可以在经济合同中增加有关汇率风险承担的条款。可供选择的保护性条款有以下几种：

第一，增加货币保值条款。货币保值条款是选择某一种或某几种货币进行货币保值。在企业合同签订时可约定“结汇汇率下跌至某比率时，该合约的价格将按照合约内规定的幅度做相应的调整”。货币保值条款可以选择用“一揽子”货币保值。企业通常会选取特别提款权（SDR）或软、硬货币搭配的几种货币进行货币保值。此外，企业还会选择硬货币进行保值，即在合同中规定以硬货币计价，用软货币支付。

第二，增加损益均摊条款。损益均摊是指企业在对外贸易中，由于汇率波动难以预计，为了货币保值可以增加下列条款：“在计价结算货币的汇率发生变动而出现损失或收益时，由进出口双方共同均摊损失或收益”。在合同中增加损益均摊条款是一项较难推广的措施，但出于为交易双方考虑，在操作上具有一定的可行性。

第三，增加货币选择条款。货币选择条款通常发生在对外的借贷合同中，即在借贷合同期满时再选择确定还本付息的货币。这种条款往往是借款人为了能促进借款合同的达成，顺利完成融资活动，给贷款人添加的货币选择条款，以解除贷款人因汇率波动造成贷款损失的顾虑。因此，货币选择条款主要是由借款人承担汇率波动的风险。

知识链接

特别提款权及其价值的确定

特别提款权是国际货币基金组织于 1969 年创设的一种用于补充成员官方储备的国际储备资产。迄今为止，国际货币基金组织向成员分配了 2 042 亿特别提款权（相当于大约 2 910 亿美元），其中包括在全球金融危机之后于 2009 年分配的 1 826 亿特别提款权。特别提款权的价值由五种主要货币（美元、欧元、人民币、日元和英镑）构成的货币篮子确定。

特别提款权的价值最初确定为相当于 0.888 671 克纯金，当时也相当于 1 美元。在布雷顿森林体系瓦解后，特别提款权的价值被重新定义为一篮子货币。

执行董事会每五年或在必要时提前检查特别提款权篮子，以确保特别提款权能反映各组成货币在世界贸易和金融体系中的相对重要性。审查涵盖特别提款权定值方法的关键要素，包括选择特别提款权篮子货币时使用的标准和指标，以及确定特别提款权篮子中每种货币数量（单位数量）的初始货币权重。货币数量在特别提款权五年定值期内保持不变，但是，随着篮子中货币之间的交叉汇率变动，篮子中货币的实际权重发生波动。特别提款权价值每日根据市场汇率确定。检查还用于评估构成特别提款权利率篮子中的金融工具的适当性。

在 2015 年 11 月结束的检查中，国际货币基金组织执行董事会决定人民币满足纳入特别提款权篮子的标准。根据此决定，自 2016 年 10 月 1 日起，人民币与美元、欧元、日元和英镑一起，构成特别提款权篮子货币。

资料来源：国际货币基金组织官网。

3. 提前或延期结汇

企业在对外经济活动中，由于汇率波动会影响实际结汇的金额，因此通过预测汇率变动的趋势，对相关的款项采用提前或延期结汇的方式，可以在一定程度上降低损失。通常情况下，对于进口商或债务人来说，当预测计价结算货币的汇率上涨时，应设法提前结汇，以避免外币汇率上涨而多支付本币；当预测结算货币的汇率下跌时，可考虑延期付汇，以期在外币汇率下跌时，尽可能少支付本币。对于出口商或债权人的情况，则刚好相反。

4. 调整价格或利率

在对外经济活动中，不论选取的结算货币是软货币还是硬货币，其结果通常是某一方承担汇率风险，而另一方无须承担。被迫承担风险的一方，为使汇率波动带来的经济损失降到最小，可以在商务谈判中对价格和利率进行调整。例如，进口商由于受贸易条件、市场行情等因素的影响不得不选择按硬货币付汇时，为减少汇率波动带来的影响，进口商可以要求适当降低以硬货币结算的进口商品价格，抵补一部分汇率波动的损失。

5. 使用金融衍生工具

随着金融深化和金融创新的发展，金融衍生工具日益呈现多样化趋势。企业在对外经济活动中，可以采用如下几种金融衍生工具对汇率风险进行管理，以期减少或规避汇率风险带来的影响。

（1）即期外汇交易。

即期外汇交易是指拥有外汇债权债务的公司与外汇银行签订外汇买卖协议，按当天外汇市场的即期汇率成交，并于 2 日内完场交割的一种外汇交易。这种汇率风险的防范方法适用于 2 个工作日内有外币收付款的企业。例如，某企业短期内有一笔外汇收入 500 万美元，为防止短期汇率波动，该企业通过即期外汇交易卖出同等金额的外汇，这样企业在外汇风险敞口形成的开始便完成了货币的兑换，无论日后外汇汇率是上升还是下降，交易主体都不会遭受到汇率变动的风险。

（2）远期外汇交易。

远期外汇交易是指买卖双方先行签订合同，约定买卖外汇的币种、数额、汇率和交割时间，在规定的交割日期或在约定的交割期内，按照合同规定条件完成交割。交割日期通常有7天、20天、1个月、2个月……12个月等。远期合约的交易通常没有特定的交易场所，是一种场外交易。这要求企业与银行有较好的信用关系。银行将根据客户需要专门设计，可以是任何规模的合约、交割期限、标的资产等。企业在运用远期外汇交易规避汇率风险时，可考虑两种情况：一是，如果企业拥有多头头寸，则选择卖出外币远期合约；二是企业拥有空头头寸，则选择买入外币远期合约，从而将未来外币现金流锁定为本币现金流。

（3）外汇期货交易。

外汇期货交易是指协议双方同意在未来某一日期按约定的汇率买卖一定标准数量外币的交易。从企业汇率风险套期保值的角度来看，外汇期货交易与外汇远期交易有很多相似之处。然而外汇期货交易有三个重要的特点：一是为防止违约风险，外汇期货市场要求买卖双方在交易所设立保证金账户；二是交易所实行每日结算制度，交易头寸保证金逐日进行结算，当天的收益计入保证金账户，而亏损则从保证金账户扣除，直到期货合约到期，其目的是防范违约风险；三是外汇期货合约的大小、执行价和合约到期日都是标准化的，其目的是便于买卖。外汇期货交易的套期保值分为多头套期保值和空头套期保值。

（4）外汇期权交易。

外汇期权是赋予期权的买方在一段时间内或在到期日，以协定的执行汇率向期权的卖方买入或卖出某一特定货币（卖出或买入另一特定货币）的权利，并支付一定的费用。特别需要注意的是，期权买方购买的是一项权利而非义务。到合约期满日或期满之前，如果汇率变动对其有利，买方可以选择放弃履行合约，只有当汇率变动对其不利时，买方才考虑履行合约。实际上，外汇期权合约是一种选择权契约。外汇期权交易按买入或卖出外汇的选择权划分，可以分为看涨期权和看跌期权。看涨期权可以用来规避外汇汇率上升引起企业应付账款增加的风险，而看跌期权可以用来规避外汇汇率下跌引起企业应收账款减少的风险。

（5）货币互换交易。

货币互换是一种常见的债务保值方法，主要用来控制对外借贷背景下的交易风险。货币互换是指交易双方互相交换不同币种、相同期限、等值债务或资产的货币及利率的一种预约业务。货币互换本质上由一笔外汇即期和一笔外汇远期业务或者是一笔期限较短的外汇远期和一笔期限较长的外汇远期业务构成。具体操作方法是：合同签订后，双方以约定汇率交换等值本金；合同期内按商定的方法交换根据本金计算的利息；合同到期后，按原汇率再换回本金。互换时的约定汇率可以是交易时的即期汇率，也可以是人为设定的。

（二）折算风险的管理

折算风险是企业在编制财务报表和进行财务报表合并过程中，将境外子公司财务报表中的当地货币转化为母公司本国货币引起的价格变动的风险，由于折算风险是一种会计账面上的损益，不涉及企业真实价值的变动，因此折算风险不同于交易风险和经济风险，这种账面风险主要影响企业的会计报表，往往不作为企业汇率风险管理和控制的重点。

折算风险的管理方法包括资产负债表保值法、调整资金流量法和远期外汇合约保值三种。

1. 资产负债表保值法

资产负债表保值法是企业规避折算风险的首选方法。在企业的资产负债表中，外币资产按现行汇率折算的资产称为风险资产，同样按照现行汇率折算的外币负债称为风险负债。当企业资产负债表中的风险资产和风险负债在总额上达到平衡时，外币汇率变动会使风险资产增加或减少的金额刚好与风险负债减少或增加的金额所抵消，这样折算风险为零，达到化解风险的目的。

运用该方法时具体要考虑以下三点：首先，明确跨国公司在全球范围内的各家子公司的资产负债表中外币的种类、结构和规模，以确定各种外币折算风险敞口的大小。其次，确定风险资产和风险负债的调整方向。最后，企业通过综合考虑，调整资产负债表中的账户科目，尽量使风险资产和风险负债相互抵消，同时兼顾企业调整的综合成本。

2. 调整资金流量法

调整资金流量是企业折算风险管理较常用的方法，该方法是指企业通过改变母公司及子公司预期现金流量的金额或货币，从而达到降低企业折算风险的目的。如果企业预测外币可能升值时，要尽量增加该货币资产的持有量，同时减少该货币的负债和支出。反之，当企业预测外币将要贬值时，应尽量减少持有该国货币，同时，如果需要的话，可增加该货币的负债，具体业务操作可参考表6-8。

表6-8 汇率变动情况下的折算风险对冲策略

外币升值的情况	外币贬值的情况
1. 提前付清外币负债	1. 延迟支付外币债务
2. 延迟外币应收账款的收款	2. 加快外币应收账款的收款
3. 减少外债或增加外币贷款	3. 借用外币债务，或减少外币贷款
4. 增加出口量，但减少原材料、零部件等的进口	4. 减少出口量，但尽可能增加原材料、零部件等的进口
5. 增加外国证券持有	5. 卖出或减持外币标价证券
6. 增加外币现金持有	6. 卖出或减少外币持有
7. 扩大外币赊销，增加外币应收账款	7. 减少外币赊销，降低外币应收账款
8. 出口以外币计价，进口以本币计价	8. 出口以本国货币计价，进口以外币计价
9. 提前付清国外子公司的负债	9. 延迟支付国外子公司的债务
10. 延迟国外子公司应收账款的收款	10. 加快国外子公司应收账款的收款
11. 提前付清国外子公司的应计利息、红利和开支	11. 延迟支付国外子公司的应计利息、红利和开支

资料来源：陈松男. 金融风险管理. 北京：机械工业出版社，2014.

3. 远期外汇合约保值法

远期外汇合约保值法是指企业为了规避折算风险，首先要了解折算风险的大小，根据这个金额确定远期合同的交易金额，同时做一笔可以与预计的汇率风险金额具有抵消作用的交易。远期外汇合约保值法的运行机制与运用远期外汇交易规避交易风险相似。远期外汇合约保值法是以预期的期末即期汇率作为参考值，如果预测出现偏差，合约保值的效果将受到影响。在实际经济活动中，我们对汇率波动情况的预测往往不准确。因此，这种远期外汇合约保值法对于防范折算风险来说也是有局限性的。

（三）经济风险的管理

对于企业来说，交易风险和折算风险都是短期风险，而经济风险可能影响到企业长期收益，是影响企业价值的重要风险。在前面的分析中，我们知道经济风险涉及企业生产经营活动的整个过程，因此仅仅采用金融衍生工具等方法避险很难实现。这需要企业从生产管理、营销管理和财务管理等三个方面做好汇率风险管理工作。

1. 生产管理

经济风险的生产管理主要是从企业降低生产成本、维持或加强产品竞争地位的角度进行管理的。具体措施如下：

（1）产品产地的选择和转移策略。

在全球化背景下企业参与国际分工有两种基本途径：一种是在国内组织生产，然后出口到国外；另一种是在产品进口国组织生产，替代企业出口。产品产地的选择除了受当地生产成本的影响，还要考虑产地货币汇率的变动情况。例如，20 世纪 80 年代末，日元对美元不断升值，从而影响了日本产品的出口，于是一些企业如松下、本田等纷纷在美国设立工厂，以规避汇率变动对企业利润的影响。产品产地确定和调整必须考虑经济风险的影响，通常情况下，企业会把不同国家货币汇率的长期变动趋势作为工厂选址的重要参考依据，还会随着货币汇率的变动情况适时调整企业产品的产地，即尽量增加在货币贬值国的生产，减少在货币升值国的生产。

（2）原材料供应地的选择和转移策略。

原材料供应地的选择主要是考虑原材料的来源国多元化，企业应尽量避免原材料的供应地过于集中，应设法利用不同国家相对较便宜的原材料组织生产。因为世界各国的货币不会同时升值或贬值，原材料来自不同的国家，可以避免不同货币汇率波动带来的经济影响。因为一国货币升值引起的原材料成本上升可以被另一国货币贬值引起的原材料成本下降所抵消。同时，企业还可以调整不同国家原材料的供应量，即提高货币贬值国原材料的供应量，降低货币升值国原材料的供应量，尽量避免汇率波动带来企业生产成本的提高。

（3）提高劳动生产效率。

企业在本币长期升值的情况下，除了产品产地和原材料的选择和转移策略外，还要不断提高企业的劳动生产率。众所周知，当本币升值时，企业出口产品的价格就会变高，产品的竞争力就会下降。为了应对这一情况，企业可以通过关闭效率低的工厂或子公司、提高自动化程度、进行严格的质量管理等策略提升产品的市场竞争力，以对冲汇率波动引起的不利影响。

2. 营销管理

经济风险的营销管理是从企业的市场营销领域着手，通过调整企业的营销战略确保企业在国际市场上的竞争优势，以规避或降低汇率变动带来的不利影响，具体包括：

（1）市场选择。

营销管理最重要的战略是对产品的销售市场的选择，即市场选择。市场选择要依据对多国外币汇率中长期变动趋势的预测，做出适时的调整。如果本币对外币升值，对于出口企业来说，其产品在外币贬值国的竞争力会下降，则出口企业需做出市场选择，即不断减少在货币贬值国的出口，扩大对货币非贬值国家的市场占有率；对于进口企业来说，本币升值可以降低外国进口商品的价格，提升进口商品的市场竞争力，进口企业此时可以扩大进口商品的进口规模。如果本币对外币贬值，对于出口企业来说，其产品在外币升值国具有价格竞争优势，其竞争力增强。此时，出口企业可以适时扩大货币升值国家的市场份额。对于进口企业来说，外国进口商品的进口成本将上升，影响其在国内市场的竞争力。此时，进口企业可以考虑减少进口商品，转向与本国货币汇率保持稳定的国家产品的进口。

（2）产品策略。

企业在产品战略方面应对汇率波动的方法主要体现在三个方面：首先，如果本币贬值，企业可以适时推出新产品以争取国外市场份额，这是非常理想的时机；其次，如果本币贬值，企业可以通过简单地扩大产品线以覆盖国内外更广泛的市场，以扩大全球范围内的市场份额；最后，在本币升值的情况下，企业还可以通过增加研究和开发费用不断进行产品创新，以创新的产品赢得更大的市场空间。

（3）定价策略。

企业应根据汇率走势不同，制定不同的定价策略。如果本币贬值，企业出口商品的外币价格也相应下降，此时出口企业可以提高出口商品的本币价格，保持外币价格不变，从而提高出口商品的单位利润率；也可以考虑出口商品本币价格不变，因汇率变动而使出口商品的外币价格下降，提高该商品在国外市场的占有率。当然，企业在进行价格调整时，需要同时考虑商品需求价格弹性的大小。如果商品的需求弹性较大，则通过降低出口商品的外币价格可以扩大出口；如果商品的需求弹性较小，则企业无须过多考虑价格因素。

3. 财务管理

财务管理是企业借助财务方法和手段，对企业的财务状况进行调整，以规避汇率波动带来的经济风险。首先，企业为了规避汇率风险，可以考虑融资渠道分散化；其次，企业可以将货币收入和货币支出建立长期的匹配关系；最后，企业通过在全球范围内的业务分散化来规避经济风险。业务分散化最大的优势在于汇率变动会引起企业在某些国家的销售收入减少、成本开支增加，同时会引起另外一些国家相应项目的反向变动，从而抵消部分经济风险。

经世济民课堂

中国汇率制度改革历程

扫码了解更多中国金融故事

关键概念

交易风险　折算风险　经济风险　外汇风险敞口　即期外汇交易　远期外汇交易　外汇期货交易　外汇期权交易　货币互换　保值条款　提前与延迟结汇

思考题

1. 汇率风险的特点有哪些?
2. 汇率风险的种类有哪些?
3. 如何对经济风险进行度量?
4. 汇率风险管理的原则是什么?
5. 交易风险的管理方法有哪些?

实践案例

华为公司的汇率风险管理

1987 年在深圳创立的华为投资控股有限公司（下面简称华为），目前已经发展成为一家全球知名的信息与通信解决方案供应商，其经营范围涵盖了中国、新加坡、日本、印度尼西亚、德国、英国、美国和荷兰等国家以及中国香港地区。随着华为海外业务的逐渐扩展，公司受汇率波动影响的范围逐渐扩大，如何提高汇率风险管理水平已经成为华为需要面对的重要问题。

华为汇率风险的具体管理主要由董事会下设的财经委员会负责，在综合考虑市场流动性及管理成本的前提下，华为管理日常经营中的主要外汇敞口，采取的措施包括：(1) 签订外汇交易合同时选择有利的计价货币，同时在合同中增加保值条款。(2) 管理企业自有资金，降低风险敞口。华为通过匹配销售和采购的货币实现本币平衡，通过自然对冲手段尽量降低外汇敞口。此外，通过持有外汇现金及构建资金池来对冲外汇现金流引起的风险。(3) 使用外币借款管理汇率风险。通过自有资金进行对冲后仍然存在的外币敞口，华为采用外币借款（含长债和短债）进行管理。华为设立了离岸子公司格拉资本和英拉资本为公司筹措资金。(4) 为应对汇率波动，华为也使用了外汇金融衍生工具来管理汇率风险。华为目前使用的外汇衍生产品主要是外汇远期合同。(5) 建立海外财务公司管理汇率风险。2012 年，华为在荷兰阿姆斯特丹建立了第二个国际资金中心。2013 年，华为在英国伦敦建立了全球财务风险控制中心（FRCC）。FRCC 目前管理的货币种类多达 130 余种，资金的结算量超过万亿美元。(6) 进入银行间人民币外汇市场，有效控制汇率风险。2016 年 9 月 14 日，华为的主要子公司华为技术有限公司获国家外汇管理局备案同意进入银行间人民币外汇市场，成为银行间外汇市场中第二家非金融企业即期会员。

尽管如此，华为目前的汇率风险管理仍然存在不少问题：(1) 汇率风险防范意识仍需加强。华为财经委员会在汇率风险的具体规避和管理中起到关键的作用，但是仅靠财务人员防范汇率风险还不够，从公司领导层到具体的业务人员都应树立汇率风险防范意识。(2) 汇率风险管理体系仍需完善。华为现有风险管理体系主要针对公司业务具体开展过程中可能遭受的国家风险、政策风险、信用风险等的管理，对于汇率风险的管理更多的是对合同结算款的管理和对外币敞口的管理，缺乏整体的汇率风险管理体系。(3) 目前华为对于金融衍生工具的使用很谨慎，只少量使用远期外汇合同这一衍生工具。我国目前的外汇衍生产品市场上的衍生产品种类已经比较齐全，包括人民币外汇远期、人民币外汇掉期、人民币外汇货币掉期和人民币外汇期权等。除了外汇远期，华为可以根据市场情况，灵活选用期权产品甚至结构化产品来丰富公司的汇率风险管理工具的种类。

资料来源：作者根据相关资料整理。

问题思考：1. 分析华为面对的汇率风险类型以及华为运用哪些方法对汇率风险进行管理？2. 利用华为某一年份的财务数据，使用本章介绍的方法，分别对华为的交易风险、折算风险和经济风险进行具体的评估。

职业素养提升：培养学生的家国情怀、勇于担当的社会责任感和使命感；提升专业能力，开拓国际视野等。

第7章 商业银行全面风险管理

学习目标

1. 理解商业银行风险的概念和类型、理解商业银行全面风险的概念。

2. 掌握商业银行全面风险识别的几种基本方法，掌握商业银行全面风险的内部管理法和外部监管法。

3. 了解商业银行全面风险度量的Copula函数方法、了解《巴塞尔协议》对商业银行全面风险管理的要求与建议的管理方法。

4. 价值塑造：树立国家金融安全大局意识，守住不发生系统性金融风险的底线意识、法治意识；培养良好职业道德和正确金钱观；提升专业能力、开拓国际视野等。

导入案例

中国平安的全面风险管理

中国平安于1988年成立，是中国第一家股份制保险企业，现已发展成为集保险、银行、投资等金融业务为一体多元化综合金融服务集团。中国平安一直重视风险管理体系的构建，在30多年的发展中形成了金融企业特有的风险管理文化。作为国内首家实施全面风险管理项目的综合金融集团，中国平安的全面风险管理体系的主要内容如下：

中国平安建立了“集团控股、分业经营、分业监管、整体上市”的组织架构。集团董事会专设“审计与风险管理委员会”，由6位独立董事组成，领导集团的内控管理中心，与运营、产品等业务模块独立。内控管理中心下辖合规部、风险管理部和稽核监察部，由集团总经理助理兼首席稽核执行官统领履行职责。在集团层面，中国平安建立了统一的风险定义和分类，统一的风险计量和汇总方法，为集团风险的并表管理打下了基础。建立了“覆盖全面、运作规范、针对性强、执行到位、监督有力”的“三位一体、三道防线”风险管控运行机制，确保集团并督促子公司经营管理合法合规、符合监管要求，确保单一/累积风险低于公司可接受水平，确保整个集团健康持续发展。

中国平安的“三位一体”是三个专业部门在风险管控过程中分工、配合与协作的结果，是强化事前、事中、事后风险管控三个环节的功能，通过建立与完善制度机制、技术平台、监督和文化，提升风险管控的水平和价值。其中，合规部主要履行“风险事前策划应对”；风险管理部主要履行“风险事中监测控制”；稽核监察部主要履行“风险事后监督报告”。“三道防线”反映了平安的风险管理策略，业务部门是第一道防线，通过建立内控评价与考核问责，将内部控制与日常经营管理融合，嵌入业务和流程，确立内部控制的核心驱动力，将风险管控尽可能地前置。合规部和风险管理部是第二道防线，稽核监察部是第三道防线。同时，中国平安聘请国际会计师、国际咨询公司等外部独立机构定期对公司进行独立审计、对内部控制的有效性进行独立评价、对风险管理体系的进一步完善和优化提供咨询与建议。

为了持续完善和改进内控与风险管理，中国平安目前着力打造专业高效内控管理团队和不断创新内控管理手段。创新的内控管理手段包括内部控制有效性评估、“三位一体”风险管控、全面风险管理、战略项目合规支持与“四新”合规评审、风险并表管理、动态风险监控与预警、专项/远程/突击/IT/任中审计、机构风险评级与管理层评价、强大的IT系统支持、红黄蓝牌处罚、内控/案件问责等11个方面。

在自上而下合规理念的渗透、传递和内化背后，彰显着强大的企业文化的生命力，而“法规＋1”则是践行这一文化的行动准则。2003年，中国平安提出了“法规＋1”的概念，其含义是：法规有明确规定的，坚决严格执行；法规未明确规定的，按照更高的道德自律标准确定行为规范，坚决“不打擦边球”，不钻政策空子，要保证公司的经营行为经得起任何法规、时间和道德标准的考验。换句话说，“法规＋1”就是要用高于法规原则的道德标准来处理事情。中国平安一直倡导和建立“自觉合规、健康发展”的内控环境与文化，眼下“不敢违、不能违、不愿违”的合规意识已深入人心。

中国平安全面风险管理的基本经验值得借鉴。本章介绍商业银行全面风险的定义和种类、全面风险的识别方法以及如何进行全面风险管理，介绍《巴塞尔协议》与商业银行全面风险管理的关系。

第一节　商业银行全面风险概述

一、商业银行风险概述

（一）商业银行风险的定义

商业银行风险的定义包括广义和狭义两种。广义的商业银行风险指商业银行在经营活动中，由于事前无法预料的不确定性因素的影响或者未来的实际情况变化与预期不相符，使得实际的收益与预期收益产生偏离，从而导致商业银行遭受经济损失或者丧失额外收益机会的可能性。狭义的商业银行风险则仅指商业银行在经营中由于各种因素而招致经济损失的可能性，或者说是银行的资产和收入遭受损失的可能性。

准确理解商业银行风险定义的内涵必须把握以下几点：

（1）商业银行风险不同于商业银行损失。商业银行风险只是预示着商业银行在业务经营活动中遭受不利结果的可能性，而商业银行损失则是一种现实结果，两者是不能混同的。

（2）商业银行风险是一个动态的概念，随着经济形势的变化和银行自身的发展，商业银行风险所包含的内容也在不断变化。20 世纪 90 年代前，商业银行风险主要指单一风险，90 年代以后商业银行风险不仅指各种单一风险，还包含各种风险之间的关联性，即商业银行全面风险。

（二）商业银行风险的分类

1. 根据巴塞尔委员会的标准划分

巴塞尔委员会在《有效银行监管核心原则》中，将商业银行风险划分为八类：信用风险、市场风险、利率风险、流动性风险、操作风险、国家和转移风险、法律风险、声誉风险。其中，信用风险、市场风险、操作风险和流动性风险等四种风险是商业银行面临的最主要风险。

2. 根据风险的影响范围划分

根据风险的影响范围，可将商业银行风险分为系统性风险和非系统性风险。系统性风险是指由外部因素引起的、单个银行无法预测和控制的、对所有银行和银行的所有业务活动都产生影响的风险。非系统性风险是指和单个银行或者银行个别业务活动相联系的风险，由各种不确定性引起，不会对所有银行和银行业务都产生影响，不同银行可以采取相应的措施来控制或消除。

3. 根据风险的性质划分

根据商业银行风险性质的不同，可分为静态风险和动态风险。静态风险主要是指自然灾害和意外事故带来的风险。静态风险所造成的后果主要是经济上的损失，而不会因此获得意外的收益。静态风险一般属于不可回避的风险，银行在静态风险面前处于被动地位。动态风险主要是由银行的经营管理状况和市场资金需求变动或经济、金融体制改革等因素引起的风险。动态风险既可能给银行带来经济上的损失，也可能给银行带来额外收益，这种后果是难以估计的。动态风险常常是可以回避的风险，银行在风险面前处于主动地位。

二、商业银行风险管理

（一）商业银行风险管理的定义

商业银行风险管理是指商业银行通过研究风险发生的规律，对风险进行识别和度量，利用风险管理技术进行风险预测和管理，从而达到控制风险和降低损失的过程。商业银行风险管理主要包括信用风险管理、市场风险管理、操作风险管理以及流动性风险管理等内容。商业银行风险管理贯穿于经营活动的全过程，每笔业务、每个项目投资的决策均应经过风险分析、风险评估，采取风险控制和财务风险处理，以减少或避免风险。由于商业银行经营环境处于不断变化过程中，所以风险管理也是动态的。

（二）商业银行全面风险管理概述

1. 全面风险管理的定义

全面风险管理（enterprise -wide risk management，ERM）是 2004 年 COSO（美国反欺诈财务报告委员会下属的发起人委员会）正式颁布的《企业风险管理——整合框架》中提出的一个概念，该框架认为“全面风险管理是一个动态过程。这个过程受董事会、管理层和其他人员的影响。这个过程从企业战略制定一直贯穿到企业的各项活动中，用于识别那些可能影响企业的潜在事件，将风险控制在企业的风险偏好之内，合理地确保企业取得既定的目标。”COSO全面风险管理框架包含三个维度，第一维度是企业目标（如战略、经营、报告和合规等类型），第二维度是企业全面风险管理的要素（控制环境、目标设定、事项识别、风险评估、风险应对、控制活动、信息沟通、监控等要素），第三维度则是企业的层级（主体、分部、业务单元等）。全面风险管理的中心理念是对整个机构内各层次业务单位、各类风险进行全面管理。

拓展阅读
COSO与全面风险管理理论的发展历程

2. 商业银行全面风险管理的内容

商业银行全面风险管理是一个动态过程，通过识别出对银行具有潜在影响的所有风险事件，进而对这些风险事件进行全面管理，确保银行实现既定目标，将风险控制在银行风险偏好之内。全面风险管理要求商业银行对整个银行体系内面临的包括信用风险、市场风险、操作风险、流动性风险等各种类型的风险以及各种风险的相关性进行综合考虑，并采用科学方法进行全面管理，而不仅仅是处理某种单一的风险。

商业银行全面风险管理包括三个方面的内容：一是结合银行业内在运行规律，借助外部监管和市场约束的力量，综合考虑各类风险之间的相关性及整体联系；二是通过科学的模型和精确的程序，对各部门、各层级涉及的风险进行标准化度量；三是以先进的网络信息管理技术为基础，建立功能强大的风险管理系统。

第二节 商业银行全面风险的识别与度量

一、商业银行全面风险识别的基本方法

（一）风险清单法

分析一个风险事件的最基本、最常用的方法是制作并分析风险清单。全面风险清单不仅要列出银行经营中包含的所有潜在风险，而且要初步分析出这些风险之间的相关性。具体来说，就是采用类似于备忘录的形式，将银行面临的各种风险一一列举，并对这些风险进行整体考察，分析各种风险之间的相关程度。通过风险清单可以将银行从潜在的风险因素到风险事故以及全面风险损失结果联系起来进行考察，从而达到分析全面风险的目的。

（二）头脑风暴法

头脑风暴法是由美国创造学家奥斯本于1939年首次提出、1953年正式发表的一种激发性思维的方法。头脑风暴可由一个小组集体进行或者由多人单独进行，通过参会人员的畅所欲言，把不同的意见在不受任何约束的情况下发表出来，然后再将参会人员的意见进行汇总。在这种方法下，意见小组一般都是由全面风险管理领域的专家组成，直接领导人通常不参加此类会议，否则在行政权力的约束下，某些意见可能会受到影响。另外，会议的组织者和领导者需要具备较高的综合素质，能够简洁地概括本次会议所要讨论的风险话题。一些比较直接、目标明确的风险问题和可能引起风险的各种决策与方案适合运用这种方法讨论。

（三）德尔菲法

德尔菲法也称专家调查法，是在20世纪40年代由赫尔姆和达尔克首创，经过戈尔登和兰德公司进一步发展而成的。德尔菲法采用通信方式分别将所需解决的问题单独发送到各个专家手中，征询意见，然后回收汇总全部专家的意见，并整理出综合意见。随后将该综合意见和预测问题再分别反馈给专家，再次征询意见，各专家依据综合意见修改自己原有的意见，然后进行汇总。这样多次反复，逐步取得比较一致的预测结果。

（四）幕景分析法

幕景分析法是一种能识别关键因素及其影响的方法。一个幕景就是一项事业或组织未来某种状态的描述，可以在计算机上计算和显示，也可用图表曲线等简述。它研究当某种因素变化时，整体情况会怎样以及有什么危险发生，像一幕幕场景一样，供人们比较研究。幕景分析的结果大致分两类：一类是对未来某种状态的描述，另一类是描述一个发展过程，及未来若干年某种情况一系列的变化。它可以向决策者提供未来某种机会带来的最好的、最可能发生的和最坏的前景，以及在三种不同情况下可能发生的事件和风险。

（五）风险图分析法

风险图分析法是商业银行全面风险识别的一种重要方法。一家银行的风险图应能描绘出银行全面风险的概貌，能指引金融机构现在所处的风险状态，能帮助金融机构管理者确定避免困境、获取机会的最佳途径。风险图是在全面风险管理框架下，完整认识商业银行所面临的风险以及银行对这些风险所具有的抵御能力所需要的一种重要的风险识别技术。

1. 风险图的作用

绘制风险图的目的是对银行的风险进行综合、系统的分析，给银行管理者提供一个清晰、直观易解、全面的了解。具体来说，风险图的作用有以下几个：（1）有助于识别全面风险所包含的单个风险并了解它们的内在联系。（2）有助于管理者了解风险发生的可能性、风险损失对银行的影响程度以及风险的严重性。（3）有助于比较分析和评价现行的全面风险管理措施的优劣，从而选择最适合的方法和策略。（4）能显示经过全面风险管理策略和措施之后，银行所面临的风险状况的变化趋势。（5）便于在管理者以及职员之间进行风险交流和传递风险管理信息及策略。（6）能为银行提供一个动态、明了的财务模型，其中包括所有可以对银行盈利能力产生影响的主要风险。

2. 风险图的绘制

可以用一幅二维平面图来展现风险图，在这幅图上设计重要的指标，将银行目前面临的各种重要风险置于合适的位置，图7-1就是风险图的一个例子。

目前，绘制风险图还没有统一的标准，根据银行的经营特点和分析风险的目的不同，可以设计不同的风险图。一般而言，风险图绘制步骤如下：

第一步，根据风险衡量指标对风险进行排序。最常用的风险衡量指标是损失程度和损失频率，根据不同风险类型的损失程度和损失频率的不同，把风险按大小进行排序，选出银行面临的重要风险。

第二步，对银行面临的重要风险进行分类。全面风险管理的本意是着眼于银行面临的所有风险，虽然实际中我们不可能真正顾及银行面临的所有风险，但也需要尽可能多地收集风险样本。为了更清晰地了解银行的严重风险隐患，需要用一种自上而下或者树状图的分析方式将所考察的风险进行分类和罗列。

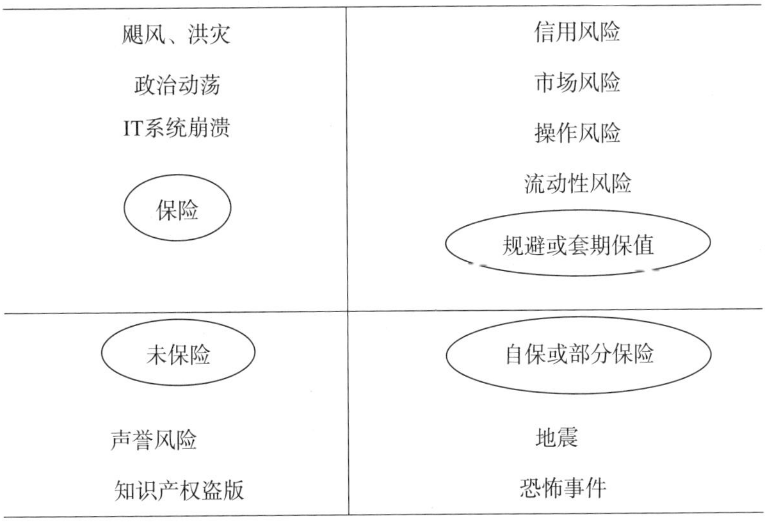

图 7-1　风险图

第三步，对银行确认的重要风险进行评估，主要包括定性评估和定量分析两种。定性评估主要采用描述方式，说明银行所面临的各种重要风险以及这些风险的危害、可以采取的风险管理措施等。定量分析是通过设定损失程度、损失频率、变动幅度或在险价值等定量指标，对风险的严重性进行度量。

3. 利用风险图进行风险评估

在实践操作中，根据问题的大小和所考察对象的复杂性，风险图可能有不同的形式、不同的功能和作用。下面根据风险损失的发生频率和损失程度绘制一幅风险图，并阐述利用风险图进行风险分析的基本原理。这种风险图是一个二维坐标系，以损失频率为横轴、损失程度为纵轴，可以根据需要划分区域，简单的做法是划分为四个象限（见图 7-2）。风险损失对银行的影响按大小依次排列应该为Ⅰ，Ⅱ，Ⅲ，Ⅳ。

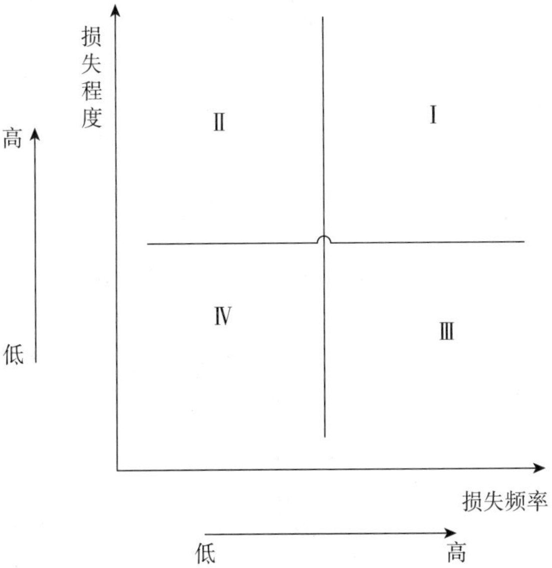

图 7-2　利用风险图进行风险评估

位于第Ⅰ象限的风险具有这样的特点：(1) 损失程度大，发生的概率大；(2) 严重影响银行的生存和发展，需要进行重点处理与控制；(3) 难以通过保险等方式转移，风险规避或控制是根本的选择。

位于第Ⅱ象限的风险具有这样的特点：(1) 损失程度大，发生的概率小；(2) 一旦这类风险变成现实，对银行的影响非常严重；(3) 银行对这类风险的关注和重视程度仅次于第Ⅰ类；(4) 可以采用风险转移方法，包括保险、合同转移或风险证券化，或者通过资本市场进行对冲等。地震、飓风、洪灾恐怖事件、政治动荡、金融风暴等造成的影响属于第Ⅱ象限。

位于第Ⅲ象限的风险发生概率大，但损失并不严重。银行面临的大多数风险都属于这种情形，实际上大约80%的风险都位于第Ⅲ和第Ⅳ象限，这些风险对银行的影响并不严重，只需要银行采取恰当的措施进行处理就可以了。

银行没必要对第Ⅳ象限的风险进行关注和控制，除非预期这类风险会发生重大的改变，从而转换为更高级别的风险。

二、商业银行全面风险的度量

因为商业银行全面风险的度量是在其包含的各种风险度量方法的基础上发展起来的，并且《巴塞尔新资本协议》也倡导有条件的商业银行应尽早推进基于内部评级体系的高级风险度量法的实施，提高商业银行风险管理水平，所以商业银行全面风险的度量首先要对信用风险、市场风险、操作风险及流动性风险等进行度量，由于本书已经设有专门的章节对这四种主要的风险及其管理分别进行介绍，这里不再赘述。本节主要对基于这几种风险整合的商业银行全面风险的度量方法进行介绍。

在商业银行经营过程中，不同风险之间具有很明显的联动效应，因此商业银行的风险管理不能仅局限于单一风险的防范与管理，应建立全面风险防范的度量模型。作为商业银行面临的最主要的风险类型，市场风险、信用风险、操作风险和流动性风险这四类风险的分布形状是各不相同的，不能将风险进行简单的相加，可以先通过考查单一风险的边际分布特征，然后考虑风险间的相关性，将四种风险整合在一起，得到较合理的金融全面风险联合分布，据此将商业银行面临的全面风险计算出来。金融全面风险的联合分布可以通过Copula函数实现。Copula函数是一种连接函数，不仅可以把各种风险的边际分布连接起来进行整合，还可以用以描述风险间分布的相关模式，目前，有效度量全面风险的常用方法就是基于Copula理论下的商业银行全面风险度量。

(一) 商业银行全面风险相关性

对商业银行全面风险管理的核心是对市场风险、信用风险、操作风险和流动性风险的整合度量。可以通过建立一个多元分布模型来描述不同类型风险的联合分布，进而对风险进行整合度量，而不同分布之间的相关性是建立联合分布模型的关键，将不同类型的风险进行整合度量的研究还处于起步阶段。下面是一些常见的度量不同风险之间相关性的方法：

1. 概率值相关

对于任何风险分布性的描述，概率值相关法都是适用的。假设市场风险和信用风险分别用A和B来代表，且$P(B|A)=\dfrac{P(AB)}{P(A)}>P(B)$成立，则表明市场风险$A$发生导致信

用风险 B 的发生可能性变大了，也就是说市场风险 A 与信用风险 B 之间具有正向的相关性。风险的相关性用概率来表示具有对于变量单调增或单调减不变的优点，并且可以证明，在理论上概率相关性与相应的联合分布函数有关，而与随机变量的边际分布无关。

2. 线性相关系数

线性相关系数是最经典的金融相关度量指标，但也存在一定的缺陷。比如商业银行面临的各种风险的不对称、厚尾、非线性相关的问题，运用线性相关系数就不能进行准确的解释。特别是由于信用风险和操作风险的边际分布在大多数情形下二阶矩不存在，且都是有偏的，因此，线性相关系数的应用受到很大约束。

3. 影响图相关

理解复杂问题可以通过影响图这种定性工具，影响图可以用于识别潜在重要的确定性来源，还可以识别导致风险发生的驱动因素和相关的因果关系，因此影响图的分析方法在信用风险管理方面得到了较好的运用。可是对于风险发生时间、相关强度、即时性等特点，影响图是无法解释的，仅能指出风险间的因果关系以及相关关系，所以影响图只是评估风险相关性的一种定性分析方法。

4. 尾相关

四种主要风险损失分布的尾部特征是风险管理考察的重点，所以度量金融数据的尾部相关性是非常关键的，深受学者和实务操作者的青睐。尾相关可以用来描述当某一风险发生的损失或频率超过某一阈值时，与之相关的某种风险的损失幅度或发生频率会如何变化。但是，尾相关归根到底还属于概率相关问题，求出的是一个概率值，因此，尾相关不能描述风险分布的相关模式等全部信息，仅能对风险的相关程度进行描述。

5. 秩相关

秩相关不依赖于矩思想，是基于顺序统计量的原理，可以计算出任何未知分布的秩相关统计量。Kendall 的 τ 相关系数，Spearman 的 ρ 相关系数和中位数相关等指标是较为常见的秩相关统计量。其优势是：在非线性增变换下，秩相关系数可以保持不变。但其劣势是：秩相关系数不是基于矩计算出来的，所以一些有用的数据信息被遗漏掉了。

6. 用 Copula 函数表示相关

虽然 Copula 函数并不是一种较新的函数，但其在商业银行全面风险相关性的度量方法上是新近提出的。这主要是由于各种风险间的相互作用本质上是动态相关的，而各种风险的整体分布却非常难于刻画与描述，Copula 函数可以将不同分布的随机变量连接起来，是一种连接不同随机变量边际分布和相关结构的联合分布函数。Copula 函数在度量随机变量相关性方面的优越之处体现在通过利用包含于不同边际分布中的相关程度，并结合 Copula 函数表示的相关模式，可以捕捉各种随机变量的动态相关特征，这是通过时变的相关参数来完成的。因此可以通过 Copula 函数在对整体风险度量的过程中，进行更加深入细致的金融整体风险的相关性的描述。

（二）商业银行全面风险的度量指标

1. 敏感性指标

通过某种风险资产或资产组合对该种风险因子的敏感性进行全面风险测量，首先必须确定影响风险资产价值变化的风险因子。设全面风险资产的价值为 p，用 F_1，F_2，…，F_n 表示各种风险因子。由于各种风险因子的变化将导致全面风险资产价值的变化，所以有：

$$\Delta p=\sum_{t=1}^{n} D_t \cdot \Delta F_t \tag{7-1}$$

其中，D_t 称为风险暴露，表示风险资产对该种风险因子的敏感性，D_t 主要用于测量资产价值变化随风险因子变化的百分数。

敏感性是在风险因子变化趋近于 0 时，假设该种风险资产价值与风险因子的变化呈线性关系的前提条件下进行的全面风险度量，因此，敏感性测度是一种局部测度，是一种线性近似。在这种条件下，对于敏感性可用 $D_t=\frac{\partial p}{\partial F_t}$ 来定义。

由于是在线性相关的假设前提下对风险进行度量，而线性近似并不能很好地描述资产价格变化的特点，也就是说，全面风险资产价格的变化不是每种风险因子变化的线性组合，因此，运用敏感性指标对全面风险进行度量有一定的缺陷；另外，风险因子的变化不是瞬时发生的，需要考虑时间因素。假设经过时间 Δt 资产价值变化可表示为：

$$\Delta p=A+\sum_{t=1}^{n} D_t \cdot \Delta F_t+\frac{1}{2}\sum_{t=1}^{n} C_t \cdot (\Delta F_t)^2+\gamma \tag{7-2}$$

其中，每一种资产的特殊风险用 γ 表示，资产价值对风险因子的线性风险暴露和二次风险暴露则分别用 D_t 和 C_t 来表示。

2. VaR

VaR 指在分析期间，某项金融资产或证券组合在一定的置信水平下预期发生的最大可能损失值。用公式表示为：

$$\text{prob}(\Delta p>\text{VaR})=1-c \tag{7-3}$$

其中，Δp 表示资产在分析期内的实际损失；VaR 表示在一定置信水平下预期发生的最大可能损失值；c 表示置信水平。

由于 VaR 指标在度量风险时存在许多缺陷，有些缺陷以目前计量技术的发展水平是无法弥补的，但是随着科学技术的进步，VaR 的有些缺陷可以通过某些方法进行弥补，从而形成一些新的指标，主要包括条件 VaR（CVaR）、期望亏空（ES）、尾部条件期望（TCE）、最坏条件期望（WCE）和谱风险度量（SRM）等 5 个一致性风险度量指标。

在 VaR 基础上改进的一致性风险度量指标，仍然是以 VaR 计算方法为核心理论，因此 VaR 仍是度量所有风险的基础指标，目前 VaR 仍是国际上衡量金融风险大小时使用最广泛的方法。

3. 用 Copula 函数对不同风险进行整合

Copula 函数能够很好地描述市场风险、信用风险、操作风险和流动性风险的分布特征，因此，在构造全面风险联合分布函数时，可以采用 Copula 函数进行描述。通过对边际分布和 Copula 函数形式的确定，将边际风险分布用确定的 Copula 函数连接，这就可以构造银行全面风险的分布函数了。假设市场风险、信用风险、操作风险和流动性风险的收益分别用随机变量 X、Y、Z 和 W 表示。而四种风险的边际分布分别用 $F(X)$、$G(Y)$、$H(Z)$、$L(W)$表示，则基于 Copula 函数下的四种边际分布构成的联合分布函数就可以用下式描述：

$$F(X, Y, Z, W) = C(F(X), G(Y), H(Z), L(W)) \tag{7-4}$$

则风险组合的 VaR 可以由下式得到：

$$P(aX+bY+cZ+dW \geqslant \text{VaR}_\alpha)$$
$$\int_{aX+bY+cZ+dW \geqslant \text{VaR}} dC(F(X), G(Y), H(Z), L(W)) = 1-\alpha$$

其中，市场风险、信用风险、操作风险和流动性风险在投资组合中的比重分别用 a、b、c、d 来表示，且有 $a+b+c+d=1$ 成立。在置信水平 α 下，VaR_α 为指定值。在 Sklar 定理中，若 $F(.)$，$G(.)$，$H(.)$，$L(.)$ 是连续的，则函数 $C(.)$是唯一的。

因此，商业银行只要将面临的市场风险、信用风险、操作风险和流动性风险的边际分布确定了，并且选择合适的风险之间相关性的连接函数，就可以对商业银行的整体风险进行度量，从而计算相应的风险值 VaR。

从单一到多样、从简单到复杂是商业银行面临的风险变化的主要特征，因此，未来商业银行的主要任务就是加强对全面风险的管理。在度量商业银行全面风险时引入 Copula 函数在中国具有借鉴意义。

第三节　商业银行全面风险的管理方法

一、监管当局对商业银行的监管

商业银行是经济中最重要的金融机构组成部分，其重要职能在于提供种类齐全的金融服务。除了商业银行发挥的显著作用外，商业银行本身存在着较多的风险和不确定性，如信用风险、市场风险、操作风险和流动性风险等，为了保障银行业乃至经济的健康发展，对商业银行进行监管是十分必要的。因此，监管当局对商业银行的监管是商业银行全面风险管理的基础。

我国监管当局对商业银行的监管是由市场准入监管、日常经营监管和市场退出监管三个不可或缺的部分组成，三者之间相互促进、相互制约，共同构成一个健全的商业银行监管体系。

（一）市场准入监管

商业银行的市场准入，就是指商业银行依法获准成立，取得法律上的主体资格，能够以自己的名义从事金融活动。而市场准入监管意味着金融监管机关要从法律上对商业银行的经营资格、经营能力进行审查、确认或限制，赋予其相应的权利能力和行为能力。

1. 市场准入监管的目的

市场准入监管的目的有二：其一，将那些资质较差、有可能出现问题并损害存款人利益及金融业秩序的商业银行拒之门外，即防患于未然；其二，使商业银行的布局符合经济发展的需要，同时维持适当的规模，为公平竞争创造良好环境，避免出现过度集中、垄断经营或者极端分散、无序竞争的不利局面，即合理布局，维稳市场。

2. 市场准入监管的内容

我国商业银行市场准入监管主要涵盖如下环节：

(1) 审批注册机构。中国人民银行依据法定标准，批准银行机构法人或其分支机构的设立。(2) 审批注册资本。是指银行监管当局必须对进入市场的机构注册资本进行最低资产限制，并对资本金是否及时入账、股东资格、股东条件和股本构成进行监督审核。(3) 审批高级管理人员的任职资格。是指对银行机构高级管理人员任职资格的核准或认可，确定任职资格的标准主要有以下三个方面：学识水平、金融业务的熟悉程度和有无不良记录。(4) 审批业务范围。不同的业务有不同的准入条件，监管当局将按照审慎性标准，批准银行机构的业务范围和开办新的业务品种。

(二) 日常经营监管

商业银行的日常经营监管是指对银行机构日常经营进行监督管理的活动。商业银行获得市场准入后，在其持续性经营过程中，要面临各种风险，市场运营监管任务更重，责任更大。概括来说，市场运营监管的内容主要包括：银行机构资本充足性、资产安全性、流动适度性、收益合理性和内控有效性等。

1. 资本充足性

银行资本是指商业银行自身拥有的或能永久支配、使用的资金，是银行从事经营活动必须注入的资金，可以自主取得以抵补任何未来损失的资本部分，主要包括核心资本和附属资本。根据2013年1月1日起施行的《商业银行资本管理办法（试行）》，商业银行各级资本充足率不得低于以下最低要求：核心一级资本充足率不得低于5%、一级资本充足率不得低于6%、资本充足率不得低于8%。

商业银行应当在最低资本要求的基础上计提储备资本，储备资本要求为风险加权资产的2.5%，由核心一级资本来满足。特定情况下，商业银行应当在最低资本要求和储备资本要求之上计提逆周期资本，逆周期资本要求为风险加权资产的0～2.5%，由核心一级资本来满足。除最低资本要求、储备资本和逆周期资本要求外，系统重要性银行还应当计提附加资本，国内系统重要性银行附加资本要求为风险加权资产的1%，由核心一级资本满足。

若国内银行被认定为全球系统重要性银行，那么其所适用的附加资本要求不得低于巴塞尔委员会的统一规定。此外，银行业监管部门有权在第二支柱框架下提出更审慎的资本要求，确保资本充分覆盖风险。2015年修订后的《商业银行杠杆率管理办法》规定，商业银行并表和未并表的杠杆率均不得低于4%。

2. 资产安全性

通常情况下，商业银行依据借款人的实际还款能力进行贷款质量的五级分类，即按风险程度可将贷款划分为五类：正常贷款、关注贷款、次级贷款、可疑贷款、损失贷款，一般认为后三类贷款为不良贷款。

根据《商业银行风险监管核心指标（试行）》，在我国衡量资产安全性的指标为信用风险的相关指标，具体包括：(1) 不良资产率，即不良资产与资产总额之比，不得高于4%；(2) 不良贷款率，即不良贷款与贷款总额之比，不得高于5%；(3) 单一集团客户授信集中度，即最大一家集团客户授信总额与资本净额之比，不得高于15%；(4) 单一客户贷款集中度，即最大一家客户贷款总额与资本净额之比，不得高于10%；(5) 全部关联度，即全部关联授信与资本净额之比，不应高于50%。根据《商业银行贷款损失准备管理办法》，我国银行业监管机构设置贷款拨备率和拨备覆盖率指标考核商业银行贷款损失准备的充足性。贷款准备率为贷款损失准备与各项贷款余额之比，基本标准为2.5%；拨备覆盖率为贷款损失准备与不良贷款余额之比，基本标准为150%。

3. 流动适度性

对银行机构的流动性监管主要有以下内容：(1) 银行机构的流动性应当保持在适度水平。根据《商业银行流动性风险管理办法（试行）》，流动性风险指标包括流动性覆盖率、存贷比和流动性比例。流动性覆盖率应当不低于100%，存贷比应当不高于75%，流动性比例应当不低于25%。(2) 监测银行资产负债的期限匹配。(3) 监测银行机构的资产变化情况。

根据《商业银行风险监管核心指标（试行）》，我国衡量银行机构流动性的指标主要有：(1) 流动性比例，即流动性资产与流动性负债之比，不应低于25%；(2) 流动负债依存度，即核心负债与总负债之比，不应低于60%；(3) 流动性缺口率，不应低于10%。

4. 收益合理性

对银行机构的财务监管主要有以下内容：(1) 对收入的来源和结构进行分析；(2) 对支出的去向和结构进行分析（支出主要包括利息支出和经营成本）；(3) 对收益的真实状况进行分析（主要包括应收利息、应收未收利息、应付利息、应付未付利息、呆账准备金和呆账准备金的提取等）。

根据《商业银行风险监管核心指标（试行）》，我国关于收益合理性的监管指标包括：(1) 成本收入比，即营业费用与营业收入之比，不应高于45%；(2) 资产利润率，即税后净利润与平均资产总额之比，不应低于0.6%；(3) 资本利润率，即税后净利润与平均净资产之比，不应低于11%。

5. 内控有效性

商业银行内部控制是指商业银行内部自觉主动地通过建立各种规章制度，以确保管理有效、资产安全，最终实现安全和效率的目标。

商业银行内部控制应达到如下目标：(1) 确保国家法律规定和银行内部规章制度的贯彻执行；(2) 确保商业银行发展战略和经营目标的全面实施和充分实现；(3) 确保商业银行风险管理的有效性；(4) 确保商业银行业务记录、会计信息、财务信息和其他管理信息的真实、准确、完整和及时。

内部控制应坚持的基本原则是：(1) 全覆盖原则：内部控制渗透到商业银行各项业务过程和各个操作环节，覆盖所有部门和岗位，并由全体人员参与，任何决策或操作有案可查。(2) 制衡性原则：内部控制应当在治理结构、机构设置及权责分配、业务流程等方面相互制约、相互监督，同时兼顾运营效率。(3) 审慎性原则：坚持内控优先。(4) 相匹配原则：内部控制应与银行经营规模、业务范围、竞争状况和风险水平相匹配。

（三）市场退出监管

商业银行市场退出监管也是健全的金融监管体系的重要组成部分。即便在最有效、最完善的金融监管体制下，也会存在商业银行因各种不确定性而陷入经营困境乃至被市场淘汰的情况。巴塞尔委员会曾指出："那些不再符合监管要求的机构的迅速和有序退出是有效金融系统的必要组成部分，监管当局应当负责或协助这些机构的有序退出。"商业银行的市场退出容易产生"多米诺骨牌效应"，进而引发整个银行体系的系统性风险，因此，加强对商业银行的市场退出监管，妥善处理有问题的商业银行，及时采取措施确保其安全的退出市场意义重大。商业银行的市场退出监管旨在增进商业银行的市场效率，保持金融市场秩序的稳定和保障金融安全。

1. 市场退出的定义及分类

商业银行的市场退出是指商业银行在经营过程中，因管理不善、违法经营等原因导致自身无法继续正常经营，监管部门按照一定法定程序，对该商业银行采取停止营业或清理其债权债务关系，使其丧失独立法人资格。《中华人民共和国商业银行法》第七章第七十二条提出："商业银行因解散、被撤销和被宣告破产而终止。"

根据商业银行市场退出的意愿特征可以分为主动型市场退出和被动型市场退出。主动型市场退出是商业银行因分立、合并或者出现公司章程规定的解散事由需要解散，因而退出市场；被动型市场退出是指由于法定事由（如资不抵债、严重违规经营、支付困难、损害存款人利益等）的出现，由银行监管部门将其关闭或由法院依法宣告其破产，商业银行由此退出市场。

根据商业银行市场退出的范围可以分为机构的市场退出和业务的市场退出。机构的市场退出是指商业银行退出市场竞争的状况，并可进一步划分为法人机构的退出和非法人机构的退出，即以商业银行分支机构退出而法人主体资格是否尚存的状况来划分；业务的市场退出是指商业银行因竞争或法律监管的需要而退出原来从事的某项或某些业务。

2. 市场退出监管的内容

市场退出监管包括问题银行的监管和倒闭银行的处置。(1) 问题银行的监管。问题银行是指因经营管理状况的恶化或突发事件的影响，有发生支付危机、倒闭或破产危险的银行机构。银行监管当局对于问题银行的监管措施主要包括：督促问题银行采取有效措施，制订详细的整改计划；采取必要的管制措施；协调银行同业对问题银行进行救助；中央银行进行救助；对问题银行进行重组；接管问题银行。(2) 倒闭银行的处置。银行倒闭是指银行无力偿还所欠债务的情形。银行监管当局对于即将倒闭银行的处置措施主要包括两种：一是收购或兼并；二是依法清算。

总而言之，我国商业银行的监管由三部分构成：商业银行的市场准入监管是有效监管的首要环节，使商业银行的数量、结构、规模、分布符合国家经济发展、金融发展规划和市场需要；日常经营监管是对商业银行的持续性监管，通过对商业银行的资本充足性、资产安全性、流动适度性、收益合理性、内部控制有效性等的监管确保其稳健经营；市场退出监管则是在商业银行不能满足监管当局的审慎要求时，监管当局根据问题的性质采取的适当干预。三者共同服务于金融监管的既定目标：维护银行体系的安全与稳定，保护存款人、投资者和社会公众的利益，促进商业银行平稳运行、安全功能的发挥以及市场竞争机制的良好运作。

分析案例

包商银行被接管事件

包商银行成立于 1998 年 12 月 28 日，其前身为包头市商业银行，是一家区域性股份制商业银行，总部设在内蒙古包头市，在中国银行业协会发布的"2018 年中国银行业 100 强榜单"中，包商银行按照核心一级资本净额排在了第 37 位，实力不可谓不强。然而，出乎意料的是，在 2019 年 5 月 24 日，银保监会发布公告称，鉴于包商银行出现严重信用风险，为保护存款人和其他客户合法权益，对包商银行实行接管。

对于包商银行被接管的原因，根据央行披露：包商银行的信用风险主要系大股东“明天系”企业的占款，“明天系”企业通过隐匿关联或者代持等方式持有了包商银行近90%的股权，包商银行成为“明天系”企业的提款机，2005—2017年，12年的时间里，“明天系”企业通过注册209家空壳公司，以347笔借款的方式套取包商银行的信贷资金，总占用款项高达1 560亿元，且全部成为不良贷款，这些不良贷款每年的利息就多达百亿元，全部未能回收。此次接管是我国20年以来监管部门首次出手整治问题银行，在金融供给侧结构性改革的大背景下，包商银行事件有其特殊性，同时也反映了部分中小银行共同存在的问题，需正视中小银行在发展过程中面临的压力以及存在的风险。

包商银行被接管后，根据公告，接管前的个人储蓄存款本息由中国人民银行、银保监会和存款保险基金全额保障；5 000万元（含）以下的对公存款和同业负债，本息全额保障；5 000万元以上的对公存款和同业负债，由接管组和债权人平等协商，依法保障。上述处置原则意味着，超过5 000万元的对公和同业负债很有可能无法全额得到保障。包商银行事件很可能成为中国金融市场打破刚性兑付的又一个里程碑。

包商银行事件对金融市场的影响可以分为三个层次。一是短期的流动性冲击。重大信用事件发生后，金融市场短期往往会面临不同程度的流动性冲击。这是因为投资者避险情绪上升，导致货币市场融资更加困难，投资者被迫卖出组合中流动性较好、信用资质较好的资产。二是中期的信用冲击。包商银行事件引发了市场对其他中小银行信用风险的担忧。在央行加大流动性投放力度后，有债券质押的、期限更短的银行间回购市场融资已经显著恢复，但无质押的、期限更长的同业存单市场仍然面临一定压力。三是长期来看信用风险重新定价带来无风险利率回落。尽管信用冲击会带来一定的阵痛，但这有助于遏制中小金融机构野蛮生长和整治金融乱象，是中国金融体系化解系统性金融风险、实现软着陆的必然选择。从长期来看，信用风险的重新定价可以挤出低效的融资需求，从而推动无风险利率进一步回落，这也有助于提升优质的权益类资产的估值水平。

二、商业银行全面风险的内部管理

（一）商业银行全面风险的内部控制

全面风险内部控制是指商业银行在全面风险识别和度量的基础上，根据全面风险性质和商业银行对整体风险的承受能力，对全面风险所包含的不同类型、不同程度的风险，采取恰当的应对策略，对整体风险进行控制的过程。商业银行在选择全面风险控制方法时要充分考虑两方面的因素：一是根据风险特征，即风险的可规避性、可转移性、可缓释性、可接受性，采取适当的全面风险应对策略；二是根据商业银行业务的性质、规模和复杂程度，采取适当的全面风险控制方法，因为实施全面风险管理是有成本的，商业银行应该注意在整体风险管理的成本与收益之间达到适当的平衡。全面风险管理的方法主要包括以下几种：

1. 全面风险控制

全面风险控制就是规避风险、防范风险、减少损失、增进收益、改善银行价值所使用的技术、工具、过程和行为。风险规避是指商业银行拒绝或退出某一业务或市场，以避免承担该业务或市场具有的风险。全面风险规避主要是指对于包含于全面风险之中的单一风险的规避，因为全面风险是由单一风险构成的，单一风险的规避结果是全面风险的降低。对于那些风险大、损失程度大并且不属于商业银行管理优势的风险可以采取这种策略，这是一种消极的风险管理策略。

2. 保险

保险是应对财产和人身伤害的常用方法，传统上一般用于单个风险。对银行全面风险也有创新的保险形式，如有限风险保险和再保险。有限风险保险实质上是集风险转移和风险融资于一体，将保险和财务融资相结合的一种风险融资计划，它强调的是时间价值，规避的是时间风险。商业银行通过投保，以缴纳保险费为代价，将整体风险转移给承保人。这种保单通常提供多年的保障，并根据保险期内所缴纳的保险费提供相应水平的保障，可以在保单有限风险条件下进行融资。当发生风险损失时，承保人按照保险合同的约定责任给予被保险人经济补偿。

3. 套期保值和对冲技术

套期保值和对冲技术主要是指通过投资或购买与标的资产收益波动负相关的某种资产或期货、期权、互换等现代金融衍生工具，来冲销标的资产潜在的风险损失的一种风险管理策略。套期保值和对冲技术是规避和对冲银行资产风险的主要手段。根据商业银行面临的风险特征，对冲技术可以分为两种情况：自我对冲和市场对冲。商业银行利用资产负债表或某些具有收益负相关性质的业务组合来对冲风险的是自我对冲，而无法通过资产负债表和相关业务调整进行自我对冲必须通过衍生产品市场进行风险对冲的是市场对冲。

4. 风险证券化

风险证券化指对于在一定时间区间内发生的不确定、但在总体上具有某种确定的事件，将其作为保险标的，通过出售与之相对应的证券化的金融产品以分散这种风险的金融手段。风险证券化是 20 世纪 90 年代发展起来的创新风险融资形式，越来越受到商业银行的重视，得到广泛应用。

（二）建立完善的公司治理结构

完善公司治理结构是建立现代企业制度的前提，是提高银行的发展能力、竞争能力和抗风险能力的根本，要建立董事会下设专门的风险管理部门，将各种风险进行统一管理，提高全面风险管理效率。提高商业银行风险管理水平的关键是构建完整独立的整体管理体系。首先，要培育先进的全员全面风险管理文化，将全面风险管理理念深入银行每一个员工的思想中去；其次，全面风险管理要建立在独立而权威的管理部门基础之上予以实现；最后，实现对各类风险的全面管理必须运用科学的风险管理模式。

（三）全面风险的处置与补偿

商业银行全面风险的处置与补偿，是指商业银行在整体风险发生导致损失形成后进行的事后处置和补偿过程。一般来说，商业银行的预期损失主要是用实现提取的风险拨备来补偿，而非预期损失主要是用资本来补偿。“资本是抵御风险的最后一道防线”指的就是这个补偿机制。商业银行全面风险管理的主要目的之一是通过对全面风险的度量，降低商业银行拨备的经济资本，以达到资本的有效配置。全面风险并不等于单一风险的简单加总，其拨备的经济资本要小于单一风险拨备的经济资本之和，这也是要对风险进行整体研究的原因之一。

另外，商业银行可以将全面风险拨备的经济资本作为一个“资金池”来管理，这样不仅可以减少经济资本的管理成本，最重要的是可以通过“资金池”的运作模式降低商业银行拨备的经济资本。因为不同类型风险的经济资本之和远大于全面风险的经济资本，如果从整体的角度管理不同风险的经济资本，那么就能用较少的拨备的经济资本获得更大的经济收益。当然经济资本的“资金池”运作模式并不是一朝一夕就能够实现的，还需要完备的内部管理制度的配合。

三、商业银行全面风险的外部管理

商业银行在进行全面风险防范与化解的过程中，不仅要从银行的内部进行控制，还要以外部防范措施为依托，形成内外兼顾的商业银行整体风险防范体系。

（一）商业银行全面风险防范的外部措施

1. 完善全面风险管理的监督机制

商业银行必须加强对全面风险管理流程实施的外部监督，以促进商业银行全面风险管理的顺利实施。商业银行应重点关注重大风险、重大事件、重大决策、重要管理及业务流程对商业银行造成的影响，对全面风险的初始识别与评估、全面风险度量、全面风险管理和关键控制活动及解决方案的实施情况进行监督，实时关注全面风险变动的趋势，采用多种方法对全面风险管理的有效性进行检验，积累相关的经验，并及时对全面风险的度量方法加以改进。要确保信息沟通渠道的畅通，做到信息及时沟通、及时反馈，建立及时、准确、完整的全面风险管理监督机制。

2. 建立规范的信息披露制度

建立规范的信息披露制度是市场约束的前提，银行的信息披露涉及银行经营管理的所有方面，在披露的信息中，风险具有关键性地位。商业银行整体风险所包含的多种类型的风险信息不仅是信息最为基本的内容，而且详细的控制风险的内部制度建设等方面的内容也应在信息披露中得以体现。通过董事会、高级管理层、经营管理部门等多个层次的分工合作才能实现风险信息披露的不断完善。此外，商业银行在信息披露的同时，还应整合利率风险、信用风险、市场风险和操作风险等常规风险数据，多渠道收集风险数据，建立全面数据库。

3. 建立完善的全面风险审计制度

商业银行审计体系包括内部审计和外部审计。内部审计作为一项独立、客观公正的约束与评价机制，在强化全面风险管理的过程中发挥着重要作用。内部审计部门应当定期对整体风险管理体系各个组成环节的准确性、可靠性、充分性和有效性进行独立的审查和评价。同时，商业银行也要重视外部审计的作用。目前，外部审计机构已经在年度审计报告中提供风险管理评估报告。未来，外部审计机构在提供风险管理评估报告的同时应提供对全面风险管理的评估内容，完善商业银行对全面风险的审计制度，这有助于商业银行良好运营，满足外部监管者和投资者的需求。

（二）商业银行全面风险外部监管方式

1. 全面风险交流

全面风险交流就是通过一种信息传导机制，将有关全面风险管理方面的重要信息，包括全面风险的隐患、危害性、损失防范与控制措施等，在相关人员之间进行传递、交流，以达成协调一致、共同控制全面风险的目的。全面风险的交流不是单向的，而是一种交互式的过程，它不但渗透到全面风险管理过程中的每个环节，也要求一种双向的、互动式的交流机制。专家能将全面风险的隐患、危害性、防范与控制措施等事项详细介绍给内部及外部人员了解、领会，也能让各相关部门将自己对全面风险的认识、困惑以及控制全面风险的需求反映给职能部门。

2. 全面风险的考核与调整

考核和评价主要针对全面风险管理计划的合理性、实施过程的有效性进行监控、检验和评价，以便根据环境的变化和效果的好坏进行适当修正，以改善全面风险管理水平。科学的整体风险管理过程不是一成不变的，是动态的过程。银行应根据环境的变化，根据全面风险管理效果的评价结果及时进行调整和修改，以达到最佳的全面风险管理效果。

第四节　《巴塞尔协议》与商业银行全面风险管理

一、《巴塞尔协议Ⅰ》

（一）《巴塞尔协议Ⅰ》的产生

1975 年 2 月，十国集团（G10）的中央银行成立了巴塞尔委员会，初步为各国一起讨论银行监管问题、发布监管原则提供了平台。1975 年 9 月，巴塞尔委员会发布了成立以来的第一份《巴塞尔协议》，即《银行海外机构监管原则》。这份协议主要针对当时跨国商业银行缺乏有效监管的事实，强调了任何银行的海外机构都必须接受监管，商业银行的母国和东道国都应该负起监管责任。由于各成员国的商业银行监管标准存在差异，同时母国和东道国的监管责任难于明确区分，《巴塞尔协议》于 1983 年进行了修订。

1988 年 7 月，巴塞尔委员会正式颁布了《统一资本计量和资本标准的国际协议》（后称为《巴塞尔协议Ⅰ》）。该协议制定了关于监管商业银行信用风险的最低资本标准，规定了银行资本与银行资产的监管比例为 8%，该协议还列出了资本分类以及风险权重等计算标准，要求成员国商业银行照此对银行进行风险监管。自此以后，国际银行监管机构普遍统一了对商业银行资产分类和相关风险权重的认识，对商业银行风险的监管有了统一标准。

（二）《巴塞尔协议Ⅰ》的主要内容

1. 资本的构成

银行的资本构成分为核心资本和附属资本两部分，核心资本又叫一级资本，包括股本和公开准备金，这部分资本至少占银行全部资本的 50%；附属资本又叫二级资本，包括未公开储备、重估储备、普通准备金和普通呆账准备金、有债务属性的资本工具、长期次级债务等。附属资本作为资本基础的第二档，不能超过核心资本。巴塞尔委员会还明确了一级资本和总资本中的扣除项。

2. 风险权重的计算标准

（1）表内项目（balance-sheet，BS）。《巴塞尔协议Ⅰ》根据资产类别、性质以及债务主体的不同，将银行资产负债表的表内项目划分为0%、20%、50%和100%四个风险档次，见表7-1。风险权重划分是为衡量资本标准服务，有了划分资产风险级别的风险权重后，商业银行就可以对监管资本充足率进行计算，报告所确定的资本对风险资产8%（其中核心资本对风险资产的比重不低于4%）的标准目标比率才具有实际意义，从而对银行资本的监管更加科学和客观。可见，资本的分类是《巴塞尔协议Ⅰ》的核心内容，正因为如此，该协议后来被直接称作《资本充足率协议》。表内项目信用风险资本要求（credit risk charge，CRC）就定义为：

$$CRC(BS)=8\%\times \text{风险加权资产}=8\%\times(\sum w_i\times \text{名义值}_i) \tag{7-5}$$

其中，w_i 为资产 i 的风险权重。

表7-1　不同类别资产的风险权重

权重	资产类别
0%	现金持有；OECD国家中央政府的债权；以本国货币融资的中央政府的债权
20%	应收现金；OECD国家注册的银行及受监管的证券机构的债权；非OECD国家注册的银行剩余期限低于1年的债权；多边开发银行的债权；非本国的OECD国家公共机构的债权
50%	住宅抵押贷款
100%	私人部门的债权（公司债券、股票等）；非OECD国家注册的银行剩余期限大于1年的债权；不动产；厂房和设备

（2）表外项目（off-balance sheet，OBS）。为了计算表外项目的风险要求，《巴塞尔协议Ⅰ》通过一个信用风险换算系数计算出表外项目等价于贷款名义额的“信用风险暴露”。根据信用风险换算系数把表外资产划分为四级，具体见表7-2。

表7-2　不同类别表外资产的风险权重

权重	资产类别
0%	期限1年以内或者任何时候都可以无条件取消的承诺
20%	与交易相关的短期自偿性负债（如以基础货物为担保的跟单信用证）
50%	与交易相关的或有项目（如与特定交易相联系的履约保证或商业信用证）；票据发行便利（NIF）；期限大于1年的承诺（如信用赊账）
100%	贷款的替代工具（如债务担保、银行承兑票据、为贷款和有价证券担保的备用信用证）

对于其他衍生工具，如外汇、利率、股票和商品的互换、远期以及期权，因为其头寸暴露比较复杂，《巴塞尔协议Ⅰ》通过加总当前的净重置价值和一个附加价值来计算衍生工具的信用风险暴露。

二、《巴塞尔协议Ⅱ》

（一）《巴塞尔协议Ⅱ》的产生

随着世界经济一体化、金融国际化浪潮的涌动，金融领域的竞争尤其是跨国银行间的竞争日趋激烈，金融创新日新月异使银行业务趋于多样化和复杂化，银行经营的国内、国际环境及经营条件发生了巨大变化，银行规避管制的水平和能力也大为提高。这使1988年制定的《巴塞尔协议Ⅰ》难以解决银行实践中出现的诸多新情况、新问题。为应对这些挑战，1991—2004年，巴塞尔委员会对《巴塞尔协议Ⅰ》进行了长时期、大面积的修改与补充。

2004年6月，巴塞尔委员会正式发布《统一资本计量和资本标准的国际协议：修订框架》，即《巴塞尔新资本协议》或《巴塞尔协议Ⅱ》。

（二）《巴塞尔协议Ⅱ》的三大支柱

《巴塞尔协议Ⅱ》的宗旨是要确保银行有充足的资本，同时鼓励最优的风险管理实践，从而进一步加强银行体系总体的稳定性。它沿袭了《巴塞尔协议Ⅰ》中以资本充足率为监管核心的基本思想，同时提出以相互呼应的“三大支柱”为基础使银行监管机构和商业银行自身能够更加准确地估计所面临的潜在风险。这三大支柱包括最低资本金要求、监管审查和市场约束，框架如图7-3所示。

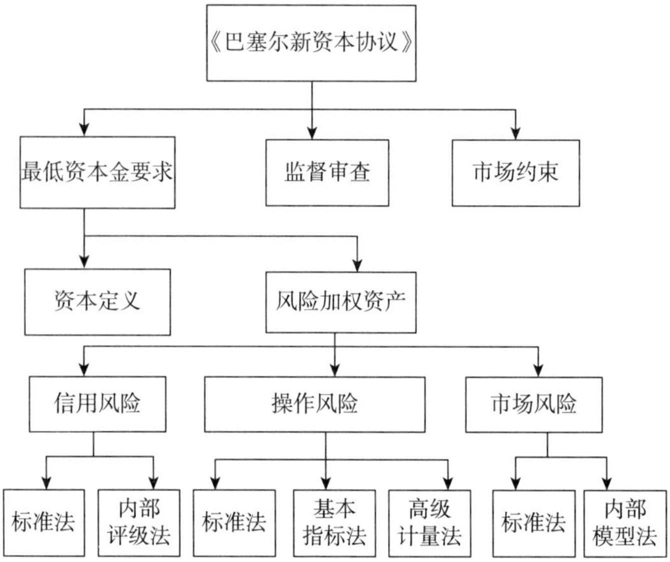

图7-3 《巴塞尔新资本协议》基本框架

1. 第一大支柱：最低资本要求

最低资本充足率要求仍然是《巴塞尔新资本协议》的重点。该部分涉及与信用风险、市场风险以及操作风险有关的最低总资本要求的计算问题。最低资本要求由三个基本要素构成：受规章限制的资本的定义、风险加权资产以及资本对风险加权资产的最小比率。其中有关资本的定义和8%的最低资本比率没有发生变化。但对风险加权资产的计算问题，该协议在原来只考虑信用风险的基础上，进一步考虑了市场风险和操作风险。总的风险加权资产等于由信用风险计算出来的风险加权资产，再加上根据市场风险和操作风险计算出来的风险加权资产。

2. 第二大支柱：监管部门的监督检查

监管部门的监督检查，是为了确保各银行建立起合理有效的内部评估程序，用于判断其面临的风险状况，并以此为基础对其资本是否充足做出评估。监管当局要对银行的风险管理和化解状况、不同风险间相互关系的处理情况、所处市场的性质、收益的有效性和可靠性等因素进行监督检查，以全面判断该银行的资本是否充足。

3. 第三大支柱：市场约束

市场约束的核心是信息披露。市场约束的有效性直接取决于信息披露制度的健全程度。只有建立健全的银行业信息披露制度，各市场参与者才可能估计银行的风险管理状况和清偿能力。《巴塞尔新资本协议》指出，市场纪律具有强化资本监管、提高金融体系安全性和稳定性的潜在作用，并在应用范围、资本构成、风险披露的评估和管理过程以及资本充足率等四个方面提出了定性和定量的信息披露要求。对于一般银行，要求每半年进行一次信息披露；而对那些在金融市场上活跃的大型银行，要求它们每季度进行一次信息披露；对于市场风险，在每次重大事件发生之后都要进行相关的信息披露。

(三)《巴塞尔协议Ⅱ》与银行全面风险管理

1.《巴塞尔协议Ⅱ》对商业银行实施全面风险管理的微观要求

《巴塞尔协议Ⅱ》对全面风险管理的微观要求是指《巴塞尔协议Ⅱ》规定了商业银行如何全面管理“银行业务X风险矩阵”中的各类风险。《巴塞尔协议Ⅱ》对银行风险的识别、计量、控制等各环节均提出了明确要求。由于《巴塞尔协议Ⅱ》中银行的微观全面风险管理内容非常广泛和具体，有利于银行建立全面风险管理体系。

银行业务X风险矩阵是摩根银行于1988年推出的。在这个矩阵中，横坐标指的是银行的业务类型，纵坐标是风险性质，某一个矩阵的元素可以清晰地显示出某一项银行业务和特定风险的相关性，这个X矩阵可以让银行经营管理人员清楚地了解某一项业务处于何种风险，且了解各风险的高低状态，如表7-3所示。

表7-3 银行业务X风险矩阵

业务种类 风险性质	公司金融	机构金融	零售金融	投资/交易金融	支付清算	委托代理/资产管理
信用风险	高	高	高	中	低	低
市场风险	低	低	低	高	低	低
操作风险	低	低	高	中	高	高

2.《巴塞尔协议Ⅱ》对商业银行实施全面风险管理的宏观要求

在《巴塞尔协议Ⅰ》中，资本充足率监管是主要内容，要求监管部门对银行的最低资本充足率实施监管。《巴塞尔协议Ⅱ》全面继承了《巴塞尔协议Ⅰ》的精神，继续延续以资本充足率为重点。第一支柱的主要内容是资本充足率要求，资本充足率计算时要求考虑银行的全面风险。因此，《巴塞尔协议Ⅱ》的第一支柱——最低资本要求是对银行全面风险状况的监管。该协议增加的第二支柱——监管当局的监督检查，既是监督银行的资本金是否与风险匹配，更是监督银行的资本与其风险管理水平是否匹配，可见该协议是对银行全面风险管理体系的监管。《巴塞尔协议Ⅱ》的第三支柱——市场约束，对银行的公开信息披露提出强制性的规定和要求，如果说第二支柱是对银行全面风险进行的行业监管，那么市场纪律则是对银行全面风险进行的社会监管。因此，结合运用《巴塞尔协议Ⅱ》的三大支柱，就可以从宏观角度对银行进行全面风险管理。

三、《巴塞尔协议Ⅲ》

（一）《巴塞尔协议Ⅲ》的产生

美国次贷危机的爆发和最后演变成为世界范围的金融危机，暴露了金融监管的漏洞，作为国际银行业监管基础的《巴塞尔协议Ⅱ》也因监管标准的顺周期性和监管要求的风险覆盖能力不足而面临实质性调整的需要。

为建立更加可靠的全球银行体系，提高银行抵御金融震荡和经济波动的能力，巴塞尔委员会于金融危机后开始提出了一系列改革措施和文件，以求补充和完善《巴塞尔协议Ⅱ》。以2009年12月17日巴塞尔委员会发布的《增强银行体系稳健性》及《流动性风险计量标准和监管的国际框架》两份征求意见稿为基础，巴塞尔委员会开始进行大范围的定量影响测算，并根据各国监管当局的反馈意见，对最初设定的框架和指标进行调整。2010年7月26日，巴塞尔委员会决策委员会（GHOS）会议中对新框架的相关内容的进一步修改达成共识。2010年9月，巴塞尔委员会宣布各方就《巴塞尔协议Ⅲ》的内容达成一致。巴塞尔委员会于2010年11月在韩国首都首尔举行的二十国集团（G20）领导人峰会上批准了《巴塞尔协议Ⅲ》并发布了最终定稿。

知识链接

《巴塞尔协议Ⅲ》的相关文件清单见表7-4。

表7-4

时间	协议
2004年6月	《统一资本计量和资本标准的国际协议：修订框架》
2009年12月	《增强银行体系稳健性》
2009年12月	《流动性风险计量标准和监管的国际框架》
2010年7月	《逆周期资本缓冲建议》
2010年7月	《巴塞尔委员会决议委员会对资本和流动性改革的决议》
2010年8月	《增强的资本和流动性要求的过渡对宏观经济的影响的评估》
2010年8月	《关于确保监管资本非可行性吸收损失的能力的建议》
2010年8月	《加强金融体系：进行成本与收益的对比》
2010年8月	《巴塞尔委员会决议委员会宣布更高的全球最低资本要求》
2010年9月	《巴塞尔协议Ⅲ》

（二）《巴塞尔协议Ⅲ》的主要内容

《巴塞尔协议Ⅲ》的主要内容包括提出新的资本标准及过渡期安排，并从六个具体方面对目前的银行风险管理框架进行了补充和完善。

1. 加强资本框架并明确资本定义

普通股比例成为重要的资本管理指标。根据《巴塞尔协议Ⅲ》，最低普通股要求从2%

提升至4.5%，此外，银行还需要计提2.5%的资本留存缓冲来抵御未来可能存在的经济下行压力，这使得对普通股的总体要求达到了7%。

一级资本定义修改后，其主要形式必须是普通股和留存收益。且普通股必须满足一套合格标准才能被计入一级资本。少数股东权益将不能被计入核心资本的普通股部分。某些具有创新特征的资本工具，如股利递增机制将逐步被取消。除普通股之外，满足一定标准的资本可计入其他持续经营下的资本。二级资本被简化，只有一套二级资本的合格标准，其他子类别将被取消。巴塞尔委员会规定了二级资本的最低标准，同时取消了二级资本不能超过一级资本的限制。同时取消三级资本，以保证抵补市场风险的资本质量等同于抵补信用风险和操作风险的资本质量。新定义的一级资本、二级资本标准和调整项标准都将显著提高资本质量及数量的要求。

知识链接

《巴塞尔协议Ⅲ》关于资本框架的校准——最低要求建议，如表7-5所示。

表7-5

	普通股（扣除扣减项后）	一级资本	总资本
最低资本要求	4.5%	6%	8%
资本留存缓冲	2.5%		
最低资本要求与资本留存缓冲要求之和	7%	8.5%	10.5%
逆周期资本缓冲*	0～2.5%	—	—

* 普通股或其他具有充分吸收损失能力的资本。

2. 扩大风险覆盖范围并加强交易对手信用风险管理

交易对手信用风险是指在一项交易的现金流最终结算前该交易对手出现违约的风险。鉴于市场波动带来的风险和交易对手风险管理上的缺陷，巴塞尔委员会采取的措施包括：使用压力情景估计的参数计算有效预期正暴露（expected positive exposure，EPE）以覆盖广义错向风险，以此确定交易对手违约风险的资本要求；使用“交易对手暴露等价债券法”（bond equivalent approach）来捕捉信用估值调整（credit value adjustment，CVA）风险，以此提出附加资本要求；大型金融机构计算风险暴露相关性时使用1.25的资产价值相关性乘数；提出延长风险保证金期限、压力测试和返回检验新要求等。加强交易对手信用风险的监管，以减少金融机构之间通过衍生品和其他金融渠道带来的风险传染。

3. 引进并更新整体杠杆比率

巴塞尔委员会提议引入以计量为基础的杠杆比率（未经风险调整），在第一支柱的资本充足率框架下完善以风险为基础的最低资本要求。杠杆率的计算方法较为简单，为总暴露和资本的比例。资本应是高质量的，并且是在扣减无形资产和经过其他调整之后的，一般采用普通股或一级资本，总暴露应覆盖表内外所有风险暴露。其定义公式为：

$$杠杆率=\frac{一级资本}{表内资产+表外风险暴露} \tag{7-6}$$

4. 建立前瞻性的拨备、资本留存缓冲及逆周期资本缓冲

《巴塞尔协议Ⅲ》倡导银行采用更具前瞻性的拨备，并推动会计准则中拨备计提方法向预期损失方法方向演进。与现行的“确认损失方法”相比，巴塞尔委员会建议的预期损失方法将更加透明地反映实际损失，并降低亲周期性。关于资本留存缓冲，《巴塞尔协议Ⅲ》提出了资本留存缓冲的最佳实践。银行留存利润的比例应取决于银行的资本状况超出最低监管标准部分的多少。此外，《巴塞尔协议Ⅲ》要求建立与信贷指标挂钩的超额资本要求。

5. 提出超额资本、应急资本以降低系统性风险

《巴塞尔协议Ⅲ》引出了系统性风险管理的要求，但未明确具体内容。巴塞尔委员会将评估对具有系统重要性影响的银行计提额外资本要求的利弊，并考虑将额外的流动性要求和其他监管工具作为政策备选工具，通过引入应急资本和系统性附加资本的要求来应对系统性风险。目前，巴塞尔委员会和金融稳定理事会正在发展出一套适用于系统重要性银行（Systemically Important Banks，SIB）的方法，覆盖超额资本、应急资本和自救计划。

6. 新流动性风险监管标准

巴塞尔委员会发布的《流动性风险管理和监管稳健原则》从五个方面提出了流动性风险管理的原则，包括基本原则、流动性风险治理结构、流动性风险度量和管理、信息披露以及监管者的角色。《巴塞尔协议Ⅲ》对流动性的监管要求主要是提出了衡量短期流动性比率指标的流动性覆盖率（LCR）及衡量中长期流动性比率指标的净稳定资金比例（NSFR），这两个监管指标是加强流动性风险管理的核心指标，具有独立但互补的流动性功能。其计算公式如下：

$$\mathrm{LCR}=\frac{\text{高流动性资产储备}}{\text{未来 30 日的资金净流出量}}\geqslant 100\% \tag{7-7}$$

$$\mathrm{NSFR}=\frac{\text{可供使用的稳定资金}}{\text{业务所需的稳定资金}}\geqslant 100\% \tag{7-8}$$

知识链接

《巴塞尔协议Ⅲ》阶段性实施安排，如表 7-6 所示。

表 7-6

指标 \ 时间	2011 年	2012 年	2013 年	2014 年	2015 年	2016 年	2017 年	2018 年	2019 年
杠杆率	监管监测期		过渡期为 2013 年 1 月 1 日—2017 年 1 月 1 日，从 2015 年 1 月 1 日开始披露					纳入第一支柱	
普通股充足率最低要求			3.5%	4.0%	4.5%	4.5%	4.5%	4.5%	4.5%
资本留存缓冲最低要求						0.63%	1.25%	1.88%	2.5%
普通股充足率加资本留存缓冲最低要求			3.5%	4.0%	4.5%	5.13%	5.75%	6.38%	7.0%

续表

指标＼时间	2011年	2012年	2013年	2014年	2015年	2016年	2017年	2018年	2019年
扣减项的过渡期				20%	40%	60%	80%	100%	100%
一级资本充足率最低要求			4.5%	5.5%	6.0%	6.0%	6.0%	6.0%	6.0%
总资本充足率最低要求			8.0%	8.0%	8.0%	8.0%	8.0%	8.0%	8.0%
总资本充足率加资本留存缓冲的最低要求			8.0%	8.0%	8.0%	8.625%	9.25%	9.875%	10.5%
不符合新资本定义的资本工具			从2013年1月1日起分10年逐步剔除						
流动性覆盖率(LCR)	开始监测				开始实施				
净稳定资金比例(NSFR)		开始监测						开始实施	

注：所有数据都是从每年1月1日起，2020年由于新冠肺炎疫情将标准的执行时间推迟至2023年1月1日。

关键概念

全面风险管理　风险清单　德尔菲分析法　头脑风暴法　幕景分析法　尾相关　秩相关　Copula函数　风险证券化　VaR　《巴塞尔协议》　X风险矩阵　流动性覆盖率　净稳定资金比例

思考题

1. 如何准确理解商业银行全面风险管理？
2. 商业银行全面风险的识别方法有哪些？
3. 商业银行全面风险的度量方法有哪些？
4. 商业银行应该如何进行有效的全面风险管理？
5. 简述《巴塞尔协议Ⅱ》的三大支柱。
6. 简述《巴塞尔协议Ⅲ》的主要内容。
7. 简述国家监管当局对商业银行的监管内容。

实践案例

《商业银行资本管理办法（试行）》

2012年6月8日，我国银监会发布了《商业银行资本管理办法（试行）》（以下简称《资本办法》），于2013年1月1日起施行。《资本办法》也被理解为是中国版的《巴塞尔协议Ⅲ》，下面简要介绍一下《资本办法》出台的背景以及主要变化。

一、《商业银行资本管理办法（试行）》的出台背景

全球金融危机以来，按照二十国集团领导人确定的改革方向，金融稳定理事会和巴塞尔委员会积极推进国际金融监管改革。2010年11月，二十国集团首尔峰会批准了巴塞尔委员会起草的《巴塞尔协议Ⅲ》，确立了银行业资本和流动性监管的新标准，要求各成员从2013年开始实施，2019年前全面达标。2011年11月，二十国集团戛纳峰会要求各成员带头实施国际新监管标准，并建立了国别评估机制。作为二十国集团、金融稳定理事会和巴塞尔委员会的正式成员，我国实施银行业新监管标准既是履行国际义务的需要，也是推进中国银行业健康发展，更好地服务经济社会发展的重要举措。

《资本办法》全面引入了《巴塞尔协议Ⅲ》确立的资本质量标准及资本监管最新要求，涵盖了最低资本要求、储备资本要求和逆周期资本要求、系统重要性银行附加资本要求等多层次监管要求，促进银行资本充分覆盖银行面临的系统性风险和个体风险。《资本办法》整合了《巴塞尔协议Ⅱ》和《巴塞尔协议Ⅲ》在风险加权资产计算方面的核心要求，坚持资本计量的审慎性，扩大了风险覆盖范围，提高了监管资本的风险敏感性，合理设计各类资产的风险权重体系，允许符合条件的银行采取内部评级法计量信用风险资本要求，同时要求所有银行必须计提市场风险和操作风险资本要求。同时，《资本办法》还明确了商业银行内部资本充足评估程序、资本充足率监管检查等内容，规定银监会有权增加高风险资产组合和高风险银行的资本要求。

《资本办法》按照“实质重于形式”的原则，在总体上遵循并达到国际标准的前提下，依据国内相关法规，充分考虑国内银行经营管理实践和所面临的突出风险，坚持国内资本监管的成功经验，进一步明确了资本定义、资产风险权重、商业银行分类标准和分类监管措施等方面的监管要求。

二、《商业银行资本管理办法（试行）》的主要内容

（一）资本充足率监管体系

《资本办法》将商业银行资本充足率监管要求分为四个层次：第一层次为最低资本要求，即核心一级资本充足率、一级资本充足率和资本充足率分别为5%、6%和8%；第二层次为储备资本要求和逆周期资本要求，分别为2.5%和0～2.5%；第三层次为系统重要性银行附加资本要求，为1%；第四层次为根据单家银行风险状况提出的第二支柱资本要求。《资本办法》实施后，我国大型银行和中小银行的资本充足率监管要求分别为11.5%和10.5%，符合巴塞尔委员会的最低监管标准，并与国内现行监管要求保持一致。多层次的监管资本要求既符合《巴塞尔协议Ⅲ》确定的资本监管新要求，又增强了资本监管的审慎性和灵活性，确保资本充分覆盖国内银行面临的系统性风险和个体风险。

（二）资本定义

《巴塞尔协议Ⅲ》大幅度提高监管资本工具的质量要求，包括各类资本工具合格标准、资本扣除项目等。从国内实践来看，我国银行监管部门长期坚持资本数量和质量并重的原则，国内银行资本质量明显高于欧美银行。因此，《巴塞尔协议Ⅲ》提高资本质量标准对国内银行的影响很小。《资本办法》按照《巴塞尔协议Ⅲ》的最新要求，明确了各类资本工具的合格标准和资本调整项目，特别是强化了对各类资本工具的损失吸收能力的要求；同时适度放松了国内现行规则中比《巴塞尔协议Ⅲ》严格的资本扣除规定。为缓解商业银行补充资本的压力，《资本办法》允许商业银行在并行期内将更多超额贷款损失准备计入二级资本，并对国内银行已发行的不合格资本工具给予10年过渡期。

（三）资本覆盖风险范围

按照巴塞尔委员会的统一规定，《资本办法》扩大了资本覆盖风险的范围，不仅包括信用风险和市场风险，也将操作风险纳入资本监管框架；同时明确了资产证券化、场外衍生品等复杂交易性业务的资本监管规则，引导国内银行审慎开展金融创新。

（四）分类监管

《资本办法》对商业银行分类标准和分类方法进行较大修改，依据资本充足水平将商业银行分为四类，分别为：第一类银行（满足全部四个层次资本监管要求的银行）；第二类银行［满足前三个层次资本要求（最低资本要求、超额资本要求和附加资本要求），但未达到第四个层次资本要求（第二支柱资本要求）的银行］；第三类银行［仅达到第一个层次资本要求（最低资本要求），但未满足其他三个层次资本要求（超额资本要求、附加资本要求和第二支柱资本要求）的银行］；第四类银行（未达到最低资本要求的银行）。《资本办法》还明确了随着资本充足率水平下降，监管力度不断增强的一整套监管措施；《资本办法》实施后，商业银行若不能达到最低资本要求，将被视为严重违规和重大风险事件，监管部门将采取严厉的监管措施。新的分类标准标志着我国资本监管的重点将转向达到最低资本要求但未满足全部监管资本要求的商业银行。

（五）过渡期安排

根据国内银行资本充足率水平，并考虑资本监管对信贷供给和经济发展的影响，《资本办法》设定了6年的资本充足率达标过渡期。商业银行应于2018年底前全面达到相关资本监管要求，并鼓励有条件的银行提前达标。过渡期内，未达标的银行将制定并实施分阶段达标规划，银监会将根据银行达标规划的实施进展，采取相应监管措施，而不是硬性要求在《资本办法》开始实施时就立即达标。

问题思考：分析我国实施《商业银行资本管理办法（试行）》的意义。

职业素养提升：了解我国金融市场发展取得的伟大成就（提升制度自信、金融自信）；树立国家金融安全大局意识、守住不发生系统性金融风险的底线意识；养成良好职业道德，提升专业能力，开拓国际视野等。

第8章 影子银行风险管理

学习目标

1. 理解影子银行的定义、特点、作用和影子银行的构成；理解影子银行风险的主要形式。

2. 掌握影子银行系统性风险和监管套利风险的识别；掌握影子银行的几种监管框架。

3. 重点掌握我国影子银行的发展现状、我国影子银行风险的特点和主要表现形式。

4. 价值塑造：树立国家金融安全大局意识、守住不发生系统性金融风险的底线意识、风险意识和法治意识；养成良好职业道德和正确金钱观；培养勇敢担当的社会责任感；提升专业能力、创新思维；开拓国际视野等。

导入案例

2020年5家信托机构“暴雷”留下千亿元烂摊子

据《第一财经日报》统计，2020年全年，我国影子银行体系的主要构成之一的集合信托产品共发生超310起违约事件，涉及违约项目金额超过1 600亿元。如新时代信托、四川信托、华信信托、安信信托等公司均出现了大量信托产品集中违约事件，涉及的违约项目金额巨大。其中，有两家信托公司因存在违规行为被接管；一家因“暴雷”被银保监会加强管控；一家被监管小组入驻。信托新一轮行业整顿又悄然而至！

那么，信托的多事之秋到底是谁之过？分析上述几家信托公司，它们出现问题的特征主要表现在：关联交易、期限错配形成资金池。关联交易的典型代表为新时代信托与华信信托部分产品，其中新时代信托的股东或者关联方的金融公司做股权质押，通过这种手段获取资金。华信信托则被指通过设立多家关联公司进行倒款。四川信托因资金池业务出现了问题。当产品期限错配后，资金池自然形成，而资金池内资金的用途失控是爆发风险事件的主要原因之一。资金池的主要问题在于，信托公司在募集资金时，未对投资者说明具体资金投向，因此投资者没有办法在投资前了解产品融资方、所投具体项目、风险控制措施等。

信托公司资金池业务风险频发，给行业带来警示。央行发布的《中国金融稳定报告（2020）》提到，少数信托公司已劣变为高风险机构，需要予以高度关注。早在2020年3月，银保监会发布了《信托公司股权管理暂行办法》，针对信托公司股权穿透进行了强化，对信托公司股东提高了准入门槛，对与股东之间的关联交易进行了严格的规定。2021年2月7日，银保监会通过电话视频的形式召开了2021年度信托监管工作会议，明确提出2021年将继续开展“两压一降”：继续压降信托通道业务规模，逐步压缩违规融资类业务规模，加大对表内外风险资产的处理。其中，监管要求金融同业通道业务和非标资金池要清零。此外，会上还通报了2020年信托公司压降任务完成情况，在安信信托、四川信托、华信信托等高风险公司之外，现场还点名批评了近20家信托公司，其中不乏央企、国企背景的信托公司。

2020年我国这些信托公司暴露的问题，也给信托公司和投资人都敲响了警钟。知史以明鉴，2007年美国次贷危机的影响还没有完全消除！也正是次贷危机让我们认识了影子银行的风险。加强对影子银行的监管已获得国际社会的广泛认同，成为《巴塞尔协议Ⅲ》改革的主要内容，同时也已成为金融稳定理事会重点关注的政策问题。本章介绍影子银行系统、影子银行风险的产生和度量以及影子银行的风险管理等有关内容。

第一节 影子银行概述

一、影子银行的定义

影子银行体系（shadow banking system）的概念由美国太平洋投资管理公司执行董事麦卡利于2007年首次提出并被广泛采用。所谓影子银行是指那些游离于监管体系之外的，与传统、正规、接受中央银行监管的商业银行系统相对的金融机构。相应地，影子银行体系就是由影子银行组成的非银行金融体系。

“影子银行”这个概念在当前中国金融市场中的界定标准主要包括四项：监管覆盖范围和强度、产品结构复杂性及杠杆水平、信息披露充分性与全面性以及集中兑付压力。据此，中国影子银行可以分为广义和狭义两种。广义影子银行包括同业理财及其他银行理财、银行同业特定目的载体投资、委托贷款、资金信托、信托贷款、非股票公募基金、证券业资管、保险资管、资产证券化、非股权私募基金、网络借贷P2P机构、融资租赁公司、小额贷款公司提供的贷款、商业保理公司保理、融资担保公司在保业务、非持牌机构发放的消费贷款、地方交易所提供的债权融资计划和结构化融资产品。其中，同业特定目的载体投资和同业理财、理财投非标债权等部分银行理财、委托贷款、信托贷款、网络借贷P2P贷款和非股权私募基金等业务的影子银行特征明显，风险相对较高，属于狭义影子银行。

虽然国内外对影子银行的定义从不同角度入手，但在厘定影子银行的内涵时，大都考虑了影子银行的功能、与传统银行的关系、是否受到监管或政府支持这几个要点。简而言之，影子银行是指常规银行体系以外的各种金融中介业务，通常以非银行金融机构为载体，对金融资产的信用、流动性和期限等风险因素进行转换，扮演着“类银行”的角色。

二、影子银行的特点

（一）高杠杆性

这是影子银行最显著的特点。影子银行由于融资渠道不及传统商业银行广阔，资金力量不够雄厚，要想进行大量大额的投资并追求赢取更高的利润，必须采用很高的杠杆率举债经营。一般做法是影子银行向传统银行、资本市场等借入资金，获得原始资本，运用杠杆操作再投资于内生杠杆性的金融衍生品，资金量扩张几十倍，从而获得高额倍数的利润。由于受制于8%的资本充足率，传统商业银行使用的杠杆率不超过12.5。而对于影子银行来说，其使用的杠杆率要大得多。研究表明，截至2007年年底，美国CDS（credit default swap，信贷违约掉期）的交易合约总额超过60万亿美元，而担保品的实际价值只有2.7万亿美元，其杠杆率达到20多倍。世界上10大投资银行控制的资产超过13万亿美元，平均杠杆率约为30.6倍，而在2003年平均杠杆率还不到23倍。美国FCIC的报告提到，在2007年次贷危机爆发以前，美国银行控股公司适用的杠杆率为10～20倍，而投资银行适用的标准为30～40倍。但在资产证券化过程中设立的特殊目的机构倾向于持有少量的权益性证券，使得它们的杠杆率可以高达100倍。高杠杆率的使用创造了高倍的利润回报，但同时也使系统性风险得到了高倍的放大。

（二）不透明性

影子银行的不透明性表现在其产品设计和信息披露制度两方面。

一方面，影子银行的产品设计一般都非常复杂。金融工具的结构化使用、高杠杆操作、证券化和衍生品的反复套嵌等使得影子银行的业务活动与产品变得非常复杂和多样。而投资者由于缺乏对影子银行产品的现金流和定价的深入了解，在对这些设计复杂的金融产品进行投资时，对其结构、收入和风险等因素其实并没有全面的把握。加上影子银行在证券化产品的重组包装过程中，为了提高产品的发行规模，追求更高的利润，会有意识地选择淡化基础资产信息，过分强调衍生品的附加值，这进一步增强了影子银行产品的不透明性。另一方面，这些金融衍生品交易大都在场外柜台交易市场进行，虽然有信用评级机构的意见可供参考，但是投资者主要还是根据自己的独立判断进行交易。由于场外交易市场的交易对象多样、交易区域分散复杂，所以都采用自律监管模式，因此鲜有公开的、可以披露的信息。

（三）信用创造功能

影子银行功能上具有金融资产风险因素转换的作用。早期关注焦点主要在影子银行的金融中介职能类型，将是否具有信用中介职能作为区分影子银行的标准。较为典型的是国际货币基金组织提出的“非银行信用中介”（non-bank credit intermediation，NBCI）的概念。但影子银行普遍结构复杂，且资金募集模式颇为个性化，难以直观判定其是否具有信用中介作用。此后，国际货币基金组织和金融稳定理事会都提出，关注影子银行的目的在于揭示其产生风险的原因。金融资产的风险根源是信用与流动性状况劣变，而金融中介往往充当风险因素转换的角色，最终会成为风险承担人。因此，影子银行应当是具有信用、流动性和期限转换功能的主体，这也成为金融稳定理事会此后建立影子银行监测框架的基础。

（四）系统性风险来源

影子银行是构成系统性风险的重大隐患。一方面，影子银行具有常规银行信用中介职能，承担常规银行的各类风险。另一方面，由于影子银行主要向常规银行覆盖范围以外的实体提供融资，这些实体的信用水平相对较差，违约概率和违约损失率相对较高，而且大部分业务跨市场、跨行业，透明度较低，容易成为系统性风险源头。例如，2007年美国次贷危机中的次贷产品就是由各类资产管理机构和基金发行，普遍采用资产打包分层的复杂结构，并采用信用违约互换等增信手段，导致风险隐藏、难于识别。正因为影子银行是系统性风险的重大隐患，《巴塞尔协议Ⅲ》改革将其作为治理的重点对象。

（五）不受监管

金融业具有高度负外部性，各国监管当局都已经建立了成熟的审慎监管和行为监管框架，并且都采用特许牌照的准入模式。金融体系普遍受到央行流动性支持、最后贷款人以及存款保险和投资人保护等制度的保障。但是影子银行通常游离于审慎监管、行为监管和救助体系之外，不受任何监管或者只受到较低程度的监管，也没有被纳入外部救助保障体系，一旦出现重大风险，只能依靠自救。但由于影子银行普遍存在资本金和准备金储备的严重不足，其自救能力也仅是杯水车薪。

三、影子银行体系的构成

影子银行体系的构成主体包括：货币市场基金公司、对冲基金公司、投资银行、金融公司、结构化投资实体、政府支持机构、其他金融担保公司。各国监管当局对影子银行范围的界定各不相同，评级公司等市场机构也分别建立了自己的影子银行分析框架。目前，国际上主要有三种公认的定义模式，即资金来源模式、金融稳定理事会模式和非核心负债模式。

资金来源模式是以金融活动资金的来源为区分标准，将资金来自非银行机构的活动均纳入影子银行范畴。这种方式的优点在于数据标准统一且数据历史较长，缺点是没有考虑业务活动的经济实质。金融稳定理事会模式则是确定宽、窄两种标准，宽口径范围与资金来源模式基本相同，而窄口径则主要基于经济功能判断，聚焦可能威胁金融稳定的信用中介。非核心负债模式是国际货币基金组织提出的，试图完全突破形式特征的局限，认为只要不同于常规银行存贷款业务模式的任何其他融资活动都可算作影子银行，如银行表内投资和表外财富管理都可纳入影子银行。三种模式的对比如表8-1所示。

表 8-1　三种模式对比

	资金来源模式	金融稳定理事会模式	非核心负债模式
范围	非银行金融机构	非银行金融中介 （区分宽、窄口径）	所有金融机构核心负债外的业务
机构类型举例	货币市场基金 金融租赁 证券化通道 做市商	货币市场基金 贷款公司 证券化通道 做市商 投资基金	非居民存款 证券 贷款 货币市场基金 金融体系内部的证券
监管体系	不受监管	大部分不受监管	表外业务不受监管

下面从影子银行功能、发起设立以及金融稳定理事会模式三个角度出发，将影子银行体系的构成主体进行如下分类：

（一）功能角度的影子银行分类

1. 证券化机构

主要包括资产证券化的发起人、投资银行和证券化过程中设立的特殊目的载体（special purpose vehicle，SPV）。SPV 设立的主要目的是为资产证券化提供风险隔离、信用增级和资产重组三大功能上的便利，是资产证券化所必需的名义形式机构，从法律形式上来看，包括信托、有限责任或股份制公司、有限合伙制机构。

2. 市场型金融公司

市场型金融公司指以市场为导向的金融业务公司，它们为市场提供直接或间接的信贷和流动性，但不吸收存款，主要包括货币市场基金、对冲基金、私募股权基金、保险公司、养老基金、私人信用贷款机构和其他类型的金融公司。

3. 结构化投资实体

结构化投资实体指资产支持商业票据和资产支持证券的发行主体、从事结构化投资的金融实体以及管道等。结构化投资实体部分是独立机构，但大多是银行或金融控股公司的组成部分，为传统商业银行体系履行结构化投资职能，例如房地产投资信托、资产支持商业票据（asset-backed commercial paper，ABCP）、管道、结构化理财部门等。

结构化投资实体分为管道（conduit）和结构性投资载体（structure investment vehicle，SIV）。管道指主要履行购买资产并据此发行商业票据或资产支持商业票据的主体，收益主要来自购买资产与发行商业票据的利差。它向出售资产的客户收取结构费和管道管理费，同时提供流动性和信用增级。SIV 是独立经营的投资公司，购买资产之后不仅可以发行商业票据，还可以发行中短期债券和次级债券，收益同样来自购买资产和发行证券之间的利差。

4. 证券公司

这里指从事证券经纪业务、融资融券业务和充当做市商的证券公司。证券公司处于影子银行业务链条的末端，主要在二级市场发挥作用，包括股票市场、回购市场、票据市场等。

（二）发起设立角度的影子银行分类

1. 政府支持机构

政府支持机构（government-sponsored entity，GSE）指依靠政府发起和赞助设立的机构，是影子银行早期发展的主要方式，美国联邦住宅贷款银行、房地美和房利美是典型代表。政府的主导和支持使影子银行获得稳定的重组资产来源，同时政府信誉能非常有效地提高发行证券的信誉和信用评级。由于影子银行业务中通常会引入第三方担保机构，第三方担保机构的信誉直接影响发行证券的信用评级，因此，影子银行体系中的 GSE 会被市场认为获得了政府的间接担保，从而得到更高的信用评级和更好的市场预期。

2. 内部影子银行机构

内部影子银行机构指由传统商业银行发起设立的或有金融控股公司控股的从事影子银行业务活动的机构部门或者子公司。内部影子银行的业务主要是从事商业银行的贷款资产证券化。内部影子银行帮助传统商业银行分散了信用风险，降低了资本要求并提高了流动性，使得传统商业银行的放贷能力和意愿大大增强，贷款目的从持有获利转向销售获利。

3. 外部影子银行机构

外部影子银行指独立的、以市场为导向的专业化非银行信用中介机构。其业务范围比较多样，包括了证券化在内的所有非银行信用中介业务，不同于内部影子银行机构监管套利的主要目的，外部影子银行机构是市场型金融机构，旨在追求最高利润回报，但因为没有政府的信用担保或控股母公司的信用担保，风险也相对较高。利用资源整合优势、经营自由优势和专业技术优势，外部影子银行机构成为目前最主要的影子银行类型，具体形式包括对冲基金、货币市场基金、养老基金、保险公司、金融信托、财务公司、结构性投资实体、信用担保融资公司、证券经纪公司等。

（三）金融稳定理事会定义的影子银行分类

金融稳定理事会作为全球影子银行监测的组织者，其对影子银行的识别标准最具影响力。根据 2010 年二十国集团领导人首尔峰会要求，金融稳定理事会组建了专项工作组，并于 2011 年 10 月发布了《加强影子银行监测和监管的建议》，其中提出影子银行的定义、监测范围和计算标准，并采用“两步走”方法：首先统计宽口径的影子银行，包括所有常规银行体系以外的信用中介活动；其次通过聚焦风险特征，统计窄口径的影子银行，包括具有信用、流动性和期限转换功能和杠杆交易而可能引发系统性风险的活动。自 2015 年开始，金融稳定理事会进一步完善影子银行的定义和标准，引入了“三层次”和“两步走”相结合的方法。其中，第一层次为宽口径影子银行，包括所有非银行金融中介（monitoring universe of non-bank financial intermediation，MUNFI）业务。第二层次为其他金融中介（other financial intermediary，OFI），从宽口径中剔除保险公司、养老基金和金融辅助机构后得到。第三层次为窄口径的狭义影子银行，是影子银行监测的重点，按照风险特征界分。为进一步甄别影子银行的风险因子和趋势，2016 年，金融稳定理事会引入经济功能（economic function，EF）的概念，将窄口径影子银行细分为 5 类（见表 8-2）。

表 8-2 金融稳定理事会狭义影子银行分类

	定义	主要内容
第一类（EF1）	易受挤兑影响的集合投资工具	货币市场基金、固定收益基金、对冲基金等
第二类（EF2）	依赖短期融资提供贷款的非银行金融实体	金融租赁公司、消费金融公司、汽车金融公司
第三类（EF3）	依赖短期融资或客户资产抵押融资的交易中介服务实体	证券公司等证券经纪商
第四类（EF4）	为信用创造提供便利的实体	融资担保公司、信用保险公司或信用增级公司等
第五类（EF4）	基于证券化的信用工具	资产支持证券

四、影子银行的作用

（一）影子银行的积极作用

影子银行在金融体系中占有一席之地，这一状况是两重因素结合的结果。一方面，银行体系无法彻底解决信息不对称。金融中介是撮合资金需求与供给的桥梁，解决信息不对称是传统银行最专长和熟悉的。但由于信息不对称广泛存在，银行不可能全部覆盖。随着金融市场的发展，银行也不可能包揽全部金融中介业务。欧美国家在 20 世纪末普遍建立了完善的全能型金融体系，在许多国家形成了间接融资与直接融资并驾齐驱的双融资市场格局。美国 1999 年出台了《金融服务现代化法》，取消了 1933 年《格拉斯-斯蒂格尔法》对混业经营的限制；此后又出台了《商品期货交易现代化法》，将场外交易置于监管体系之外。借助直接融资体系的便捷性，影子银行业务快速增长。另一方面，影子银行满足了个性化的金融需求。部分金融消费者风险偏好较高，愿意承担较高的风险以换取较高的回报。而商业银行以传统的存贷款业务为主，审慎文化是其立足的根本，远远无法满足这些多元化需求。作为金融中介体系的有机组成部分，影子银行具有如下积极作用：

1. 提供了辅助的信用创造

影子银行本质为非银行信用中介，具有信用中介的信用创造、转让和融通功能。在传统商业银行信用创造功能受制于监管制度的情况下，并不是社会上所有的资金需求者都能获得传统商业银行的信用支持，使得经济发展受到一定阻碍。影子银行可以为游离在传统商业银行信贷对象之外的市场主体提供信用，满足更多融资主体的需求，提供更多的信用以促进金融市场的繁荣。

2. 提高了金融市场的流动性

影子银行拥有期限转换的功能，为流动性差的长期资产提供了极佳的变现方式，给传统商业银行和众多投资者提供了资金来源，提高了整个金融市场的流动性。传统商业银行可以通过影子银行将其持有的长期存量信贷资产证券化，迅速将资产组合的全部净现值变现，卖出短期金融票据或者回购协议以获得流动性。影子银行的存在提高了传统银行体系的资金利用效率，降低了银行的流动性风险。此外，影子银行大量的证券化产品的投放和交易，以及各类基金公司、证券经纪商自身的投资和对冲交易，极大地活跃了二级市场，提高了金融市场的流动性。

3. 提供了风险分散的途径

对于商业银行来说，影子银行的存在为其提供了信用风险转化和稀释的方式。通过影子银行的证券化业务，商业银行体系将其贷款存在的信用风险通过资产出售的方式转移至影子银行，影子银行又将其证券化为不同风险等级的产品，出售给不同风险偏好的投资者，达到分散风险的目的。此外，信贷资产在恰当时机转售可以帮助传统商业银行降低可能面临的利率风险，并且时刻为传统商业银行提供着交易对手和筹资渠道，以缓冲银行的流动性风险。

对于投资者来说，影子银行的存在为他们提供了极其丰富的投资渠道和产品，使其可以分散投资，对冲异质风险。影子银行根据风险分级设计出的不同产品，可以满足不同风险偏好的投资需求，使得投资者可以分散风险，依照自身风险承受能力调整投资方案。

4. 降低了交易成本

影子银行作为投资者和融资者的中介，减少了交易双方的信息搜索和信息甄别成本，解决了信息不对称带来的损失风险。对于商业银行来说，可以通过合理利用影子银行体系降低经营成本。商业银行的资产负债和业务活动受到严格监管，因而监管成本是经营成本的重要组成部分，而影子银行受到的监管少，监管成本低于传统银行，因此传统商业银行可以通过将其部分业务转向表外，盘活监管资本来达到降低监管成本的目的。

5. 促进了金融创新

创新是影子银行的灵魂，金融创新赋予了影子银行蓬勃发展的动力，影子银行从特定角度说是一类特殊的金融创新，它具有金融创新的基本特征，当前可能会以银行理财作为表现形式，在新的市场环境下可能会以另一种金融创新的方式出现，影子银行为金融创新不断注入新的内容，从而推动了金融市场繁荣发展。影子银行与金融创新推动了金融市场活动的调整变革，满足了经济发展中不断产生的新的金融需求。

（二）影子银行的负面影响

影子银行是套利行为驱使的产物，具有“天使”与“魔鬼”的两重性。影子银行在发展过程中追求短期收益和绝对利润，有可能演变成“为套利而套利”。例如，危机前出现的各种层层嵌套、结构复杂的产品让人眼花缭乱。各种资产抵押证券、担保债务凭证和信用类衍生品的基础资产普遍不符合银行授信的最低标准，却呈几何级数野蛮生长，充斥了信贷、债券和股票市场，成为引爆系统性风险的“定时炸弹”。因此，影子银行的负面影响表现为影子银行是系统性风险的来源。在资本市场主导型的影子银行体系中，大多数金融产品是基于不确定的可能性，愈加脱离基础资产，其错误的短期流动性依赖、期限错配、杠杆操作也愈发扩大，经营风险也被无限放大。

1. 高杠杆率放大了单体金融风险

影子银行的高杠杆率主要源于其特有的业务模式。传统银行体系的资金主要来源于存款，在留取一定存款准备金后再做贷款，主要以零售为主导，并受到监管部门的严格监管。与传统银行体系不同，影子银行采取了一系列的金融创新，能够在短期内迅速发展起来，突破了现有的银行监管制度与体系，把金融衍生品的设计建立在不存在的假定之上，并形成了一套高风险的运作方式。尽管通过杠杆提高盈利能力是影子银行获利的模式之一，但过高的杠杆率使得影子银行在面临重大的非预期损失时，将迅速丧失清偿能力，产生巨大的类似银行“挤兑”风险，由此造成影子银行追求过高的杠杆率而形成巨大的单体金融风险。

2. 期限错配会带来流动性危机

商业银行和储蓄机构的主要资金来源一般具有长久固定的性质，因为存款保险制度的存在，很少有客户会轻易更换储蓄的银行。而影子银行的资金来源主要依靠短期市场融资，如回购协议和商业票据等，由于这类资金不具有“黏滞性”，非常容易撤资转移。而影子银行的资产运用大多是按揭贷款等期限相对较长的资产，流动性较差。所以影子银行的信用期限结构产生了期限错配，容易在市场不稳定的情况下出现资金溃逃局面。由于重要存款基础的缺失，影子银行短借长贷的模式使其具有更大的脆弱性，容易受到挤兑和资金溃逃的打击，从而不得不在低迷的市场里出售资产而遭受巨大损失，出现流动性危机。由于影子银行与传统商业银行越来越紧密的联系，这种风险非常容易蔓延到整个金融市场，从而导致整个金融体系的风险危机。

3. 影子银行容易被利用成为逃避监管的工具

对影子银行相关金融工具的合理使用，可以达到减少监管成本的目的，但若过度或恶意操作，即会产生恶性的监管套利。影子银行业务大多游离在监管体系之外，加上各国的信息披露制度、审计制度、税收制度和监管立法等千差万别，因此，影子银行有着充分的余地逃避监管和税收。例如，商业银行利用影子银行规避杠杆约束、违规利用表外业务逃避资产负债监管约束、在避税天堂地区大量设立证券化的离岸 SPV 等。影子银行的监管套利违规行为会大大削弱监管制度的功效，掩盖金融机构的真实资产负债情况，积聚大量无法被及时发现的金融风险。

4. 影子银行风险具有关联性和传染性

影子银行通过业务往来和股权投资等方式，和商业银行体系相互关联，因此在发生危机的时候，风险会迅速从影子银行体系传染至传统商业银行体系，从而带来系统性风险。

五、我国影子银行的现状与特点

(一) 我国影子银行的发展历程

影子银行在我国并不是新生事物，部分业务有较长的发展历史。20 世纪 80 年代，信托公司、保险公司等非银行金融机构开始设立。1997 年 11 月，《证券投资基金管理暂行办法》出台，证券投资基金开始大规模增长。从 2002 年起，商业银行陆续开展理财业务。在这一时期，各类机构主要还是围绕自身业务经营范围发展，产品之间的边界划分较为清晰，影子银行整体规模不大。

2008 年以后，影子银行进入快速增长阶段。为应对国际金融危机的冲击，我国货币政策由趋紧转向适度宽松，并取消了对金融机构信贷规模的硬性约束。2009 年全年新增人民币贷款 9.6 万亿元，M2 和 M1 分别增长 27.7%和 32.4%，为 20 世纪 90 年代以来最高。但随着房地产价格快速上涨和地方政府融资平台风险积累，货币政策开始收紧，同时加强对金融机构信贷投放总量、节奏和结构的管理，贷款增速和投向均受到严格约束。在这一背景下，为规避宏观调控和监管，银行将资产大量移到表外，各类跨市场、跨行业的影子银行因而迅速增长，尤其是银行理财与信托公司的“银信合作”业务急剧膨胀。银行利用理财资金购买信托公司的信托计划，信托计划再以信托贷款方式投向房地产行业和地方政府融资平台。仅 2010 年上半年，银信合作业务就由年初的 1.4 万亿元猛增至 2.08 万亿元。证券资管、基金及其子公司资管将非标债权纳入投资范围，银证合作、银基合作、银证基合作快速发展。委托贷款也异化为贷款出表的重要通道，相当一部分是“假委托”。这一时期影子银行业务大多是银行主导，信托、基金、证券、保险主要是通道方，资金大部分投向非标债权。

2013 年，银行理财投资非标资产占全部理财的比例高达 27.49%。监管部门发布《关于规范商业银行理财业务投资运作有关问题的通知》，对银行理财投资非标资产设置了比例限制。影子银行的重心开始转向表内同业业务，产生了同业三方回购、同业特定目的载体投资、信托受益权等新的合作方式。同业特定目的载体投资从 2012 年末的 3.6 万亿元，跃升至 2016 年末的 23.05 万亿元。买入返售资产一路攀升，2014 年中期达到 10.5 万亿元的历史峰值。资金信托规模从 2012 年末的 6.98 万亿元，快速扩张至 2016 年末的 17.46 万亿元。另外，互联网金融产品和网络借贷 P2P 贷款等新型业务模式也异军突起。据统计，我国第三方互联网支付市场规模从 2013 年度的 16 万亿元猛增至 2017 年度的 143 万亿。余额宝于 2013 年 6 月上线，到 2017 年末净资产已高达 1.58 万亿元。

可见，中国影子银行在 2008 年后迅速发展，随着金融业务范围的拓展和跨行业、跨市场综合经营的扩张，影子银行每年以 20%以上的速度增长。截至 2019 年末，我国广义影子银行规模为 84.80 万亿元，风险较高的狭义影子银行规模为 39.14 万亿元，我国影子银行体量已经和同期银行信贷基本相当，而且增速远超贷款增速。

（二）我国影子银行的主要特点

影子银行在拥有成熟资本市场和金融体系的国家非常发达和繁荣，而我国影子银行与其相比有着较大的区别。我国金融监管一直采取非常谨慎的原则，对于资产证券化、衍生品市场和金融创新有着非常严格的限制，注重杠杆率限制管理，监管立法也没有完全放开金融创新市场的准入和产品推行。受金融体系结构、金融深化程度以及监管政策取向等因素影响，我国影子银行经历快速发展的同时，呈现出一些与其他经济体不同的特点：

1. 以银行为核心，表现为“银行的影子”

这是由我国以银行为主导的间接融资体系所决定的。我国银行业资产一直占金融业总资产的 90%左右。正是因为银行业资产规模庞大，影子银行资产端和负债端均与银行密切相关。从负债端看，银行是非银行金融机构和影子银行资金的主要提供方。例如，基金公司私募资管业务的一半资金来源于银行，资金信托 40%以上的资金完全依赖于银行。从资产端看，影子银行的客户绝大部分是银行的客户，实质为通道业务。可见，中国的影子银行具有“银行中心化特征”。发达经济体的影子银行以共同基金、货币市场基金等非银行金融机构为核心，资金较少直接来源于银行体系。例如，美国共同基金 2019 年底受托管理资产规模为 17.7 万亿美元，与联邦存款保险公司所有参保银行 18.65 万亿美元总资产规模基本相当。

2. 以监管套利为主要目的，违法违规现象较为普遍

各类机构利用监管制度不完善和监管标准不统一，游离于监管边缘，在所谓的“灰色地带”大肆从事监管套利活动。另外，还存在大量“无证驾驶”，形成了“全民办金融”的小环境。例如，互联网金融平台本应只承担信息中介和支付中介功能，但事实上却从事贷款等资金信用活动，并长期处于监管真空地带。

3. 存在刚性兑付或具有刚性兑付预期

多数产品承诺保本或保最低收益。有的还与投资人签订“抽屉协议”，承诺刚性兑付。有的在产品销售过程中隐藏风险，夸大收益，不及时充分披露信息，造成“买者自负”难以真正落实。

4. 收取通道费用的盈利模式较为普遍

发达经济体影子银行主要是交易型模式，借助回购、卖空、做市等工具赚取利差收益。我国影子银行产品大多是认购持有到期，流动性低，以量取胜，拼市场份额。通道管理费是盈利的主要来源。

5. 以类贷款为主，信用风险突出

发达经济体影子银行投资范围广泛，以标准化资产为主，信用违约风险较低。资金大多通过互相拆借、回购等市场手段获取，面临集中大额赎回的流动性风险。我国影子银行绝大部分是银行贷款的替代，但客户评级标准显著低于贷款客户，无论是融资来源还是资金投向都承担直接的信用风险，且风险大于银行贷款。

（三）我国影子银行的主要表现形式

1. 同业特定目的载体投资

同业特定目的载体投资是表内业务，指银行购买他行理财产品、信托投资计划、证券投资基金、证券公司资产管理计划、基金管理公司及子公司资产管理计划、保险资产管理产品等特定目的载体的投资行为。按照会计准则关于金融资产四分类标准，大多计为应收款项投资。这些业务透明度低，表面看是购买各种资管产品，但基本上属“黑箱”操作，基础资产和交易结构十分复杂。经过穿透后大部分是类信贷资产，许多投向资金池产品。由于没有强制性的监管约束，银行将同业特定目的载体投资作为监管套利的重要方式。

2. 委托贷款

传统的委托贷款属于银行表外业务，银行作为受托人，按照委托方确定的贷款对象和利率发放贷款，不承担信用风险，不需计提拨备和资本。但2008年之后，委托贷款异化为银行规避信贷标准的通道，业务完全由银行主导，委托方和贷款对象都由银行确定，银行出具隐性担保或“抽屉协议”，承担信用风险，实际上并不是真正的“委托”。2009年初，我国委托贷款规模不到3万亿元，2010—2015年连续6年增速超过30%，多家股份制银行2013年增速超过100%，2016年底规模猛增至13.97万亿元。

3. 资金信托

资金信托是信托公司的主要业务，属于私募资产管理产品，按投资者人数分为单一资金信托和集合资金信托，其中近三分之二由银行等金融机构持有。由于信托具有“跨界”的独特优势，资金信托具有严重的交叉金融风险。另外，信托产品设计灵活，普遍具有多层嵌套结构，容易成为投资者加杠杆、以小搏大的工具，风险传染性强，且容易隐藏和放大。

4. 银行理财

在理财业务发展初期，银行以发行保本保收益理财产品为主，产品透明度较低，信息披露不充分。特别是封闭式产品存续期间，投资者不清楚收益和风险情况，偏离了“受人之托，代客理财”的业务本源。理财资金来源以普通个人投资者为主，比例基本在60%以上，2018年曾达到86.9%，集中兑付风险较大。非金融企业和金融同业直接持有理财产品比例也不少，集合投资特征明显。理财资金投资范围广泛，包括债券、存款、货币市场工具、资管产品、委托投资和非标资产等。资管新规出台前，理财投资非标资产的平均剩余期限为784天，而非保本理财产品的平均剩余期限为129天，期限错配严重。

5. 非股票公募基金

公募基金向多个投资者募集资金，根据事先确定的投资策略将集合资金进行投资运作，具有类存款的特征。为满足投资者的流动性需求，部分公募基金提供“T＋0”赎回提现服务。由于存在严重期限错配，当市场出现压力和波动性加剧时，公募基金特别是开放式公募基金，很容易出现份额大量赎回甚至挤兑，因此，金融稳定理事会也将货币市场基金、混合基金、债券基金等全部纳入影子银行范畴。

6. 证券业资产管理

证券业资产管理包括证券公司、基金管理公司、期货公司以及这些公司的子公司所发行的资产管理产品。这类资管产品以通道业务居多，2018年基金子公司通道类业务规模占比高达75.2%，资金80%以上来源于银行。

7. 保险资产管理

保险资产管理主要是债权投资计划、股权投资计划和组合类产品，通过非公开方式发行。截至2019年末，保险资管产品余额为2.76万亿元。

8. 资产证券化

资产证券化主要包括信贷资产支持证券（信贷ABS）、交易所资产支持专项计划（企业ABS）和资产支持票据（ABN）三类。资产证券化产品一般都设置优先与劣后的结构化方式，资金来源多为各类资管和理财产品，但是产品本身流动性严重不足。截至2019年末，市场存量为3.83万亿元，换手率不到30%，远低于中央国债登记结算公司托管债券200%以上的整体换手率。由于资产证券化信息披露不充分，基础资产良莠不齐，还有部分地方交易所发行大量类资产证券化产品，基础资产透明度更低，一旦基础资产劣变，极易产生集中兑付压力，风险隐患突出。

9. 非股权私募基金

非股权私募基金是一种以非公开方式向合格投资者募集资金的投资基金。我国私募基金不设行政许可，只在中国证券投资基金业协会登记备案，由行业开展自律管理。近年来，私募基金重大风险个案时有发生，部分私募基金登记备案虚假不实、挪用侵占基金财产，与非法集资、P2P等相互关联，出现较大兑付风险。因不受直接监管，部分基金成为影子银行加杠杆的通道。

10. 网络借贷（P2P贷款）

网络借贷机构是专门从事网络借贷信息中介业务的平台，按工商企业登记注册。借款人与出借人通过平台直接对接，完成借贷。2013年以来，部分网贷机构逐渐偏离信息中介、信贷撮合等服务定位，违规开展信贷和资金池运作，甚至呈现出庞氏骗局的典型特征。

11. 其他民间借贷

其他民间借贷包括融资租赁公司、小额贷款公司、典当行提供的融资，商业保理公司保理，融资担保公司在保业务。这类业务本质上是类融资或为融资活动提供担保，是典型的信用中介，但信贷标准显著低于银行贷款。例如，融资租赁业务中大部分为售后回租，其中部分售后回租业务租赁物虚化，名为融资租赁，实为变相发放贷款，其资金投向主要集中于政府基建项目、房地产等领域。

经世济民课堂

中国信托 40 多年发展历程

扫码了解更多中国金融故事

第二节　影子银行风险的识别

一、影子银行风险的主要形式

（一）高杠杆率风险

影子银行风险的最主要形式是高杠杆率风险，这种风险主要源于其特有的业务模式。由于没有传统银行体系那样雄厚的资本金，影子银行机构采取了一系列金融创新，避开监管，大量进行高杠杆率经营。但过高的杠杆率使得影子银行机构在面临重大的非预期损失时，将迅速丧失清偿能力，由此形成巨大风险。因为高杠杆率操作对流动性的依赖非常强，一旦杠杆操作涉及的产品和抵押品丧失再融资功能，影子银行体系的流动性会锐减，产生巨大的挤兑风险。同时，当影子银行体系的基础资产价值下跌时，如果没有办法补充自己的资本规模，那就只能出售持有资产来增补流动性以及偿还债务。而金融市场大规模资产出售势必造成资产价格进一步降低，使得影子银行同类资产账面价值再一次贬值，从而形成一个自我强化的资产贬值恶性循环。与此同时，高杠杆操作带来的资产减值和挤兑风险，也会牵连传统商业银行和其他金融机构，使其持有的证券及资产价值大幅缩水，质量下降。传统商业银行不得不将自己影子银行部门的表外业务收回表内，用自身的资本偿还债务，造成传统商业银行的资产负债扩张和拨备加大，导致市场流动性减少。

（二）流动性风险

影子银行的流动性风险主要来源于影子银行期限错配的业务模式。影子银行的负债主要是一些短期融资，如在短期资本市场发行的资产支持票据，而影子银行的资产期限比较长，流动性比较差，这导致了其资产和负债期限的不一致，改变了信用期限的结构，从而导致期限错配。由于重要存款基础的缺失，影子银行短借长贷的模式使其更具有脆弱性，容易受到挤兑和资金溃逃的打击。在挤兑中，大量的债权人会撤回资金，减少交易或者对其信用敞口要求增加担保，导致影子银行机构不得不低价出售资产，从而遭受巨大损失，出现流动性危机。由于影子银行与传统商业银行越来越紧密的联系，这种风险非常容易传染至整个金融市场主体，从而演变成整个金融体系的流动性危机。

（三）监管套利风险

影子银行的监管套利风险主要来源于影子银行有可能被利用成为逃避金融监管的工具。合理使用影子银行相关工具，可以达到减少监管成本的目的，但若过度或恶意操作，则可能形成恶性的监管套利。例如，商业银行利用影子银行规避杠杆约束、违规利用表外业务逃避资产负债监管约束、大量在避税天堂地区设立证券化的离岸 SPV 等。影子银行的监管套利违规行为会大大削弱监管制度的功效，掩盖金融机构的真实资产负债情况，积聚大量无法被及时发现的金融风险。此外，由于央行难于准确估计影子银行为金融市场额外提供的信用创造，因此没办法有效调控影子银行的流动性进而控制总的货币供应量，导致货币政策效用被削弱，可能对经济平稳运行产生不良影响。

（四）系统性风险

影子银行的系统性风险主要来源于影子银行和传统银行体系的关联性和传染性。由于影子银行和传统银行体系的业务界限日益模糊，风险交叉传染的通道被打通了。商业银行深度参与了投资银行的资产证券化和结构性投资，其资产和运作游离于资产负债表之外，但由于防火墙机制不完善和隐性担保、声誉风险等原因，风险并未实质性剥离。当危机发生时，巨大的风险迅速从影子银行体系传染至传统商业银行体系，从而带来系统性风险。此外，许多影子银行通过跨境投资在全球范围内配置资产，通过资产负债渠道、信心渠道等将风险传递给了全球主要金融市场和金融机构，从而造成危机在全球的蔓延。

二、影子银行风险识别

金融稳定理事会从宏观和微观两方面出发，构建了一套对影子银行体系进行监控的方法体系，各个国家可以结合国情，建立本国的影子银行风险识别系统。

知识链接

关于金融稳定理事会

金融稳定理事会（Financial Stability Board）的英文缩写为 FSB，FSB 的前身为金融稳定论坛，是七国集团（G7）为促进金融体系稳定而成立的合作组织。在中国等新兴市场国家对全球经济增长与金融稳定影响日益显著的背景下，2009 年 4 月 2 日在伦敦举行的 G20 金融峰会上决定，将金融稳定论坛成员扩展至包括中国在内的所有 G20 成员国以及其他自愿接受指导的国家的监管机构，并将其更名为金融稳定理事会。金融稳定理事会的成员机构包括成员国家的央行、财政部和监管机构以及主要国际金融机构和专业委员会。

（一）监管部门对影子银行体系整体概况的掌握

FSB 认为，监管部门应该在资金流量数据的基础上，结合其他相关数据来观测和确定非银行信用中介的范围和主要发展趋势。此外，金融控股公司的相关监管数据，尤其是其非银行子公司的相关数据，也是非常有价值的。因为虽然影子银行的信用中介职能主要由非银行实体来实现，但商业银行在它们的信用中介链条中也扮演着不可或缺的角色，例如为其提供包销、中间交易、流动性融通支持以及其他服务，所以对传统商业银行活动的分析及其交易对手的识别可以为监管部门掌握影子银行信息提供一个有效途径。

针对信息来源的个体单位界定存在不一致性和不恰当性，FSB 建议成员着重关注资金流量数据收集的个体单位划分界定。例如，有些国家金融数据收集以“银行”为对象和单位，但“银行”这个单位的范围却包含了商业银行及其货币市场基金，使得影子银行的数据和传统银行无法区分和定位。因此，监管部门至少在信息监控单位的界定中，应当区分已经纳入审慎监管的个体和其他还未受到审慎监管的非银行金融机构。此外，监管部门还应当将非银行金融机构分类进行信息采集，并且收集关于传统商业银行和非银行金融机构之间链接性的信息，例如银行与非银行金融机构之间的资产和债务关系等。

（二）对影子银行系统性风险和监管套利进行识别

1. 影子银行系统性风险的识别

在识别影子银行系统性风险方面，监管部门应当关注的问题有：

（1）期限转换。为了识别期限转换风险，监管部门应该计算相关金融实体资产负债的加权平均期限，并对资产负债的剩余到期时间和原始到期时间进行长短划分，对不同期限长短之间的转化应该引起注意。此外，监管部门可以考虑使用其他期限转换识别指标。

（2）流动性转换。监管部门应当评估金融实体或信用中介链条中支持信贷的流动性转换程度。流动性转换非常难以测量把握，但是可以通过金融工具二级市场深度信息，以及比如不同时期的保证金交易、扣减率、买卖价差等其他流动性指标来识别，金融工具是否被央行接受为抵押物也可以作为流动性程度的考虑指标。此外，监管部门也可利用国际组织的研究和调查成果报告、金融危机时期的相关资产流动性历史数据、交易数据库中保存的交易对手数据来识别评估。FSB 建议监管部门至少将期限分为五类：即付、隔夜至 1 个月、1 个月至 3 个月、3 个月至一年、1 年以上，更细致的划分更有利于风险识别流动性转换程度。

（3）信用风险转化。监管部门需要监控金融机构或信用中介链条中某一部门的表外业务（例如担保、保函、信用衍生工具和流动性认沽期权等）风险敞口。监管部门需要时刻关注金融实体提供的隐性支持，并且监控分析银行或非银行金融机构使用的信用风险缓释措施的适当性。而金融实体在转化信用风险的过程中，可能产生比如交易对手信用风险、操作风险、流动性风险或信用风险转化不完整性等新的风险，这也是监管框架需要考虑的因素。

（4）杠杆操作。监管部门应该收集可用于计算资产负债表中杠杆率的数据信息，例如资产负债比率、通过回购市场或经纪商的抵押借款数额等。监管部门也可以进一步分析表外业务杠杆操作，例如衍生品中嵌入的杠杆操作等。在监管过程中，监管部门可以使用《巴塞尔协议Ⅲ》框架下的杠杆率计算方法。

2. 监管套利的识别

在监管套利识别方面，监控流程需要综合多学科的专业技术手段，例如监管政策、经济分析、法律技术和会计专业技术等，并且需要广泛的数据来源。通过监管谈话、现场检查、卖方或买方合约、信用评级机构报告等渠道，监管部门可以获得定性数据。监管部门必须将量化数据和定性数据结合起来识别，并且在识别监管措施地区和国度差异的基础上，对盈利指标进行监控，相对历史数据或行业平均水平过高的盈利代表着监管套利或者风险过大的可能。

3. 对系统性风险和监管套利要素识别之后进行深入分析评估

在对可能存在系统性风险和监管套利有了初步识别把握之后，监管部门应当更加深入细致地分析可能导致这两种风险的特定实体、市场或工具。这种深入分析应该注意在国内或国际环境下影子银行可能会给金融市场带来重大威胁和影响的程度，并且应该随时间和经济情况的变动而改变分析方式。FSB 在监控框架中建议监管部门重点注意以下风险点：

（1）影子银行与传统商业银行的相互作用。影子银行与传统商业银行有着极强的联系，它们在投融资方面相互依赖，并通常受到资产持有和衍生品头寸持有所带来的风险集中，导致风险传导的共同脆弱性。所以，监管部门必须保证信息监控框架能够很好地监控两者的相互作用。为此，监管部门应当收集风险敞口、主要银行与重要非银行金融实体融资依赖、实质性头寸持有等相关信息。

（2）规模大小。影子银行机构及其活动规模越大，可能带来的负面影响就越大。监管部门应当注意总资产量和总负债量的数据收集监控，并且可以根据金融工具分类收集。

（3）盈利状况。对净资产收益率、资产回报率、利润增长率以及利润质量的监控可以帮助监管部门分析影子银行主体损失承担能力的可持续性。比历史数据或行业平均水平更高的风险调整盈利水平意味着过多的风险承担，并且可能破坏持续盈利模式和损失吸收能力。

第三节　影子银行风险的监管框架

一、《多德-弗兰克法案》对影子银行的监管框架

在2007年开始的世界金融危机中，美国无疑是受创伤最重的国家，在反思危机源头之后，美国人开始意识到系统性风险的监管缺陷和影子银行的监管空白是引发本轮金融危机的重要原因。因此，在2009年金融危机逐渐平息之后，美国推出了全面的金融监管改革法案。2010年7月21日，美国政府正式公布《多德-弗兰克法案》，大刀阔斧地对金融监管部门、系统性风险监管、非银行类金融机构、金融消费者权益保护、危机处理和国际监管合作等方面进行改革。《多德-弗兰克法案》中涉及对影子银行监管框架的主要内容如下：

拓展阅读
《多德-弗兰克法案》

（一）进行监管机构和监管功能重组，防范系统性风险

新法案扩充和改革了现有的“多重多头”监管体系。首先，在联邦监管机构层面，增设金融稳定监督委员会（FSOC）、消费者金融保护局（CFPA）、联邦保险办公室等机构来强化联邦层级的监管，一方面提高宏观审慎监管水平，另一方面协调各州监管机构之间的矛盾与冲突，降低金融机构运营成本。其次，除中央银行职能和银行业监管职能外，法案赋予美联储监管大型综合金融保险集团的权力，在分业监管的大背景下做出了混业监管的创新性尝试，使美联储能够对AIG、美国运通、摩根士丹利和美林证券等在危机中出现问题的机构实施更为严格的监管要求，破解“大而不倒”的难题。

（二）创设消费者金融保护局，加强对消费者权益的保护

《多德-弗兰克法案》的全名是《多德-弗兰克华尔街改革和消费者保护法案》，这显示出该法案的中心思想是对消费者利益的保护。新法案在美联储体系下设立消费者金融保护局。该机构具有独立的监管权，可以独立制定监管条例并监督实施，署长由总统直接任命。该机构可以监管美国各类银行和非银行金融机构，以及所有资产规模在100亿美元以上的信贷机构、支票兑换机构和其他类似的非银行金融机构。新法案设立消费者金融保护

局这样一个机构，有助于保护消费者，特别是金融知识较少的个人消费者，体现了从“买者自负”到“卖者有责”的监管理念的改变。该法案允许各州自行颁布更严格的消费者保护法，并适用于全国性银行。

（三）强化对“系统重要性机构”的监管，解决“大而不倒”的问题

该法案建立了新的系统性风险监管框架，将所有具有系统重要性的银行和非银行金融机构纳入美联储的监管之下，实施更为严格的资本充足率和其他审慎性监管标准，降低金融机构“大而不倒”问题出现的可能性和对金融系统稳定性的威胁。对系统重要性金融机构的全面监管还被扩展到母公司及其所有子公司，且包括国外的机构。同时引入“沃尔克规则”（Volcker Rule），限制大型金融机构的自营交易业务。为防止类似雷曼兄弟和 AIG 的危机重演，该法案授予联邦储蓄保险公司（FDIC）破产清算权限，在超大金融机构经营失败时，对其采取安全有序的破产程序。限制美联储的应急借款权，并禁止破产公司参与紧急贷款计划。通过向大型金融机构征费建立清算基金，用于对濒临破产的金融机构的破产清算，确保相关成本由金融业界而不是纳税人承担。

（四）对证券化及场外衍生品金融市场进行规范和约束

该法案加强了对证券化市场（主要是资产支持证券），场外交易（OTC）市场以及具有系统重要性的支付、清算和结算体系的全面监管。在证券化方面，要求证券化信贷敞口的信贷风险要与信贷发起人的利益相联系，要提高证券化市场的透明度和标准，加强对信用评级机构的监管，监管部门应减少对信用评级的使用。在场外交易方面，将绝大部分场外金融衍生品交易移到交易所交易，并通过清算中心结算；禁止银行之间或者银行与客户之间进行这种金融衍生品交易；更为重要的是，要求所有具备从美联储贴现窗口获得融资资格的大型商业银行剥离其信用违约掉期等高风险衍生产品到特定的子公司（银行可保留常规的利率、外汇、大宗商品等衍生品）；对从事衍生品交易的公司实施特别的资本比例、保证金、交易记录和职业操守等监管要求；为防止银行机构通过证券化产品转移风险，要求发行人必须将至少 5%的风险资产保留在其资产负债表上。

（五）填补对对冲基金、私募基金、信用评级公司等监管的空白

《多德-弗兰克法案》填补了对衍生品、对冲基金、私募股权基金、信用评级机构等领域的监管空白，限制金融机构持有大量脱离实体经济的复杂金融产品，避免风险集中爆发。法案要求资产规模超过 1 000 亿美元的大型对冲基金、私募股权基金及其他投资顾问机构在美国证券交易委员会（SEC）登记并披露交易信息，接受定期检查。如果此类机构具有特大规模或特别风险，将同时接受美联储的系统性风险监管。另外，法案还要求所有资产管理规模超过一定门槛的对冲基金以及其他私人资产池（包括私募股权基金和风险投资基金）的顾问向 SEC 注册，并接受管理。

（六）严格银行资本金监管和业务监管，控制潜在经营风险

《多德-弗兰克法案》对银行实行更严格的资本充足规定，将根据银行的规模和风险设定新的资本金要求。新的金融监管法案确定了美联储在资本监管中的地位，要求美联储对“资本严重不足”进行定义，并设定审慎监督和管理的临界值。只要美联储确定某家金融控股公司资本严重不足，即可强令该公司破产。新法案致力于提高资本质量，明确资本对于风险的覆盖理念。同时，针对银行的某些具体业务行为进行精细化监管，控制潜在经营风险。此外，该法案还将金融高管薪酬纳入监督，规定美联储将对企业高管薪酬进行监督，确保高管薪酬制度不会导致其对风险的过度追求。

二、FSB对影子银行的监管框架

FSB于2011年10月27日发布了名为《影子银行：监控和规制的加强》的报告，即FSB报告。FSB报告对影子银行监管框架提出了六个方面的监管措施建议，具体如下：

（一）传统商业银行与影子银行的相互作用监管（间接监管）

（1）确立符合国际一致惯例的出于审慎目的的兼并规则，保证商业银行所有的影子银行机构都包含在其资产负债表中。

（2）传统商业银行对影子银行的风险敞口数量和性质的限制需要加强。

（3）传统商业银行对影子银行风险敞口的风险基础资本要求必须重新评估制定，以保证风险被准确定位和处理。尤其是基金投资的处理，以及影子银行体系中的短期流动性工具的处理。

（4）对隐性支持实行更加严密的监管措施，以限制商业银行对兼并规则效力范围以外的、非控股所有的影子银行机构的援助。

（二）货币市场基金的监管改革

货币市场基金监管改革的关键点在于选择鼓励或要求货币市场基金改变为浮动资产净值模式，还是让其保持向投资者承诺固定资产净值但加强对其资本和流动性的要求，或者探求其他可能的路径。为了保证监管改革路径选择的有效性，FSB要求国际证监会组织（IOSCO）承担监管改革的评估工作，通过分析货币市场基金在资本市场中的角色，各国货币市场基金的分类、特点、系统性风险类型、既有监管措施对其资金流的影响和实施效果，货币市场基金在金融危机中的作用，国际惯例和其他可行的措施等要点，构建新的监管框架以减轻货币市场基金的挤兑风险和其他系统性风险。

（三）其他影子银行主体的监管措施

对管道、结构化主体、金融公司、保险公司、对冲基金等其他影子银行主体的监管措施需要围绕审慎目的进行制定。FSB成立了新工作机构，负责划分其他影子银行主体的外延和类别，分析其规模和风险性，进行更加细致的既有监管框架及其差异性的评估，分析它们在金融危机中的作用，并在此基础上形成监管立法建议报告。

（四）资产证券化的监管

监管措施应关注资产证券化的动因，从资产证券化的操作者（如发起人、资产提供者等）在资产证券化中保留部分风险资产的要求和证券化产品的透明性及标准化要求两方面入手进行监管。在G20的承诺文件中，成员国都同意资产证券化的资助者与发起人必须保留一部分基础资产的风险，以促使其更加审慎地进行证券化活动。除此之外，FSB授权IOSCO与巴塞尔委员会共同合作，对成员的风险保留要求和证券化产品的透明度及标准化要求的实施效果进行评估，并在评估结果基础上形成政策建议报告。

（五）融资融券交易和回购协议的监管

FSB要求从审慎监管角度出发对融资市场，尤其是对融券交易和回购协议进行监管评估和改革。FSB认为应当从三个方面出发应对担保性融资市场的风险：

（1）规制融券交易中保证金的再投资活动，可以对保证金投资的期限做出限制，或者限制投资的工具种类，并限制金融机构使用客户的保证金为银行和证券经纪商融资或再担保。

(2) 限制融券交易和回购协议中的保证金和扣减率。

(3) 完善担保性融资市场的市场基础设施建设，例如回购协议的结算、交易报告制度等。

(六) 其他监管措施

监管部门需要建立影子银行适用的信息披露制度与信息报告制度，并严格执行相关金融机构信贷审核标准，以降低次级贷款的信用风险，抑制期限转换和杠杆操作的过度使用。此外，FSB 还要求对信用评级机构进行进一步监管，降低信用评级机构虚假评级、虚假包装等负面作用的影响。

分析案例

美国与 FSB 监管框架的比较分析

一、关于监管主体

美国影子银行的监管主体是以金融稳定监督委员会（FSOC）为主，多个监管机构共同监管。FSOC 作为主要监管协调机构，负责对影子银行体系监管的统筹协调提供政策建议和指导；美联储是影子银行体系的实际监管机构，此外美联储还监控传统商业银行与影子银行的活动来往和联系；美国商品期货交易委员会（CFTC）和 SEC 则监管资本市场，包括结构性衍生品市场。

而 FSB 成立的目的是建立一个国际监管合作机制和框架指导，本身不设负责监管的权力机构，因此监管主体其实就是 G20 国家和其他自愿接受其指导的国家的监管机构。FSB 通常通过与 IMF、巴塞尔委员会等国际金融组织合作，以及通过设立专项工作小组来开展影子银行的监管立法等工作。

二、关于监管对象

美国和 FSB 的监管对象都包括传统商业银行、影子银行机构和一些金融中介机构。比较而言，美国影子银行监管对象更为具体，更有针对性，而 FSB 作为一个国际监管协调机构，由于需要考虑各个国家的不同情况，监管对象的规定较为宽泛。此外，美国设立了消费者金融保护局，专门对影子银行市场的投资者尤其是私募投资者进行保护，制定了特殊情况下强制拆分重组、破产清算以及危机救助等措施。FSB 对于投资者保护和事后救助机制方面则还有待进一步完善。

三、关于监管内容

美国对影子银行的行为规定了相关的监管标准和限制等。首先，确定了影子银行适用的资本充足率、杠杆比率、流动性要求、风险资产保留比例等审慎监管标准；其次，规定了影子银行活动的信息披露要求和交易信息保留备案制度；最后，影子银行监管立法明确禁止了一些特定交易行为，取消了以往法律给予的责任豁免，着重加强了利率掉期、信用违约掉期和资产总收益互换等金融衍生品交易的监管。但美国衍生品市场的监管仍有空白，很多衍生品交易仍未被监管体制覆盖。

而 FSB 确立的监管内容更为宽泛，它没有具体针对某一产品或交易活动提出限制、禁止或指标，更多的是提出监管需要重点关注的活动和行为，FSB 认为必须受到监管的行为和活动主要包括与传统商业银行的关联、资产证券化、融资融券与回购市场、货币市场基金与信息披露等。

四、关于过程监管

从过程监管角度看，美国建立了事前、事中和事后全过程的监管制度。事前监管主要由FSOC负责收集各金融领域的信息，建立监管信息协调机制，并对所得信息做分析研究，识别风险。在事中监管阶段，美国要求监管权力机构对影子银行活动全程进行跟踪和控制可能产生的风险，FSOC将负责认定具有重要系统性风险的影子银行机构或可能对金融稳定性产生威胁的非银行金融机构。事后监管方面，美国建立了影子银行机构的破产清算机制，制定了提供贷款、增加流动性等危机应对和救援机制。

而FSB的监管框架中，监管过程主要是事前和事中两个阶段，其中事前监管是最大的着力点和亮点。FSB极其强调影子银行体系信息监测和风险识别制度的建立，专门成立了工作小组负责全球范围内信息监测与风险识别制度的建立、调试和实施，到目前为止FSB共建立了二十国集团内的信息监测和风险识别流程与框架。在事中监管阶段，FSB监管框架也要求监管机构对影子银行活动进行全程跟踪和控制可能产生的风险，对已经发生的风险做持续监控和防范。FSB关于事后监管的制度还完全是空白，这也是FSB现有监管框架的最大缺陷，未来需要加大这一方面的制度建设。

三、我国影子银行的监管框架探讨

由于我国影子银行还处于发展初期阶段，所以还没有独立的影子银行监管框架，但是近几年来，随着影子银行规模的不断扩大，我国影子银行的风险已经不容小觑，如何对我国影子银行进行有效监管是一个迫切的问题。结合现有各国影子银行监管立法及国际组织监管研究成果经验，借鉴美国和FSB关于影子银行监管框架的做法，本书探讨了我国影子银行监管的几个重要问题。

（一）我国影子银行的监管原则

1. 前瞻性原则

影子银行的监管必须具有前瞻性，这样才能应对随时可能出现的风险。我国监管措施不能只把焦点放在已经出现的风险和现有主体之上，还应当预测到金融市场在不断发展过程中可能产生的新风险和未来可能出现的衍生金融主体，以及这种变化可能给监管带来的反应。

2. 重点关注原则

虽然我国影子银行还属于发展的初级阶段，但是影子银行的外延囊括了传统商业银行体系之外的所有信用中介机构。在对广泛影子银行体系进行监管时，要尽量保证风险信息搜集、识别、监管的全面性。但不同的影子机构风险分布也各不相同，试图面面俱到的监管框架需要较高的监管成本，同时容易造成监管的低效率，所以，对我国影子银行进行监管时要有侧重点和针对性，以便能够及时高效地控制可能带来严重影响的重大风险点。

3. 区别对待原则

影子银行的存在和发展对促进金融市场繁荣和促进金融产品的创新有着积极的作用，我们不能因为影子银行的脆弱性和风险就全盘否定和限制其发展。对影子银行的监管应该坚持区别对待原则，保证监管制度的合理性。监管的严厉程度必须与影子银行可能带来的风险相当，既不能片面追求严厉禁止，也不能整体过于宽松。对于高风险和违反法律规定与国际惯例的行为，可以采取限制甚至禁止的做法；对于风险适中的活动则采用指导性的合理监控。

4. 一致有效性原则

影子银行的监管还要坚持一致有效性原则。考虑到影子银行的监管套利问题，我们的影子银行监管框架必须注重立法的有效性和一致性。我们既要考虑我国立法体制等国情，又要加强与其他国家的监管交流与合作，尽可能保持与国际立法的一致性，尤其是在监管标准、约束指标、信息监控等方面。防止国外影子银行利用我国监管制度进行监管套利的最有效方法是平衡我国与他国的立法，尽可能保证各国监管体制的一致性，注意监管框架中的国际交流合作，以有效识别处理普遍性风险并且避免产生跨国监管套利的可能性。

（二）我国影子银行的监管模式

1. 我国影子银行目前的监管模式

我国目前采取的是“分业经营、分业监管”的模式。分业经营就是指银行业、证券业和保险业各自经营相对应的金融业务；分业监管是指由中央银行、银保监会和证监会形成简称“一行两会”的共同负责金融监管模式。作为非银行金融机构，影子银行金融机构也必须遵循我国的金融法律法规，接受各自所属监管机构的监督与管理。在此模式下，信托、证券和保险机构等影子银行主体的所有业务活动，都必须获得相应的主管当局的批准和许可，而中国人民银行在整个监管体系中具有保持金融稳定的职责，具备处理跨部门金融问题的权利。表 8-3 清楚呈现了我国不同监管机构对影子银行体系金融产品的交叉监管关系。

表 8-3　我国影子银行体系金融产品监管交叉关系表

金融产品	主管部门	交易场所	产品承销机构
企业债（含中小企业债）	发改委	银行、交易所	证券公司
金融债	人民银行	银行和其他金融机构	银行和其他金融机构
可转债	证监会	银行	证券公司
资产支持证券	证监会	交易所	证券公司
基金、证券公司理财产品	证监会	基金公司、证券公司	基金公司、证券公司
信托公司信托产品	银保监会	信托公司	信托公司
银信合作产品	银保监会	银行、信托公司	银行
保险产品	银保监会	场内和场外	保险公司

从表 8-3 中我们可以清楚看到，我国影子银行体系的部分金融产品从主管部门，到发行、承销需要经过的金融机构，会经过多部门的交叉监管。而且，影子银行体系的金融产品创新主要产生在这些监管权限交叉的领域之中。就现状而言，我国目前只能维持这种分业监管的模式，也基本与我国现阶段金融经营体制相匹配。但是这种多头监管的模式也存在明显问题：首先，中央银行与“两会”之间的关系难于梳理。由于我国两大金融监管机构没有和中央银行之间建立信息共享机制，导致平行机构之间各自掌握独立风险信息，无法建立对整个系统性风险的应对决策机制。最后，我国两大金融监管机构的监管体制协调不明显。目前，在法律角度上没有为“两会”之间协同监管，在体系上形成合力创造条

件，缺少被监督环节，造成机构各自追求自身利益，产生道德风险。最后，监管机构标准的差异性会导致相似金融产品在被不同机构监管下产生不平等竞争。

2. 我国影子银行未来监管模式

影子银行体系是典型的金融混业经营，并且经营边界更为模糊，与传统商业银行、保险业等金融行业存在大量不可分割的相互作用和关联关系。所以在分业监管与混业监管两种模式当中，对影子银行体系的监管以混业监管为最佳选择。而混业监管中通常有两种方式——功能监管和机构监管。机构监管的监管对象是金融机构，设立不同的监管机构，监管不同类型的金融机构。机构监管的方式也可运用于分业监管。而功能监管的监管对象为不同的经营业务，不考虑进行某种业务的主体是何种金融机构，只要履行了某一特定功能的金融机构都归属监管该业务的机构管辖。理论界大部分人认为，功能监管更适合用在金融混业经营的情况之下。

未来混业经营是一种趋势，功能监管更适合我国影子银行的监管。作为一种过渡，在我国现有的分业监管体制下，监管者需要更多地考虑监管机构之间的信息共享和协调机制的建立。此种协调机制可以采用联席会议或各监管机构代表担任的委员会形式，机制的建立中应重点关注信息共享、决策协商、规章制定及相互遵守、冲突解决机制四个方面：(1) 各监管机构应当在前文所述的影子银行风险监测与度量框架下进行相关信息共享，在各自监管范围和工作中充分参考其他部门业务的情况。(2) 在对影子银行的日常监管工作和决策中，如果涉及另一监管机构的管辖范围，或在无法确定管辖机构的情况下，各监管机构必须积极协商，在取得一致的情况下做出决策。(3) 对于各监管机构就各自管辖范围内制定的法规条款，其他监管机构在监管工作涉及的情况下，必须予以充分的尊重和遵守，保证监管立法的效力，避免潜在监管冲突。(4) 要建立有效冲突解决机制，对已发生的冲突提供妥善的解决途径。

(三) 我国影子银行的监管对象

我国影子银行的监管框架中，受监管主体可以分为三类：内部影子银行主体、外部影子银行主体和辅助机构。在这三类监管对象中，我国的监管重点是内部影子银行主体和外部影子银行主体。

1. 内部影子银行主体的监管

我国影子银行体系的特征为独立性弱，多为内部影子银行主体。此类主体由于与传统商业银行、国企和其他金融市场主体联系尤为紧密，具有很强的互动作用，因此风险传导的概率高、速度快、影响严重，并且大大削弱了银行金融监管的有效性。所以对内部影子银行主体的监管应当高度审慎和严格，对于拥有高系统性风险的内部影子银行主体和影子银行活动，可以制定相对严格的监管标准，予以限制甚至禁止。但是，内部影子银行主体存在隐蔽性较高、业务界限模糊、难以区别界定的情况，而实行严格的监管必须对监管对象进行准确识别定位，保证相关监管措施的针对性。

2. 外部影子银行主体的监管

这类主体是独立自主的市场主体，在我国主要包括独立信托公司、私募基金公司、保险公司、投资银行和其他民间借贷金融公司等。这些主体独立经营，并且部分已经被纳入既有监管框架之内，其系统性风险和传导概率相对较小。对于外部影子银行主体的监管可以采用较为宽松的方式。但这种宽松并不是没有边界的，外部影子银行主体中也存在具有较大的重要系统性风险的机构。因此，对外部影子银行主体的监管应当讲究分层次的区别监管灵活性，根据不同的风险程度予以不同级别和强度的监管措施。

3. 辅助机构的监管

辅助机构主要指信用评级机构、审计机构、交易结算机构等市场基础配套设施。影子银行监管框架中有必要考虑对信用评级机构的监管，从侧面规制影子银行的活动，保证其金融安全和投资者保护。此外，明确与影子银行相关的会计和审计制度，对审计部门进行监管，并且加强影子银行业务的交易结算监管，探索集中清算应用的可能性，完善市场基础配套设施的建设和监管，也对影子银行的监管有莫大的帮助。

（四）信息披露制度的设计

不透明性是影子银行的特征之一，因此信息披露制度的设计是我国监管框架构建必须考虑的重点，对加强影子银行市场的投资者保护也具有重大意义。具体来说，信息披露制度的设计包括以下内容：

1. 发行信息披露

在发行信息披露方面，影子银行信息披露制度必须明确金融产品的扣减率是融资融券和回购协议市场的核心要素，扣减率意味着杠杆操作的可能性，影子银行能够利用扣减率大大提高其融资能力和信用创造能力。扣减率越低，杠杆率越高，融资能力和信用创造能力越强，反之则相反。除了发行环节的信息披露要求之外，还应注意众多影子银行证券化产品的基础资产信息披露要求的规定，必须保证基础资产信息披露的真实性和完整性。

2. 持续信息披露

在持续信息披露方面，从金融产品发行到二级市场流通交易的各个环节都应该制定相关的信息披露要求，明确不同主体的披露义务和保密义务。可以参考美国的监管改革，对交易信息和相关主体信息都必须建立保留备案制度，并且考虑建立或纳入统一的交易数据库，保证持续信息披露和信息回溯查证的可能性。

3. 信息披露标准的制定

信息披露标准可考虑差异化制定，针对影子银行产品特性和投资者特点，以及影子银行市场与其他金融市场不同的功能定位，影子银行的信息披露要求不能统一划定。可以根据影子银行主体参与市场的风险程度高低和职能作用，权衡信息披露义务人的披露成本和必要性，对于不同的影子银行主体和活动确定不同的信息披露标准。

4. 信息披露责任分配

监管者需要明确信息披露责任分配，建立问责机制。其中需要强调的是信用评级机构的信息披露责任，在影子银行的活动中，信用评级机构往往成为投资者决策的依赖，为了保证公正性和真实性，信用评级机构必须承担一定的信息披露义务，监管制度可以要求其对提前获知的特定重要非公开信息必须予以公开披露，并且必须向社会公开信用评级机构自身相关信息，如资质许可、评级流程、工作标准、历史表现、报酬来源等，以便投资者在参考决策的时候对其独立性、专业性和公正性有所评估和把握。

关键概念

影子银行　影子银行体系　监管套利　金融稳定理事会　《多德-弗兰克法案》　管道　政府支持机构　结构性投资载体　民间借贷　监管套利风险　系统性风险　沃尔克规则　信用违约掉期

思考题

1. 简述影子银行的特点。
2. 简述影子银行体系的主要构成。
3. 简述影子银行体系的积极作用和消极作用。
4. 简述影子银行风险的主要形式。
5. 比较《多德-弗兰克法案》和FSB对影子银行的监管框架的异同。
6. 我国影子银行监管框架的构建要考虑哪些重点问题?

实践案例

资管新规出台的背景与影响分析

资产管理业务是指银行、信托、证券、基金、期货、保险资产管理机构等金融机构接受投资者委托，对受托的投资者财产进行投资和管理的金融服务。2018年4月27日，《关于规范金融机构资产管理业务的指导意见》（以下简称“资管新规”）正式发布并实施。作为首个针对资管行业的重要文件，将对整个行业发展产生深远的影响。本案例针对资管新规的出台背景、主要条款及其影响做出分析。

一、出台背景

近年来我国资产管理业务快速发展，规模不断攀升，截至2017年末总规模已达百万亿元。一方面，资管行业对社会融资需求有重要的支持补充作用；另一方面，大量表内资产通过资管业务出表，资金脱实向虚，使得资金空转，脱离了“受人之托，代人理财”的业务本源；另外，各类资产管理业务监管标准不同，缺乏统一的指导性制度，容易出现监管套利，影响政策有效性，从而积累风险隐患。资管新规的发布，标志新的监管框架正式形成，对于统一监管标准、规范金融机构资产管理业务、有效防控金融风险具有重要意义。同时，也将引导金融行业建立长效机制，规避短期逐利，回归金融本源，服务实体经济。

(1) 引导资管行业回归本源。目前，国内资管行业以短期逐利为主，投资能力较弱，“受人之托，代人理财”功能未能得到有效体现，逐渐沦为银行附庸和套利通道。重塑金融生态环境的任务迫在眉睫，亟须引导相关金融机构回归本源，加强自身主动管理能力，促使资管行业健康发展，提升我国金融行业竞争力。

(2) 金融去杠杆，控制社会债务水平。近年来企业、地方政府平台负债率显著提高，积累了大量的债务风险隐患。其中，资管产品非标通道业务是引起此现象的重要原因之一。如能对通道业务予以限制，不仅能倒逼资管机构进行盈利模式变革，还能有效降低社会债务水平。

(3) 治理影子银行，防范金融风险。随着资管行业的繁荣发展，大量银行表内资产通过表外途径形成了庞大的影子银行，对宏观经济政策有效性造成了较大影响。由于底层非标资产本身期限较长、流动性差，最终导致影子银行风险不断积聚。同时，资管产品结构复杂，风险隐蔽性大，经过多层嵌套传染性强，可能会放大金融风险。及时对资管产品进行底层资产穿透监管，能有效掌控资金流向，控制影子银行规模。

(4) 引导资金脱虚向实，降低社会融资成本。很多资管产品通过多层嵌套，导致资金在金融体系内空转，增加融资的成本，拉长了资金流向实体经济的链条。同时，从底层资产来看，资管产品大多投向了房地产、产能过剩行业，挤占了信贷额度；而这些行业承受的利率水平较高，也从另外一个方面提升了社会融资成本。这样就加大了中小企业的融资难度，影响实体经济的发展。

(5) 统一监管，避免监管套利。由于不同的监管机构存在政策性差异，缺乏对各类金融机构开展全面、统一、有效的监管，导致资金进行监管套利。此时，很有必要形成顶层设计，统一监管标准，消除多层嵌套和通道业务，实行公平的市场准入和监管，为资管业务健康发展创造良好的制度环境。

二、资管新规主要规定及其影响

(1) 规范资金池，防止期限错配和流动性风险。资管新规要求，不得开展资金池业务，合理确定投资期限，加强期限错配的流动性管理。金融机构应当强化资产管理产品久期管理，封闭式资产管理产品期限不得低于90天。上述规定对于纠正资管产品短期化倾向有重要意义，也可以切实减少和消除资金来源端和运用端的期限错配和流动性风险。

(2) 净值化管理，打破刚性兑付。金融机构需要对其发行的产品进行净值化管理，通过公允价值和摊余成本法估值方法，及时反映基础金融资产的收益和风险。同时，资管新规明确了刚性兑付认定标准：①违反真实公允确定净值原则，对产品进行保本保收益；②滚动发行，使得本金、收益、风险在不同投资者之间发生转移，实现保本保收益；③自筹资金或委托其他机构代为偿付；④其他情形。

这些规定的影响包括：首先各资管机构通过净值化管理，推动资管产品从预期收益型向净值型转变，逐步培养投资者"卖者尽责，买者自负"理念，让投资者在明晰风险、尽享收益的基础上自担风险。其次，刚性兑付抬高无风险收益率水平，干扰资金价格，影响市场在资源配置中的决定性作用。所以，打破刚性兑付，有利于降低融资成本。

(3) 消除多层嵌套、限制通道业务，统一监管标准。多层嵌套、通道业务可以规避合格投资者、投资范围、监管指标，隐蔽资金来源、杠杆约束等方面的限制，阻碍了监管的有效性，也使得资金低效率利用。资管新规实行机构监管和功能监管相结合，实行穿透式监管。这些规定可以有效防止各类产品进行监管套利和资金空转，使资金使用效率大幅提升、交易成本显著降低。这将引导资管机构更重视有效调动金融资源满足实体经济的长期投融资需求，而不是通过监管套利追逐短期利益。

资料来源：中国银行保险监督管理委员会网站，2018-04-27。

问题思考：为什么在2018年这个时点出台资管新规？出台资管新规对国家金融安全有何意义？如何利用资管新规守住不发生系统性金融风险的底线？

职业素养提升：培养学生国家金融安全大局意识，守住不发生系统性金融风险的底线意识、风险意识和法治意识；养成良好职业道德和正确金钱观；培养勇敢担当的社会责任感；提升专业能力、创新思维，开拓国际视野等。

第9章 股票与基金市场风险管理

学习目标

1. 理解股票市场风险的定义和类型；理解投资组合理论；理解基金市场的风险类型。

2. 重点掌握因子模型、CAPM和APT等股票市场风险度量和定价模型；重点掌握分散化投资、基本面分析法和套期保值法等股票市场风险管理方法。

3. 掌握基金风险的几种度量方法和基金风险管理策略。

4. 价值塑造：树立国家金融安全大局意识，守住不发生系统性金融风险的底线意识、风险意识、诚信意识和法治意识；坚定制度自信；培养正确金钱观；提升专业能力，开拓国际视野等。

导入案例

1720年英国南海股灾

著名的物理学家牛顿曾经说过一句话：我可以计算出天体运行的轨迹，却无法预测人性的疯狂。让他发出这个感慨的原因，正是1720年影响深远的英国南海股灾。这场股灾堪称经典，几乎囊括了股灾的全部典型特征。

1711年，英国人成立了一家专与美洲大陆东海岸之间做殖民及贸易的公司，即南海公司。这家公司通过贿赂英国官员以及政商勾结获得了贸易垄断。1720年4月，南海公司新发行的300英镑面值的股票在一个月内便上涨了近一倍，3个月后的7月便涨到了每股1 000英镑以上，6个月涨幅高达700%。虽然这家公司微薄的利润根本不足以支撑其市值，但股票的上涨让整个英国都失去了理智，包括半数以上的民众、参议员都参与其中，甚至国王也禁不住诱惑，竟也认购了价值10万英镑的南海公司股票。在南海公司股价暴涨的示范效应下，全英170多家新成立的股份公司的股票都成了投机对象。

1720年1月1日，伦敦证券交易所的股票指数只有190点，到了7月竟突破了750点，半年之内上涨了近3倍。而这些新成立的公司只需要做好一件事就可以：编故事，给自己的公司设想一个日进斗金的美好未来。这些公司的主营业务五花八门，有的声称可以淡化海水，有的声称能从铅里提取银，有的声称可以制造永动机，有的声称即将生产对付海盗的武装船……

但泡沫最终会破裂：当南海公司高管抛售股票的消息不胫而走，股民们下意识认为公司经营上出了问题，于是争先恐后地抛售南海公司的股票，9月跌至每股175英镑，12月跌为124英镑。1720年年底，政府最终对南海公司资产进行清理，发现其实际资本已所剩无几，股票形同废纸。南海股灾的影响是深远的。在此后较长的一段时间里，英国民众对新兴的股份公司闻之色变，对股票交易也心存怀疑，英国股市进入百年沉寂，这也为100多年后美国全面超过英国埋下了伏笔。

时至今日，股票市场已经成为现代经济体制中的一个重要市场，为投资者对公司进行权益投资以及相互之间的股权转让提供了便利，也为投资者的风险承担及风险管理提供了便利。但南海股灾也让我们看到了股票市场通过瞬息万变的股票价格产生的巨大投资风险。本章主要介绍股票市场风险的类型、度量及其管理。

第一节　股票市场风险概述

一、股票市场风险的内涵

股票市场有着不同于其他金融市场的特征。这些特征决定了股票市场风险不同于其他金融市场的风险。

（一）股票市场的特点

自荷兰于1609年创建阿姆斯特丹证券交易所以来，股票市场已经逐渐发展成为现代市场经济体制的支柱之一，成为一个重要的投融资平台。股票市场制度之所以能在世界范围广泛传播，与其具有的特征及作用不无关系。

1. 股票市场是一个直接投融资平台

一家公司在股票市场发行股票时，资金直接从投资者手中流入到公司。相对于间接融资方式，这种投融资方式的效率更高，筹资成本更低。同时由于股票发行时面向大众，投资门槛比较低，有利于聚集闲散资金。

2. 股票发行市场可以保障资源的优化配置

首先，证券交易所会对发行股票的公司进行资格审查，确保该公司具有良好的经营业绩以及持续经营能力。其次，股票发行价格的确定机制也可以保证优秀的公司可以从市场上募集更多的资金。最后，股票市场退出机制也在一定程度上保障了资源的优化配置。

3. 股票投资本金不会偿还

上市公司在公开发行股票中募集的资金不会返还给投资者，将作为公司的资本金用于公司的持续经营。对于资本金的使用公司不必支付利息，只需视营利情况及投融资安排对投资者发放红利。因此公司运用股本进行投资，财务压力较小。对投资者而言，可以通过转让股票来收回投资，在持有期间，投资者可从公司获得红利收益。

4. 股票交易存在活跃的流通市场

上市公司的股票通常存在非常活跃的流通市场，投资者可以在需要资金的时候及时在股票流通市场上转让股票，以收回投资。但需要注意的是，由于股票价格的波动，股票转让有可能会导致一定的损失，即股票的流动性在一定程度上受价格波动的负面影响。

5. 股票投资是一种虚拟资本

不同于通常的实物投资品，股票的市场价值具有高度不确定性。股票的市场价值并不是由最初投入的资本金决定的。每一股股票代表一份剩余收益索取权，即在将来公司进行红利分配时，每一股股票都可以获得相应的红利份额。因此股票的市场价值取决于投资者对公司未来盈利能力的预期。盈利能力越强，则股票价格越高。

6. 股票投资收益具有风险性

在股票投资过程中，不管是红利收益还是资本利得，都具有高度的风险性。公司的红利分配受到公司盈利状况、未来的投融资计划以及红利发放政策的影响，这些因素都具有不确定性，从而导致公司的红利分配极不确定。相对于红利的风险性而言，股票投资的资本利得具有更强的风险性。除了影响红利分配的因素以外，宏观经济形势、行业状况、公司的发展状况以及投资者的心理预期等多方面的因素都会对公司股票价格造成影响。

7. 股票市场能够反映信息

由于股票价值取决于对未来收益的预期，一切影响股票未来收益的因素都将对其价值造成影响，因而股票市场的价格对所有影响股票未来收益的相关信息进行综合的反映，如利率、GDP、汇率、物价水平等宏观经济变量所反映的信息，各种与产业发展相关的信息以及关于公司运营能力、财务状况、技术开发等公司层面的信息。

（二）股票市场风险的含义

股票市场风险可以作广义的理解和狭义的理解。在广义上，股票市场风险是指由于每一只股票的价格以及分红都具有随机性，投资者在股票市场中的投资收益受其影响而呈现出随机性。广义上的股票市场风险区别于单一股票的收益风险，它是所有单一股票收益风险的集合，是一个泛指的概念，它体现为股票市场中每一只股票的收益都具有随机性，因此广义上的股票市场风险是难以度量的。而单一股票的收益风险往往是特指的，该风险可用具体的指标来度量。

在狭义上，股票市场风险是指股票市场上所有股票收益的整体随机波动性，简称为市场风险。股票市场上所有股票的收益都是随机波动的，而且不同股票的收益随机波动存在一定的相关性，在某些时刻，市场上的大多数股票都上涨，而在另一些时刻，市场上的大多数股票都下跌。也就是说股票市场上不同股票的收益变化存在着一定的整体性。市场风险概念以这一规律为基础。市场风险是可度量的，股票市场指数往往可以很好地反映股票市场收益的整体性变化，因而可用股票市场指数的收益风险作为市场风险的代理变量。

二、股票市场风险的类型

讨论股票市场风险的类型时，我们将这一概念作广义的理解。它是不可度量的，是一个泛指的概念，因而可以对其进行分类。依据马科维茨的投资组合理论，可以将股票市场风险分为系统性风险与非系统性风险。

（一）系统性风险

系统性风险也称不可分散风险，是指某些因素导致市场上大多数股票的价格下跌，从而给股票投资者带来损失的可能性。狭义的股票市场风险实际上就是指系统性风险。系统性风险主要是由政治、经济及社会环境等宏观因素造成，投资者无法通过调整投资组合来避免这种风险。由于这些因素来自市场外部，是单一企业所无法抗拒和回避的。具体而言，影响因素包括以下几方面：

1. 宏观经济因素

宏观经济是所有公司生存的一个大环境，每家公司的业绩都受到宏观经济的影响。当宏观经济比较繁荣时，多数公司的业绩都比较好，而在宏观经济处于衰退期间时，多数公司的业绩都比较差。具体来说，宏观经济因素包括 GDP、失业率、平均劳动力成本、社会总资本量等。这些因素的变化以不同的方式影响着所有股票的收益。

2. 政策因素

政府的经济政策和管理措施可能会导致股票收益的损失。这在新兴市场上表现尤为明显。比如税收的增加会导致公司的利润降低，交易税的增加会减少投资者的投资收益，汇率的提升将导致出口企业利润降低，并进一步通过各种间接途径影响整个经济。

3. 利率变动

利率的变化通过多种途径影响股票的价值。对于一个实业投资公司而言，首先，利率的上升使得公司的资金成本上升，利润减少；其次，利率的上升也会抑制公司的实物投资，影响未来业绩的增长；最后，利率上升时投资者对股票的投资收益率会有更高的要求，使得股票当前价值出现直接的下降。利率的变化也会直接影响金融类公司的收益。

4. 通货膨胀

当通货膨胀发生时，投资者的实际收益率低于名义收益率。

5. 投资者情绪

一般来说，投资者的投资行为并非完全理性的，会受到其情绪的影响。在对股票市场的走势比较乐观时会比较积极地投资股票，甚至希望通过股票投资一夜暴富；反之，在对股票市场充满恐惧心理时则会转向其他的投资渠道。尤其是个体投资者的投资行为更容易受到情绪的影响，并且市场上的个体投资者的投资情绪具有共性，从而导致股票价格被推高或被压低。

（二）非系统性风险

非系统性风险也称为可分散风险，是指个别因素对单只股票造成损失的可能性，其不同于系统性风险，是专指个别股票所独有并随时变动的风险，它通常由某一特殊的因素引起，与整个股市不存在系统的联系，而只对个别证券的收益产生影响。这种风险可以通过组合投资加以消除。若投资者持有多样化的不同证券，当某些证券价格下跌、收益减少时，另一些证券可能反而价格上升、收益增加，这样就使一部分非系统性风险相互抵消。

非系统性风险的影响因素主要是一些直接影响单个企业经营的因素，如上市公司管理能力的降低、产品产量、质量的下滑、市场份额的减少、技术装备和工艺水平的老化、原材料价格的提高以及个别上市公司发生了不可测的天灾人祸等。非系统性风险主要包括信用风险、经营风险、财务风险。

1. 信用风险

信用风险又称违约风险，是指证券发行人在证券到期时无法还本付息而使投资者遭受损失的风险。违约事件发生时，一家公司可能面临破产或者重组。一家公司发生信用降级事件时，投资者对公司未来收益的预期也会产生影响，从而导致其股票价格降低。

2. 经营风险

经营风险是指公司的决策人员与管理人员在经营管理过程中出现失误而导致公司盈利水平变化，从而使投资者的预期收益下降的可能。

3. 财务风险

财务风险是指公司财务结构不合理、融资不当而导致投资者预期收益下降的风险。不合理的财务安排甚至直接导致公司对债务违约，从而引发信用风险。

第二节　股票市场风险的度量模型

一、投资组合理论

投资组合理论研究如何构建一个投资组合，使得投资目标达到最优化。马科维茨（Markowitz）于1952年发表在《金融学杂志》（*Journal of Finance*）上的一篇文章开创了投资组合理论。在投资者回避风险的假定下，马科维茨建立了一个投资组合分析的模型，对投资组合的预期回报和风险进行了定量分析。

（一）预期回报

假设一个投资组合 P 包含 n 只股票，分别以 $i=1, 2, \cdots, n$ 表示。投资组合在 t 期的财富是 $W_t=\sum_{i=1}^{n} X_{i,t}$，$X_{i,t}$ 是在 t 时期该投资组合第 i 个成分股票的财富。投资组合 P 从 $t-1$ 期到 t 期的预期回报 $E(r_P)$ 为：

$$E(r_P)=\frac{E(W_t)-W_{t-1}}{W_{t-1}} \tag{9-1}$$

$$=\frac{\sum_{i=1}^{n}[E(X_{i,t})-X_{i,t-1}]}{\sum_{i=1}^{n} X_{i,t-1}}$$

$$=\sum_{i=1}^{n}\left[\frac{X_{i,t-1}}{\sum_{i=1}^{n} X_{i,t-1}} \cdot \frac{E(X_{i,t})-X_{i,t-1}}{X_{i,t-1}}\right]$$

$$=\sum_{i=1}^{n} w_i E(r_i) \tag{9-2}$$

其中，$E(r_i)=\frac{E(X_{i,t})-X_{i,t-1}}{X_{i,t-1}}$ 是股票 i 的预期回报，$w_i=\frac{X_{i,t-1}}{\sum_{i=1}^{n} X_{i,t-1}}$ 是投资在股票 i 上的权重，并且 $\sum_{i=1}^{n} w_i=1$。

因此一个投资组合的期望收益率为这个组合中所有单只股票期望收益率的加权平均，每只股票对应的权重为投资于该股票的资金比例。

（二）方差

投资组合 P 包含 n 只股票，股票 i 的回报为 r_i，所占投资权重为 w_i，则投资组合的总回报为：

$$r_P=\sum_{i=1}^{n}w_i r_i \tag{9-3}$$

投资组合的方差为：

$$\begin{aligned}\sigma_P^2&=E(r_P-E(r_P))^2\\&=E\Big[\sum_{i=1}^{n}w_i(r_i-E(r_i))\Big]^2\\&=\sum_{i=1}^{n}\sum_{j=1}^{n}w_iw_j\sigma_{ij}\end{aligned} \tag{9-4}$$

其中，$\sigma_{ij}=E[(r_i-E(r_i))(r_j-E(r_j))]$是股票 i 与股票 j 的回报的协方差，当 $i=j$ 时，$\sigma_{ij}=\sigma_i^2$，即为股票 i 的方差。

协方差是两个随机变量相互关系的一种度量指标。它可以测量两只股票收益率之间的"互动"关系。协方差为正表明两只股票的收益率倾向于向同一方向变化。股票 i 的收益率高于其期望收益率时，股票 j 的收益率也倾向于高于其期望收益率。协方差为负表明两只股票的收益率倾向于向相反方向变化。股票 i 的收益率高于其期望收益率时，股票 j 的收益率则倾向于低于其期望收益率。

相关系数是与协方差密切联系的另一个统计指标。相关系数与协方差有如下的对应关系：

$$\sigma_{ij}=\rho_{ij}\sigma_i\sigma_j \tag{9-5}$$

其中，ρ_{ij} 是股票 i 与股票 j 的收益率相关系数，σ_i 和 σ_j 分别是两只股票的标准差。

相关系数对协方差进行了重新标度，它便于同另一对随机变量的相对值进行比较。相关系数总是在 -1 至 $+1$ 之间。相关系数为 -1 表示两个随机变量完全负相关，相关系数为 $+1$ 表示两个随机变量完全正相关，在这两种极端情形下，两个随机变量呈现出一一对应的函数关系。在大多数情形下，两个随机变量的相关系数介于两个极端值之间。

（三）有效前沿

在马科维茨的投资组合分析中，一个重要的概念是有效前沿。有效前沿的概念可以用图 9-1 表示。图中横轴表示风险，以收益率的方差（或标准差）来度量。图中阴影部分表示给定证券的所有可能的投资组合。每一个可能的投资组合都有一个确定的期望收益率和一个确定的风险水平。这样，每一个投资组合都可用图中阴影中的一个点来表示。

在图 9-1 中，有效前沿是点 A、B 之间阴影区域的左上边界。在这一有效前沿上的投资组合优于该边界下方的投资组合。具体地说，有效前沿上的投资组合比承担同样风险的其他组合产生更高的期望收益率，比具有同样期望收益率的其他组合承担更低的风险。例如，图中的组合 C，它不在有效前沿上，明显劣于有效前沿上的组合 D 和 E。组合 D 与组合 C 承担同样的风险，但比组合 C 产生更高的期望收益率。组合 E 与组合 C 具有同样的期望收益率，但比组合 C 承担更小的风险。

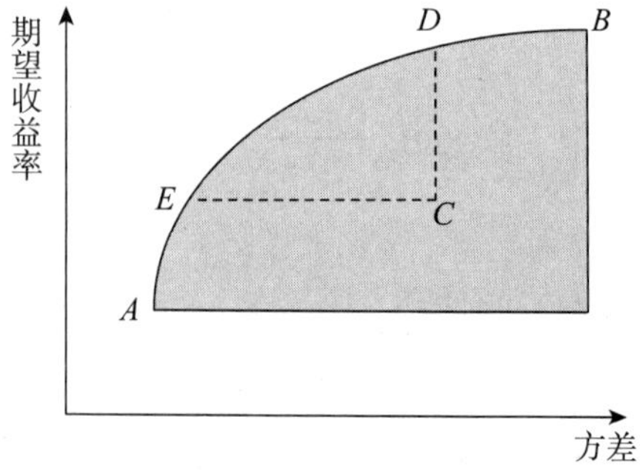

图 9-1　投资组合可能的集合

（四）无差异曲线

理性的投资者偏好于投资更有效的投资组合。一个投资者选择什么投资组合取决于投资者的效用。经济学家使用效用来衡量人们在从事工作、消费或者投资等经济行为时获得的满意度，一般来说，效用衡量了人们在决策时采用不同的策略将获得的满意度。每一个策略都将给决策者带来一定的满意度，而效用的大小度量了决策者对于不同策略的相对偏好。就投资而言，投资的最优决策就是选取一个能够使得效用达到最大化的投资组合。如果一个投资者按照马科维茨模型进行决策，那么他的效用取决于投资组合的期望收益率和风险。承担相同风险的投资组合中期望收益率越高的组合带来的效用越大，而具有相同期望收益率的组合中风险越小的组合带来的效用越大。

描述效用的一个简单工具是无差异曲线。一条无差异曲线表示给投资者带来相同效用的一系列风险和期望收益率的组合。在同一条无差异曲线上，不同的风险和期望收益率组合对投资者而言是无差异的。类似于有效前沿，可以用一个二维图形来表示无差异曲线，其中横轴为方差（或标准差），纵轴为期望收益率。

图 9 - 2 描述了一个假想的投资者具有的无差异曲线，每一条无差异曲线都代表了所有提供同一效用水平的组合整体。图中组合 A 和组合 B 对于该投资者而言是同样满意的，虽然组合 A 与组合 B 具有不同的期望收益率与方差，但二者落在同一条无差异曲线 I_2 上，因此具有同样的效用水平。无差异曲线具有以下几个性质：

（1）无差异曲向右上方倾斜。由于假定投资者是风险厌恶的，为了保持效用水平的不变，承担更高的风险必须要有更高的期望收益率来弥补，即无差异曲线向右上方倾斜。这是无差异曲线的第一个性质。

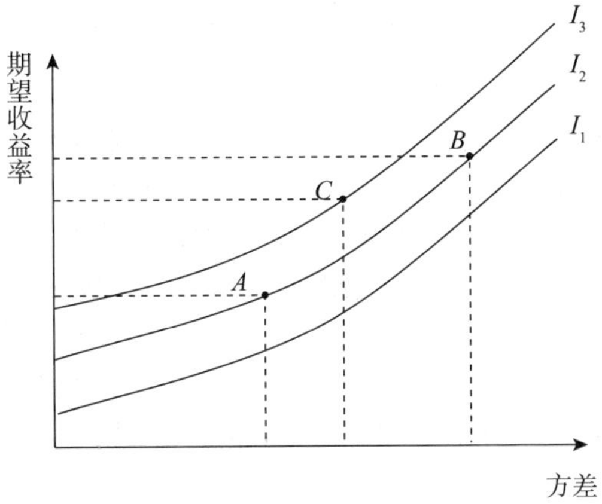

图 9 - 2　风险厌恶者的无差异曲线

（2）不同的无差异曲线不会相交。图 9 - 3 说明了这一点。假设无差异曲线 I_1 和 I_2 相交于交点 X。由于组合 X 位于无差异曲线 I_1 上，因此无差异曲线 I_1 上所有的组合与组合 X 具有同样的效用水平。同时，组合 X 也位于无差异曲线 I_2 上，因此也与无差异曲线 I_2 上所有的组合具有同样的效用水平。这就导致了矛盾，因为 I_1 和 I_2 被假定为代表不同的效用水平。因此两条代表不同效用水平的无差异曲线不会相交。这是无差异曲线的第二个性质。

（3）在风险-期望收益率平面中，代表高效用的无差异曲线位于代表较低效用的无差异曲线的左上方。由图 9－2 所描述的投资者将发现组合 C 比组合 A 和组合 B 都要好，因为组合 C 位于无差异曲线 I_3 上。而无差异曲线 I_3 位于无差异曲线 I_2 的左上方。虽然组合 C 承担的风险比组合 A 更大，但其更高的期望收益率足以弥补高风险所带来的效用损失。虽然组合 C 产生的期望收益率不如组合 B 高，但其承担更低的风险也足以弥补低期望收益率所造成的效用损失。可以看出，无差异曲线 I_2 上与组合 C 承担同样风险的组合的期望收益率低于组合 C，因此可以断定组合 C 的效用高于无差异曲线 I_2 所代表的效用水平。这是无差异曲线的第三个性质。

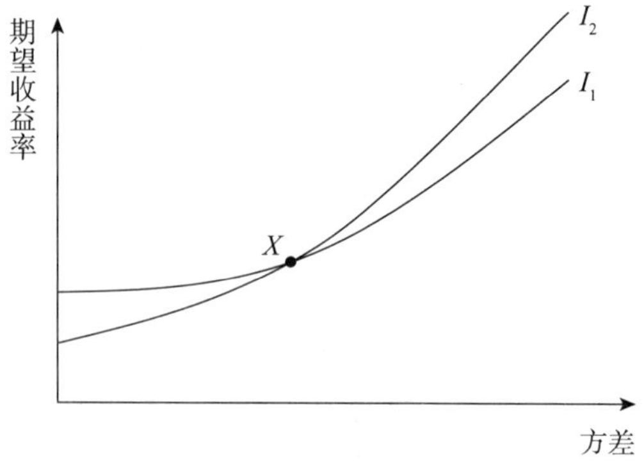

图 9－3　相交的无差异曲线

每一个理性投资者都具有一个无差异曲线图，满足前述的三个特征，并且对该投资者而言是唯一的。不同的投资者可能具有不同的无差异曲线图。无差异曲线倾斜的程度体现了投资者的风险厌恶程度。图 9－4 显示了三种不同风险厌恶类型投资者的无差异曲线图。图 9－4（a）展示的是高风险厌恶型投资者的无差异曲线图。对于高风险厌恶型投资者而言，为了弥补风险增加带来的效用损失，需要提高较多的期望收益率来进行弥补。这使得无差异曲线呈现出比较陡峭的形态。图 9－4（b）展示了中等风险厌恶型投资者的无差异曲线图。相对于高风险厌恶型投资者的无差异曲线而言，其无差异曲线显得更为平缓，这是因为面对同样的风险增加程度，中等风险厌恶型投资者为弥补效用损失需要提升的期望收益率没有高风险厌恶型投资者那样多。图 9－4（c）展示了低风险厌恶型投资者的无差异曲线图。该无差异曲线最为平缓，因为低风险厌恶型投资者对风险的增加最不敏感，他仅需要少量的期望收益率提升来弥补风险增加导致的效用损失。

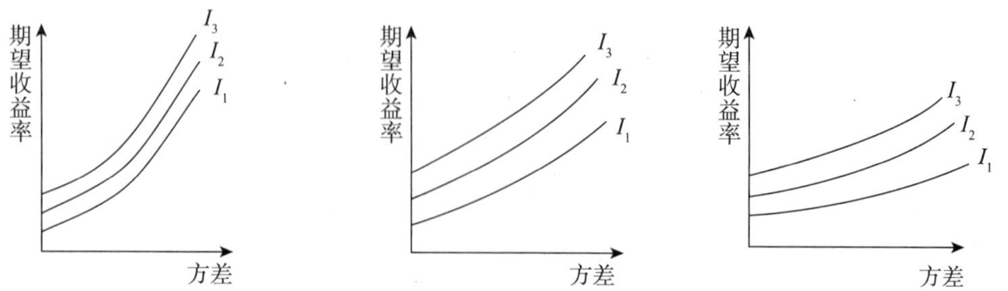

（a）高风险厌恶型投资者　（b）中等风险厌恶型投资者　（c）低风险厌恶型投资者

图 9－4　三种风险厌恶型投资者的无差异曲线

（五）最优投资组合的选择

利用有效前沿及无差异曲线，可以确定最优投资组合。有效前沿给出了各种有效的投资组合，每一个投资组合由风险-期望收益率图中的一个点来表示。而无差异曲线将所有的风险-期望收益率配对所带来的效用大小进行了排序。将二者绘在同一幅图中，即可得知有效前沿中给投资者带来最大效用的投资组合，这个组合对应于有效前沿与无差异曲线的切点。

在图 9－5 中，同时绘制了有效前沿 AB，以及某投资者的三条无差异曲线 I_1、I_2、I_3。有效前沿 AB 与无差异曲线 I_2 相切于点 O^*。点 O^* 代表的投资组合即为对该投资者而言的最优投资组合。点 O 虽然也位于有效前沿上，但它位于无差异曲线 I_1 上，其对应的效用水平低于点 O^* 所位于的无差异曲线 I_2 所对应的效用水平。尽管无差异曲线 I_3 的效用水平比无差异曲线 I_1 更高，但它与有效前沿没有相交，因此不存在能带来这么高效用水平的有效投资组合。在所有与有效前沿 AB 有交点的无差异曲线中，I_2 所代表的效用水平是最高的。

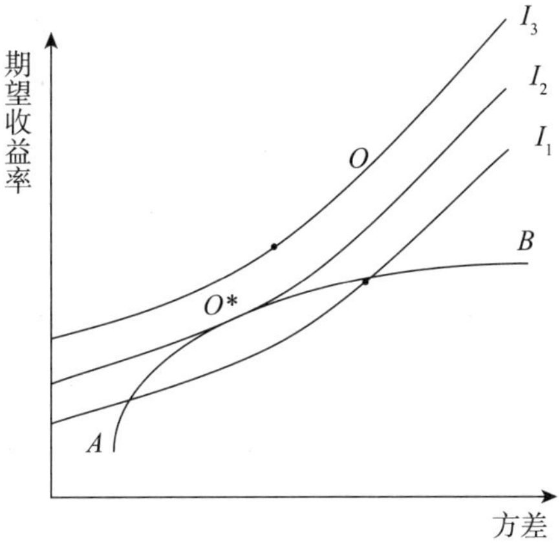

图 9－5　最优投资组合的确定

风险厌恶程度不同的投资者会选择不同的投资组合。图 9－6（a）是高风险厌恶型投资者的最优投资组合选择，而图 9－6（b）是低风险厌恶型投资者的最优投资组合选择。无差异曲线与有效前沿相切于何点主要取决于无差异曲线的陡峭程度。显然，在切点 O^*，有效前沿与无差异曲线具有同样的斜率。相对而言，高风险厌恶型投资者的无差异曲线显得更为陡峭，而低风险厌恶型投资者的无差异曲线显得更为平缓。因此高风险厌恶

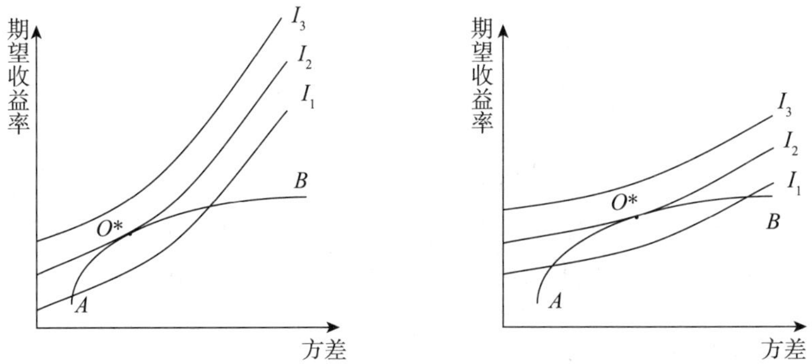

（a）高风险厌恶型投资者　　（b）低风险厌恶型投资者

图 9－6　不同风险厌恶型投资者的最优投资组合选择

型投资者选择的最优投资组合更偏向于有效前沿 AB 的左边，即选择了风险更低的有效投资组合；而低风险厌恶型投资者选择的最优投资组合更偏向于有效前沿的右边，即选择了风险更大的投资组合。

（六）存在无风险借贷的情形

前面的讨论中没有考虑无风险资产的存在。根据前述讨论可知，不管是两只股票还是多只股票的情形，若不存在收益率完全相关的股票，则有效前沿在标准差-期望收益率平面中的形态都是双曲线的上半支。以下基于这一结论进行讨论。现在考虑投资者可以以无风险利率 r_f 进行借贷，借贷利率相同。假设在由股票构成的有效前沿上存在一个组合 P，其收益率为 r_P，投资者利用该组合与无风险资产构造新的投资组合 Q，设投资者投资于组合 P 的财富比例为 x，投资于无风险资产的财富比例为 $1-x$，记投资组合 Q 的收益率为 r_Q，则有

$$E(r_Q)=x\cdot E(r_P)+(1-x)\cdot r_f \tag{9-6}$$

$$\mathrm{Var}(r_Q)=x^2\mathrm{Var}(r_P) \tag{9-7}$$

即组合 Q 的期望收益率是组合 P 的期望收益率与 r_f 的加权平均，组合 Q 的标准差是组合 P 的 x 倍，也可视作组合 P 的标准差与 r_f 标准差的加权平均，两个加权平均的权数均相同。这意味着在标准差-期望收益率平面中，当 x 位于 0 和 1 之间时，组合 Q 位于点 r_f 与点 P 之间的线段上。若 $x>1$，则组合 Q 位于点 r_f 到点 P 连线的延长线上。图 9-7 体现了这一点。

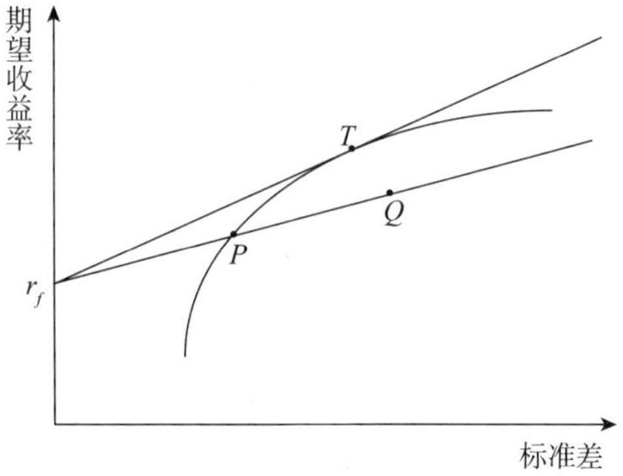

图 9-7　无风险资产与有效前沿

由股票构成的有效前沿上的任何一个组合都可以与无风险资产构建新的组合。这使得投资组合的可行集得以扩展，同时也使得有效前沿发生变化。从图 9-7 中可以看出，当点 P 在由股票构成的有效前沿上移动时，经过点 r_f 与点 P 的射线的斜率不断进行调整，当点 P 移动到点 T 时，该射线与由股票构成的有效前沿相切，此时射线的斜率达到最大化。在这条切线上的投资组合比在切线以下的投资组合要更有效，在风险等同的所有可行的投资组合中，位于切线上的投资组合的期望收益率最高，而在期望收益率相等的投资组合中，位于切线上的投资组合的风险最小。因此加入无风险资产后，标准差-期望收益率平面中的有效前沿变成一条射线。

二、因子模型

在运用马科维茨的投资组合分析方法时，若存在很多的风险资产，则有效前沿以及切点组合 T 的确定会非常复杂。如果组合中存在 N 个风险资产，则为了计算有效前沿或切点组合，需要输入 N 个资产的期望收益率、方差以及 N 个资产两两之间的协方差，共包含$\frac{2N+N(N-1)}{2}$个参数。这样的计算量非常巨大，即使使用大型的计算机，也难以胜任这一工作。幸运的是可以利用因子模型把$\frac{N+N(N+1)}{2}$个参数的估计任务转化为 N 个因子模型的估计任务，大大简化了计算。下面先从单因子模型开始讨论。

(一) 单因子模型

记股票 i 在 t 时期的收益率为 r_{it}，则股票 i 的收益率可描述为：

$$r_{it}=E(r_{it})\beta_i F_t+\varepsilon_{it} \tag{9-8}$$

其中，$E(r_{it})$为股票 i 在 t 时期初的期望收益率。F_t 为系统性因子在 t 时期的非预期变化，即系统性因子在 t 时期末的取值减去期初的预期值，显然 F_t 具有零期望。β_i 是股票 i 对因子 F 的敏感性。ε_{it} 是股票 i 在 t 时期因公司特有原因引起的随机扰动，其波动独立于 F_t 的波动，并且对于 $i\neq j$，ε_{it} 与 ε_{jt} 也相互独立。随机扰动 ε_{it} 具有零期望。

(9-8) 式被称为股票收益的单因子模型，它阐明了单因子模型的基本思想。但在实际应用中，由于不便于确定 $E(r_{it})$和 F_t 的数值，该式不适合于实证分析。为方便实证分析，上式常被改写为：

$$r_{it}=\alpha_i+\beta_i F_t+\varepsilon_{it} \tag{9-9}$$

其中，F_t 的含义也调整为系统性因子在 t 时期末的取值。在描述股票收益与系统性因子之间的关系方面，(9-9) 式与 (9-8) 式并无本质差别，它只是 (9-8) 式的进一步简化。

根据 (9-9) 式中的单因子模型，股票收益包含了三种成分：(1) 不随时间变化的成分 (α_i)；(2) 由系统性因子决定的宏观成分 ($\beta_i F_t$)；(3) 独立于系统性因子的微观随机扰动成分 (ε_{it})。三种成分中，第一种成分是没有风险的，第二种成分可以称为因子风险，但其中还包含可预测的成分，而第三种成分则可称为非因子风险，这一成分是不可预测的。

上述单因子模型的一个特殊例子是市场模型：

$$r_{it}=\alpha_i+\beta_i r_I+\varepsilon_{it} \tag{9-10}$$

其中，r_I 是市场收益率，常常用某一种市场指数收益率来表示，比如上证综合指数收益率。在单因子模型中，市场收益率是系统性因子的理想选择。如果多种宏观因素共同影响整个市场，要描述这种综合性的影响，市场收益率无疑是一个较好的代理变量。市场指数是市场中某一代表性股票样本中各股票收益率的加权平均，虽然各股票收益率既受宏观因素的影响，也受公司特别因素的影响，但是在市场指数样本股票数量充分多的情况下，互不相干的公司特别因素对市场收益率的影响大多数都相互抵消，其加总的影响比较微弱。因此市场指数是一个反映宏观因素综合影响的很好指标。

市场模型也成功地描述了股票收益率与市场指数之间的经验关系。在股票市场上，一般股票的收益率都与市场指数收益率之间存在关联。对于某一只股票而言，当市场行情上扬时，该股票的价格也会上升，市场行情下降时，该股票的价格也会下降。市场模型中的贝塔值就反映了该股票收益率对市场指数收益率的敏感性。

根据单因子模型，股票 i 的期望收益率可表示为：

$$E(r_{it})=\alpha_i+\beta_i E(F_t) \tag{9-11}$$

由于 F_t 与 ε_{it} 的协方差为零，在单因子模型中，任意股票 i 的方差 σ_i^2 等于：

$$\sigma_i^2=\beta_i^2\sigma_F^2+\sigma_{\varepsilon i}^2 \tag{9-12}$$

其中，σ_F^2 为因子 F 的方差，$\sigma_{\varepsilon i}^2$ 为随机扰动项 $\varepsilon_{i,t}$ 的方差。又由于对于 $i\neq j$，ε_{it} 和 ε_{jt} 的协方差为零，任意两种股票 i 与股票 j 之间的协方差仅取决于系统性因子：

$$\sigma_{ij}=\beta_i\beta_j\sigma_F^2 \tag{9-13}$$

按照单因子模型，为了得到投资分析所需要的数据，仅需要估计 N 个股票的期望收益率、N 个股票的因子敏感度、N 个股票的公司特有方差以及一个系统性因子的方差，所需要估计的参数量为 $3N+1$。

（9－12）式及（9－13）式的计算依赖于两个关键的假设，即每只股票的随机扰动项的波动独立于系统性因子的波动，任何两只股票的随机扰动项的波动相互独立。这意味着系统性因子不会影响到任何一只股票的随机扰动项的波动，任何两只股票的收益率之间仅仅因为系统性因子的影响而产生相关性。如果这两个假设中的一个不成立，则方差与协方差的计算便会产生偏差，此时，其他模型（比如多因子模型）将可能得到更精确的结果。

（二）多因子模型

首先看双因子模型：

$$r_{it}=\alpha_i+\beta_{i1}F_{1t}+\beta_{i2}F_{2t}+\varepsilon_{it} \tag{9-14}$$

其中，F_{1t} 和 F_{2t} 是两个对所有股票收益率具有普遍影响的因子，β_{i1} 和 β_{i2} 分别是股票 i 对两个因素的敏感性。和单因子模型一样，α_i 是常数项，ε_{it} 是随机扰动项。ε_{it} 与 F_{1t} 及 F_{2t} 的波动不相关。按照这个模型，股票 i 的期望收益率可由以下公式计算：

$$E(r_{it})=\alpha_i+\beta_{i1}E(F_{1t})+\beta_{i2}E(F_{2t}) \tag{9-15}$$

股票 i 的方差为：

$$\sigma_i^2=\beta_{i1}^2\sigma_{F1}^2+\beta_{i2}^2\sigma_{F2}^2+2\beta_{i1}\beta_{i2}\mathrm{Cov}(F_{1t},F_{2t})+\sigma_{\varepsilon i}^2 \tag{9-16}$$

其中，σ_{F1}^2 是因子 F_{1t} 的方差，σ_{F2}^2 是因子 F_{2t} 的方差。股票 i 的协方差为：

$$\sigma_{ij}=\beta_{i1}\beta_{j1}\sigma_{F1}^2+\beta_{i2}\beta_{j2}\sigma_{F2}^2+(\beta_{i1}\beta_i+\beta_{j2}\beta_{j1})\mathrm{Cov}(F_{1t},F_{2t}) \tag{9-17}$$

由于双因子模型比单因子模型多了一个因子，模型对股票收益的解释力度将得到提升，因此 $\sigma_{\varepsilon i}^2$ 的估计值将低于单因子模型的估计值。这意味着式中的非因子风险所占比例将降低，而因子风险所占比例提高。相对而言，单因子模型往往会低估因子风险，而高估非因子风险。

若一个股票组合 P 由 N 只股票组成，股票 i 的比例为 x_i，则股票组合 P 的收益率为：

$$r_{Pt}=\sum_{i=1}^{N}x_i r_{it} \tag{9-18}$$

将（9-14）式代入上式得：

$$\begin{aligned} r_{Pt} &= \sum_{i=1}^{N} x_i(\alpha_i+\beta_{i1}F_{1t}+\beta_{i2}F_{2t}+\varepsilon_{it}) \\ &= \sum_{i=1}^{N} x_i\alpha_i+(\sum_{i=1}^{N} x_i\beta_{i1})F_{1t}+(\sum_{i=1}^{N} x_i\beta_{i2})F_{2t}+\sum_{i=1}^{N} x_i\varepsilon_{it} \\ &= \alpha_P+\beta_{P1}F_{1t}+\beta_{P2}F_{2t}+\varepsilon_{Pt} \end{aligned} \tag{9-19}$$

其中，$\alpha_P=\sum_{i=1}^{N}x_i\alpha_i$，$\beta_{P1}=\sum_{i=1}^{N}x_i\beta_{i1}$，$\beta_{P2}=\sum_{i=1}^{N}x_i\beta_{i2}$，$\varepsilon_{Pt}=\sum_{i=1}^{N}x_i\varepsilon_{it}$。可见，组合的因子灵敏度系数 β_{P_1} 和 β_{P2} 分别是相应各股票的因子灵敏度系数 β_{i1} 和 β_{i2} 的加权平均。根据上式计算组合的方差并不复杂。

双因子模型很容易扩展为多因子模型。如果有 k 个因子，则多因子模型可表示为：

$$r_{it}=\alpha_i+\beta_{i1}F_{1t}+\beta_{i2}F_{2t}+\cdots\beta_{ik}F_{kt}+\varepsilon_{it} \tag{9-20}$$

这里，每只股票具有对应于 k 个因素的 k 个敏感度。

多因子模型的建立往往是依据经验。依据经验判断，可以确定一些可能会对所有股票收益产生影响的因子，然后利用历史数据进行统计分析，确定因子对股票收益的解释能力，以此依据对因子进行筛选。

多因子模型的一个例子是法马（Fama）和弗伦奇（French）的三因子模型：

$$R_{it}=\alpha_i+\beta_{iM}R_{Mt}+\beta_{iSMB}SMB_t+\beta_{iHML}HML_t+\varepsilon_{it} \tag{9-21}$$

其中，R_{Mt} 是市场在 t 时期的超额收益，SMB_t 是 t 时期小股票资产组合收益减去大股票资产组合收益的差，HML_t 是 t 时期高账面价值-市值比的股票资产组合收益减去低账面价值-市值比的股票资产组合收益的差。法马和弗伦奇指出，有高账面价值-市值比的公司更可能处于财务压力之下，而小股票可能对经济环境中的变化更为敏感。因此这些变量可能体现了宏观经济中的风险因素。

三、资本资产定价模型

资本资产定价模型（capital assets pricing model，CAPM）是以马科维茨的投资组合理论为基础，研究证券市场中资产的预期回报与风险之间的关系，以及投资者在市场中如何定价的模型。这个模型的主要特点是一种资产的预期回报可以用这种资产的风险的相对测度 β 值来测量。

（一）资本资产定价模型的假设

资本资产定价模型是以马科维茨的投资组合理论为基础，因此需要把个别投资者的假设扩展到所有的投资者。具体来说，资本资产定价模型的假设如下：

（1）所有投资者的投资期相同（如1个月，3个月，6个月，1年等）。（2）所有投资者对于预期回报、标准差和风险资产相关性有一致性预期（homogeneous expectations），因此他们以最优方式按同样的相对比例持有风险资产。（3）资本市场是一个完全市场，即假设没有交易成本和税收；资产是无限可分的；投资者可以以相同的利率进行自由借贷；允许卖空等。

如果每个投资者都遵循最优化原则，都以相同的方式投资，每种证券的风险和回报最终可以达到均衡。在均衡状态下，证券价格的调整使得当投资者持有最优投资组合时，每种证券的总需求等于其供给。由于每个投资者所持风险资产的相对比例是一样的，因此资产市场出清的唯一方法是：风险资产的最优相对比例是它们的市场价格比例。按市场价格的同比例持有所有资产的投资组合，称为市场投资组合。市场投资组合的构成反映了按当前市场价格估值的现有资产的供给，其中第 i 种证券的权重 w_i 等于该证券发行在外的市场价值占所有资产的市场价值的比例。

为了更清楚地了解市场投资组合的概念，假定市场上只有三种资产：A 股票、B 股票和无风险资产，按当前价格三种资产的总市值分别为 660 亿元、220 亿元和 120 亿元，所有资产的总市值为 1 000 亿元。因此，市场投资组合的构成是：66%的 A 股票、22%的 B 股票和 12%的无风险资产。由于市场投资组合是无法观测的，所以通常用所有普通股的投资组合代替市场投资组合，如 S&P500 指数等。

（二）分离定理

在资本资产定价模型中，市场投资组合起着非常重要的作用。因为有效集由市场投资组合的投资和以无风险利率进行的借款和贷款组成，即资本市场线（CML），见图 9－8。每个投资者根据自己的偏好在资本市场线上选择所需的投资组合。投资者可以以利率 r_f 自由借入或者贷出资金，但是他们都选择相同的市场投资组合 M，也就是说，个人投资者的效用偏好与风险资产组成的市场投资组合无关。

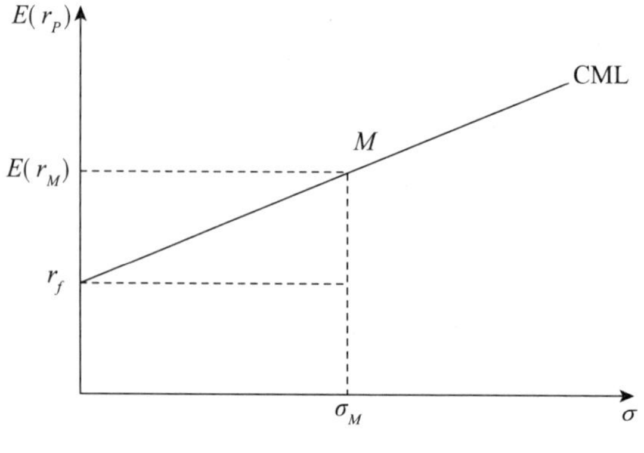

图 9－8　资本市场线

分离定理表示风险资产组成的最优投资组合的确定与个别投资者的风险偏好无关，最优投资组合的确定仅取决于各种可能的风险投资组合的预期回报和标准差。确定由风险资产组成的最优投资组合的过程叫作投资决策。个别投资者如何将资金在无风险资产和风险投资组合之间进行分配叫作金融决策。分离定理也就是将投资决策从金融决策中分离出来的思想。

分离定理在投资中非常重要，它使个人投资分为简单的两部分：首先决定一个最优的风险投资组合，然后决定最想要的无风险资产和这个组合的组合。只有第二部分依赖于投资者的效用曲线。正如图 9－8 所示，投资者可以选择 CML 上的任意点（即投资组合）。比较保守的投资者选择点 M 左端的点（投资组合），这些组合表示投资于利率为 r_f 的无风险证券和风险投资组合 M 的组合。比较爱冒险的投资者选择点 M 右端的点（投资组合），这些组合表示投资者以 r_f 的利率进行借款，然后和自由资金一起投资于风险投资组合 M。

（三）资本市场线（CML）

图 9－8 中的资本市场线是资本资产定价模型的线性有效集。它是由回报为 r_f 的无风险证券和市场投资组合 M 构成的。市场投资组合 M 是由均衡状态的风险证券构成的有效投资组合。投资者可以以利率 r_f 任意地借款或放款。

由于 CML 是一条直线，因而这条直线上的任何投资组合的预期回报和标准差的关系很容易表示出来。如果投资者准备投资于风险资产，他们需要一个风险溢酬（premium）来补偿增加的风险。风险溢酬是一个投资组合的回报和无风险回报之差。图 9－8 中市场投资组合 M 的风险溢酬等于 $E(r_M)-r_f$。一般来说，CML 总是向右上方倾斜的，因为风险溢酬总是正的。并且根据假定，投资者都不爱风险，除非风险的增加可以得到补偿。因此，一项投资的风险越大，补偿越大，预期回报也越大。

由图 9－8 可以得到：

$$\text{CML 的斜率}=\frac{E(r_M)-r_f}{\sigma_M} \tag{9－22}$$

CML 的斜率是有效投资组合的风险市场价格，表示一个投资组合的风险每增加 1%需要增加的回报数。由于已经知道 CML 的斜率和截距，所以这条直线上的任何有效投资组合的预期回报可以用标准差表示，即 CML 的表达式为：

$$E(r_P)=r_F+\frac{E(r_M)-r_f}{\sigma_M}\sigma_P \tag{9－23}$$

其中，$E(r_P)$表示 CML 上任何有效投资组合 P 的预期回报；σ_P 表示 CML 上任何有效投资组合 P 的标准差。因此，CML 根据投资组合 P 的不同风险水平决定它的预期回报。换句话说，CML 给出了每一种投资组合的一定风险水平下的应得回报。

（四）证券市场线（SML）

资本市场线只用于描述有效投资组合的预期回报和标准差在均衡状态下的关系。但是个别的风险证券本身可能是非有效的投资组合，这时他的预期回报和风险之间的关系首先要考虑个别证券风险的测量。

根据市场模型，其中的 r_I，即市场指数收益率，通常用市场投资组合回报 r_{Mt} 来代替。因此市场模型可以表示为：

$$r_{it}=\alpha_i+\beta_i r_{Mt}+\varepsilon_{it} \tag{9－24}$$

其中，r_{it} 表示资产 i 在时期 t 的回报；r_{Mt} 表示市场投资组合 M 在时期 t 的回报；α_i 表示资产 i 的回报中与市场无关的常数部分；β_i 表示市场投资组合 M 的回报每增加 1%，资产 i 回报预期增长的数量；ε_{it} 表示时期 t 的随机误差项。同样假设 r_M 和 ε_i 不相关，$E(\varepsilon_i)=0$。

由（9－24）式可得市场协方差：

$$\begin{aligned}\mathrm{Cov}(r_i, r_M)&=E[r_i-E(r_i)][r_M-E(r_M)]\\&=E[\alpha_i+\beta_i r_M+\varepsilon_i-\alpha_i-\beta_i E(r_M)][r_M-E(r_M)]\\&=\beta_i \mathrm{Var}(r_M)\end{aligned} \tag{9－25}$$

因此，

$$\beta_i=\frac{\text{Cov}(r_i,\ r_M)}{\text{Var}(r_M)},\qquad \text{Var}(r_i)=\beta_i^2\text{Var}(r_M)+\text{Var}(\varepsilon_i)$$

即

$$\beta_i=\frac{\text{Cov}(r_i,\ r_M)}{\sigma_M^2} \tag{9-26}$$

$$\sigma_i^2=\beta_i^2\sigma_M^2+\sigma_{\varepsilon_i}^2 \tag{9-27}$$

根据上式，资产 i 的总风险可以分成市场风险和独有风险两部分：市场风险 $=\beta_i^2\sigma_M^2$，独有风险 $=\sigma_{\varepsilon_i}^2$。

独有风险（非系统性风险）是可以通过多样化加以降低的，而市场风险（系统性风险）是不能用多样化方法消除的。如果一个投资组合是完全多样化的投资组合，其风险只有市场风险。因此，任何一种资产 i 贡献给一个证券组合的风险是它的市场风险。由于市场风险 $\beta_i^2\sigma_M^2$ 中 σ_M^2 在一定时期内是常数，因此 β_i 衡量了个别资产 i 对于市场投资组合 M 的风险贡献，换句话说，β_i 是资产 i 的市场风险的一个测度，或者说是风险的相对测度。

由（9－24）式可知 β_i 是资产 i 回报对市场投资组合回报的回归直线的斜率。如果 $\beta_i=1$，市场投资组合回报每变化 1%，资产 i 回报平均变化 1%；如果 $\beta_i>1$，比如 $\beta_i=1.5$，市场投资组合回报每变化 1%，则资产 i 回报平均变化 1.5%，也就是说，β 值比较大时，资产 i 回报的平均变动更大。同样，如果 $\beta_i<1$，则市场投资组合回报每变化 1%，资产 i 回报平均变化会小于 1%。可见，可以用 β 比较不同资产的相对市场风险。如果 β 值比较大，风险就较大；如果 β 值比较小，风险就较小。

现在资产 i 的相对市场风险用 β_i 表示，预期回报为 $E(r_i)$，从图 9－9 可得：

$$E(r_i)=r_f+\frac{E(r_M)-r_f}{\beta_M}\beta_i \tag{9-28}$$

因为 $\beta_M=\sum_{i=1}^{n}w_i\beta_i=\sum_{i=1}^{n}w_i\frac{\text{Cov}(r_i,\ r_M)}{\sigma_M^2}=\frac{\text{Cov}(\sum_{i=1}^{n}w_ir_i,\ r_M)}{\sigma_M^2}=1$，所以（9－28）式可以写为：

$$E(r_i)=r_f+[E(r_M)-r_f]\beta_i \tag{9-29}$$

这就是资本资产定价模型，它表示的直线叫作证券市场线（SML）。因此，资产 i 的预期回报＝无风险回报＋市场投资组合的风险价格 $\times\beta_i$，表明 β_i 值较大的资产 i 就有较大的预期回报，因为 β_i 是一个风险测度，所以较大的风险伴随较大的预期回报。相反地，较小的风险伴随较小的预期回报，如果 $\beta_i<1$，这时资产 i 的回报低于市场投资组合的预期回报。

证券市场线同样是均衡状态下的模型。在均衡状态下，每种资产的预期回报和相对市场风险 β 值表示的点都在 SML 上。为了说明 CAPM 处于均衡状态，图 9－9 中点 O 和点 U 分别表示不在均衡状态的两种资产。资产 O 有高的市场风险（系统性风险），价格过高，不能吸引投资者购买，因而价格下跌，由（9－23）式知预期回报上升，直到预期回报高得足以补偿投资者负担这种系统性风险。这个价格水平就是均衡价格，并且预期回报是均衡回报，就是 SML 上的 E_O。相反，资产 U 是低系统性风险、高预期回报的资产，其价格过低，因而吸引投资者购买，结果价格上升直到均衡点 E_U。

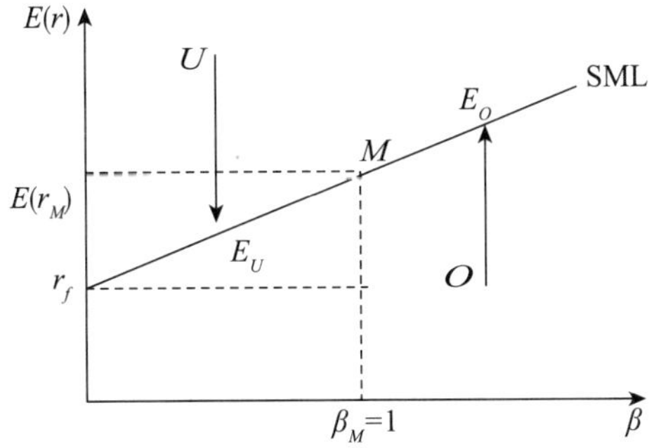

图 9-9　证券市场线

根据（9-26）式和（9-29）式，有

$$E(r_i)=r_f+[E(r_M)-r_f]\frac{\mathrm{Cov}(r_i,r_M)}{\sigma_M^2} \tag{9-30}$$

因为 $\mathrm{Cov}(r_i,r_M)=\rho_{i,M}\sigma_i\sigma_M$，$\rho_{i,M}$ 是资产 i 和市场组合 M 的相关系数，所以

$$E(r_i)=r_f+\left[\frac{E(r_M)-r_f}{\sigma_M}\rho_{i,M}\right]\sigma_i \tag{9-31}$$

表明资产 i 的预期回报与标准差有线性关系。截距为 r_f，斜率是有效投资组合 M 的风险的市场价格与资产 i 的相关系数的乘积。

现在考虑相关系数的不同情形。如果资产 i 与市场投资组合 M 完全正相关，$\rho_{i,M}=1$，那么（9-31）式变为（9-23）式，即为 CML。换句话说，资产 i 是在 CML 上的一个有效证券组合。如果 $\rho_{i,M}=0.5$，（9-31）式的斜率只是 CML 的一半。图 9-10 是根据不同的相关系数，资产 i 的预期回报和标准差之间关系的不同图形。其中相关系数可能是负的。

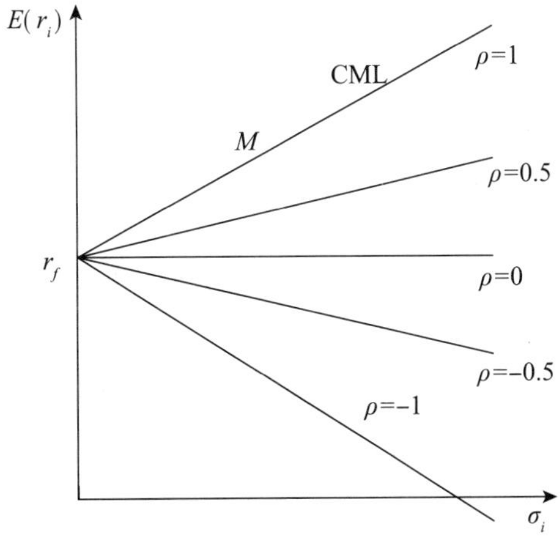

图 9-10　不同相关系数资产 i 的位置

当相关系数为负值时，资产 i 的预期回报小于无风险利率。投资者之所以愿意投资于与其他资产负相关的低预期回报的资产，是因为这可以降低他们的投资组合的总风险水平。在资本资产定价模型中，不仅考虑个别资产的预期回报和标准差之间的关系，同时要考虑不同资产的回报之间的相互关系。

四、套利定价理论

斯蒂芬·罗斯（Stephen Ross）于 1976 年提出了套利定价理论（APT），该理论比 CAPM 要简单一些。其主要假设有：资本市场处于竞争均衡状态；投资者喜爱更多而不是更少的财富；资产的回报可用因子模型表示。

（一）因子模型

我们先看该模型的简单形式，即假定股票的收益只受单一的系统性因子影响，与（9－9）式给出的单因子模型相同：

$$r_{it}=a_i+b_iF_t+\varepsilon_{it} \tag{9-32}$$

其中，r_{it} 表示股票 i 在时期 t 的回报；a_i 表示零因子股票 i 的预期回报；F_t 表示系统性因子在时期 t 的预测值；b_i 表示股票 i 在 t 时期的收益对系统性因子的敏感性，有时叫因子载荷（factor loading），ε_{it} 表示股票 i 在 t 时期的非系统性独有回报。模型假定 F 以及 ε_i 的期望值为零；所有股票的 ε_i 之间是相互独立的，且与 F 之间也相互独立。由此可得股票 i 的预期回报、方差以及股票 i 和股票 j 的协方差：

$$E(r_i)=a_i+b_iE(F) \tag{9-33}$$

$$\sigma_i^2=b_i^2\sigma_F^2+\sigma_{\varepsilon_i}^2 \tag{9-34}$$

$$\sigma_{ij}=b_ib_j\sigma_F^2 \tag{9-35}$$

根据（9－33）式、（9－34）式和（9－35）式，可以计算出所有单只股票的预期回报、方差和协方差，进而推导出马科维茨有效集，最后由已知的无风险利率确定切点证券组合。

下面我们来看一个充分分散化的投资组合的收益。设股票组合由 N 只股票构成，其中股票 i 的权重为 x，则该股票组合的收益率为：

$$r_{Pt}=a_P+b_PF_t+\varepsilon_{Pt} \tag{9-36}$$

其中，$b_P=\sum_{i=1}^{N}x_ib_i$ 是 N 只股票对系统性因子的敏感性的加权平均，$\varepsilon_P=\sum_{i=1}^{N}x_i\varepsilon_i$ 也是 N 只股票的 ε_i 的加权平均。

下面我们分析该股票组合的风险。根据对股票收益的假定，可知

$$\sigma_P^2=b_P^2\sigma_F^2+\sum_{i=1}^{N}x_i^2\sigma_{\varepsilon_i}^2 \tag{9-37}$$

其中，第一项为系统性风险，第二项为非系统性风险。从这个式子来看，似乎非系统性风险总是存在的。但事实上这一风险会随着 N 的增大而减少。当 N 充分大的时候，非系统性风

险将可以忽略不计。不妨设股票组合为等权重的，则 $x_i=\dfrac{1}{N}$，此时 $\sum_{i=1}^{N}x_i^2\sigma_{\varepsilon i}^2=\dfrac{\overline{\sigma}_\varepsilon^2}{N}$。当 N 不断增大时，$\overline{\sigma}_\varepsilon^2$ 会稳定在某一个数值，因此 $\sum_{i=1}^{N}x_i^2\sigma_{\varepsilon i}^2$ 会越来越小，也就是说通过多样化可以降低非因子风险。

事实上，影响股票回报的公共因子可能有多个，使用两个以上因子构成的模型可能更精确。多因子模型可记为：

$$r_{it}=a_i+\sum_{j=1}^{k}b_{ij}F_{jt}+\varepsilon_{it} \tag{9-38}$$

其中，R_{it} 表示股票 i 在时期 t 的回报；F_{jt} 表示 k 个系统性因子；a_i 表示每个因子为零时股票 i 的预期回报；b_{ij} 表示 k 个系统性因子的因子载荷；ε_i 表示随机误差项。

（二）套利证券组合

套利定价理论假定股票回报可以用因子模型解释，假设每只股票的回报满足多因子模型：

$$r_i=E(r_i)+\sum_{j=1}^{k}b_{ij}F_j+\varepsilon_i \tag{9-39}$$

其中，r_i 表示股票 i 的回报；$E(r_i)$ 表示股票 i 的预期回报；F_j 表示股票 i 的第 j 个系统性因子，并且 $E(F_i)=0$；b_{ij} 表示股票 i 的第 j 个系统性因子的因子载荷；ε_i 表示随机误差项，且 $E(\varepsilon_i)=0$，$\mathrm{Var}(\varepsilon_i)=\sigma_{\varepsilon i}^2$，$E(\varepsilon_iF_j)=0$。

因为是无风险套利且要求无净投资（net zero investment），设 w_i 是套利投资组合中股票 i 的权重，则要求：

$$\sum_{i=1}^{n}w_i=0 \tag{9-40}$$

投资组合的收益可表示为：

$$\sum_{i=1}^{n}w_ir_i=\sum_{i=1}^{n}w_iE(r_i)+\sum_{j=1}^{k}\sum_{i=1}^{n}w_ib_{ij}F_j+\sum_{i=1}^{n}w_i\varepsilon_i \tag{9-41}$$

充分多样化后可忽略非因子影响，从而有

$$\sum_{i=1}^{n}w_ir_i\approx\sum_{i=1}^{n}w_iE(r_i)+\sum_{j=1}^{k}\sum_{i=1}^{n}w_ib_{ij}F_j \tag{9-42}$$

由于套利投资组合无因子风险，所以

$$\sum_{i=1}^{n}w_ib_{ij}=0 \tag{9-43}$$

$$\sum_{i=1}^{n}w_ir_i\approx\sum_{i=1}^{n}w_iE(r_i) \tag{9-44}$$

当且仅当 $\sum_{i=1}^{n}w_iE(r_i)=0$ 时，套利投资组合处于均衡状态。根据法卡斯引理（Farkas

Lemma）可得：

$$E(r_i)=\lambda_0+\sum_{j=1}^{k}\lambda_j b_{ij} \tag{9-45}$$

其中，λ_0 是公共因子载荷 $b_{ij}=0$ 时的无风险利率，记为 r_f，λ_j 是第 j 个公共因子的风险报酬。令 $\lambda_j=\delta_j-r_f$，其中 δ_j 是所有其他公共因子的载荷为0、因子 j 的载荷为1的一个投资组合的预期回报。因此(9－45) 式可以改写为：

$$E(r_i)=r_f+\sum_{j=1}^{k}(\delta_j-r_f)b_{ij} \tag{9-46}$$

这就是套利定价模型。

第三节　股票市场风险的管理方法

一、分散化投资

马科维茨投资组合分析方法为我们提供了一个科学的定量投资方法。这种科学的投资方法既追求投资收益的最大化，也追求投资风险的最小化，投资者以效用最大化为最终的标准在这两个相互矛盾的投资目标之间进行权衡。因此马科维茨分散化投资的科学投资方法同时也是一种股票市场风险的管理方法。

首先，按照定量分析的结论，我们知道最优投资组合位于有效前沿上，而有效前沿则由市场中所有资产的期望收益率、方差以及相互之间的协方差共同确定。这意味着有效前沿上的投资组合几乎总是包含了市场上的多种资产，除了少数特殊情形以外。比如市场上只有两个收益率不完全相关的股票的情形，此时有效前沿在标准差-期望收益率平面中表现为双曲线的上半支，有效前沿上的点几乎都对应于由两只股票构成的某个投资组合，除了刚好代表某只股票的点以外。

其次，基于单因子模型的分析也提供了了解资产组合风险分散化的另一个视角。假定组合由 N 只等权重的股票构成，每只股票的收益率都由（9－9）式描述，则股票组合 P 在 t 时期的收益 r_{Pt} 可以表示为：

$$r_{Pt}=\frac{1}{N}\sum_{i=1}^{N}(\alpha_i+\beta_i F_t+\varepsilon_{it})=\frac{1}{N}\sum_{i=1}^{N}\alpha_i+\left(\frac{1}{N}\sum_{i=1}^{N}\beta_i\right)F_t+\frac{1}{N}\sum_{i=1}^{N}\varepsilon_{it} \tag{9-47}$$

由上式可知股票组合 P 的方差为：

$$\sigma_P^2=\left(\frac{1}{N}\sum_{i=1}^{N}\beta_i\right)^2\sigma_F^2+\frac{1}{N^2}\sum_{i=1}^{N}\sigma_{\varepsilon i}^2 \tag{9-48}$$

上式显示股票组合 P 的方差包含两个部分，第一部分是产生于系统性因子 F 的方差，为系统性风险，这一方差取决于股票组合内所有股票对因子 F 的敏感系数的平均值。如果这一平均敏感系数保持不变，不管股票组合 P 中包含多少股票，产生于因子 F 的方差都不会变化。第二部分方差产生于各种股票的特有方差，为非系统性风险。我们注意到

$$\frac{1}{N^2}\sum_{i=1}^{N}\sigma_{\varepsilon i}^2=\frac{1}{N}\bar{\sigma}_{\varepsilon}^2 \tag{9-49}$$

其中，$\bar{\sigma}_{\varepsilon}^2$ 是所有股票特有方差的均值，当 N 趋于无穷时，这一量趋于某一常数。因此 N 趋于无穷时上式的极限为：

$$\lim_{N\to\infty}\frac{1}{N^2}\sum_{i=1}^{N}\sigma_{\varepsilon i}^2=0 \tag{9-50}$$

即当股票数 N 充分大时，非系统性风险可以忽略不计。这就显示了分散化投资可以降低非系统性风险。

二、投资分析法

投资分析法也称为基本面分析法，它的核心是对公司的股利进行预测，并以此为基础确定股票的合理价格。公司的股利从根本上是由公司的经营业绩决定的，而公司的业绩既取决于自身的经营活动，也取决于其经营环境。有时一个公司的业绩可能更主要取决于宏观经济、行业环境等因素，而不是自身的经营活动。很显然，在经济繁荣阶段，大多数公司都可以获得比经济萧条阶段更好的业绩。一些行业由于其市场结构的原因，整体上具有良好的业绩。因此，投资分析常常采取层次分析法，结合宏观、行业、公司财务三个层面自上而下对一个公司的经营业绩进行分析和预测。

（一）宏观分析

1. 全球宏观经济

采取自上而下的宏观分析首先必须从全球经济入手。当今各国经济由于相互之间的贸易活动及投资活动而紧密联系在一起，使得全球经济步入一体化时代。全球经济一体化的一个典型体现就是经济危机、金融危机的全球化。比如 1997 年爆发的亚洲金融危机，就逐步在全世界造成广泛的影响，并演变为经济危机。2007 年美国次贷危机的影响也在全球范围内扩散，使得多国的经济停滞不前。

在关注全球经济的时候也应当关注政治因素。政治进步能够创造更多的投资机会，而政治冲突则可能造成损失。一些政治条件虽不会造成轰动效应，但也会对经济增长和投资收益造成重大影响，如贸易保护政策、资本的自由流动、劳动力的国际流动等。

在全球经济的各种联系中，汇率是一条重要的纽带。汇率的高低决定了一国货币的购买力。汇率的变化往往对外贸型公司的收益造成重大影响。本国货币贬值更有利于提升本国公司的产品在国际市场上的价格优势，但对于进口型企业而言，由于本国货币的购买力下降，其进口产品的销量会下降。汇率的重大调整甚至会影响本国的产业结构，使得本国某些产业在国际市场上丧失竞争力。

2. 国内宏观经济

所有公司都在宏观经济这个大环境中生存发展，因此有必要分析宏观经济的特征。宏观经济的周期性特征可通过一些统计指标表现出来，这些指标主要包括国民生产总值、就业率以及利率等。当经济繁荣时，国民生产总值快速增长，就业率比较高，通货膨胀率上升，利率水平也会由于投资需求上升而逐渐上升，政府也可能会提高利率水平以抑制过快的经济增长，防止经济的过度波动。反之，当经济衰退时，国民生产总值的增速变缓，就业率降低，通货膨胀率降低，政府为了刺激经济发展，会降低利率水平。

在分析经济周期性因素对公司业绩的影响时，首先需要确定公司业绩与经济周期之间的关系，这往往由公司所属行业的特征决定。大多数行业的业绩都是顺周期性的，即在经济繁荣时业绩较好，在经济衰退时业绩较差，比如汽车、家电、房产等耐用品生产行业，烟酒、珠宝等奢侈品生产行业，以及一些服务业。但也存在少量的逆周期性的行业，如火力发电。除此以外，还存在非周期性的行业，比如食品生产商和加工商、医疗设备生产厂商和公用事业单位。

不仅经济周期会影响所有公司的收益，一些宏观经济政策的变动也会影响公司的收益，其中最主要的是财政政策与货币政策。

财政政策包括国家预算、税收、国债、财政补贴、财政管理体制、转移支付制度等，通常分为宽松财政政策、紧缩财政政策和中性财政政策。宽松财政政策包括减少税收、降低税率、扩大减免税范围、扩大财政支出、加大财政赤字、减少国债发行、增加财政补贴等，这些都能刺激股价上涨。将上述宽松财政政策反过来操作，则是紧缩财政政策。这会造成股票价格下跌。中性财政政策如区域经济政策、行业结构调整政策等未必会对股市整体造成影响，但可能会对某些与政策紧密相关的股票造成影响。

货币政策工具主要包括法定存款准备金率、再贴现政策以及公开市场业务。依据政策的方向，可将其分为宽松货币政策、紧缩货币政策。如果经济处于萧条阶段，可以采用宽松货币政策来刺激经济发展，如降低存款准备金率、通过再贴现和公开市场业务增加货币供给量。这些政策可以刺激经济增长，同时也会对股票价格形成刺激作用。反之，在经济膨胀阶段，则可采取紧缩货币政策，如降低货币供给量、提高存款准备金率，这会对股票市场的价格起抑制作用。

（二）行业分析

行业分析与宏观分析一样重要。当一个行业陷入某种困境时，其中的单个公司也难以创造出好的业绩。同时，不同行业之间的发展情况可能会有很大的差别。因此行业分析有助于预测公司未来的收益。行业分析通常从以下三个方面入手：

1. 对经济周期的敏感性

一家公司的收益对经济周期的敏感性是由其行业特征决定的。一些行业对经济周期是不敏感的，比如烟草行业。对烟草的需求根本不受宏观经济的影响，因为烟草消费绝大部分是由习惯决定的，即使是经济衰退期，烟草消费量也只会发生很小的调整。而另一些行业则对宏观经济非常敏感，比如汽车行业。经济衰退期到来后，人们千方百计地推迟新汽车的购买，直到在经济繁荣期收入有较大的增长为止。

一家公司对经济周期的敏感性由三方面的因素决定：第一个因素是销售额对经济周期的敏感性。对经济周期敏感性最低的行业是生活必需品行业，包括食品、药物和医疗服务。而诸如生产机器设备、钢铁、汽车和交通工具这一类产品的厂家而言，它们对经济周期的敏感性就比较高。第二个因素是经营杠杆比率，它反映了企业固定成本与可变成本之间的比例关系。如果企业中的可变成本比率比较高，那么它对经济周期的敏感性就比较低。而高固定成本企业的利润额对销售额的敏感度要大得多，因为其成本固定，不能抵销其收入的变动。第三个因素是融资杠杆率，即企业的债务在总资本中所占的比重。债务的利息支付是一种固定成本，因此较高的债务比重使得企业的利润对经济周期的敏感性较高。

2. 行业生命周期

像任何事物一样，行业也有其产生、发展和衰退的过程。一般将一个行业的生命周期分为四个阶段：创业阶段、成长阶段、成熟阶段以及衰退阶段。对于创业阶段的公司来说，它们的销售额和利润会急剧膨胀，因为此时新产品市场远未达到饱和。在行业的成长阶段，产品逐渐建立了稳定的市场，行业领导者出现了。在成熟阶段，一个行业的产品已经比较普及，消费市场的潜力已经充分发挥出来。厂商逐渐进入激烈的价格竞争阶段，厂商的利润水平比较低。该阶段的公司常被称为“现金牛”，因为它们具有稳定的现金流收入，但没有什么增长的潜力。衰退阶段的行业发展速度会低于经济增长的速度，或者已基本呈现出萎缩的趋势。

对公司未来收益增长趋势的预测主要是基于行业生命周期，这是一个起决定性作用的因素。一般而言，这样的预期会在市场定价中得到体现。一家处于创业阶段的公司虽然当前的利润水平并不太高，但其股票价格相对于其利润水平会非常高，这是因为市场预测其收益增长速度很快。对于投资者而言，投资于高成长公司未必好于投资于低成长公司。因为低成长公司其市场定价较低，因而期望收益率未必低于高成长公司。

3. 行业结构

一个行业的竞争环境对于该行业内所有公司的收益都具有重要影响。迈克尔·波特（Michael Porter）着重分析了影响行业竞争环境的五个因素：新竞争者的进入威胁、现有竞争者的对抗、替代品的价格压力、购买者的谈判能力以及供应者的谈判能力。

（三）公司财务分析

对于股票投资而言，对公司进行财务分析着重于两个方面：公司的盈利能力以及持续经营能力，即投资于公司股票的收益性与风险性两方面。可以通过构建一系列财务指标来反映公司的这两个方面，这些财务指标可以由公司的资产负债表、利润表和现金流量表中的一些数据来计算。

市盈率是一个股票分析师非常关注的指标。它是公司股票价格与每股盈利的比例，通常表示为 P/E。每只股票的市盈率都有一个合理的取值。很显然，一家公司的每股盈利越高，则其价格也应越高，其价格与其每股盈利应保持一个合理的比值。对于不同的股票，其市盈率则不必相同。合理的市盈率与公司的增长机会以及风险有关系。若公司未来的增长机会越多，则其市盈率也就应该越高。因此，通常刚起步的小公司以及高技术公司会有较高的市盈率，这类公司未来的增长机会比较多。若公司的风险比较大，则其市盈率就应比较低。对于一个具有垄断地位的公司而言，其收益比较稳定，因此其合理的市盈率比较高。

股本收益率（ROE）可用来反映投资股票的收益能力，它是公司的净收益与股本的比率，可以进一步作如下分解：

$$\begin{aligned}\mathrm{ROE} &= \frac{\text{净收益}}{\text{税前收益}} \times \frac{\text{税前收益}}{\text{息税前收益}} \times \frac{\text{息税前收益}}{\text{销售收入}} \times \frac{\text{销售收入}}{\text{资产}} \times \frac{\text{资产}}{\text{股权}} \\ &= \text{税负比率} \times \text{利息负担比} \times \text{营业利润率} \times \text{资产周转率} \times \text{杠杆率}\end{aligned}$$

即股本收益率受到税负比率等五个因子的影响。税负比率取决于税收政策以及公司为了尽量减少税负所采取的政策。一般来说，这一比率较为稳定。第二个因子为利息负担比，指息税前收益扣除利息支出后的余额与息税前收益的比率，它取决于公司的财务杠杆。如果公司没有负债，则这一比率为最高值 1。公司的负债比例越高，这一比例越低。第三个因子为营业利润率或销售利润率，反映公司业务的盈利能力。第四个因子为资产周转率，反映了公司利用资产的效率。在同样的营业利润率的条件下，资产周转率越高，则公司的股本收益率越高。第五个因子与第二个因子一样，也取决于公司的资本结构。要全面度量资本结构的影响必须把这两个因子结合起来。

股票的风险性常用流动性与偿债能力比率来度量，具体包括三个常用的指标：流动比率、速动比率以及利息盈利比率。流动比率为流动资产与流动负债的比率。这个比率用来测度公司通过兑现流动资产来偿清流动负债的能力，反映了公司在短期运营中避免无力偿还债务的能力。速动比率＝(现金＋应收账款)/流动负债，这一比率也叫酸性比率，它与流动比率具有同样的分母，但其分子只包括现金及其等价物与应收账款。对于那些存货无法转变为现金的公司，速动比率是一个更好的流动性测度指标。利息盈利比率＝税前收益/利息费用。它与前面所讲的利息负担比存在密切联系。很高的利息盈利比率表明公司破产的可能性非常低。它被借款人和放款人广泛地使用来确定公司的债务容量，并成为公司债券信用等级的主要决定因素。

市账比也是一个可以反映股票投资风险性的指标，它等于公司普通股每股市价与其账面价值之比。分析家们有时认为持有一个较低市账比的公司股票是更安全的投资，他们相信公司总是可以选择按账面价值来变换或出售它的资产。但这种观点也有疑问。事实上，一些股票的市价可能在其账面价值之下。账面价值并不代表清算价值，它并不能提供可靠的安全保障。

三、套期保值法

分散化投资及投资分析法都仅利用股票市场本身来进行风险管理。衍生证券市场的诞生为股票市场风险管理提供了一种新的管理手段，即利用衍生证券进行套期保值。衍生证券就是其收益依赖于某一标的资产或某一市场数据的证券。与股票市场相关的衍生证券主要是股票期权和股票指数期货。所谓套期保值，就是利用衍生证券来消除或减少现货市场的投资风险。之所以衍生证券可以达到套期保值的目的，是因为衍生证券的收益与标的资产的收益存在关联性。虽然两种资产的收益都是有风险的，但两种资产的风险具有高度相关性，因而可以通过适当组合两种资产以达到消除或减少风险的目的。用于股票市场套期保值的主要衍生证券是股指期货。

股指期货是以某一种股票指数作为标的资产的期货产品。与商品期货不同的是，股指期货到期时采用现金结算的方式进行交割。其现金结算价取决于当时的股票指数。比如沪深 300 指数期货，交割结算价为交割日最后两小时所有指数点位的算术平均值。由于股指期货结算价与股票指数存在紧密联系，在结算日之前期货价格的波动也与股票指数存在紧密联系。通常，股指期货报价与股票指数同涨同跌，并且两者的差距随着到期日的临近而收敛。

知识链接

沪深300指数期货

沪深300指数是由上海证券交易所和深圳证券交易所联合发布的反映中国A股市场整体走势的指数，300只成分股从沪深两家证券交易所选出。沪深300指数以2004年12月31日为基日，以该日300只成分股的调整市值为基准，基期指数值定为1 000点。成分股名单每半年调整一次。沪深300指数成分股覆盖了沪深市场六成左右的市值，具有较好的市场代表性。

沪深300指数期货是以沪深300指数作为标的物的期货品种，由中国金融期货交易所于2010年4月推出。沪深300指数期货合约的报价单位为指数点，最小变动价位为0.2个指数点，合约的乘数为每点300元。每个月份都有本月份、下月份及随后两个季月的合约可以交易。季月是指3月、6月、9月、12月。每份合约的最后交易日为到期月份的第三个星期五，遇法定节假日往后顺延，交割日期为最后交易日。交割方式为现金交割。期货合约当日结算价为该期货合约最后一小时成交价格按成交量的加权平均价格，而交割结算价为最后交易日沪深300指数最后两小时的算术平均价。

利用股指期货可以控制股票收益中的市场风险。由于股票指数很好地反映了市场的整体情况，股票指数收益的风险是一个理想的市场风险代理变量，而股指期货的收益又与股票指数的收益高度相关，因此股指期货的收益风险与市场风险是高度相关的。对于一个套期保值者而言，如果他在现货市场具有多头头寸，则他应以期货空头来套期保值，反之则反。两个市场的头寸方向保持相反，则一个市场产生亏损的时候，另一个市场将产生收益，从而两个市场的收益与亏损相互抵消，达到消除或削弱风险的作用。

对于一个风险系数为β的投资组合而言，为实现套期保值需要持有的期货合约数量Q可以根据下式计算：

$$Q=\beta\frac{V_P}{V_F} \tag{9-51}$$

其中，V_P为投资组合的价值，V_F为一份期货合约的价值。

假设投资者具有一个充分分散化的投资组合，组合的贝塔值为1.2，组合当前的价值为500万元。年化无风险收益率为4%。根据套利定价理论可知该投资组合的收益率可表示为$r_P=4\%+1.2\times(r_M-4\%)$。其中$r_P$为年化投资组合收益率，$r_M$为年化市场收益率。若投资者认为目前市场形势不太好，在一段时间之后很有可能下跌，希望避免三个月内的股票市场风险，则他可以持有股指期货的空头合约来套期保值。假设三个月后到期的股指期货合约当前的报价为2 510点，而当前的股票指数为2 500点。合约乘数为每点300元。根据（9-51）式可计算得到需要的合约数量为$Q=1.2\times\frac{5\ 000\ 000}{2\ 510\times300}\approx8$。因此投资者可以持有8个期货空头合约来套期保值。

假设三个月后股票指数有可能出现以下几种结果：2 300点、2 400点、2 500点、2 600点、2 700点。股票市场的平均现金红利率为1%。我们可以如表9-1计算出五种情形下股票组合以及股指期货空头在三个月后的整体价值。由表9-1可知，不管三个月以后股票指数如何变化，整体头寸的价值都非常稳定。当然，由于股指期货的报价与股票指数的点数存在一定的偏差，并且这一偏差具有一定的随机性，这一套期保值策略并不能达到完美的效果，即整体头寸在三个月后的价值有略微的波动。

表9-1　套期保值组合的收益

3个月后的股指点数	2 300	2 400	2 500	2 600	2 700
股票指数当前的点数	2 500	2 500	2 500	2 500	2 500
3个月后的股指期货价格	2 302	2 403	2 502	2 603	2 703
今天的股指期货价格	2 510	2 510	2 510	2 510	2 510
包括股利的市场收益	−31.0%	−15.0%	1.0%	17.0%	33.0%
组合的预期回报	−38.0%	−18.8%	0.4%	19.6%	38.8%
股指期货的收益（元）	499 200	256 800	19 200	−223 200	−463 200
包括股利的股票组合回报（元）	4 525 000	4 765 000	5 005 000	5 245 000	5 485 000
整体头寸在3个月后的价值（元）	5 024 200	5 021 800	5 024 200	5 021 800	5 021 800

套期保值法可与投资分析法结合运用。投资者首先可利用投资分析法来挑选股票，相信自己仔细挑选的投资组合比市场收益率要更好。但是投资者仍然不能确定其预期投资收益将如何，因为投资者不能准确把握整个股票市场的走势。此时投资者可以运用套期保值法避免市场风险，从而能够赚取自己挑选的投资组合相对于市场的超额收益。

利用股指期货进行套期保值的一个好处是交易成本低。投资者如果以抛售的方式来避免股票市场的系统性风险，则需要承担出售股票的交易成本，并且在将来重建股票头寸时还会发生购入股票交易成本。而投资者如果以股指期货来避免股票市场的系统性风险，则可以在保持股票组合不变的条件下以低成本的方式避免市场风险。

第四节　基金市场风险管理

一、基金风险概述

证券投资基金的风险通常有以下四类：市场风险、公司经营风险、管理人风险、基金价格风险。

（一）市场风险

市场风险是指基金证券组合价格下跌而可能造成的损失。证券市场价格受到许多因素的影响，比如，经济因素、政治因素、投机因素和交易制度等。市场风险主要包括以下几个方面：一是经济政策。如国家的财政政策、货币政策、行业政策和地区发展政策等发生变动，会导致市场波动而影响投资基金的收益，从而产生风险。二是经济周期。基金所投资的股票和债券，其投资的收益水平也会随着经济周期波动而出现周期性的调整，从而导致整个基金收益率的不确定性。三是利率。基金投资于股票和债券的收益水平会受到市场利率变化的影响，从而产生风险，以债券和股票构成投资组合的基金，在利率水平升高时，其收益水平会下降。四是购买力。基金的投资收益部分来源于债券利息、股利，通货膨胀会使其从债券投资及上市公司利润分配所得的现金实际贬值，产生实际购买力下降的危险。一旦基金的收益率低于通货膨胀率，那么基金投资实际上就发生了亏损。

（二）公司经营风险

基金投资的股票价值取决于上市公司的业绩水平。因为公司经营业绩的不确定性而导致股票价值的变化，这种风险称为公司经营风险。如果基金所投资的上市公司管理不善，其股票价值会下降，导致股价下跌，或可分配利润减少，从而使基金的收益水平下降。

（三）管理人风险

管理人风险即由于基金管理人本身的才能欠缺和道德缺陷所引起的投资基金收益的不确定性。在证券投资基金的管理运作中，基金管理人的专业知识、市场经验、判断能力、分析决策能力、技能水平以及诚信品质等都会影响其对信息的占有和运用，以及对经济形势、证券价格走势的判断，从而影响基金收益水平。

（四）基金价格风险

持有封闭式基金的投资者必须承担基金价格波动的风险，即基金价格风险。

分析案例

超短融债券兑付危机的处理

一、案例背景

某水泥公司，于2015年4月14日在全国银行间债券市场公开发行第一期超短融债券，发行总额为20亿元人民币，发行利率为5.3%，兑付日期为2015年11月12日，到期一次性还本付息。某基金机构旗下投资组合“××基金风险准备金1号资产管理计划”持有该公司超短融“15山水SCP001”面额12 000万元。由于未能按期兑付标的债券本金，出现违约。

某基金机构高管对此高度重视，多次亲赴该公司，反复谈判协商，于2017年9月与对方达成一致和解方案，约定：该公司向该机构偿付“15山水SCP001”本金及逾期利息合计13 197万元（其中本金12 000万元，利息1 197万元），分期16个月（非等额），采用银行承兑汇票方式支付。2019年1月，该公司已按期履行完毕，该基金机构按期收到约定的全部款项，风险顺利化解。

二、案例特点

本案例最大的特点是债券或基金违约，其原因是由实际控制人股权争夺引发。该公司全资控股股东为某水泥（香港）有限公司，后者为港股上市公司水泥集团有限公司（开曼，0 691.HK）的全资子公司，该公司原实际控制人为自然人，之后某集团通过二级市场增持获得控股权。

该公司在银行间债券市场发行了多期债券，包含短融、超短融、中期票据、PPN等多个种类，累计发行规模达到130亿元。据有关资料，某评级公司在2013年以来一直给予其AA+的主体信用级别。尽管水泥行业不景气，导致该公司盈利能力持续下滑，但2015年之前该公司一直保持着不错的盈利能力，资产负债率基本维持在60%以下，财务稳健性较高，不至于出现大的风险。围绕实际控制人变更，实际上是市场竞争所引发的融资收紧是债券违约的唯一因素，2015 年 11 月，该公司“15 山水 SCP001”到期未能兑付，成为国内债券市场上首单超短融违约事件，随后到期的“15 山水 SCP002”及“13 山水 MTN1”也相继违约。

三、应对策略

以自有资金承接风险债券，保护持有人利益。在获知标的债券的到期兑付存在不确定性后，该基金机构立刻成立风险应急小组，集中讨论该债券的兑付问题以及对组合的影响，并及时跟踪关注动态。同时，该机构一直与主承销商及发债主体沟通了解事件进展，并敦促其切实履行责任，如期兑付债务。不仅如此，该机构还分析发债主体面临的最大问题，即控制权之争。预判虽然该期债券延期兑付的概率较大，但债券最终兑付应该只是时间问题。基于该判断，本着保护持有人利益、股东利益和本机构声誉的原则，该基金机构决定用自有资金承接旗下基金持有的“15 山水 SCP001”。

在初步应对该事件后，该基金机构持续关注该公司事件对社会和基金投资者利益的影响，全力以赴敦促该公司尽快妥善处理债务偿还工作，切实履行债权人权益。该公司实质违约后，该基金机构与该公司就“15 山水 SCP001”的本金及逾期利息支付所产生的争议进行积极沟通寻求解决方案，尝试多种方法和途径解决标的债券偿付事宜。2017 年，该基金机构领导多次亲赴该公司，反复谈判协商，最终于 9 月与对方签署和解协议书，妥善处置了风险。

四、案例启示

该基金机构在该公司事件发生后，加强了信用风险防控，严格遵守内部信用评级、交易对手白名单分类限额管控、投资组合发行主体信用风险指标监控和风险提示，以及第一、二道防线联动风险排查等机制；加强研究员、交易员信用风险防范意识，密切盯市；在市场风险舆情监控方面，努力做好组合的流动性管理，避免信用事件导致组合净值大幅下跌，从而引发投资者巨额赎回，相互踩踏爆发系统性流动性危机。

资料来源：作者根据相关资料整理。

二、基金市场的风险识别与度量

证券投资基金市场风险的度量是其整个风险管理过程中极为重要的一个环节。相对于其他风险种类而言，基金的市场风险度量技术是比较丰富的，尽管这种度量所依靠的历史资料存在数据不全、变量波动频繁等问题，但市场交易本身毕竟为我们用数据统计对市场风险进行量化分析提供了基础和前提。

（一）基金净值收益率的计算

1. 简单（净值）收益率

简单（净值）收益率的计算不考虑分红再投资时间价值的影响，其计算公式如下：

$$R=\frac{NAV_t+D-NAV_{t-1}}{NAV_{t-1}} \tag{9-52}$$

其中，R 为简单收益率，NAV_t，NAV_{t-1} 分别为期末和期初基金的份额净值，D 为考察期内每份基金的分红金额。

假设某基金在 2019 年 12 月 3 日的份额净值为 1.484 8 元/单位，2020 年 9 月 1 日的份额净值为 1.788 6 元/单位，其间基金曾经在 2020 年 2 月 29 日每 10 份派息 2.75 元，那么这一阶段该基金的简单收益率则为：$R=\frac{1.7886+0.2750-1.4848}{1.4848}\times 100\%=38.98\%$。

2. 时间加权收益率

时间加权收益率由于考虑到了分红再投资，更能准确地对基金的真实投资表现做出衡量。

时间加权收益率的假设前提是红利以除息前一日的单位净值减去每份基金分红后的份额净值进行再投资。考虑到分红再投资的时间加权收益率在数值上可能大于简单收益率，也可能小于简单收益率，这取决于分红后基金的表现，也就是说如果分红后基金表现非常差，造成亏损，加权收益率就会小于简单加权收益率，如果表现好，就会大于简单加权收益率。

时间加权收益率反映了 1 元投资在不取出的情况下（分红再投资）的收益率，这样更科学一些，从而成为衡量基金收益率的标准方法。

3. 算术平均收益率与几何平均收益率

算术平均收益率法与几何平均收益率法的区别：算术平均收益率法将所有的收益率加起来除以收益率的个数；几何平均收益率是将所有收益率相乘再开方，所以几何平均收益率更科学。一般来说，算术平均收益率要大于几何平均收益率，每期的收益率差距越大，两种平均方法的差距越大。

假设某基金第一年的收益率为 50%，第二年的收益率为 −50%，该基金的年算术平均收益率为 0，年几何平均收益率为 −13.40%，可以看出，几何平均收益率能正确地算出投资的最终价值，而算术平均数则高估了投资的收益率。

几何平均收益率可以准确衡量基金表现的实际收益情况，常用于对基金过去收益率的衡量。算术平均收益率是对平均收益率的一个无偏估计，常用于对将来收益率的估计。

4. 年化收益率

有时需要将阶段收益率换算成年收益率，这就涉及年化收益率的计算，年化收益率有简单年化收益率与精确年化收益率之分。

（二）基金绩效收益率的衡量

基金绩效的优劣只能通过相对表现才能做出判断。分组比较与基准比较是两个最主要的比较方法。

一是分组比较法，分组比较根据资产配置的不同、风格的不同、投资区域的不同等，将具有可比性的相似基金放在一起进行业绩的相对比较，其结果常以排序、百分位、星号等形式给出。

二是基准比较法，基准比较法是通过给被评价的基金定义一个适当的基准组合，比较基金收益率与基准组合收益率的差异来对基金表现加以衡量的一种方法。基准组合是可投资的、未经管理的、与基金具有相同风格的组合。

一个良好的基准组合应具有如下五个方面的特征：

（1）明确的组成成分，即构成组合的成分证券的名称、权重是非常清晰的。

（2）可实际投资，即可以通过投资基准组合来跟踪积极管理的组合。

(3) 可衡量，即指基准组合的收益率具有可计算性。

(4) 适当，即与被评价基金具有相同的风格与风险特征。

(5) 预先确定，即基准组合的构造先于被评估基金的设立。基准组合可以是全市场指数、风格指数，也可以是由不同指数复合而成的复合指数。

(三) 风险调整绩效衡量方法

风险调整衡量指标的基本思路就是通过对收益进行风险调整，得到一个可以同时对收益与风险加以考虑的综合指标，以期能够排除风险因素对绩效评价的不利影响。主要有如下三大经典风险调整绩效衡量方法：

1. 特雷诺指数

第一个风险调整绩效衡量方法是由特雷诺（Treynor，1965）提出的，因此也就被称为“特雷诺指数”。特雷诺指数给出了基金份额系统性风险的超额收益率，其计算公式如下：

$$T_P=\frac{\bar{R}_P-R_f}{\beta_P} \tag{9-53}$$

其中，T_P 为基金 P 的特雷诺指数，$\bar{R}_P$ 为考察期内基金 P 的平均回报率，R_f 为考察期内的平均无风险收益率，β_P 为基金 P 的系统性风险。

在由收益率与系统性风险所构成的坐标系中，特雷诺指数实际上是无风险收益与基金组合连线的斜率。特雷诺指数越大，额外的收益越高，基金的绩效表现越好。系统性风险越低或者额外收益率越高，特雷诺指数越小。

特雷诺指数用的是系统性风险而不是全部风险，因此，当一项资产只是资产组合的一部分时，特雷诺指数就可以作为衡量绩效表现的恰当指标加以应用。

特雷诺指数的问题是无法衡量基金经理的风险分散程度。β 值并不会因为组合中所包含的证券数量的增加而降低，因此当基金分散程度提高时，特雷诺指数可能并不会变大。

例如，基金 A 和基金 C 的季度平均收益率分别为 2.50%和 2.00%，贝塔值是 1.20 和 0.80，市场组合的季度平均收益率为 2.20%，季度平均无风险收益率为 0.65%，易得基金 A、基金 C 的特雷诺指数分别是 1.54、1.69，市场组合的特雷诺指数为 1.47，因此，基金 A、基金 C 的表现好于市场，基金 C 的表现好于基金 A。

2. 夏普指数

夏普指数以标准差作为基金风险的度量，给出了基金份额标准差的超额收益率，其计算公式如下：

$$S_P=\frac{\bar{R}_P-R_f}{\sigma_P} \tag{9-54}$$

其中，S_P 为基金 P 的夏普指数，$\bar{R}_P$ 为考察期内基金 P 的平均回报率，R_f 为考察期内平均无风险收益率，σ_P 为基金 P 的标准差。

如图 9－11 所示，在收益率-标准差构成的坐标系中，夏普指标就是基金组合与无风险收益率连线的斜率。夏普指数越大，额外收益率越高；标准差越小或者额外收益率越高，夏普指数越小。所以夏普指数越大，绩效越好。

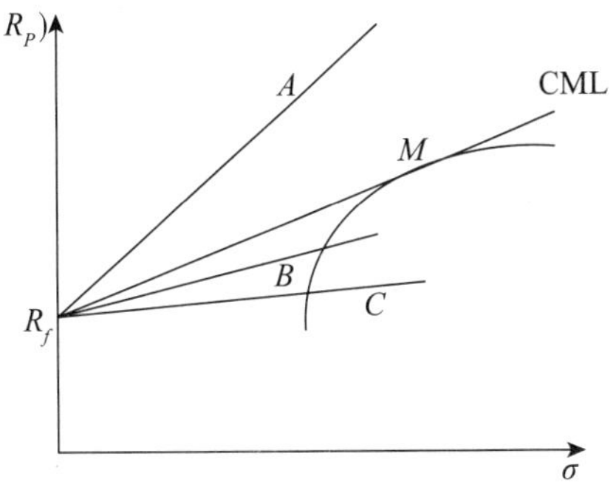

图 9－11 收益率-标准差坐标系

夏普指数调整的是全部风险，因此，当某基金就是投资者的全部投资时，可以用夏普指数作为绩效衡量的适宜指标。

3. 詹森指数

詹森认为将管理组合的实际收益率与具有相同风险水平的消极投资组合的期望收益率进行比较，二者之差可以作为绩效优劣的一种衡量标准，其计算公式如下：

$$\alpha_P = \bar{R}_P - R_f - \beta_P(\bar{R}_P - R_M) \tag{9-55}$$

其中，R_M 为市场投资组合的评价收益率。

从图形上看（见图 9－12），詹森指数表现为基金组合的实际收益率与 SML 曲线上具有相同风险水平组合的期望收益率之间的偏离。

如果风险指标大于零，说明基金组合获得了超越 SML 曲线上相应组合的超常绩效表现；如果风险指标小于零，说明基金组合的表现并不好。

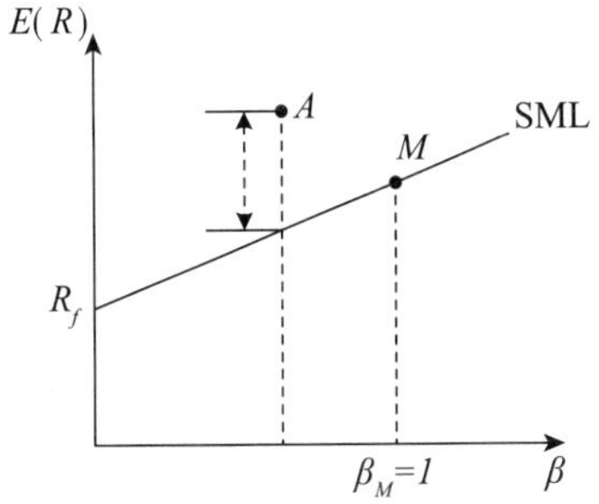

图 9－12 詹森指数的含义图

4. 三种风险调整衡量方法的区别与联系

夏普指数与特雷诺指数给出的是单位风险的超额收益率，因而是一种比率衡量指标，而詹森指数给出的是差异收益率。比率衡量指标与差异衡量指标在对基金绩效的排序上有可能给出不同的结论。

（1）尽管夏普指数与特雷诺指数衡量的都是单位风险的收益率，但二者对风险的计量不同。夏普指数考虑的是总风险，而特雷诺指数考虑的是市场风险。当投资者将其大部分资金投资于一只基金时，那么他就会比较关心该基金的全部风险，因此也就会将标准差作为对基金风险的适宜衡量指标。这时适宜的衡量指标就应该是夏普指数。当投资者并非只投资于无风险证券和单一基金组合，所要评价的投资组合仅仅是该投资者全部投资的一个组成部分时，就会比较关注该组合的市场风险，这时用特雷诺指标比较好。

（2）夏普指数与特雷诺指数在对基金绩效的排序结论上有可能不一致。当基金完全分散投资或高度分散时，用夏普指数和特雷诺指数所进行的业绩排序是一致的。但当分散程度较差的组合与分散程度较好的组合进行比较时，这两个指标衡量的结果就可能不同。一个分散程度差的组合的特雷诺指数可能很好，但夏普指数可能很差。

（3）特雷诺指数与詹森指数只对绩效的深度加以考虑，而夏普指数则同时考虑深度与广度。深度指的是基金经理所获得的超额回报的大小，而广度则对组合的分散程度加以考虑。由于特雷诺指数与詹森指数只考虑了回报的大小问题，而没有考虑组合分散程度问题，所以分散市场风险的程度只有夏普指数能够反映出来。

（4）詹森指数要求用样本期内所有变量的样本数据进行回归计算。

经世济民课堂

中国公募基金和私募基金发展历程

扫码了解更多中国金融故事

分析案例

褪色的不凋花——Amaranth 基金之死

Amaranth 基金于 2000 年成立，成立之初是一种多策略的对冲基金，专注于可转换债券、兼并、收购、重组、公共事业等方面。与 1998 年名声大震的对冲基金长期资本公司一样，其总部位于美国康涅狄格州格林威治小镇，该镇被誉为对冲基金的“硅谷”，与纽约和伦敦并称为三大对冲基金之都。但不幸的是，Amaranth 基金也难逃与长期资本公司一样破产的命运。

2001 年安然公司倒闭，这给能源市场留下了一个巨大的真空，所以 2002 年 Amaranth 基金将其投资的领域延伸至了能源行业，考虑到能源市场的高度波动性，它们仅将这一领域的风险敞口控制在其资本的 2%左右。

到了 2004 年，该基金核心技巧领域的投资，比如可转债的套利等的回报不到 4%，所以公司决定将更多资源投入能源领域。因此聘请了一名来自德意志银行的天然气交易员 Brian Hunter，仅 2005 年一年，Brian Hunter 在天然气期货市场的套利就为公司带来了超过 10 亿美元的盈利，到 2006 年 8 月 31 日，Amaranth 基金的总资产达到了 96.68 亿美元，员工有 400 多名，成长为全球排名第 39 位的对冲基金，然而在接下来的 20 多天中，它却戏剧般地损失了 60 多亿美元，最终破产。

问题思考： 请找出 Amaranth 基金迅速破产的原因，并分析如何防范衍生品风险。

三、基金市场的风险管理策略

基金市场的风险管理是指证券投资基金管理公司在识别和评估投资基金风险的基础上，借助现代手段和工具，寻求切实可行的措施和办法，从而对所面临的风险进行防范、规避、化解、处置的策略。

（一）防范风险策略

防范风险策略指采取一定的预防性措施规避风险发生因素，或主动放弃和拒绝实施某项可能导致风险损失的方案，从而防止风险发生的策略。

（二）分散风险策略

分散风险策略指基金根据一定的原则，采取一定措施和技巧，冲抵非系统性风险。

（三）规避风险策略

规避风险策略指基金根据一定的原则，采取一定措施和技巧，主动避开各种风险，以避免和减少这些风险所造成的损失。在开放式基金中，头寸和流动性管理就是典型的规避风险策略。这主要表现在：第一，通过资产结构的不断动态调整，使投资于股票的比重与投资于国债和现金资产的比重始终保持在合理的控制水平，以备赎回之需，从而规避流动性风险和信用风险；第二，在准确预测股市未来走势的基础上，及时调整股票资产在总资产中的比例，避免因股价下跌所导致的损失；第三，在股票资产中，不断调整某种股票持有者的比例，规避基金在这只股票上的变现风险。

（四）转移风险策略

转移风险策略指通过某些合法的交易方式和业务手段，将证券投资基金自身所面临的风险转移给其他经济主体承担的一种策略。

（五）套期保值策略

套期保值策略指通过一定的交易方式对冲自身所面临的某种风险的策略。从证券投资基金风险管理的角度分析，主要包括以下两种类型的交易。其一是期货交易，因为金融期货价格与金融现货价格通常受相同因素的影响，因而其变动方向通常是一致的。所以，如果证券投资基金在股指期货市场上建立一种与其现货市场方向相反的仓位，并在期货合约到期前通过反向交易而将此仓位对冲，那么，无论价格如何变动，其总可在一个市场获利，而在另一市场受损，盈亏相抵，即可达到保值的目的。其二是期权交易，它既能将潜在的损失控制在有限的、已知的范围内，又能在很大程度上保证收益。

关键概念

系统性风险　非系统性风险　投资组合理论　有效前沿　无差异曲线　最优投资组合　因子模型　市场模型　三因子模型　资本资产定价模型　分离定理　资本市场线　证券市场线　套利定价模型　分散化法　投资分析法　套期保值法　管理人风险　基金价格风险　基金净值收益率　基金绩效收益率　特雷诺指数　夏普指数　詹森指数　风险管理策略

思考题

1. 在年初，某投资者拥有以下四只股票，当前和预期年末价格为：

股票	股数	当前价格（元）	预期年末价格（元）
A	100	30	40
B	200	19	25
C	300	50	65
D	100	100	110

这一年里该投资者的预期投资收益率是多少？

2. 给定三只股票的方差-协方差矩阵以及每一股票的比重如下，计算组合的标准差。

	股票 A	股票 B	股票 C
股票 A	0.045		
股票 B	−0.02	0.031	
股票 C	0.011	0.021	0.018
比重	0.5	0.3	0.2

3. 两只股票 A 和 B 的年收益率标准差分别为 40%和 30%，如果两只股票的相关系数如下，计算等权重的组合的标准差。

(1) 0.5；

(2) 0；

(3) −0.5。

4. 基于单因子模型，考虑一个两股票的投资组合，这两只股票具有下列特征：

股票	因子敏感性	非因子风险（方差）	比例
A	0.5	0.004 9	0.6
B	1.2	0.006 4	0.4

(1) 若因子的标准差为 15%，组合的因子风险是多少？

(2) 组合的非因子风险是多少？

(3) 组合的标准差是多少？

5. 基于双因子模型，考虑具有下述特征的两只股票：

特征	股票 A	股票 B
因子 1 的敏感性	1.4	0.8
因子 2 的敏感性	2	1.5
非因子风险（方差）	16	36

因子 1 和因子 2 的标准差分别是 15%和 8%，因子间的协方差为 0.022 5。股票 A 与 B 的标准差是多少？它们的协方差是多少？

6. 如果市场上存在大量偏离证券市场线的股票，投资者应该如何以这些股票进行套利？说明其中的原理。

7. 比较分散化投资、投资分析法与套期保值法三种方法的差别。

8. 基金市场的风险主要包括哪几种？

9. 度量基金市场风险的方法有哪些？各有什么特点？

10. 常用的基金市场的风险管理方法有哪些？各有什么优缺点？

实践案例

人类的财富游戏：十次著名全球股灾回顾

从1720年世界第一次股灾发生算起，几乎每一个有股市的国家或地区都发生过股灾。1720年英国南海股灾是世界上发生最早的股灾；1929年和1987年的股灾都起源于美国，是波及范围最广的世界性股灾；日本、中国台湾和中国香港是世界上股灾发生最频繁的地区之一。股灾自从资本市场诞生以来就如影随形，下面简单回顾一下十次著名全球股灾。

一、1720年英国南海股灾：1720年9—12月，暴跌幅度将近100%

这次股灾的介绍见本章导入案例。

二、1929年世界大萧条：1929年10月—1932年11月，暴跌幅度90%

在20世纪20年代，美国的许多产业仍然没有从第一次世界大战后的萧条中恢复过来，但资本市场却显出与之不相符的火热。1926年秋，在20年代的投机狂潮中被炒得离谱的佛罗里达房地产泡沫首先被刺破了。然而，这丝毫没有给华尔街的疯狂带来多少警醒。从1928年开始，股市的上涨进入最后的疯狂。

美国总统约翰·肯尼迪的父亲约瑟夫·肯尼迪发现，连擦鞋匠都在买股票。于是他提早撤出资金，成为为数不多成功脱身的人，为其家族的未来奠定了基础。

1929年10月28日，史称“黑色星期一”。当天，纽约时报指数下跌49点，道琼斯指数狂泻38.33点，日跌幅达13%。10月29日，最黑暗的一天到来了，人人都在不计价格地抛售，交易大厅一片混乱，道琼斯指数从最高点386点跌至298点，跌幅达22%。

1929年10月21日之后的一个多月里，道琼斯指数从386点疯狂跳水至198点，跌幅高达49%，在经历短暂反弹后再度急转直下，1930年5月—1932年11月，股市连续出现了6次暴跌，道琼斯指数跌至41点，跌幅高达90%。在这场股灾里，美国钢铁公司的股价由每股262美元跌至21美元，通用汽车公司的股价从92美元跌至7美元。

当然，除了泡沫原因外，这场载入史册的大股灾背后还有无数原因引发共振，例如严重的操纵、欺诈和内幕交易，经济周期的下行等。这场股灾的影响深远，成为之后百年间每一位踏入资本市场的交易者的必修课。

三、1973年香港股灾：1973年—1974年，暴跌幅度91.5%

香港股票交易始于1866年，20世纪50年代以来，香港开始了工业化进程，取得了很大成就，对外贸易和海外运输也有了长足的发展，由此带动了海外投资的涌入和金融业的发展。随着香港经济的迅速发展，香港股市发展也极为迅速。香港恒生指数1969年全年总成交量为25.46亿港元，1970年跳升至59.89亿港元，到1971年及1972年，更分别飙升至147.93亿港元及437.58亿港元。

也就是说，在这短短的4年里，股票交量大幅飙升了16倍多。一句话，无论是从恒生指数或是成交量看，1969—1972年这4年间的确是香港股票市场发展中一个最为急速的时期。所谓“乐极生悲”，这场来势汹汹的“淘金浪潮”，最后还是以悲剧收场。

1973年，香港恒生指数达到最高的1 774.96点，政府为冷却股市，采取了一系列措施，甚至曾出动消防员以防火条例禁止股民进入华人行买卖股票，随后的市场开始了回归之路，1974年12月10日恒生指数下跌至150.11点，跌幅达90%，只及1969年时的水平，而 1 774.96 点的高位则等待了 9 年，到 1981 年才被突破。

四、1987 年全球股灾：1987 年 10 月 19 日—10 月 26 日，暴跌幅度 20%以上

受海湾危机、贸易逆差过大、美元汇率下降等影响，1987 年 10 月 19 日，美国股市出现“黑色星期一”，开盘仅 3 小时，道琼斯工业股票平均指数下跌 508.32 点，跌幅达 22.62%，正因此这次暴跌，美国 SEC 于 1988 年首次设置了熔断机制。

随后的一周内，恐慌加剧，10 月 20 日，东京证券交易所股票跌幅达 14.9%，创下东京证券下跌的最高纪录。10 月 26 日，香港恒生指数狂泻 1 126 点，跌幅达 33.5%，将自 1986 年 11 月以来的全部收益统统吞没。亚洲股市崩溃的信息又回传欧美，导致欧美的股市再次下泻。

据统计，在 10 月 19 日—26 日 8 天内，因股市狂跌损失的财富高达 2 万亿美元之多，是第二次世界大战中直接及间接损失总和 3 380 亿美元的 5.92 倍。

股市的震荡刚刚有所缓解，社会经济生活又陷入了恐慌的波动之中。银行破产、工厂关闭、企业大量裁员，1929 年发生的悲剧再度重演。比 1929 年幸运的是，当时美国经济保持着比较高速的增长，这次股灾并没有导致全面经济危机。

五、1989 年日本股灾：1989 年 12 月—1992 年 8 月，暴跌幅度 63%

“平成景气”自 1986 年开始，这段时期日本的经济高速发展，到 1990 年其 GNP 的世界占比升到 13.7%，持有的国外资产达到 3 830 亿美元，位居世界首位。良好的经济形势刺激了日本股市的大涨，从 1985 年 12 月的 13 113 点上升到 1989 年 12 月 19 日的 38 915 点，经济的繁荣和股市的疯狂使得日本国民丧失理智，纷纷投入股市。

然而泡沫的繁荣终究会破灭，股灾只会迟到却从不会缺席。1989 年末，日本股市出现跳水式崩跌，到 1990 年 10 月，股指跌破 20 000 点。1992 年 4 月 1 日，日经平均指数跌破了 17 000 点，日本股市陷入恐慌。8 月 18 日再降至 14 309 点。到此为止，股指比最高峰时下降了 63%，上市股票市价总额由 1989 年底的 630 万亿日元降至 299 万亿日元，3 年减少了 331 万亿日元，日本股市的泡沫宣告破灭。

泡沫破灭后，日本经济形势急转直下，房价几近腰斩才稳住，整个国家的财富缩水了近 50%。自此，日本进入“失去的十年”。

六、1990 年中国台湾股灾：1990 年 2 月—10 月，暴跌幅度 80%

1987—1990 年，中国台湾股指从 1 000 点一路飙升到 12 682 点，上涨了近 12 倍。当时台湾地区经济已实现连续 40 年平均 9%的高增长，台币兑换美元更从 1∶40 升到 1∶25。由于新台币的升值预期，海外“热钱”大量涌入岛内，在居民财富增长作用下，一时间台湾土地和房地产价格在短时间内翻了两番，当时岛内资金泛滥，贪婪地寻找各种投资机会。1989 年最后一个季度，台股平均市盈率达到 100 倍，而同期全球其他市场市盈率都在 20 倍以下。

1990 年 2 月，中国台湾股市崩盘，指数从最高点 12 682 点跌到 8 000 点以下，到 1990 年 10 月一路跌到了 2 485 点，跌幅超过 80%。

七、1997 年亚洲金融危机：1997 年 7 月—1998 年底，暴跌幅度 93.4%

1997 年 7 月 2 日，亚洲金融风暴席卷泰国。不久，这场风暴波及马来西亚、新加坡、日本、韩国、中国等地，引发东亚及东南亚股市持续暴跌。1997 年 10 月下旬，危机中心转移到刚刚回归的中国香港，恒生指数从当年 8 月的 16 000 多点，下跌到 1998 年 8 月的

6 500 多点，跌幅达 60%，之后才开始触底回升。同期日经 225 指数从 20 000 多点跌到 14 000 多点，韩国综合指数也被腰斩。

亚洲金融危机虽然中心在东亚，万里之外的俄罗斯却是受伤最为严重的国家。苏联解体后，俄罗斯经济社会陷入困境，亚洲金融危机导致国际原油和有色金属价格暴跌，原本就脆弱的俄罗斯经济遭受重创，GDP 从 1997 年的 4 351 亿美元，直线下滑到 1998 年的 2 912 亿美元，跌幅达 33%；1999 年又比 1998 年下降了 28%。卢布资产也被国际炒家大肆做空。

1998 年 8 月 17 日，俄罗斯央行宣布大幅扩大卢布兑美元汇率的浮动幅度，并推迟偿还外债及暂停国债券交易。9 月 2 日，又宣布卢布贬值 70%，并暂停偿还国债。

1997 年 10 月—1998 年 10 月的一年时间里，俄罗斯 RTS 指数从 500 多点，一直跌到只剩下 37 点，跌幅达 93%，堪称世界证券史上最惨烈的股灾。

另外值得一提的是，这次危机也在短期内波及太平洋对岸的美国股市，道琼斯指数在 1997 年 10 月 27 日暴跌 550 点，跌幅达到 7.18%，并触发了 1988 年设置熔断机制以来的首次熔断。

八、2000 年美国互联网泡沫破灭：2000 年 3 月—2002 年 10 月，暴跌幅度 77%

从 1971 年创立开始，纳斯达克成为许多伟大企业的摇篮，孕育出了像微软、苹果、谷歌、亚马逊等众多超级牛股。20 世纪 90 年代后期，媒体和投资机构都大力推崇以互联网为代表的“新经济”，而唾弃以传统制造业等为主的“旧经济”。

1995—1999 年期间，道琼斯指数上涨了 3 倍，而作为新经济代表的纳斯达克综合指数更是翻了 5 倍多，资本市场出现巨大泡沫。以股票估值衡量，1999 年底道琼斯指数的市盈率为 25 倍，市净率为 5 倍，而纳斯达克综合指数更是分别高达 152 倍和 7 倍之多。

2000 年初，互联网公司的股价终于到了顶点。美国司法部出台了对于微软的反垄断指控，接着一季度财报显示，各家互联网公司盈利大幅缩水。互联网泡沫开始破裂，纳斯达克指数从 5 132.52 点的高点一路跌到 2002 年 10 月的 1 108 点，缩水达 78%，科技和互联网泡沫的破灭成为美国证券史上最严重的股灾之一。

九、2008 年全球金融海啸：2007 年 11 月—2009 年 2 月，暴跌幅度：美股 54%、A 股 73%

千禧年之后的科技互联网泡沫破灭之后，为了刺激经济，美联储在 2000—2003 年期间大幅降息，导致房地产和股市持续多年的繁荣，MBS 和 CDO 等金融衍生品在这一时期快速发展。截至 2006 年，美国住房均价相比 1988 年已上涨 124%；道琼斯工业平均指数从 2002 年 10 月的 7 422 点开始触底反弹，2007 年 10 月一度突破 14 000 点，上涨近一倍。

2006 年开始，大量购房贷款人的主动违约开始显现，美国楼市泡沫被刺破，大量持有次级债衍生品的金融机构损失惨重，危机又蔓延至整个金融体系，引发了全球金融海啸。

2008 年 1 月 21 日又是一个“黑色星期一”，英国富时 100 指数创下单日最大跌幅，欧洲股市亦创下 2001 年“9·11”事件后最大跌幅，亚洲股市最多下跌 15%，A 股上证综指下跌 5.14%。

2008 年 1 月 22 日，亚洲股市继续重挫。此次危机中，道琼斯工业指数从最高点 14 198 点滑落 54%，而中国 A 股则从 2007 年 11 月的 6 124 点跌至 2008 年 10 月的 1 664 点，跌幅达到 72.8%。

这次危机导致大批金融机构和大型企业破产，包括全球知名投行雷曼兄弟，而高盛、摩根大通、通用电气等企业在美国政府的救助之下才幸免于难。

十、2020 年全球股市熔断潮

2020 年全球股市熔断潮是离我们最近的一次超级股灾。2020 年 3 月，随着新冠肺炎疫情在全球范围内蔓延，OPEC 和俄罗斯未达成减产协议，国际原油暴跌，全球金融市场剧烈动荡，出现了股票与国债齐跌、原油与黄金齐跌的罕见局面。

2020 年 2 月 24 日—3 月 14 日，美股经历了数次大跌与两次熔断。其中，在 2020 年 2 月 24 日和 25 日，美股连续两天都是单日超过 3%的跌幅。这在美股历史上是十分罕见的。2020 年 3 月 9 日，美股发生史上第二次熔断，上一次出现这种情况还得追溯到 2008 年金融危机爆发的时候。3 月 12 日，美股发生史上第三次熔断，暴跌 9.9%。随着美国新冠肺炎疫情加速扩散并大量爆发，3 月 15 日起美股持续下跌并在 3 月 16 日经历了美股史上第四次熔断。3 月 15 日—3 月 23 日，仅一个星期时间内，纳斯达克下跌 12.9%，标准普尔 500 指数下跌 17.5%，道琼斯指数下跌 19.8%。至此，2 月 24 日—3 月 23 日短短 1 个月时间内纳斯达克指数跌去 29.9%，标准普尔 500 指数跌去 33.9%，道琼斯指数跌去 36.6%，美股跌幅创下新的历史纪录。

在此期间，美国以外的许多国家的股市同样暴跌，多伦多 300 指数下跌了 36%，日经 225 指数下跌了 30%，英国富时 100 指数下跌了 34%，法国 CAC40 指数下跌了 39%，德国 DAX 指数下跌了 39%。2 月 20 日—3 月 30 日，纽约商业交易所（NYMEX）原油价格下跌了 63%。多国的股票市场和期货市场出现数次熔断，国债价格也出现一定幅度的下跌。富时世界国债指数（美元计价）从 3 月 6 日的 1 056 点下跌至 3 月 18 日的 980 点，跌幅超过 7%。黄金价格也出现一定程度的回调。

问题思考：资本市场对我国经济高质量发展的作用有哪些？股市为什么是高风险的投资市场？如何参与股市投资活动？

职业素养提升：树立风险意识，培养金融道德观和正确金钱观，提高投资专业素养，培养创新思维，拓宽国际视野。

第10章 固定收益证券市场风险管理

学习目标

1. 理解固定收益证券风险的定义、类型和产生原因。

2. 掌握固定收益证券利率风险和信用风险的度量方法。

3. 熟练掌握固定收益证券的消极投资组合策略和积极投资组合策略法。

4. 价值塑造：树立国家金融安全大局意识，守住不发生系统性金融风险的底线意识、诚信意识与法治意识；坚定制度自信；树立正确金钱观；提升专业能力，开拓国际视野等。

导入案例

美国著名期货经纪商MF破产案

美国著名期货经纪商MF全球公司拥有资产净值约410亿美元，有200多年的经营历史，堪称全球金融企业的百年老店，是颇具影响力的衍生品及期货经纪商之一，在全球超过70家期货及商品交易所拥有会员资格，同时也是美国政府指定的22家美国国债“一级承销商”之一。MF首席执行官乔恩·科尔津不仅曾任新泽西州州长，更在1994—1999年执掌美国著名投行高盛。在2010年入主MF后，科尔津开始着手将有200多年历史的公司改造成“迷你版高盛”。然而，由于投资欧债失败，MF全球公司2011年10月31日在纽约南区破产法院申请破产保护。MF一夜之间的轰然倒塌不但让科尔津的设想化为泡影，也震惊了整个公司2 870名员工，更震惊了全球！这是因受欧债危机影响而破产的首家美国金融机构，而且按资产规模计算，这也是美国第五大金融机构破产案。

MF突然破产的根源在于大举投资欧洲主权债券失败。据披露，MF共拥有63亿美元的意大利、西班牙、比利时、葡萄牙以及爱尔兰债券。这些债券价格本身大幅缩水使得MF利润出现亏空。根据MF在2011年10月25日公布的财报，在刚刚结束的第二财季里，公司亏损额高达1.91亿美元，创下历史纪录。鉴于MF巨大的欧债风险敞口，包括穆迪、惠誉在内的多家评级机构相继将其信用评级降至“垃圾级”，导致MF股价在不到一周时间内暴跌67%，市值缩水三分之二，MF最终不得不宣布破产保护。

MF的破产对世界投资者包括企业投资者和国家投资者都是巨大警示，MF的破产也表明了一个简单的道理：即使是投资于被称为“金边债券”的政府债券，正确识别其风险并进行及时准确的风险管理也是非常重要的！本章主要介绍固定收益证券风险的种类、固定收益证券风险的度量方法以及固定收益证券风险的管理与组合投资策略。

第一节　固定收益证券市场风险概述

一、固定收益证券概述

固定收益证券（fixed-income instrument）也称为债务证券，是指持有人可以在特定的时间内取得固定的收益并预先知道取得收益的数量和时间。从狭义的角度讲，传统的固定收益证券主要是指债券，它是一种要求借款人按预先规定的时间和方式向投资者支付利息和偿还本金的债务合同。从广义的角度讲，固定收益证券包括债券、优先股、证券化产品和固定收益证券衍生品等类型。

（一）债券

债券是政府、金融机构、企业等机构直接向社会筹措资金时，向投资者发行，并且承诺按规定的时间和方式支付利息并偿还本金的债权债务凭证。债券基本构成要素主要包括四方面：债券面值、债券价格、债券偿还和票面利率。

除了上述四个基本要素，债券上载明发行人名称和地址、发行日期和编号、发行人印记及法人代表签章、审批机关批准发行的文号和日期、是否记名、记名债券的挂失办法和受理机构、是否可转让以及其他应该说明的事项。

根据债券的基本要素可以对债券进行分类，具体如表10-1所示。

表10-1　债券的分类

分类标准	债券类别
发行主体	政府债券、金融债券、公司（企业）债券
期限长短	短期债券（1年以下）、中期债券（1～15年）、长期债券（15年以上）
付息方式	固定利率债券、零息债券、浮动利率债券、累息债券、递延债券、推迟利息债券等
是否嵌入期权	可赎回债券、可转换债券

（二）优先股

所谓优先股，是指介于普通股与债券之间的一种证券，与债券相同的是优先股每年通常会在普通股之前派发固定的股利，因此也属于固定收益证券。而当公司破产时，优先股的求偿权排在债券之后。优先股有以下分类：

1. 累积与非累积优先股

累积优先股是指在某个营业年度内，如果公司获得的盈利不足以分派规定的股利，日后优先股的股东有权要求补足往年未付给的股利。而非累积优先股，虽然对公司当年获得的利润有优先于普通股获得股利的权利，但如果当年公司获得的利润不足以按规定的股利分配，非累积优先股的股东不能要求公司在以后年度中补发。对投资者而言，累积优先股比非累积优先股具有明显的优越性。

2. 参与优先股与非参与优先股

参与优先股是指当企业利润增大时，除了享受既定的股利外，还可以跟普通股共同参与利润分配。非参与优先股则指除了既定股利外，不再参与利润分配的优先股。对投资者而言，参与优先股比非参与优先股更有吸引力。

3. 可转换优先股与不可转换优先股

可转换优先股是近年来日益流行的一种优先股，指在特定条件下持有人可以把优先股转换成为一定数额的普通股。国外投资者常把它看成是一种实际上的收回优先股的方式，对投资者来说，在普通股价格上升时这样做是十分有利的。不可转换优先股指不能转化为普通股的优先股。

4. 可赎回优先股与不可赎回优先股

可赎回优先股是指允许发行人按原来的发行价格再加上一定溢价将已发行的优先股赎回。当发行公司认为能够以较低股利的股票来代替已发行的优先股时，往往就会行使这种权利。一般来说，发行公司会从获得的资金中拨出一定比例建立偿债基金，专门用于定期赎回已发行的部分优先股。不可赎回优先股指不能提前赎回的优先股。

(三) 证券化产品

资产证券化（asset-backed securitization）是指将缺乏流动性的资产，转换为在金融市场上可以自由买卖的证券使其具有流动性的行为。传统的证券发行是以企业价值为基础，而资产证券化是以特定的资产池为基础发行证券。证券化产品就是在资产证券化过程中发行的以资产池为基础的证券，从狭义的角度看主要包括抵押贷款支持证券（mortgage-backed security，MBS）和资产支持证券（asset-backed security，ABS）两种。

1. 抵押贷款支持证券

抵押贷款支持证券是一种现金流依赖于住房抵押贷款组合产生的本金和利息的证券化产品。MBS 主要包括有三种类型：一是过手 MBS（pass-through MBS），其资产池产生的任何现金流不经过分层组合、原原本本地支付给投资者；二是担保抵押债券（collateralized mortgage obligations，CMO），其现金流经过分层组合、重新安排后分配给不同需求的投资者；三是剥离式 MBS（stripped MBS，SMBS），又分为利息型 IO（interest only）和本金型 PO（principal only），其将现金流的本金和利息分离开并分别支付给相应的投资者。

2. 资产支持证券

资产支持证券是由非抵押贷款的资产担保的证券。资产支持证券兼具转手抵押证券的结构特征和转手支付类债券的特征。目前用于支持发行 ABS 的基础资产类型主要包括汽车消费贷款、信用卡应收款、学生贷款、住房抵押贷款、设备租赁费、厂房抵押贷款、贸易应收款等。

（四）固定收益证券衍生产品

固定收益证券衍生产品是以债券等作为标的资产的金融衍生工具，主要包括远期利率合约、利率期货、利率期权、利率互换和利率上限（下限）协议等。

二、固定收益证券市场的风险概述

固定收益证券市场的风险主要包括利率风险、购买力风险、政策风险、信用风险和流动性风险，前三种属于系统性风险，后两种属于非系统性风险。

（一）利率风险

利率风险是指市场利率变动导致债券价格与收益发生变动的风险。由于大多数债券有固定的利率及偿还价格，市场利率波动将引起债券价格反方向变化。当市场利率上升并超过债券票面利率时，投资人就不愿意购买债券，导致债券需求下降，债券价格因此下跌。反之，当市场利率下跌至低于债券票面利率时，投资者就会争相购买债券，使债券需求量上升，价格上涨。此外，债券利率风险与债券持有期限的长短密切相关，期限越长，利率风险就越大。

（二）购买力风险

购买力风险又称为通货膨胀风险，指由于通货膨胀而使债券到期或出售时所获现金的购买力减少，从而使投资者的实际收益低于名义收益的风险。在通货膨胀情况下，货币的购买力下降，而债券是一种货币性资产，债券发行者在协议中承诺付给债券持有人的利息和本金都是事先约定好的固定金额，不会因通货膨胀而有所增加，结果是债券持有人从债券投资中得到货币的实际购买力下降。

（三）政策风险

政策风险是指由于国家或地方政府的经济政策变化导致债券价格发生波动而产生的风险。它具有多种形式，如投资人购买某债券时，国家并不要求对其利息收入纳税，但在后期突然宣布债券要交利息税，这就使投资者的实际收益率下降；又如，投资者购买免税的政府债券，就面临着利息税下调的风险，因为利息税越高，免税价值越大，该债券的价格就越高。

（四）信用风险

信用风险也称为违约风险，是指债券发行人不能履行合约规定的义务，无法按期支付利息和偿还本金而产生的风险。企业发行债券后，其营运成绩、财务状况都直接反映在债券的市场价格上，一旦企业的营运状况不良，企业就有可能丧失还本付息的能力，债券的市场价格就会下降。一般而言，政府债券被认为是无违约风险的“金边债券”。

（五）流动性风险

流动性风险是指债券持有人不能按目前合理的市场价格在短期内变现的风险。如果一种债券能够在较短时间内按市价大量出售，则说明这种债券的流动性较强，投资于这种债券所承担的流动性风险较小；反之，如果一种债券按市价卖出很困难，则说明其流动性较差，投资者会因此而遭受损失。一般来说，政府债券以及一些著名的大公司债券的流动性较强。

第二节　固定收益证券市场风险的度量模型

一、固定收益证券利率风险度量

（一）利率期限结构

利率期限结构（term structure of interest rates）指某个时点上，不同期限的即期利率与到期期限的关系及变化规律。利率期限结构反映了不同期限的资金供求关系，揭示了市场利率的总体水平和变化方向，为投资者从事债券投资和政府有关部门加强债券管理提供可参考的依据。由于零息债券的到期收益率等于相同期限的市场即期利率，从对应关系上来说，任何时刻的利率期限结构是利率水平和到期期限相联系的函数。因此，利率的期限结构，即零息债券的到期收益率与期限的关系可以用一条曲线来表示，具体有 5 种形式，如图 10－1 所示。

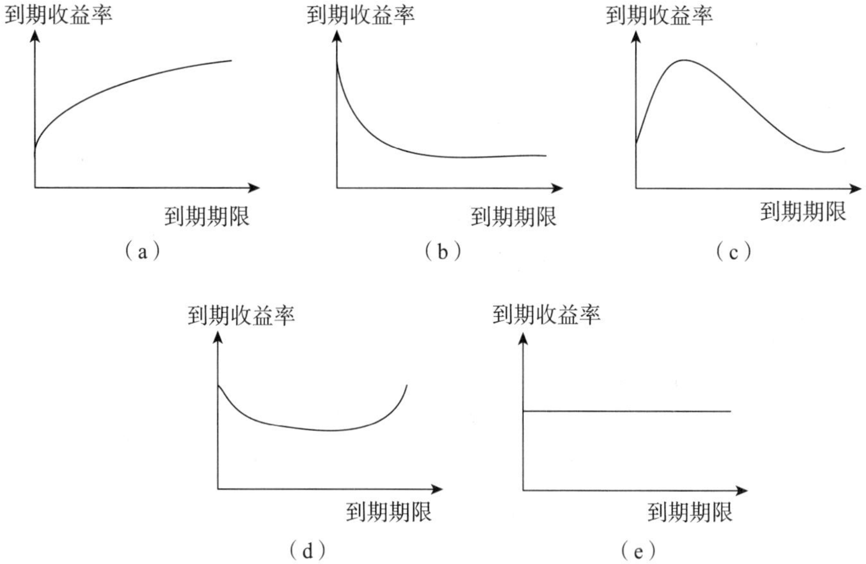

图 10－1　利率期限结构

（二）利率期限结构理论

1. 预期理论

预期理论（expectation theory）认为，长期债券的现期利率是短期债券的预期利率的函数，长期利率与短期利率之间的关系取决于现期短期利率与未来预期短期利率之间的关系。如果预期未来短期债券利率与现期债券利率相等，那么长期债券的利率就与短期债券的利率相等，这种收益率曲线可以用图 10－1（e）表示。如果预期的未来短期债券利率上升，那么长期债券的利率必然高于现期短期利率，且期限越长利率越高，这种收益率曲线可以用图 10－1（a）表示。如果预期的未来短期债券利率下降，那么长期债券的利率必然低于现期短期债券的利率，且期限越长利率越低，这种收益率曲线可以用图 10－1（b）表示。

预期理论主要的缺陷是其严格地假定人们对未来短期债券的利率具有确定的预期，即认为远期利率和远期价格是确定的。但事实上，由于再投资风险和价格风险两方面的原因，债券到期价格是不确定的。这样远期利率也就无法确定。另外，该理论假定资金在长期资金市场和短期资金市场之间的流动是完全自由的。这两个假定都过于理想化，与金融市场的现实差距太远。

2. 流动性偏好理论

流动性偏好理论（liquidity preference theory）认为，不同期限的债券之间存在一定的替代性，这意味着一种债券的预期收益确实可以影响不同期限债券的收益。但是不同期限的债券并非完全可替代，因为投资者对不同期限的债券具有不同的偏好。该理论假定大多数投资者偏好持有短期证券，为了吸引投资者持有期限较长的债券，必须向他们支付流动性补偿，而且流动性补偿随着时间的延长而增加，因此，实际观察到的收益率曲线总是要比预期假说所预计的高。该理论还假定投资者是风险厌恶者，只有在获得补偿后才会进行风险投资，即使投资者预期短期利率保持不变，收益率曲线也是向上倾斜的。

根据流动性偏好理论，假设市场参与者预期未来短期利率与当前利率相同，由于远期利率中包含风险升水，收益率曲线就会向上倾斜，因此，和投资于短期债券并在每个到期日重新进行短期投资相比，长期债券投资会产生更高的预期收益率，如图 10－2 所示。根据流动性偏好理论，长期利率大于预期的未来短期利率，因此，收益率曲线应该向上倾斜。这与收益率曲线向上倾斜的情况比向下倾斜的情况具有更多的经验检验结果相一致。

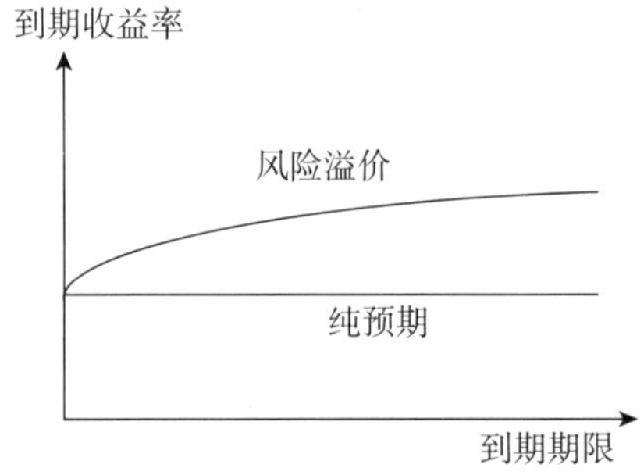

图 10－2　预期与风险升水的结合

3. 市场分割理论

市场分割理论（market segmentation theory）认为，债券市场是由期限不同的互不相关的市场组成，这些市场的利率由各自独立的市场供求决定。因此，不同期限的债券不可能完全相互替代，资金也不会在长短期债券市场之间自由流动。根据该理论，利率的期限结构是由不同市场的均衡利率决定的。因此，如果债券市场是由 4 个完全分割的市场组成，那么就会有 4 组不同的供求曲线，如图 10－3 所示，将这些分割的曲线交点连在一起，就决定了收益率曲线。

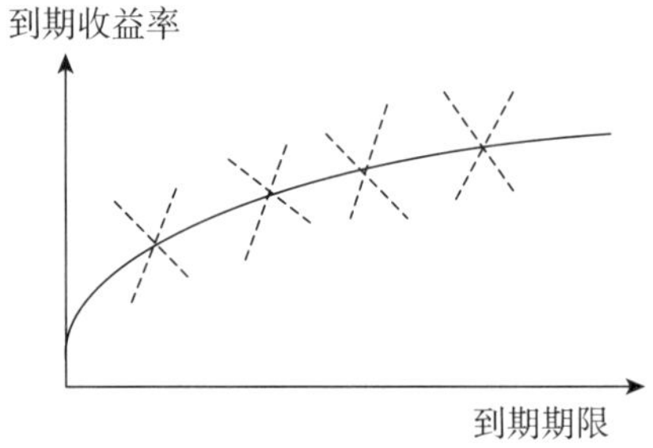

图 10－3　完全市场分割状态下的利率期限结构

市场分割理论也存在一定的缺陷。由于该理论认为期限不同的债券市场是完全分割的，某种期限的债券收益率上升不会影响其他不同期限债券的收益率，因而，它不能解释期限不同的债券收益率倾向于一起变动的现实。

（三）利率期限结构与利率风险度量

1. 利率期限结构与债券定价的关系

一个 n 年后到期，每年支付固定息票 I，到期偿还本金 M 的债券目前的价格可以通过以下公式得到：

$$P=\sum_{i=1}^{n}\frac{I}{(1+r_i)^i}+\frac{M}{(1+r_n)^n} \tag{10-1}$$

其中，r_1，r_2，…，r_n 就是利率期限结构图 10－1 上所对应的不同到期期限的无风险利率。因此，如果能够知道不同时刻的利率期限结构的变化，就可以为不同时刻的债券进行准确的定价。

随着固定收益证券市场的金融创新，各种混合债券、固定收益证券衍生产品不断涌现，它们的共同特点就是含有期权特性。对于有隐含期权的债券和固定收益证券衍生产品不能简单使用贴现模型来定价，一般要先计算出隐含期权的价格。隐含期权的定价可以使用布莱克-斯科尔斯（B－S）公式进行，但是B－S模型假设无风险利率为常数，这是与现实相矛盾的。因此，对有隐含期权的债券和固定收益证券衍生产品进行定价时，只有在利率动态变化环境下进行分析才会相对精确，利率期限结构因此成为隐含期权的债券和固定收益证券衍生产品定价的核心因素。

2. 利率期限结构与利率风险的度量

固定收益证券资产本质上是一种利率敏感性资产。从理论上讲，固定收益证券资产的价格 P 可以表示为：

$$P=f(R, r, t),\qquad 且\frac{\partial P}{\partial R}>0,\ \frac{\partial P}{\partial r}<0 \tag{10-2}$$

其中，R 表示票面利率；r 表示市场利率或收益率；t 表示固定收益证券的剩余期限。在其他条件不变的情况下，固定收益证券的票面利率越低，固定收益证券价格越低；市场利率或收益率越高，固定收益证券价格越低。显然，市场利率的变动必然引起固定收益证券价格的变动，从而会给固定收益证券持有者带来利率风险。

利率期限结构可直观反映不同投资期限或到期期限的固定收益证券的收益率。由于固定收益证券的价值取决于其未来利息和未来价格的现值，而利率期限结构直接影响未来利息和未来价格的现值，所以未来利率的变动对固定收益证券价值具有重大影响；利率期限结构的非预期变动更是固定收益证券投资的重要风险；在没有利率风险对冲工具时，对利率及期限结构变化的预测尤其重要。因此，利率期限结构的建立对固定收益证券的组合投资和利率风险的规避都至关重要。

（四）久期与利率风险的度量

利率风险是指因为利率水平和利率期限结构的变化导致金融资产价值不利变动的可能性。因此，要对利率风险进行准确分析和度量，就要考察整个利率期限结构的影响，可是这显然是不现实的。为了解决这个问题，特地引入到期收益率来代替利率期限结构，固定收益证券对利率的敏感性也因此可以表述为证券价值变动的百分比对到期收益率变动的敏感性，最常用的度量利率风险一阶敏感性的指标就是久期。

1. 久期的计算

久期被定义为给定时刻固定收益证券价值变动的百分比对到期收益率变动的一阶敏感性，用公式表示如下：

$$D=-\frac{\frac{\mathrm{d}V}{\mathrm{d}y}}{V(t)} \tag{10-3}$$

其中，D 是久期，$V(t)$表示固定收益证券在时刻 t 的价值，y 为到期收益率。

上述公式也可用于计算投资组合的久期。投资组合的久期等于单个资产久期的加权平均，权重为市值比例，即

$$D_P=\sum_{i=1}^{n}\left(\frac{V_i}{\sum V_i}\times D_i\right) \tag{10-4}$$

为了说明投资组合久期的计算，假设某债券投资组合由 3 只债券构成，基本数据如表 10－2 所示。

表 10－2　某债券投资组合基本数据

	基本特征	y	D	市值比重
债券 1	票面利率 10%，5 年，价格 100.0	10%	3.86	0.4
债券 2	票面利率 8%，15 年，价格 84.63	10%	8.05	0.4
债券 3	票面利率 14%，30 年，价格 137.86	10%	9.17	0.2

该组合的久期可表示为：$D_P=0.4\times3.86+0.4\times8.05+0.2\times9.17=6.598$。

从（10－3）式可以看出，如果固定收益证券定价公式不同，其价值对到期收益率的一阶导数自然不同，因此不同固定收益证券久期的计算公式也就不同，最简单的情形是不含权债券的久期。假定债券持有者在时刻 t 收到利息 C_t，连续计复利的到期收益率为 y，根据债券的定价原理可以得到债券的价格 B：

$$B=\sum_{t=1}^{n}c_t\mathrm{e}^{-yt} \tag{10-5}$$

债券久期 D 的定义如下：

$$D=\sum_{t=1}^{n}\frac{c_t\mathrm{e}^{-yt}}{\sum c_t\mathrm{e}^{-yt}}\times t=\frac{\sum_{t=1}^{n}tc_t\mathrm{e}^{-yt}}{B} \tag{10-6}$$

从（10－6）式可以看到债券的久期是票面利率、剩余期限和到期收益率的函数，简单求导可知，在其他条件相同的情况下，票面利率越高的债券久期越小，剩余期限越长的债券久期越大，到期收益率越低债券久期越大。

根据（10－5）式两边对 y 求导可得：

$$\frac{\partial B}{\partial y}=-\sum_{t=1}^{n}c_t t\cdot\mathrm{e}^{-yt} \tag{10-7}$$

联合（10－5）式和（10－7）式可得：

$$\frac{\partial B}{\partial y}=-B\cdot D \tag{10-8}$$

把（10－8）式改写成$\frac{\partial B}{B}=-\partial y\cdot D$，其微分形式为：

$$\frac{\Delta B}{B}=-D\cdot\Delta y \tag{10-9}$$

（10－9）式表明债券价格变化的百分比等于债券的久期乘以收益率的变化量。久期反映了价格变动对收益率变动的敏感程度，即久期就是债券价格的利率弹性。因此，我们可以用久期度量利率风险的大小，即久期越大，单位利率变动引起的债券价格变动就越大，利率风险也就越大；反之亦然。

2. 久期的缺陷

尽管久期捕捉了固定收益证券利率风险中的主要部分，但是作为利率风险的测度，久期有着两个明显缺陷：第一，久期用到期收益率的变动代表整个利率期限结构的变动实际上隐含了一个重要假设，即整条收益率曲线的移动是平行的，这意味着所有期限的利率变化幅度是相等的，这显然不符合实际；第二，久期仅仅是资产价值对利率的一阶敏感性指标，无法反映资产价值的全部利率风险，尤其是利率变化较大时，这个缺陷尤其明显。

为了克服久期的第一个缺陷，可以采取两种做法：第一种是采用关键利率久期，例如，美国市场上影响较大的利率包括 3 个月、1 年、2 年、3 年、5 年、7 年、10 年、15 年、20 年、25 年和 30 年的利率，可以逐一计算这些特定期限到期收益率变化时的敏感性，从而形成一个关键久期向量。第二种是采用主成分分析方法，将影响整个利率期限结构的风险因子降为三个主要成分，只考察资产价值对这三个风险因子的敏感性。

为了克服久期的第二个缺陷，需要引入凸度的概念，下面进行详细讨论。

3. 凸度（convexity）

久期可以看作债券价格对利率小幅度波动敏感性的一阶估计，但是这种估计是有偏差的，这种偏差可以通过图 10－4 展示出来。可以看到，当 y_0 升跌同样幅度到 y_+ 或 y_- 时，如果仅考虑久期（一阶）的影响，价格会变动同样幅度至 V_+ 或 V_-。可事实上，由于债券的收益率曲线的形状是凸的，其斜率是不断变化的，在利率上升时，真实价格只会跌到 V'_+，在利率下降时，真实价格会涨到 V'_-。可见，忽视二阶及以上的影响无法反映资产价值的全部利率风险，尤其是利率变化较大时，这个缺陷尤其明显。

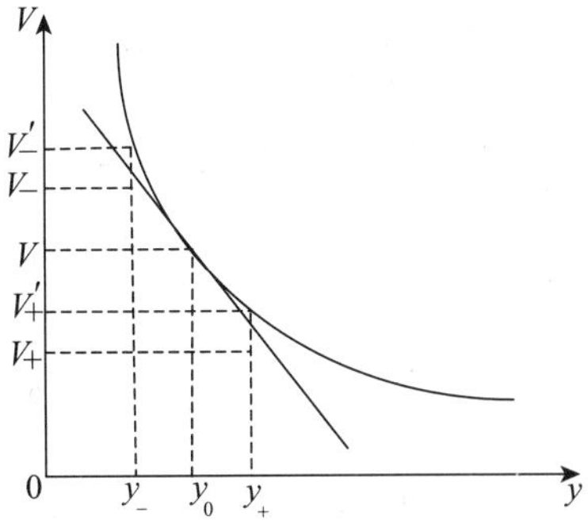

图 10－4　凸度的影响

凸度是对债券价格的利率敏感性的二阶估计，它对久期的估计误差进行了有效校正。凸度测度的是斜率变化率，可以通过计算债券价格对利率的二阶导数再除以债券的价格得到，由（10－8）式两边对 y 求导可得：

$$\frac{\partial^2 B}{\partial y^2}=\sum_{t=1}^{n}c_t\cdot t^2\cdot \mathrm{e}^{-yt} \tag{10-10}$$

凸度 C 的定义如下：

$$C=\frac{\partial^2 B}{\partial y^2}\cdot\frac{1}{B}=\frac{1}{B}\cdot\sum_{t=1}^{n}c_t\cdot t^2\cdot \mathrm{e}^{-yt} \tag{10-11}$$

联合（10－10）式和（10－11）式可得：

$$\frac{\partial^2 B}{\partial y^2}=C\cdot B \qquad (10-12)$$

由（10－12）式可以看出凸度具有下面几个特点：(1) 如果其他条件相同，则通常距到期日越长，凸度越大；(2) 给定收益率和久期，票面利率越低，凸度越大；(3) 当利率下降时，凸度增加，反之亦然。

为了衡量凸度在债券价格变动中的作用，根据泰勒二级展开式可得：

$$\partial B=\frac{\partial B}{\partial y}\partial y+\frac{\partial^2 B}{2\partial y^2}(\partial y)^2 \qquad (10-13)$$

把（10－8）式和（10－12）式代入（10－13）式整理可得：

$$\frac{\partial B}{B}\approx -D\cdot\partial y+0.5C\cdot(\partial y)^2 \qquad (10-14)$$

写成微分形式为：

$$\frac{\Delta B}{B}\approx -D\cdot\Delta y+0.5C\cdot(\Delta y)^2 \qquad (10-15)$$

根据（10－15）式，债券价格的百分比变化既受到久期的影响又受到凸度的影响，利用久期和凸度共同估计债券价格波动更准确。

为了说明凸度的作用，假设某债券票面利率为 8%（1 年付息 1 次）、剩余期限为 15 年、初始到期收益率为 10%，表 10－3 是到期收益率分别上升 0.5%和 3%以及下降 0.5%和 3%后债券价格实际变化和利用久期、凸度对债券价格变化率的度量对比。

表 10－3　到期收益率变化对债券价格变化的影响

到期收益率	7%	9.5%	10.5%	13%
久期的影响	25.836	4.306	－4.306	－25.836
凸度的影响	4.577	0.127	0.127	4.577
久期和凸度的总影响	30.414	4.433	－4.179	－21.259
实际价格变化	31.090	4.436	－4.182	－21.808

从表中可以看出，引入凸度在很大程度上提高了利率风险管理的精确度，收益率变动越大，凸度的贡献越明显。综合考虑久期和凸度的影响之后，估计出来的收益率变动基本和真实变动差不多。

二、固定收益证券信用风险度量

固定收益证券的信用风险指证券发行人违约的风险，是固定收益证券的主要风险之一。不同类型的固定收益证券的信用风险有很大的不同，因此要对固定收益证券的信用风险进行准确的度量是非常困难的，一般来说，有以下三种方法：

（一）进行信用评级

固定收益证券的违约风险是非常难以计量的，而它又是极其重要的风险，可以通过对不同的固定收益证券进行级别评定，用级别表示违约风险的大小。一般情况下，信用评级越高，违约风险越小，信用评级越低，违约风险越大。

信用评级主要是向投资者提供有关债务偿还风险的相关信息，以便投资者对收益和回报的相互关系进行判断时可以参考。因此一个好的评级机构应具有以下几个关键特征：第一，信用评级能够对公司信用品质的实质变化较为敏感；第二，信用评级具有前瞻性；第三，信用评级应具有相对稳定性和一致适用性；第四，风险评价的层次划分应有助于促进信用定价及信用条件设定的合理性；第五，及时更新和公布信用监视结果。

目前世界上最权威的信用评级机构有穆迪（Moody's）、标准普尔（S&P）和惠誉(Fitch)，这三家信用评级机构各自建立了一套衡量固定收益证券风险的信用指标体系，利用这套指标体系可以确立每一种固定收益证券的信用级别。表 10－4 是三家公司关于债权级别的标准。

表 10－4　国际著名信用评级公司设定的信用级别

	穆迪	标准普尔	惠誉	说明
投资级别	Aaa	AAA	AAA	金边债券，最安全
	Aa1 Aa2 Aa3	AA+ AA AA−	AA+ AA AA−	高级别，信用好
	A1 A2 A3	A+ A A−	A+ A A−	中高级别
	Baa1 Baa2 Baa3	BBB+ BBB BBB−	BBB+ BBB BBB−	中下级别
投机级别	Ba1 Ba2 Ba3	BB+ BB BB−	BB+ BB BB−	低级别，投机性
	B1 B2 B3	B	B+ B B−	高投机性
高度投机性	Caa	CCC+ CCC	CCC+ CCC	风险很高，处境不妙
	Ca	CC	CC	很容易违约，非常高的投机性
	C	C	C	极度投机性
		C1		已经不支付利息
		D	DDD DD D	已经违约

资料来源：姚长辉．固定收益证券：定价与利率风险管理．北京：北京大学出版社，2006.

表10－5是各种级别债券发行后信用等级和违约率之间的关系。最常见的违约率的计算有两种方法：一种方法是奥特曼编制的美国普通债券（不含可转换债券）及高收益债券违约的总市场价值与未清偿债券市场价值的商；另一种方法是穆迪公司的办法，将每个信用等级的违约发行者个数除以该信用等级的全部发行者个数，他们定义的违约是指债券发行者有一次没有支付应该支付的利息。

对已评定信用等级的债券，影响违约风险的主要因素之一是债券发行的年龄。因为从根本上说，信用评级是根据发行公司的财务状况决定信用等级的。但随着时间的推移，公司业务经营的内外环境，如产业发展态势、行业竞争程度、公司领导管理水平等都有可能改变。这些因素的变化，最终会引起公司的财务状况发生变化。

表10－5　债券信用等级和发行人违约率之间的关系（%）

年数 信用级别	1	2	3	4	5	6	7	8	9	10
AAA	0.01	0.02	0.03	0.03	0.07	0.07	0.11	0.12	0.14	0.15
Aa1	0.02	0.05	0.07	0.08	0.10	0.10	0.11	0.12	0.13	0.15
Aa2	0.02	0.08	0.12	0.12	0.14	0.12	0.11	0.11	0.13	0.15
Aa3	0.03	0.08	0.13	0.14	0.17	0.15	0.12	0.16	0.19	0.22
A1	0.05	0.09	0.14	0.16	0.21	0.18	0.14	0.20	0.24	0.28
A2	0.06	0.09	0.15	0.18	0.24	0.20	0.15	0.24	0.30	0.35
A3	0.09	0.18	0.23	0.30	0.33	0.30	0.31	0.38	0.42	0.42
Baa1	0.13	0.27	0.31	0.43	0.42	0.40	0.47	0.51	0.53	0.50
Baa2	0.16	0.36	0.40	0.55	0.51	0.49	0.63	0.64	0.65	0.57
Baa3	0.70	1.11	1.11	1.19	1.15	0.98	0.93	0.91	0.90	0.84
Ba1	1.25	1.85	1.82	1.84	1.80	1.47	1.22	1.17	1.15	1.11
Ba2	1.79	2.59	2.53	2.48	2.44	1.96	1.51	1.44	1.40	1.39
Ba3	3.96	3.90	3.53	3.12	2.71	2.60	1.81	1.75	1.50	1.47
B1	6.14	5.21	4.54	3.75	2.98	3.25	2.11	2.05	1.60	1.55
B2	8.31	6.52	5.54	4.39	3.24	3.90	2.41	2.35	1.70	1.64
B3	15.08	6.82	5.21	3.80	3.14	4.43	2.58	1.69	2.54	2.01

资料来源：于研．信用风险的测定与管理．上海：上海财经大学出版社，2003.

固定收益证券的违约风险与信用等级呈负相关关系，即固定收益证券的信用等级越高，违约风险越低。同一信用等级的证券，随着期限的延长，违约风险逐步上升。这是两个因素共同作用的结果：一是每年的违约风险的累积；二是该信用等级的证券随着期限的延长，固定收益证券本身品质发生变化引起信用等级出现转移。

固定收益证券信用评级的特点是主要利用公司过去的经营业绩，结合公司发展前景等因素对发行人未来支付利息和本金的能力做出一个基本判断，并且非常直观，投资者应用起来简便易行。

经世济民课堂

中国信用评级业发展历程

扫码了解更多中国金融故事

（二）利用数理模型度量信用风险

利用数理模型度量固定收益证券的信用风险是第二种强有力的度量技术。这一类数理模型很多，如 KMV 公司开发的违约预测模型、J. P. 摩根和其他机构共同推出的信用计量模型等。这一内容在本书第 2 章中有详细的介绍，这里不再赘述。

（三）利用保险思想度量信用风险

20 世纪 80 年代末和 90 年代初，奥特曼等人开发了贷款和债券的死亡率表，他们的思想与保险精算师确定寿险保险费的思想是相似的。瑞士信贷第一波士顿银行开发的信用风险附加模型与家庭火险的财产险承包人确定保险费时估计损失风险使用的模型相似。这说明保险领域的人寿保险和财产保险的基本思想都能够应用于公司债券的违约风险度量和管理。

1. 死亡率模型

固定收益证券的死亡是指债券退出原来的分析样本，更准确地说，是指终止支付债券约定的利息和本金的各种行为，具体包括违约、赎回、基金偿还和债券到期。定义边际死亡率 MMR_{it} 表示某一等级债券 i 在 t 年的违约风险，即

$$MMR_{it}=\frac{\text{第 } t \text{ 年违约的债券 } i \text{ 的总价值}}{\text{第 } t \text{ 年未偿的债券 } i \text{ 的总价值}} \tag{10-16}$$

将计算出的单个年份的边际死亡率再计算加权平均值，其权数就是样本期间不同年份的发行规模占总发行规模的比例。因此，某一等级债券每年的边际死亡率应该是样本期间各年债券的相应边际死亡率的加权平均值，即：

$$\overline{MMR_i}=\sum_{t=1}^{T} MMR_{it}\cdot w_t \tag{10-17}$$

其中，$\sum w_t=1$。利用加权平均方法得出的边际死亡率将明显体现发行量较大年份的影响。要计算某一等级债券在样本期间的累计死亡率 CMR，可以利用死亡率和存活率之间的关系 $SR_t=1-MMR_t$。因此，T 年样本期间的累计死亡率为 $CMR_T=1-\prod_{t}^{T} SR_t$ 。用

这种方法可以计算任何级别债券的边际死亡率和累计死亡率，并将获得的数据编制成死亡率表，它类似于人寿保险的生命表。

死亡率模型的主要特点是：（1）引进了死亡率和存活率两个新概念；（2）运用寿险精算学原则编制债券或贷款死亡率表，它恰好相当于人寿保险中的国民生命表。

2. 信用风险附加模型

瑞士信贷第一波士顿银行开发的信用风险附加模型将财产保险的基本思想应用到信用风险的度量上。在财产保险中决定风险大小的因素是出险率和损失的大小，因此信用风险附加模型将违约风险分解为两个因子即违约频率和损失严重程度。

（1）违约事件概率。信用风险附加模型只考虑违约风险，不考虑债券降级的风险。它假定债券的违约风险与公司的资本结构无关，也没有对违约原因进行深入的分析，债务人的履约状态要么违约要么不违约，并假定对任何一笔贷款或债券，给定时间内的违约概率与其他时间内的违约概率相同。对大量债券，任意一只债券的违约概率都很小，特定时间发生的违约债券个数独立于其他时间发生的违约债券个数。因此，特定时间违约债券个数服从泊松分布。

（2）损失的严重程度。信用风险附加模型采用的办法是，将损失的严重性或风险暴露凑成整数和分出频段。频段取值越小，则不精确程度就越低，这一不精确程度作为划分频段的结果，被发展为模型的一部分。违约率和损失的严重性这两种不确定性，确定了每一风险暴露频段的损失分布。

信用风险附加模型最大的优点是它对数据资料的要求很少。主要的数据输入是贷款或债券各个频段的违约率均值和损失严重性。信用风险附加模型的缺点是忽视了信用等级转移的风险，没有顾及贷款或债券信用等级的变化对违约风险的影响。死亡率模型中的大型国民贷款死亡率表要求建立庞大的数据库，这在中国的应用就显得极为困难。但信用风险附加模型所需数据极少，应用于我国的风险管理实践，客观上的困难似乎要小得多。

分析案例

“金边债券”的黑天鹅——从 LTCM 的破产谈起

美国长期资本管理公司（LTCM）成立于 1994 年 2 月，是一家主要从事定息债务工具套利活动的对冲基金，该基金曾经是当时世界上最出色的对冲基金之一，掌门人梅里韦瑟被誉为能“点石成金”的华尔街债券套利之父。LTCM 云集了美国前财政部副部长及美联储副主席莫里斯、前所罗门兄弟债券交易部主管罗森菲尔德、1997 年诺贝尔经济学奖获得者默顿和斯科尔斯等一批华尔街的精英，人称“梦幻组合”。1994—1997 年 4 年间，这种天才组合的确让 LTCM 获得了惊人的利润：每年的投资回报率分别为 28.5%、42.8%、40.8%和 17%。资本金也从 12.5 亿美元增加到 48 亿美元。

LTCM 的投资手法较为特别，在深信“不同市场证券间不合理价差会回归”的基础上，积极倡导投资数学化，运用电脑建立数量模型分析金融工具价格，形成了一套较完整的电脑数学自动投资模型。一言以蔽之，LTCM 就是“通过电脑精密计算，发现不正常的市场价差，资金杠杆放大，入市图利”的投资策略。此策略并不关心某一股票或债券的价格是升还是降，而是赌在相关股票或债券的价格是否向“常态”收敛上。

1998年，金融危机降临亚洲金融市场，LTCM根据其模型认为：新兴市场国家债券和美国政府债券之间利差过大，LTCM预测新兴市场国家债券利率将逐渐恢复稳定，二者之间的差距会缩小。因此大量持有新兴市场国家的债券，同时抛空美国国债。然而，同年8月17日，俄罗斯政府因为债务危机宣布卢布贬值，延期偿付到期外债和暂停国债交易。一个曾经称霸世界的强国居然赖账了！真不可思议，但这的确发生了！投资者纷纷从新兴市场退出，转而持有美国国债、德国国债等风险小、质量高的债券品种。由于LTCM做错了方向，从5月到9月短短的150多天，其资产净值下降了90%，出现了43亿美元的巨额亏损，资本金仅余5亿美元。9月23日，美联储出面组织安排，以美林、J.P.摩根为首的15家国际性金融机构注资37.25亿美元购买了LTCM 90%的股权，共同接管了LTCM，从而避免了它暂时倒闭的厄运。然而LTCM已经无力回天，最终于2000年倒闭清算。

分析要点：(1) 认识小概率事件（黑天鹅事件）；(2) 金融投资中数学模型的优缺点分析；(3) 俄罗斯的违约表明忽视“金边债券”的风险管理会造成致命后果。

三、固定收益证券流动性风险度量

除上述风险以外，流动性风险是交易者交易时面临的另一个非常重要的风险。由于流动性形成机制受很多复杂因素的影响，对于流动性风险度量的研究非常少，缺乏一致的理论框架体系。直到近几年出现了一些典型的由于忽略了证券流动性风险而导致的金融机构破产危机的事件之后，才开始有一些学者对流动性风险的量化模型进行系统研究。目前来看，对流动性风险的度量主要是将流动性风险纳入较为成熟的风险度量标准VaR的框架中，也就是利用VaR方法度量流动性风险。关于流动性风险的度量，详见本书第5章，这里不再赘述。

第三节 固定收益证券市场风险的管理策略

一般来说，固定收益证券的风险管理可以分为三步：一是确定组合管理的目标；二是根据组合管理目标制定组合投资策略；三是实施并调整组合管理策略。固定收益证券组合管理的目标主要有投资型和对冲型两种。投资型目标追求在风险既定的前提下收益最大化，根据对市场有效性认识的不同，追求投资型目标的管理者采取的投资策略分为消极组合投资策略和积极组合投资策略两种。对冲型目标则追求既定收益下的风险最小化，追求对冲型目标的管理者主要采取奉献型投资策略。本节介绍固定收益证券的这三大组合投资策略类型。

一、消极组合投资策略

固定收益证券的消极组合投资策略基于投资者对固定收益证券市场认识的有效性，认为固定收益证券市场价格已经反映所有的信息，因此投资者找不到被错误定价的证券，任何激进的投资不仅无助于投资绩效的提高，反而会增加交易成本。简单地说，消极组合投资策略适用于半强式有效市场，主要包括买入持有策略和指数策略法两种。

（一）买入持有策略

买入持有策略是一种比较简单的固定收益证券的消极组合投资策略，其通常做法是：投资者根据投资目标构造一个投资组合并持有到期。这种方法不需要考虑用积极的交易策略获得高额收益，只需要寻找那些到期期限（或久期）接近于投资者预定的投资期限的固定收益证券，以尽量减少固定收益证券的价格波动风险和再投资风险。

在投资实践中，投资经理经常运用修正的买入持有策略，即如果投资经理在买入固定收益证券之后，发现该证券的价格出现有利变动时，就增加其持仓量。对应于此种策略，投资者一般使用短期债券。这种方法的缺点是资金流动性较差。

（二）指数化策略

指数化策略指投资者选定一个债券指数为依据，然后跟踪指数构造证券组合。根据证券组合对债券指数的复制程度不同，可以分为纯指数化和增强指数化两种方法。纯指数化策略试图完全复制指数，即使自己的投资组合中各类债券的权重与债券指数相一致。然而，在债券市场中，这种方法很难实现，并且成本也很高。增强指数化策略利用市场可交易债券复制债券指数的主要风险特征，包括两种类型：一种是采用主要风险因子匹配来构建组合，一种是采用少量风险因子不匹配来构建组合。第一种方法需要投资于大样本债券，以便使投资组合的风险因素（如久期、现金流分配、部门、信用品质、赎回风险等）与指数的风险因素相匹配，这样在市场价格发生变动时能够与基准指数保持同样的变动。第二种方法允许在风险因素（久期除外）中出现微小的匹配误差，使组合投资倾向于某些特定因素（例如部门、信用品质、期限结构、赎回风险等）。

采用指数化策略的主要关键有二：一是基准债券指数的选择，这是指数化投资的第一步，也是最重要的一个环节，因为它直接决定着投资者的风险-收益情况；二是具体复制技术的使用。

1. 基准债券指数的选择

债券指数是反映不同时点债券价格变动情况的相对指标。通常是先将报告期的债券价格除以选定的基期价格，再乘以基期的指数值，即为报告期的债券指数。为了满足不同的投资需要，产生了许多不同类型的债券指数。一些债券指数用来度量整个市场的业绩，而另一些指数的创建主要用于投资基金的业绩评价，还有一些指数的建立是为了给金融产品创新提供基础。

一般来说，基准指数的选择要满足以下几个标准：(1) 广泛的市场代表性；(2) 可投资性和可复制性；(3) 采用市场资本化加权；(4) 方法的透明性和一致性；(5) 稳定性，即必须采用持续的、一致的、合理的维护规则。这些标准是一个构建良好的基准指数的基础。

知识链接

主要债券指数简介

当前国际上最常用的综合债券指数主要有：(1) 巴克莱全球综合指数 (Barclays Capital Aggregate Index)；(2) 美林国内市场指数 (Merrill Lynch Domestic Market Index)；(3) 所罗门兄弟大市投资分级指数 (Salomon Smith Barney Broad Investment-Grade Bond Index)；(4) Ryan 国债综合指数 (Ryan Treasury Composite Index)；(5) 摩根大通全球政府债券指数 (J. P. Morgan Global Government Bond Index)；(6) 汇丰亚洲本地债券指数 (HSBC Asian Local Bond Index)。

我国债券指数主要有：(1) 中国债券指数；(2) 上海证券交易所国债指数；(3) 中证全债指数；(4) 上海证券交易所企业债指数。

2. 复制技术的使用

指数化组合投资中可以采用的复制技术主要包括以下几种：

(1) 完全复制法。

指数化组合投资最简单的方法是采用完全复制法，即按照与基准指数相同的权重持有每一种成分证券，这样指数化组合投资就可以完全复制指数的风险和收益。完全复制法获得的业绩与基准指数的业绩非常接近，但是并不完全一致。差异主要来自投资组合调整而产生的交易成本。随着时间的变化，基准指数不断调整其组成债券，指数化组合投资也必须随之调整才能与之相适应，每次调整都面临着交易成本的影响。交易成本和管理费用对指数化组合投资的收益率会产生负面影响。在美国，大多数指数基金都采用完全复制法构建投资组合，因为投资组合构成上任何微小的差异都会产生跟踪误差。

完全复制法虽然简单，但是该方法存在如下缺陷：一是当指数中的成分债券进行调整时，投资组合中的每一种债券都需要进行调整以反映指数新的权重；二是当一些成分债券缺乏流动性或者成分债券的流动性高度不平衡时，采用完全复制的指数基金承受较大的交易成本，产生较大的跟踪误差。

(2) 抽样复制法。

抽样复制法是指在复制基准指数的业绩的过程中不购买所有的组成债券，而是采用部分有代表性的债券复制指数。抽样复制的优势在于能够减少交易成本。有许多方法进行抽样，包括随机抽样、大量持有、分层抽样和优化。

不论采用何种抽样方法，第一步都要确定构建投资组合所需要债券的数量。很明显，随着债券数目的提高，跟踪误差就会下降。这样，跟踪投资组合中债券的数目取决于投资者的风险厌恶程度。风险厌恶程度较高的基金经理偏好较小的跟踪误差，所以需要使用更多的债券构建投资组合；而对于风险厌恶程度较低的基金经理可能选择持有少量的债券，承担较大的跟踪误差。

(3) 大量持有法。

大量持有法也是一种比较简单的方法，它根据指数的编制原理选择债券，大量持有对指数影响大的债券。由于选取的是一些数目相对较少但是权重较高的债券，所以这种方法可以获得与指数相近的收益率。当然，除了选择大量持有发行规模大的债券，也可以根据其他的标准选择所持有的债券，比如选择具有高换手率的债券。但是，如果最终的投资组合只是所选债券的资本化加权的投资组合，那么这个投资组合通常不是所选债券的最优组合。所以，在给定跟踪投资组合中债券的数目以后，需要通过优化方法建立跟踪误差最小化的复制投资组合。大量持有法的主要缺陷在于缺乏风险控制。

（4）分层抽样法。

分层抽样法是一种能够进行部分风险控制的方法。分层抽样法通过建立与指数具有相同风险暴露的投资组合，以使得跟踪风险最小化。跟踪指数的准确程度取决于基准组合与复制组合之间的差异。如果两者之间的差异小，跟踪效果就会较好，残差风险也会很小。

分层抽样提供了一定程度的风险控制，但是这种风险控制是不够的。因为当投资组合与指数存在差异时，投资组合相对于基准指数就会产生残差风险。同时，抽样方法也不能控制指数化组合投资的系统性风险。系统性风险取决于头寸的大小，以及选择债券的范围。抽样方法可能过多地持有发行规模大的债券，从而降低系统性风险，但是不能控制系统性风险。

（5）优化方法。

优化方法是一种能够有效控制风险的方法，其基本思路是在给定债券数目的前提下，建立一个具有最小跟踪误差和最低交易成本的投资组合。在优化方法中结合了风险的预测，期望在维持较低交易成本的同时，找到一个具有最小跟踪误差的投资组合。目前，投资组合优化的主要方法是线性规划、二次规划和基于 VaR 的组合投资优化，每种方法都有其相对的优点和缺点。

二、积极组合投资策略

固定收益证券的积极组合投资策略，是指总体目标在一定风险范围内，对固定收益证券进行最优选择，以此获取预期报酬最大化。由于涉及期望收益，投资者必须预测影响固定收益证券报酬的因素，如利率水平的变化、长短期利率相对改变、各种类型固定收益证券的利差变化等，因此投资者是否具有预测能力及预测准确与否，将直接影响到积极型组合投资的绩效；同时，投资者有必要积极寻找价格被错估的固定收益证券，抛售被高估的固定收益证券，买进被低估的固定收益证券。固定收益证券的积极组合投资适用于低效率市场，投资者寻求“错误定价”，积极进行组合调整，在承受一定风险后，获取超额报酬。主要的方法有 5 种：久期策略、估值分析、信用分析、收益率差分析与债券互换。

（一）久期策略

一个管理人如果相信自己能够正确预期未来的利率水平，他就会根据预期来改变组合的久期。由于久期是利率敏感性的度量指标，当预期利率下降时就应该增加久期，而预期利率上升时缩短久期。对于选取某债券指数为基准的管理人而言，这就等于相对指数增加或缩短久期。客户可能会限制久期对指数的偏离程度。要改变组合的久期可以将原有的债券与具有目标久期的债券互换。不过，改变久期另一个更有效的方法是利用远期利率合约。买入远期可以增加久期，相应地卖出远期可以缩短久期。积极策略最关键的当然是预期未来利率变动方向的能力。

虽然管理人不一定采用基于利率预期的各级策略，但是为了弥补低于指数的表现，他们却常常采用利率预期策略。比如，假定某管理人的投资期限为 1 年，在距此 3 个月前，如果组合的表现低于指数，那么管理人为了保持投资账户可能会在利率上下注，此时如果正确就可以保留账户，当然如果失误就会使组合的表现更加劣于指数。当利率预期失误时，有可能不管先前的表现如何，投资账户都会遭受损失。客户为了避免这一类的赌注，可以在组合久期偏离指数的程度上做出限制。同样，在评估管理人绩效时如果进行因素剥离就能更好地计算出基金表现中有哪些部分是由利率水平的变动引起的。

（二）估值分析

估值分析（valuation analysis）是投资经理依据债券的内在价值对债券组合进行重构和调整。债券价值是由它的特征和市场上这些特征的平均值所决定的。在完成债券的估价后，应当将得出的债券价值和当前的市场价格进行对比，从而确定哪些债券被高估，哪些债券被低估。依据投资者对特征成本的分析，应该买进被低估的债券，而抛售或回避被高估的债券。

（三）信用分析

信用分析（credit analysis）是指通过对债券发行者的详细分析，以确定其违约风险的预期变化。信用分析试图解释债券信用等级的变化，并应用这一策略购买信用等级预期上调的债券，而卖出或回避信用等级下调的债券。

（四）收益率差分析

收益率差分析是假设不同种类的债券之间存在一定的关系（比如长期国债与短期国债之间、工业债券和公用事业债券之间存在收益率差），因此债券基金经理一旦发现异常情况出现，就立即抓住时机进行调期。不同期限之间的利差主要通过收益率曲线的形状来体现，收益率曲线上的间断点往往成为投资调整的对象。如果预期收益率曲线基本维持不变，且目前收益率曲线是向上倾斜的，则可以买入期限较长的债券；如果预期收益率曲线变陡，则可以买入短期债券，卖出长期债券；如果预期收益率曲线将变得较为平坦时，则可以买入长期债券，卖出短期债券。如果预期正确，上述投资策略可以为投资者降低风险，提高收益。

（五）债券互换

债券互换（bond swaps）就是同时购买和出售具有相似特性的两只以上债券，从而获得收益率差（yield difference）。不同债券之间的差异，如票息、违约风险、利率、久期、税负、可回购条款、市场流动性等因素，决定了债券互换的潜在可获利性。债券互换可用来提高当前收益率和到期收益率，并利用利率的变动和收益率差的调整来获利，并能提高投资组合质量，以及用于税负减免等目的。在评估债券时，投资者是否进行互换操作主要取决于收益率差和过渡期这两个因素。过渡期是债券价值从偏离值重新返回平均值的时间。简单来说，收益率差越大，过渡期越短，投资者从债券互换中获得的回报率就越高。目前债券互换主要有三种类型：替代互换（substitution swaps）、市场间价差互换（inter-market-spread swaps）、税差互换（tax swaps）。

三、奉献型投资策略

奉献型投资策略（dedicated strategies）主要包括免疫策略、或有免疫策略和现金流匹配策略三种。

（一）免疫策略

1. 基于久期的免疫策略

在债券投资中，如果市场利率下降，债券价格将上升，但同时再投资收益率下降；而如果市场利率上升，债券价格将下降，但再投资收益率上升。所谓免疫策略，指构造一种投资组合，使得任何由利率变化引起的债券价格波动风险与再投资风险能相互抵消，使投资者在特定投资时间内获得固定收益。

假设某投资者计划在 5 年末偿还债务 1 469.36 元，为此他购买了一只面值为 1 000 元，票面利率为 8%的 5 年期债券。如果市场利率保持为 8%，那么，利息再投资所得为 $80\times(1.08^4+1.08^3+1.08^2+1.08)=389.36$(元)，第 5 年的本息和 1 080 元，所以总的投资所得是：1 080＋389.6＝1 469.36（元），投资收益率为 $\left(\frac{1\ 469.36}{1\ 000}\right)^{1/5}-1=8\%$；当市场利率为 6%时，利息再投资所得为 $80\times(1.06^4+1.06^3+1.06^2+1.06)=370.96$(元)，第 5 年的本息和 1 080 元，所以总的投资所得是 1 080＋370.96＝1 450.96（元），投资收益率为 $\left(\frac{1\ 450.96}{1\ 000}\right)^{1/5}-1=7.73\%$，可见，如果没有采取措施，投资者将会因为承受利率风险而产生损失。

现在假设该投资者购买的是一个 6 年期的面值为 1 000 元，票面利率为 8%，久期在市场利率为 8%时等于 4.99 年的债券。如果在投资初期市场利率下跌为 6%，那么，第 5 年末投资者的利息再投资所得为 $80\times(1.06^4+1.06^3+1.06^2+1.06)=370.96$(元)，第 6 年的本息和为 1 080 元，债券还有一年到期，所以现价即第 5 年末的价格是 $\frac{1\ 080}{1+0.06}=1\ 019$（元），所以到第 5 年末的总投资所得为 1 019＋80＋370.96＝1 469.96（元），投资收益率为 $\left(\frac{1\ 469.96}{1\ 000}\right)^{1/5}-1=8\%$。

可见，免疫策略利用价格风险与再投资风险相互抵消的特点，保护投资者不受损失。

2. 基于凸度的免疫策略

基于凸度的免疫策略即价格免疫，由那些保证特定数量资产的市场价值高于特定数量资产负债的市场价值的策略组成。价格免疫使用凸度作为衡量标准，实现资产凸度与负债凸度相匹配。

图 10－5 展示了债券投资组合的价格免疫策略。例如，一家保险投资基金有足够的资金支持，可以使债券投资组合（资产）的市场价值等于未来支出（负债）的现值。只要资产的凸度高于债券的凸度，两者间差额的市场价值就将随着利率的变化而增减。而且凸度越大，从利率变化中所获得的利得也就越大。因此，在这种情况下，就可以判断这家保险投资基金“价格免疫”了。

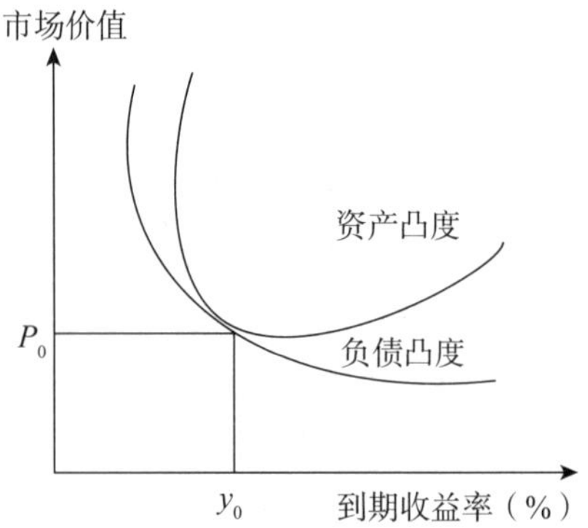

图 10－5　资产凸度与负债凸度的匹配策略

（二）或有免疫策略

或有免疫（contingent immunization）是指投资者允许组合在一定限度内（保证最低收益率或价值）进行积极管理，一旦触及该限度，投资者应立即停止运用这种方法，而使用市场利率来免疫剩余资产，以确保资产的终值。这种策略既可满足债券管理者实行激进管理的要求，又可以满足投资组合使用者将利率方向运动的风险最小化的需要。假定债券管理者愿意从事更积极的投资，但是只愿意承担有限的风险损失，采取或有免疫策略既可以保证组合的最终价值，又有可能从积极管理中获益更多。这样，管理者可以在开始时采取一些积极的策略，并增加相应的风险容忍度而不用立即采取利率免疫策略。

假定现行利率为 10%，管理者的资产组合为 1 000 万元，管理者通过常规的利率免疫技术锁定现有利率，两年后的资产价值为 1 210 万元。现在，假定资产管理者更愿意从事更积极的投资，但只愿意承担有限的风险，即保证资产的最终价值不低于 1 100 万元。由于在现行利率下只要有 909（=1 100/1.10^2）万元就可以在两年后达到最小可接受的最终价值，而资产组合的现值为 1 000 万元，管理者可以在开始时承受一些风险损失，因此开始时可采用积极策略，而不是立即采取利率免疫策略。这一策略的关键在于设定触发点，锁定利率波动风险，以保证未来获得 1 100 万元。如果 T 代表到期的剩余时间，r 为任一特定时间的市场利率，那么必须要保证达到最低可接受的最终价值 $1\ 100/(1+r)^T$ 万元，因为资产组合如果免疫就会在到期无风险增至 1 100 万元。这个值就是触发点：如果实际资产价值跌至触发点，积极管理立即停止；或达到触发点，会导致最初免疫策略的变换，以保证最低的可接受业绩得以实现。

图 10-6 表明或有免疫策略的两种可能结果。在 10-6（a）中，资产组合价值下降，在T^*点触及触发点，并在该点资产组合获得利率免疫，其资产组合价值将平滑地升至 A，即 1 100 万元。在图 10-6（b）中，资产组合表现很好，并未触及触发点，因而资产组合值也高于 1 100 万元。

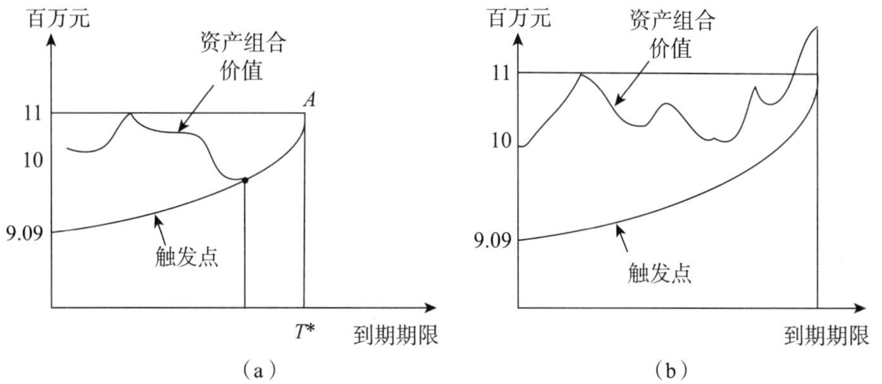

图 10-6　或有免疫策略的两种可能结果

（三）现金流匹配策略

所谓现金流匹配策略，是指投资最低成本的组合，并且该组合的现金流模式与投资者将面临的现金流支出恰好匹配。这种策略有时也被视为消极管理策略，因为一旦债券资产组合确定后，组合没有任何再投资现金流，也没有任何再投资利率风险，并且由于债券在到期时才出售，所以也没有利率风险。因此，任何变化因素，甚至是收益率曲线较大的变化也不会影响组合结构，仅仅在债券存在违约风险时，才会改变匹配策略所决定的债券组合构成。

作为一个专项债券投资组合方法，现金流匹配策略最典型的表现为纯现金流匹配投资组合（pure cash-matched dedicated portfolio）。图 10－7 表示的是一个典型的养老基金在 1990—2019 年 30 年间按规定需支付的债务流。此投资组合的目标是建立一个组合，确保在每次按规定支付债务前，该组合能够产生足够的现金流以满足支付需求。

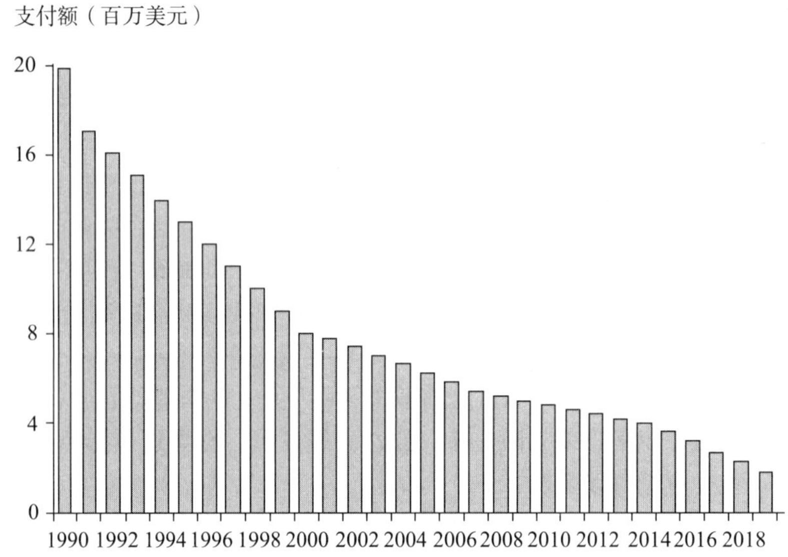

图 10－7　规定支付的现金流

关键概念

固定收益证券　抵押贷款支持证券　资产支持证券　利率期限结构　预期理论　流动性偏好理论　市场分割理论　信用评级　死亡率模型　信用风险附加模型　买入持有策略　指数化策略　利率预期策略　估价分析策略　信用分析　收益率差分析　债券互换　或有免疫策略　现金流匹配策略

思考题

1. 债券的风险主要有哪几种?
2. 债券的利率风险主要表现为哪几种?
3. 如何度量债券的风险?
4. 利率期限结构理论主要有哪几种? 其主要观点是什么?
5. 固定收益证券组合投资策略有哪几种? 各有什么特点?

实践案例

2020年国企信用债违约事件

2020年10月23日，华晨集团旗下一只10亿元私募公司债到期发生违约，该公司发行的其他债券价格也一路下跌。直至11月20日，沈阳市中级人民法院裁定受理债权人对华晨集团重整申请，由此这家企业正式进入破产重整程序。

华晨集团违规风波未止，河南大型国企永煤控股再被曝出违约，进一步引爆了市场情绪。11月10日，永煤控股公告称，因流动资金紧张，“20永煤SCP003”未能按期足额偿付本息，已构成实质性违约。Wind资讯数据显示，同日，评级机构中诚信国际迅速将永煤控股的主体信用评级由10月10日评出的AAA级下调至BB级，相关信用债券评级被同步下调。而11月12日，永煤控股作为发行人，另有20笔债券触发交叉违约。

信用债违约情况仍未停止。11月16日，紫光集团一笔私募债展期方案表决无效，发生实质性违约，当日未按期进行足额兑付本息。

接二连三的债券违约事件，给市场带来负面冲击是毋庸置疑的。光大银行金融市场部分析师周茂华称，近期永煤控股等几家AAA级地方国企债券“爆雷”出乎市场意料，并引发市场异常波动，从信用债市场和相关违约债券价格继续承压来看，投资者对债市的担忧尚未消除，市场消化仍需要一段时间。近期这些债券违约既有客观因素，也有企业自身问题，主要是突发疫情冲击与宏观经济放缓，商品市场持续低迷，引发部分行业、企业经营长时间受拖累，现金流承压；但就企业本身来看，资产负债结构失衡，自身造血能力不足，内部治理不完善，导致企业财务不稳健，抗风险能力弱，甚至不排除存在恶意“逃废债”等行为。

几家国企信用债的相继违约，引发债券市场连锁反应，也已引发国务院金融稳定发展委员会（简称金融委）的重点关注。在“防风险，守底线”的背景环境下，金融委及时做出应对举措，避免系统性风险的发生，并降低对其余市场的冲击影响。11月21日，国务院金融稳定发展委员会主任刘鹤主持召开金融委第四十三次会议，研究规范债券市场发展、维护债券市场稳定工作。会议定调了近期的债券违约个案是“周期性、体制性、行为性因素相互叠加的结果”，明确了“市场化、法制化、国际化”债市发展方向，强化市场化约束，严惩违规违法行为，很好地稳定了市场情绪，提振了投资者对国内债市长远规范健康发展的信心。

当前我国信用债市场已经构建为非金融企业债务融资工具、企业债和公司债三大类市场进一步协调发展、运行平稳有序、金融机构稳健参与的成熟市场。中国经济持续增长的韧性为信用债市场发展提供了良好的生态环境。

问题思考：国企信用债为什么会违约？信用评级机构的评级是否公正？如何更好地发展我国的信用评级？

职业素养提升：树立国家金融安全大局意识，守住不发生系统性金融风险的底线意识、诚信意识和法治意识；坚定制度自信；提升专业能力，开拓国际视野等。

第11章 金融衍生品市场风险管理

学习目标

1. 理解期货市场风险、期权市场风险、互换市场风险和黄金市场风险的类型和特征。

2. 掌握基差风险、最佳套期比率、B-S公式、互换定价和VaR-GARCH等衍生品市场风险度量工具和定价模型；掌握衍生品投资风险管理的方法。

3. 了解金融衍生品风险度量参数；了解我国黄金市场的发展现状。

4. 价值塑造：树立国家金融安全大局意识，守住不发生系统性金融风险的底线意识、风险意识和法治意识；树立正确的价值观和金钱观；提升专业能力，开拓国际视野等。

导入案例

中信泰富外汇衍生品投资巨亏事件

中信泰富（HK，00267）于中国香港注册成立，现于中国香港联合交易所上市，是恒生指数成分股之一。中信泰富的前身泰富发展有限公司成立于1985年。1986年通过新景丰公司而获得上市地位，同年2月，泰富向中国国际信托投资（集团）有限责任公司（中信集团的前身）定向发行2.7亿股新股，使中信集团持有泰富64.7%的股权。自此，泰富成为中信集团子公司。泰富于1991年易名为中信泰富有限公司，很快增加了其于航空业务的投资，使投资组合更趋多元化。

2006年，中信泰富在澳大利亚西部经营了一个铁矿。整个投资项目的资本开支，除最初的16亿澳元之外，在项目进行的25年期内，还将至少每年投入10亿澳元，很多设备和投入都必须以澳元来支付。为了对冲外汇波动风险，从2007年起，中信泰富开始购买澳元的累计外汇期权合约，对冲澳元、欧元及人民币升值的影响，其中澳元合约占绝大部分。按照已经披露的信息，中信泰富投资的杠杆式外汇合约主要有4种，分别为澳元累计目标可赎回远期合约、每日累计澳元远期合约、双货币累计目标可赎回远期合约、人民币累计目标可赎回远期合约。中信泰富购买的澳元累计期权合约共90亿澳元，根据合约，当时中信泰富可以行使的澳元兑美元汇率为USD/AUD＝0.87，即当澳元兑美元汇率高于USD/AUD＝0.87时，中信泰富可以USD/AUD＝0.87的汇率获得澳元；而当汇率低于USD/AUD＝0.87时，中信泰富仍必须以USD/AUD＝0.87的高汇率两倍买入澳元，直到2010年。2008年金融危机席卷全球，澳大利亚在此次金融风暴中无法独善其身。9月和10月，澳大利亚中央银行——澳洲联储连续两次降息，后一次的降息幅度达到100个基点，这是其继1992年经济萧条以来的最大降幅，澳元大幅跳水，持续贬值。2008年9月初，中信泰富似乎察觉到合约的风险所在，于是中止部分合约，实时损失8亿港元。而按照当时澳元兑美元的汇率计算，中信泰富手上尚未中止的合约，账面损失高达147亿港元。也就是说，中信泰富在这次外汇衍生品交易中损失已经达到155亿港元。此事一出，10月21日中信泰富股价开盘即暴跌38%，盘中更一度跌至6.47港元，跌幅超过55.4%，当日收报于6.52港元，跌幅达55.1%，远远超过业界预计的20%左右的跌幅。

金融衍生品的迅速扩散和广泛应用，把金融创新推向了高潮，也给整个金融市场带来了深刻的影响。金融衍生品的高风险会使企业遭受巨额亏损，因此企业在投资衍生品时要做好风险管理工作。本章介绍几种金融衍生品市场的风险以及相应的管理方法，本章将黄金市场也列入金融衍生品市场。

第一节　期货市场风险管理

一、期货市场的风险概述

期货合约是买卖双方签订的在未来一个确定时间按确定的价格购买或出售某项标的物资产的协议，期货合约中的“确定时间”一般称期货合约到期日或期限。期货合约的期限一般为1个月至1年。期货合约的交易在期货交易所进行，是主要的金融衍生工具之一。与期货合约类似的另一衍生工具是远期合约。期货合约与远期合约都是在未来一定时间以一定价格购买或卖出标的资产的协议。两者的主要差别在于，首先，远期合约属于买卖双方的私人协议，而期货合约在期货交易所交易。其次，远期合约的合约期限、标的资产、交货地点等合约条款由双方商定，属于非标准合约，而期货合约的合约条款由交易所统一设定，属于标准化合约。

（一）期货风险的种类

1. 价格风险

由于期货的杠杆作用，因此，它们对其相关联的基础金融工具如股票指数、汇率、债券价格的变动极为敏感，波动的幅度比基础市场变化大。

2. 流动性风险

期货的流动性风险，是指由于期货产品的深度或广度不够，市场发育不成熟，或是由于突发事件发生所导致的期货交易变现性的突然丧失或者变现就要面对价格大幅下跌的风险。

3. 操作风险

期货的操作风险，是指在日常经营过程中，由于各种自然灾害或意外事故，或是由于经营管理上的漏洞，使交易员决策出现故意或非故意的错误，导致整个机构面临损失的风险。

4. 法律风险

期货的法律风险，是指由于合约在法律范围内无效，合约内容不符合法律规范，或者是由于对方因破产等原因不具有清偿能力，对破产方的未清偿合约不能依法进行平仓而造成的风险。

5. 政治风险

期货的政治风险，是指由于政府的宏观政策或对相关市场的调控都会影响到期货的价格，而使其收益产生的不确定性。

（二）期货风险的特征

1. 风险发生的突然性

一方面期货交易是表外交易，不在资产负债表内体现，另一方面它具有极强的杠杆作用，这使其表面的资金流动与潜在的盈亏相差很远。同时由于期货交易具有高度技术性、复杂性的特点，会计核算方法和监管一般不能对其潜在风险进行充分的反映和有效的管理。因此期货风险的爆发具有突然性。

2. 风险发生的传染性

期货是标准化的金融工具，具有较强的流动性，当一个市场的信用危机发生时，往往有大量的信息通过期货交易在各个市场、参与者之间相互传递，再加上期货交易的集中性，信用风险也日益集中，从而造成了金融市场的剧烈动荡，如墨西哥金融危机、东南亚金融危机、巴林银行的破产等事例。

3. 风险的巨大危害性

期货风险的危害性巨大，如具有240年历史的巴林银行就是由于其职员在新加坡从事亚洲金融期货和期权交易而给其造成了14亿美元的损失，最终导致巴林银行的倒闭。又如美国长期资本管理公司在1998年的国际金融风暴中，一度损失惨重，发生了严重的流动性危机。

分析案例

德国MGRM公司期货交易案

Metallgeseschaft AG是德国最大的金属和能源公司。Metallgeseschaft Refining and Marketing（MGRM）是该公司旗下涉及原油业务的一家美国分公司。MGRM公司在1991年底开始与客户签订了一系列长达10年的销售合约。合约中承诺在未来10年内以高于当时市价的固定价格提供给客户总量约6亿桶的石油商品。由于当时能源价格较低，用户觉得可以通过这种形式在未来获得低价供给，而MGRM公司认为这样可以大规模切入美国能源市场，建立自己的长久客户源，以期建立一个产供销的完整供应链，获得一个稳定的市场份额。

为了规避这份合同可能产生的风险，MGRM公司不得不利用期货、远期、场外互换等形式进行风险管理。

MGRM公司采取了延展式套期保值。因为当时的纽约商业交易所（NYMEX）最远的合约是18个月，但几乎没有交易。MGRM公司这么大的头寸根本无法达成长期合约，所以只能选择较短期限合约的延展交易来实现长期的套期保值。

在1993年后期，MGRM公司在纽约商业交易所建立了相当于5 500万桶的得克萨斯中质原油、无铅汽油和2号取暖油期货合约头寸（相当于55 000张合约），头寸数量大约在1亿桶和1.1亿桶之间。这1.6亿桶相当于供货商3年半的产量，或者说，相当于科威特8天的石油产量。而当时的NYMEX的无铅汽油和2号取暖油期货合约的每日交易量平均为15 090张～20 000张。这些套期保值头寸都是多头。

1993年底，石油输出国组织（OPEC）未能在减产问题上达成协议，油价直线下滑，MGRM公司在期货市场出现了很大的损失。12月初，关于MGRM公司大量亏损、资金困难的消息开始在金融市场传播，NYMEX为了防止出现违约，要求MGRM公司提供“超级”保证金，数额是平常保证金的两倍。之后，NYMEX宣布撤销对MGRM公司头寸的套期保值豁免，这意味着MGRM公司不得不大量平仓。虽然MGRM公司在现货市场通过长期供油合约积累了大量的潜在利润，但由于难以变现而形同虚设。

庞大的资金缺口逼迫子公司向母公司寻求资金援助。MGRM公司的母公司考虑到可能存在的风险，及时做出了撤换分公司高层并且平仓的决定，把损失减到最小。尽管如此，MGRM公司在能源期货和互换交易上的损失仍高达13亿美元，其后，MGRM公司又花了10亿美元解除与Castle能源公司的合约。150家德国和其他国际银行对MGRM公司采取了一个数额高达19亿美元的拯救行动，才使其免于破产。

二、期货市场的风险度量

（一）基差风险

期货市场的基本经济功能之一就是为部分交易者提供风险管理的手段。为规避价格风险，最常用的手段便是套期保值。当现货商利用期货市场来抵消现货市场中价格的反向运动时，这个过程就叫套期保值。

套期保值又称“对冲”，是一种以规避现货价格风险为目的的期货交易行为，通过在期货市场和现货市场进行反向操作来实现。由于期货和现货市场价格走势基本一致，一个市场盈利，则另一个市场亏损，盈亏相抵后使得交易者的收益稳定在预期水平。根据在期货市场上操作方式的不同，套期保值可分为买入套期保值⑥和卖出套期保值⑦。

套期保值策略将资产到期的损益锁定，从而完全对冲了风险，而在实际操作中，这种完美的对冲是很难存在的，以下的一些原因使得套期保值策略并不一定完全。

首先，我们想要进行保值的资产与交易所交易的期货合约中的资产并不一定完全相

⑥ 买入套期保值是指套期保值者先在期货市场买入与其将在现货市场上买入的现货商品数量相等、交割日期相同或相近的该商品期货合约，然后在该套期保值者在现货市场上实际买入该种现货商品时，在期货市场上卖出原先买入的该商品的期货合约，从而为其在现货市场上买进现货商品的交易进行保值。

⑦ 卖出套期保值是指套期保值者先在期货市场卖出与其将在现货市场上卖出的现货商品数量相等、交割日期相同或相近的该商品期货合约，然后在该套期保值者在现货市场上实际卖出该种现货商品时，在期货市场上买入原先卖出的该商品的期货合约，从而为其在现货市场上卖出现货商品的交易进行保值。

同，即当我们无法在交易所找到与手中资产完全相同的合约时，往往会用价格波动相近的资产合约进行对冲，然而这样会降低套期保值的有效性。

其次，资产的到期日与合约的到期日难以精确地匹配。资产的持有者可能不确定套期保值策略的具体时限，从而难以选择合适的期货合约，或者现货资产在现有交易的期货合约到期之前一段时间到期。

套期保值只可以大体抵消现货市场中价格波动的风险，但不能使风险完全消失，主要原因是存在“基差”这个因素。要深刻理解并运用套期保值，避免价格风险，就必须掌握基差及其基本原理。

期货价格和现货价格的关系可以用基差来描述。所谓基差，是指现货价格与期货价格之差，即：

基差＝现货价格－期货价格

基差可能为正值也可能为负值。但在期货合约到期日，基差应为零。这种现象称为期货价格收敛于标的资产的现货价格，如图 11－1 所示。

当标的证券没有收益，或者已知现金收益较小，或者已知收益率小于无风险利率时，期货价格应高于现货价格，如图 11－1（a）所示；当标的证券的已知现金收益较大，或者已知收益率大于无风险利率时，期货价格应小于现货价格，如图 11－1（b）所示。

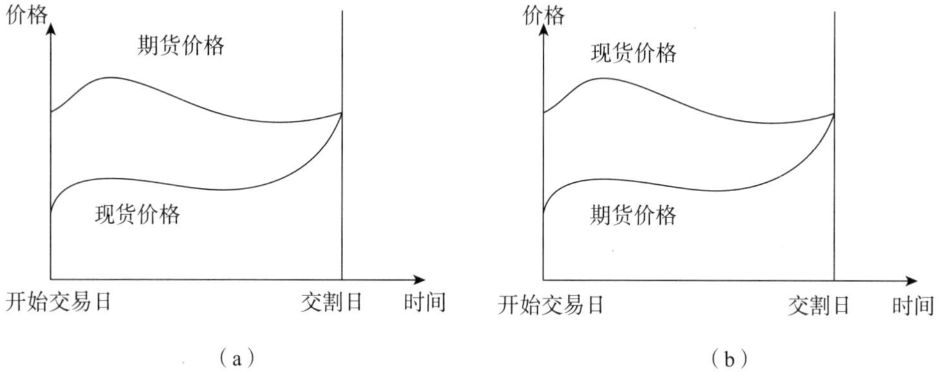

图 11－1　随着交割期限临近，期货价格与现货价格之间的关系

为进一步说明套期保值的基差风险，我们令 t_1 表示进行套期保值的时刻，t_2 表示套期保值期限结束时刻，S_1 表示 t_1 时刻拟保值资产的现货价格，S_1^* 表示 t_1 时刻期货标的资产的现货价格，F_1 表示 t_1 时刻的期货价格，S_2、S_2^* 和 F_2 分别表示 t_2 时刻拟保值资产的现货价格、标的资产的现货价格及其期货价格，b_1、b_2 分别表示 t_1 和 t_2 时刻的基差。根据基差的定义，我们有：

$$b_1=S_1-F_1$$

$$b_2=S_2-F_2 \tag{11-1}$$

对于空头套期保值来说，套期保值者在 t_1 时刻知道将于 t_2 时刻出售资产，于是在 t_1 时刻持有期货空头，并于 t_2 时刻平仓，同时出售资产。因此该套期保值者出售资产获得的有效价格（S_e）为：

$$S_e=S_2+F_1-F_2=F_1+b_2=F_1+(S_2^*-F_2)+(S_2-S_2^*) \tag{11-2}$$

其中，$S_2^*-F_2$ 和 $S_2-S_2^*$ 代表了基差的两个组成部分。第一部分就是狭义的基差，第二部分表示两项资产不一致而产生的基差。

由于 F_1 已知，而 b_2 未知，因此，套期保值后出售资产获得的有效价格存在基差风险。若 $b_2>b_1$，则对空头套期保值者较有利；若 $b_2<b_1$，则对空头套期保值者不利。

同样，对于多头套期保值者来说，他在 t_1 时刻持有期货多头，并于 t_2 时刻平仓，同时买入资产。他通过套期保值购买资产所支付的有效价格跟（11－2）式是一样的。这说明，若$b_2<b_1$，则对多头套期保值者有利。

可见，在有些情况下，通过期货套期保值并不能完全消除价格风险，因为通过套期保值后收取或支付的有效价格中均含有基差风险。但相对原有的价格风险而言，基差风险小多了。

（二）套期保值比率

套期比率是指期货合约的头寸规模与套期保值资产规模之间的比率。当套期保值资产价格与标的资产的期货价格相关系数等于 1 时，为了使套期保值后的风险最小，套期比率应等于 1。而当相关系数不等于 1 时，套期比率就不应等于 1。

为了推导出套期比率（h）与相关系数（ρ）之间的关系，我们令 ΔS 和 ΔF 代表套期保值期内保值资产现货价格 S 的变化和期货价格 F 的变化，σ_S 代表 ΔS 的标准差，σ_F 代表 ΔF 的标准差，σ_P 代表套期保值组合的标准差。

对于空头套期保值组合来说，在套期保值期内组合价值的变化 ΔV 为：

$$\Delta V=\Delta S-h\Delta F \tag{11-3}$$

对于多头套期保值组合来说，ΔV 为：

$$\Delta V=h\Delta F-\Delta S \tag{11-4}$$

在以上两种情况下，套期保值组合价格变化的方差都等于：

$$\sigma_P^2=\sigma_S^2+h^2\sigma_F^2-2h\rho\sigma_S\sigma_F \tag{11-5}$$

最佳的套期比率必须使 σ_P^2 最小化。为此 σ_P^2 对 h 的一阶偏导数必须等于零，而二阶偏导数必须大于零。

从（11－5）式可得：

$$\frac{\partial\sigma_P^2}{\partial h}=2h\sigma_F^2-2\rho\sigma_S\sigma_F$$

$$\frac{\partial^2(\sigma_P^2)}{\partial h^2}=2\sigma_F^2>0 \tag{11-6}$$

令$\frac{\partial\sigma_P^2}{\partial h}=0$，我们就可得出最佳套期比率：

$$2h\sigma_F^2-2\rho\sigma_S\sigma_F=0$$

$$h=\rho\frac{\sigma_S}{\sigma_F} \tag{11-7}$$

(11－7)式表明，最佳的套期比率等于 ΔS 和 ΔF 之间的相关系数乘以 ΔS 的标准差与 ΔF 的标准差的比率。

当我们用股价指数期货为股票组合套期保值时，最佳套期比率为：

$$h=\beta \tag{11-8}$$

其中，β 为该股票组合与股价指数的 β 系数。这是因为根据

$$F=S_I e^{(r-q)(T-t)} \tag{11-9}$$

其中，S_I 代表股价指数，$e^{(r-q)(T-t)}$ 为已知数，因此股票组合与股价指数的 β 系数可近似地用股票组合与股价指数期货的 β 系数来代替。这样，根据 β 系数的定义，我们有：

$$\beta=\frac{\sigma_{SF}}{\sigma_F^2} \tag{11-10}$$

其中，σ_{SF} 代表股票组合与股价指数期货的协方差。根据 ρ 的定义，$\rho=\frac{\sigma_{SF}}{\sigma_S\sigma_F}$，我们有：

$$h=\rho\frac{\sigma_S}{\sigma_F}=\frac{\sigma_{SF}}{\sigma_S\sigma_F}\cdot\frac{\sigma_S}{\sigma_F}=\frac{\sigma_{SF}}{\sigma_F^2}=\beta \tag{11-11}$$

三、期货市场的风险管理策略

(一) 期货市场系统性风险管理

第一是合约的设计，包括选择适当的标的物指数和设计合适的合约条款。第二是评估参与机构的资质和信誉，以降低机构恶意操纵价格的风险。第三是建立包括账户管理、大户报告制度、充分公开交易信息、强行平仓、仓位上限、涨跌停板制度、期货交易暂停制度、每日盯市和保证金制度等。第四是建立风险准备基金、实时监控的预警指标体系以及警报产生后的对策措施。

(二) 期货市场非系统性风险管理

第一是进行风险识别，即确认所面临的非系统性风险的类别和风险来源，评估风险发生的可能性及影响等。套期保值者虽然在很大程度上可以回避价格下跌带来的风险，但是由于市场的变动与投资者对其预测并不一定完全一致，有时会出现偏差，使套期保值者在某种程度上也暴露在价格风险中。投机者的头寸则完全暴露，一旦价格与预期相反，则面临巨大的市场价格风险。这样，如果保证金制度和每日盯市以及强行平仓制度执行不利，就可能导致投资者穿仓甚至破产。

第二是进行风险度量，主要是使用多种计量模型来刻画市场因素的不利变化而导致金融资产组合价值损失的大小。目前，常用的风险测度方法有灵敏度分析、波动性方法、VaR 法、压力测试和极值理论等，其中 VaR 法被广泛采用。

第三个是进行风险控制，包括采取措施预防风险发生以及在风险发生后采取应急措施。完善的内部控制体制是风险控制的最基本保证。完善的内部控制体制应包括建立适当的业务运作流程，建立独立的金融衍生品交易部门和风险管理部门，动态监控保证金变动、套期保值比率等内容。

第二节 期权市场风险管理

一、期权市场的风险概述

期权又称选择权，同样是交易双方之间签订的协议，该协议给予期权持有人在未来特定的时间（到期日）或该特定时间之前，以确定的价格（执行价），就事先规定的数量，买进或卖出标的资产的权利。有两种常见的期权合约：看涨期权和看跌期权。看涨期权又称买入期权，看跌期权也称卖出期权。看涨期权是赋予期权持有者在未来某个时点，按照合约规定，购买一定数量标的资产的权利。期权持有人购买标的资产的价格在期权合约中是事先规定的，称为期权的执行价格或敲定价格。当标的资产价格大于执行价格时，持有者执行看涨期权是有利可图的，因此它被称为看涨期权。但是这个购买的权利只有在某段时期内有效，称为期权期限。看跌期权则是赋予期权持有者在未来某个时点，按照合约规定，卖出一定数量标的资产的权利。当标的资产价格小于执行价格时，持有者执行看跌期权是有利可图的，所以它被称为看跌期权。按执行期权的方式不同，通常有美式期权和欧式期权之分。欧式期权是指持有人只在期权到期日才能行权的期权合约，而美式期权则赋予持有人在期权到期日之前任何时点行权的权利。

期权合约的标的资产很广泛，包括股票、债券、股票指数、欧洲美元存单、大宗商品、贵金属、石油等。

期权市场的风险包括以下六种：

（1）信用风险，指交易方无法履行契约而造成财务上的损失。此类风险主要发生在柜台买卖的交易，交易所买卖之交易由清算所经手。

（2）市场风险，指因为市场交易价格的变化带来的损失。

（3）流动性风险，指企业无法筹措资金以履行合约的风险。企业由于无法在市场上以公平价值迅速出售金融资产而产生的风险也可能导致流动性风险。

（4）操作风险，指因不适当的制度、不适当的管理及控制、欺诈或其他人为错误所造成的可能财务损失。

（5）法律风险，指因法院或立法机关判定衍生金融工具买卖或契约无效而造成的可能财务损失，如契约条款违反法律。

（6）价格风险，指货币性金融工具未来现金流的变动风险。如浮动利率债务会随着有效利率的变动而使其未来现金流变动。

二、期权市场的风险度量

（一）期权定价模型

由于衍生证券价格和标的证券价格都受同一种不确定性（dz）影响，若匹配适当，这种不确定性就可以相互抵消。因此布莱克和斯科尔斯就建立了一个包括一单位衍生证券空头和若干单位标的证券多头的投资组合。若数量适当，标的证券多头盈利（或亏损）总是会与衍生证券空头的亏损（或盈利）相抵消，因此在短时间内该投资组合是无风险的。那么，在无套利机会的情况下，该投资组合在短期内的收益率一定等于无风险利率。

推导布莱克-斯科尔斯（B－S）微分方程需要用到如下假设：

（1）证券价格遵循几何布朗运动，即 μ 和 σ 为常数。

（2）允许卖空标的证券。

（3）没有交易费用和税收，所有证券都是完全可分的。

（4）在衍生证券有效期内标的证券没有现金收益支付。

（5）不存在无风险套利机会。

（6）证券交易是连续的，价格变动也是连续的。

（7）在衍生证券有效期内，无风险利率 r 为常数。

由于我们假设证券价格 S 遵循几何布朗运动，因此有：

$$dS=\mu S dt+\sigma S dz \tag{11-12}$$

在一个很短的时间间隔 Δt 中，S 的变化值 ΔS 为：

$$\Delta S=\mu S\Delta t+\sigma S\Delta z \tag{11-13}$$

假设 f 是依赖于 S 的衍生证券的价格，则 f 一定是 S 和 t 的函数，根据伊藤引理，衍生证券的价格 f 应遵循如下过程：

$$df=\left(\frac{\partial f}{\partial S}\mu S+\frac{\partial f}{\partial t}+\frac{1}{2}\frac{\partial^2 f}{\partial S^2}\sigma^2 S^2\right)dt+\frac{\partial f}{\partial S}\sigma S dz \tag{11-14}$$

在一个很短的时间间隔 Δt 中，f 的变化值 Δf 为：

$$\Delta f=\left(\frac{\partial f}{\partial S}\mu S+\frac{\partial f}{\partial t}+\frac{1}{2}\frac{\partial^2 f}{\partial S^2}\sigma^2 S^2\right)\Delta t+\frac{\partial f}{\partial S}\sigma S\Delta z \tag{11-15}$$

从上面分析可以看出，（11－12）式和（11－15）式中的 Δz 相同，都等于 $\varepsilon\sqrt{\Delta t}$。因此只要选择适当的衍生证券和标的证券的组合就可以消除不确定性。为了消除 Δz，我们可以构建一个包括一单位衍生证券空头和$\frac{\partial f}{\partial S}$单位标的证券多头的组合。令 $\prod$ 代表该投资组合的价值，则：

$$\prod=-f+\frac{\partial f}{\partial x}S \tag{11-16}$$

在 Δt 时间后，该投资组合的价值变化 $\Delta\prod$ 为：

$$\Delta\prod=-\Delta f+\frac{\partial f}{\partial S}\Delta S \tag{11-17}$$

将（11－12）式和（11－15）式代入（11－17）式，可得：

$$\Delta\prod=\left(-\frac{\partial f}{\partial t}-\frac{1}{2}\frac{\partial^2 f}{\partial S^2}\sigma^2 S^2\right)\Delta t \tag{11-18}$$

由于（11－18）式中不含 Δz，该组合的价值在一个很短的时间间隔 Δt 后必定没有风险，因此该组合在 Δt 中的瞬时收益率一定等于 Δt 中的无风险收益率。否则，套利者就可以通过套利获得无风险收益率。因此，在没有套利机会的条件下：

$$\Delta \prod = r \prod \Delta t$$

把（11－16）式和（11－18）式代入上式得：

$$\left(\frac{\partial f}{\partial t}+\frac{1}{2}\frac{\partial^2 f}{\partial S^2}\sigma^2 S^2\right)\Delta t = r\left(f-\frac{\partial f}{\partial S}S\right)\Delta t \qquad (11-19)$$

化简为：

$$\frac{\partial f}{\partial t}+rS\frac{\partial f}{\partial S}+\frac{1}{2}\sigma^2 S^2\frac{\partial^2 f}{\partial S^2}=rf \qquad (11-20)$$

这就是著名的布莱克-斯科尔斯微分方程，它适用于其价格取决于标的证券价格 S 的所有衍生证券的定价。

应该注意的是，当 S 和 t 变化时，$\frac{\partial f}{\partial S}$ 的值也会变化，因此上述投资组合的价值并不是永远无风险的，它只是在一个很短的时间间隔 Δt 中才是无风险的。在一个较长的时间中，要保持该投资组合无风险，必须根据 $\frac{\partial f}{\partial S}$ 的变化而相应调整标的证券的数量。当然，推导布莱克-斯科尔斯微分方程并不要求调整标的证券的数量，因为它只关心 Δt 中的变化。

（二）期权风险度量模型

期权是作为规避风险的金融工具而产生的，但由于期权的灵活性与复杂性，其本身也是一把“双刃剑”，使用得当，可有效避免风险，增加投资收益；使用不当，可能带来更大的风险。期权的风险主要包括信用风险、市场风险、流动性风险、操作风险和法律风险五大类。由 B－S 公式，期权价值与以下五个因素有关：标的资产现价、执行价格、到期时间、无风险利率和标的资产的波动率。由于标的资产的价格每时每刻都在变化，而且变化的方向和幅度都不能确定，这就使期权的价值也随时在变，形成期权风险的主要来源。这个风险的度量就是常用的参数 Δ，可以从 B－S 公式中求出。设期权的价值为 F，则

$$\Delta=\frac{\partial F}{\partial S} \qquad (11-21)$$

Δ 衡量了期权价值对股票价格变化的敏感度，表示股票价格每改变一个单位，期权价值的改变量。这个参数不是一个常数，是价格 S 和时刻 t 的函数，说明期权价值对股票价格变化的敏感度也随时在变，更加大了期权价值的风险。

我们用 θ 来衡量衍生证券价格对时间变化的敏感度，它等于衍生证券价格对时间 t 的偏导数：

$$\theta=\frac{\partial f}{\partial t} \qquad (11-22)$$

我们用 Γ 来衡量该衍生证券的 Δ 值对标的资产价格变化的敏感度，它等于衍生证券价格对标的资产价格的二阶偏导数，也等于衍生证券的 Δ 对标的资产价格的一阶偏导数。由于看涨期权与看跌期权的 Δ 之间只相差一个常数，因此两者的 Γ 值总是相等的：

$$\Gamma=\frac{\partial^2 f}{\partial S^2}=\frac{\partial \Delta}{\partial S} \qquad (11-23)$$

用 Λ 来衡量该衍生证券的价值对标的资产价格波动率的敏感度，它等于衍生证券价格对标的资产价格波动率（σ）的偏导数，即：

$$\Lambda=\frac{\partial f}{\partial \sigma} \tag{11-24}$$

证券组合的 Λ 值等于该组合中各证券的数量与各证券的 Λ 值乘积的总和。证券组合的 Λ 值越大，说明其价值对波动率的变化越敏感。

用 ρ 来衡量衍生证券价格对利率变化的敏感度，它等于衍生证券价格对利率的偏导数：

$$\rho=\frac{\partial f}{\partial r} \tag{11-25}$$

三、期权市场的风险管理策略

由 B-S 公式可知，利用金融衍生工具对基础资产进行风险管理的基本策略是套期保值或对冲，即交易者在现货市场购入与期权头寸相反的一定数量的头寸，构建一个风险中性的资产组合。这个思想告诉人们管理风险的一种基本策略，也就是构建一个风险中性的资产组合。该策略的出发点是：当价格等因素变化时，现货头寸的收益（或损失）和期权的损失（或收益）刚好相抵，从而达到防止因价格等因素波动造成的损失，转移和分散波动所带来的风险。那么选择多少数量的现货头寸才能和期权构成风险中性资产组合，这是关键问题。

期权最大的优点是能够在价格不稳定的时候提供一种保障，而且能保留价格变动的利益。所谓风险管理就是能主动把风险控制在可以容忍的范围内。利用期权的特性构造出来的各种资产组合既可以用来套期保值也可以用来赚取收益。

通过计算资产组合的 Δ、Γ、Λ 值，可以知道其风险的大小。资产组合的 Δ、Γ、Λ 分别等于各种资产的 Δ、Γ、Λ 之和，每种资产的 Δ、Γ、Λ 等于合约张数乘以每张合约的 Δ、Γ、Λ。每张期权合约的 Δ、Γ、Λ 可由公式求出，而标的资产的总值为 1，但做多合约的 Δ、Γ、Λ 为正数，做空合约的 Δ、Γ、Λ 为负数。若资产组合的 Δ、Γ、Λ 是零，说明该组合是风险中性的，也就是当标的资产价格等因素稍微变化时，无论是上升还是下降，该组合的价值不发生变化；若 Δ、Γ、Λ 为正，表示组合价值与标的资产价格之间保持正向的变动关系；若 Δ、Γ、Λ 为负，表示组合价值与标的资产价格之间保持反向变动关系。如果要进行套期保值，只需要构造一个 Δ、Γ、Λ 为零的中性组合；如果要赚取收益，就要承担一定的风险，只需要构造一个组合，让它的 δ 值在风险容忍度之内即可。

从前述讨论可以看出，为了保持证券组合处于 Δ、Γ、Λ 中性状态，必须不断调整组合。然而频繁的调整需要大量的交易费用。因此在实际运用中，套期保值者更倾向于使用 Δ、Γ、Λ、θ 和 ρ 等参数来评估其证券组合的风险，然后根据他们对 S、r、σ 未来运动情况的估计，考虑是否有必要对证券组合进行调整。如果风险是可接受的，或对自己有利，则不调整；若风险对自己不利且是不可接受的，则进行相应调整。

期权市场给交易者提供了非常灵活的金融工具，交易者可以根据期货和期权市场的价格变动方向、市场波动率等不同情况，选择不同的期权交易策略，以达到利益最大化和风险最小化的目标。

第三节 互换市场风险管理

一、互换市场的风险概述

互换，也称掉期，是指双方达成的在未来一定期限内交换现金流的一项协议。交换的具体对象可以是不同种类的货币、债券，也可以是不同种类的利率、汇率、价格指数等。一般情况下，它是交易双方（有时也有两个以上的交易者参加同一笔互换合约的情况）根据市场行情，约定支付率（汇率、利率等），以确定的本金额为依据相互为对方进行支付。互换合约可以看作是一系列远期合约的组合，因此，它是远期合约、期货合约的延伸。

互换交易是用来管理汇率风险及利率风险的最主要且最有效的手段之一，但是互换交易本身也存在着风险。如何在可能的情况下降低互换风险是互换市场参与者共同关心的问题。

互换市场风险可分为以下几种：

1. 利率风险

在进行固定利率对浮动利率互换和货币互换时，交易者面临着严重的利率风险。具体地，如果互换银行是固定利率支付方，而从对方那里接收浮动利率，就会面临利率下降的风险；相反，如果互换银行是固定利率的接收方，而向对方支付浮动利率，利率上升则对银行不利。

2. 汇率风险

如果互换银行持有尚未套期保值的货币互换合约，就会面临汇率风险，汇率风险主要与本金和利息支付有关。

3. 违约风险

违约风险是一种复合风险，它一般是指信用风险同市场风险的乘积。

4. 不匹配风险

互换的本金、期限、利率、支付费率或支付时间的不匹配，都会使银行面临不匹配风险，特别是在互换对方违约的情况下，银行面临的不匹配风险更大。

5. 基差风险

对于利率互换，基差是指两种不同的浮动利率指数之间的差额。基差变动给银行带来的风险称为基差风险，其产生的原因有两种：第一种情况是互换对方要求浮动利率对浮动利率互换，但互换的两边分别盯住不同的指数。第二种情况是两个相互独立的互换对方都与银行安排了固定利率对浮动利率互换，但浮动利率分别盯住不同的指数。

6. 国家风险

它是指因国家强制的因素而使互换对方违约，从而给互换银行带来经济损失的可能性。只有货币互换才会面临国家风险，而且货币互换对方所属国家的政府进行外汇管制的可能性越大，互换对方不能履约的可能性越大，互换银行面临的国家风险也越大。

7. 利差风险

利差风险是指银行在签订匹配互换协议时与银行签订第一个互换协议时的利差发生变动带来的风险。利差风险不同于利率风险。

8. 交割风险

交割风险有时也称为结算风险，它是指互换双方位于不同的国家时，由于时差的存在，世界各地的资本市场的结算时间不同，从而双方必须在一天的不同时间向对方办理支付时产生的风险。

二、互换市场的风险度量

（一）利率互换的定价

1. 运用债券组合给利率互换定价

如果我们假设没有违约风险，利率互换可以通过分解成一个债券的多头与另一个债券的空头来定价，也可以通过分解成一个远期利率协议的组合来定价。

利率互换可以看成是两个债券头寸的组合，定义 B_{fix} 为互换合约中分解出的固定利率债券的价值，B_{fl} 为互换合约中分解出的浮动利率债券的价值。

那么，这个互换的价值就是：

$$V_{互换}=B_{fl}-B_{fix} \tag{11-26}$$

定义 t_i 为距第 i 次现金流交换的时间（$1\leqslant i\leqslant n$），L 为利率互换合约中的名义本金额，r_i 为到期日为 t_i 的 LIBOR 零息票利率，为支付日支付的固定利息额。

那么，固定利率债券的价值为：

$$B_{fix}=\sum_{i=1}^{n}k\mathrm{e}^{-r_it_i}+L\mathrm{e}^{-r_nt_n} \tag{11-27}$$

接着考虑浮动利率债券的价值。根据浮动利率债券的性质，在浮动利率债券支付利息的那一刻，浮动利率债券的价值为其本金 L。假设下一支付日应支付的浮动利息额为 k^*（这是已知的），那么在下一次利息支付前的一刻，浮动利率债券的价值为 $B_{fl}=L+k^*$。在我们的定义中，距下一次利息支付日还有 t_1 的时间，那么今天浮动利率债券的价值应该为：

$$B_{fl}=(L+k^*)\mathrm{e}^{-r_1t_1} \tag{11-28}$$

2. 运用远期利率协议给利率互换定价

远期利率协议（FRA）是这样一笔合约，合约里事先确定将来某一时间一笔借款的利率。不过在远期利率协议执行的时候，支付的只是市场利率与合约协定利率的利差。如果市场利率高于协定利率，贷款人支付给借款人利差，反之由借款人支付给贷款人利差。所以实际上远期利率协议可以看成一个将用事先确定的利率交换市场利率的合约。很明显，利率互换可以看成是一系列用固定利率交换浮动利率的 FRA 的组合。只要知道每笔 FRA 的价值，也就能计算出利率互换的价值。

（二）货币互换的定价

1. 运用债券组合给货币互换定价

如果没有违约风险，货币互换一样也可以分解成债券的组合，不过不是浮动利率债券和固定利率债券的组合，而是外币债券和本币债券的组合。

如果我们定义 $V_{互换}$ 为货币互换的价值，那么对收入本币、付出外币的那一方有：

$$V_{互换}=B_D-S_0B_F \tag{11-29}$$

其中，B_F 是用外币表示的从互换中分解出来的外币债券的价值，B_D 是从互换中分解出来的本币债券的价值，S_0 是即期汇率（直接标价法）。

对付出本币、收入外币的那一方有：

$$V_{互换}=S_0B_F-B_D \tag{11-30}$$

2. 运用远期组合给货币互换定价

货币互换还可以分解成一系列远期合约的组合，货币互换中的每一次支付都可以用一笔远期外汇协议的现金流来代替。因此只要能够计算货币互换中分解出来的每笔远期外汇协议的价值，就可以知道对应的货币互换的价值。

三、互换市场的风险管理方法

管理互换风险的关键是要做好各类风险的评估工作。这项工作对于互换资产的风险管理的必要性体现在：首先，银行签订互换协议时，如面临较大风险，就可要求对方提供一定的补偿，这种补偿可采用收取期初安排费的形式，但通常是通过提高或调低利率来实现，当要确定对方支付的具体补偿额时，就必须对风险加以评估。其次，银行在签订某一互换协议之后，需要利用期货、期权等工具对互换风险进行暂时的套期保值，而要寻找最优套期保值方法就需要对风险加以度量。最后，银行的内部管理也要求对互换风险进行客观的估计，以便明确规定对某一互换对方或某一组互换对方的风险管理要求。

风险识别和评估的目的是对风险进行管理。常用的金融互换风险管理方法有以下几种：

1. 合理匹配法

互换风险与证券风险一样，也是由系统性风险和非系统性风险两部分组成。互换风险中的信用风险、基差风险等非系统性风险均可通过互换资产分散化策略来实现，其前提是互换资产的规模足够大。在互换风险控制中，银行作为多个互换的中介，可以通过将两个互换相匹配的方法，将收入与支出相匹配，从而达到管理风险的目的。

2. 套期保值法

当互换银行安排好一个互换之后和在寻找到与其相匹配的互换之前，或者该互换未被完全匹配时，可以利用利率期货进行套期保值。在互换银行利用利率期货对利率风险套期保值时，一方面需要利用中长期国债对支付或收入的固定利率套期保值，另一方面还需要利用欧洲美元或国库券期货对支付或收入的浮动利率保值。

3. 其他方法

互换风险控制的其他方法也有很多，在此仅以信用风险为例加以说明。信用风险是不可套期保值的风险，它是非系统性风险，所以可以通过资产的合理组合使该风险大大降低。此外，还可以在互换协议中列明违约事件条款，规定违约方应对其违约行为进行怎样的赔偿；或者要求对方提供价值与市场风险相当的抵押物，而且互换协议中应明确，如果银行面临的风险加大或者对方的信誉下降，应及时追加抵押物；也可以通过逆转现存互换的方法回避信用风险。逆转现存互换有两种途径：第一是签订一个与原互换条款相反的逆向互换，逆向互换可与原互换方或其他互换方签订，原互换和逆向互换的支付可以相互抵消，从而降低风险。如果两个互换都是与同一互换方签订的，那么签订新的互换类似于取消原有的互换。第二是可以通过简单的购买取消现存的互换，即银行支付一笔中止费给对方，要求互换方取消现存互换。

4. 互换银行将其承担的责任转移给第三方

从理论上讲，互换转移之后，信用风险也随之转移。但在现实中，这种方法并不可行，因为互换的转移需要互换双方的同意，如果互换对方不能从互换转移中获利，甚至会受到损失，那么可能就不会同意这种互换转移。

5. 规范会计，尽量反映互换交易对公司的风险和收益

建立一套适用于互换交易的统一的国际会计标准，其财务报表应该包括全面的互换交易信息资料，便于公司对互换工具风险和收益的核算，需要对表内科目进行套期保值的，应将表外科目和表内相应科目相匹配。

6. 在合约中限定价格波动范围

由于一般合约确定的担保抵押价值是一定的，难以追加，因此，可以在合约中限定金融衍生工具价格的浮动范围，当该价格超出一定界限，也就是互换合约价值超出一定界限时，交易的损失方会锁定损失金额，获利方会锁定盈利水平，不再按照原有比例进行支付。

7. 选择合适的金融工具进行互换

交易前认真评估分析可用于金融工具的各种风险特征和优势，选取合适的金融工具。一般而言，场内交易已经规范化的交易合约的信用风险小于场外交易，流动性更好。互换交易适用于多个计息期，擅长中长期利率风险管理，对单一计息期的保值，防范短期利率风险，采用远期利率协议或利率期货比较合适，采用利率互换的成本过高。

8. 防止内部控制风险

在内部管理上，将业务操作部门、风险监控部门和管理部门分开。定期监控风险随经济形势改变的变化，将控制数据作处理后向相应的管理人员汇报，管理人员要及时制定对策对可预测的风险进行防范。

在交易中，对交易方的信用评级和资金保证等信息作充分了解，防范信用风险，尽量选取值得信赖和资金雄厚的银行和信托公司作为交易对手。订立合约时，设置担保抵押等事项减少信用风险，综合市场行情制定合理的价格，并设置违约保险、损失保证金账户和适当的预付储备，防范流动性风险。

第四节　黄金市场风险管理

一、黄金市场的风险概述

（一）黄金市场发展概述

黄金作为一种矿藏资源，其储量是有限的，一方面，随着世界经济的飞速发展，黄金的供给变得更紧张，另一方面，人们对黄金的需求呈不断上升趋势。随着牙买加货币体系的建立，黄金的货币性虽然不再存在，但黄金的金融属性并未因此而丧失。从全球范围看，现在有 40 多个黄金市场，无论是区域性的，还是国际性的，都在金融市场中起着重要的作用，并且呈现出迅速发展的态势。黄金市场作为金融市场的重要组成部分，近年来在世界金融市场上发挥着重要的作用。它的发展表现出如下具体特点：

1. 黄金市场全球化特征显著

20世纪90年代以来，全球金融业进行着广泛的技术革命和制度变革。黄金市场已完全实现了全球交易。同时，黄金市场的全球化还反映在黄金的价格上。黄金的价格在全球基本是一致的。从价格来看，各地黄金市场形成了全天24小时不间断营业的交易格局，市场的割裂性已经基本消除。在制度的变革上，黄金市场受外汇市场、信贷市场、证券市场的影响，与其关联性不断提高。而各国的黄金市场也日益开放，这都加快了黄金市场的整合，推动了黄金市场的全球化。

2. 黄金市场的避险功能突出

黄金市场的金融性之所以没有消失，而且日益提升，重要的原因就是黄金市场的避险功能突出。首先，黄金作为国际储备的组成之一，在黄金非货币化的法律过程完成后，不但没有减少，反而不断增加。其中欧洲国家的黄金储备增速最大，德国的增速为15.78%，法国为12.22%，意大利为18.24%。其次，黄金具有稳定性、安全性和恒久性的优势，作为储备财富具有很好的资产保值功能，尤其是在经济萧条、通货膨胀严重或政局动荡时期，黄金的这些优势直接显现出避险的作用。正如凯恩斯所言："黄金作为最后的卫兵和紧急需求时的储备金，还没有任何其他更好的东西可以替代。"因此，黄金市场的避险功能日益被重视，黄金市场成为整个金融市场的稳定器。

3. 黄金市场的功能定位明确，成为金融市场中不可或缺的部分

伦敦黄金市场的市场定位就是以现货交易为主，以无形市场为特征，通过全球几大结算中心完成其交易。纽约商品交易所是以期货交易为主，为广大投机客提供交易平台，极大地降低了整个市场的风险。苏黎世黄金市场是伦敦黄金市场的有机补充，它把金砖精炼成特别的小金条或金币，并以金币交易为主，成为全球最重要的金币交易市场。香港黄金市场成为东西方黄金市场交易的衔接点，其市场定位结合了伦敦与纽约的特点。因此，明确的市场定位成为各大市场的有效推动力。

从市场地位来讲，黄金市场是金融市场不可或缺的组成部分。目前，全球仍有36 000吨黄金作为国际储备存在各国中央银行，约为全球储备的20%。同时，黄金作为投资工具在金融市场中作用显著。黄金的价格对国际政治、经济形势、汇率等因素十分敏感，而且与其呈现反向运作状态。所以它可以与货币、证券等市场形成互补作用，相辅相成，优化资源的配置。

（二）黄金市场投资工具种类

就全球黄金市场而言，多年来，黄金投资理财工具在不断推出，逐步衍生出实物黄金、账户黄金、黄金延期、黄金期货等多种类投资品种，各类黄金投资理财工具逐渐成为人们金融理财投资组合的重要组成部分，具体有如下几种：

1. 实物黄金

实物黄金，包括标准金条、黄金饰品、纪念金币、贺岁金条等。其特点是：能实物交割，有储藏功能，流通性较好，但是其变现能力差，交易费用较高。银行的投资金条以工行"如意金"、建行"龙鼎金"为代表，品种逐渐丰富多样，交易成本也逐渐降低。

2. 账户黄金

账户黄金也称纸黄金，它是指商业银行通过柜面或电子银行渠道，采取只计份额、不计实物的方式，向个人客户提供的黄金投资或交易产品。账户黄金的特点是：是一种个人凭证式黄金，投资者按银行报价在账面上虚拟买卖黄金，全额交易，收益低，单向操作

（除工行外），不能提取现货黄金。纸黄金业务的操作简单，可以让初级投资者熟悉黄金市场，但是作为黄金账户只是黄金的虚拟买卖，没有保值功能，并不能抵御通货膨胀。

3. 黄金递延

黄金递延业务也称黄金延期交易业务，简称 AU（T+D），是在实物黄金业务的基础上，运用杠杆效应，以提供保证金的形式建立做多与做空双向交易机制。其特点是：可多空双向操作，不像实物黄金和纸黄金产品那样只能单向做多。黄金递延没有固定交割日期，投资者可以选择合约交易日当天交割，也可以延期交割，且这种产品有夜场交易，可以防范隔夜美盘金价过度波动的风险。另外，在交易过程中，除交割环节外，不需要全额支付交易金额，为投资者获取更高的收益提供了杠杆效应。目前，我国已有工商银行、兴业银行、民生银行、深圳发展银行等银行开办了代理个人黄金延期交易业务。

4. 黄金期货

黄金期货，是以国际黄金市场未来某时点的黄金价格为交易标的期货合约，投资人买卖黄金期货的盈亏，是由进场到出场两个时间的黄金价格差价来衡量，契约到期后则是实物交割。我国黄金期货于 2008 年 1 月 9 日正式在上海期货交易所上市交易。黄金期货的特点是：保证金交易、收益高、风险大、双向操作，交割单位固定，进入交割月后，投资者的买卖合约只能是 3 手的整数倍，个人不能进行实物交割。

（三）黄金投资的风险种类

黄金投资的主要风险来源可分为市场风险和非市场风险。非市场风险是指由非价格因素导致的风险，包括决策风险、操作风险和信用风险等。市场风险又称为价格风险，在黄金投资中是指由于黄金价格的变化或波动而引起的未来损失的可能性。市场风险是黄金投资的核心风险，也是黄金投资风险管理的核心，主要包括如下几种：

1. 利率风险

利率风险指市场利率变动的不确定性造成黄金价格波动的可能性，其中的市场利率主要是指美元利率。国际黄金价格是以美元计价的，美元和黄金是相对的投资工具。相较于美元存款，投资者在银行存储黄金不但没有利息，还需要交纳保管费用。因此当美元利率上升时，常会对黄金价格产生利空作用。反之，如果美元利率下降，会对国际金价产生利好作用。美元利率波动导致的国际金价浮动同样会直接影响各种黄金投资品的价格，投资者应密切关注美联储每期的利率决议报告，以及各联储成员发表的讲话内容。

2. 汇率风险

汇率风险指因汇率的变动而造成黄金价格波动的可能性。影响纸黄金价格的汇率因素主要有美元指数强弱和人民币升值预期。美元指数体现的是美元与选定的一揽子货币的综合指标，衡量了美元相对于其他货币的强弱，间接反映出美国的进出口竞争能力。在美元指数的币种构成中，欧元是最重要、权重最大的货币。一般在国际黄金市场上有美元指数强则金价跌，美元指数弱则金价涨的规律。美元强弱一般可以代表美国经济形势是否良好。一方面，当美元坚挺时，美国国内股票和债券将得到投资者的追捧，使得黄金避险保值的功能受到削弱，从而使得国际金价下跌。当美元疲软时，黄金的保值功能又再次体现，国际金价利好上扬。另一方面，大部分中国投资者主要是用本币进行黄金投资的，当人民币升值时，人民币标价的黄金价格下跌，从而会造成损失。因此，为了防止黄金汇率风险带来损失，投资者应加强对美元、人民币和欧元等主要货币汇率的关注。

3. 股市风险

股市风险是指因股市行情的波动而造成黄金价格波动的可能性。黄金在金融投资组合里的主要作用是避险保值，其次才是投资增值。全球股市和国际黄金市场的行情通常是此消彼长的。当投资者普遍看好经济前景时，他们的资金就会大量流向股市，使得股市繁荣而黄金市场低迷，反之亦然。因此，对于黄金投资者来说，了解全球各大股票市场的股指涨跌情况，有助于对于黄金价格走势做出正确判断。

4. 商品价格风险

商品价格风险指国际大宗商品价格的不确定性造成黄金价格波动的可能性。在金融市场中，大宗商品指同质化、可交易、被广泛作为工业基础原材料的商品，如原油、有色金属、农产品、铁矿石、煤炭等，可以分为三个类别，即能源商品、基础原材料和农副产品。黄金和大宗商品都是以美元计价并且价格与美元购买力成反比。一般来说，黄金和大宗商品的价格呈同向变化。因为处于产业链最上游的大宗商品价格上涨会使现货价格上涨，从而产生通货膨胀预期，使得大量避险资金流向黄金市场，造成国际金价上升。因此，黄金投资者要关注国际市场上的大宗商品期货价格的波动，尤其是原油期货价格。

5. 政治风险

政治风险指国家与国家之间的政治经济关系发生改变而给黄金投资者带来经济损失的可能性。这些变化包括国家的违约行为、国家的政策和法规的变动以及国家因政治因素而产生的社会变动等。国家风险直接或间接地影响着全球经济，作为全球金融市场重要组成部分的黄金市场也不能避免。近年来，对黄金价格产生冲击的政治风险主要有：欧洲主权债务危机、美国量化宽松货币政策、西亚北非民主变革运动以及局部战争、国际恐怖主义活动、一些国家的政变和骚乱等。

6. 信用风险

其他风险包括自然因素、社会因素、科技因素等导致黄金投资者产生损失的可能性，如自然灾害、科技突破等引起的黄金产量和需求变化。

总之，虽然导致黄金投资风险的因素有很多，但它们对黄金价格的作用和影响却不是孤立的、割裂的，而是相互联系、相互作用的一个有机整体。

二、黄金市场风险度量

黄金投资者面临的风险包括市场风险和非市场风险，其中市场风险是黄金投资市场的核心风险，因此本书主要讨论黄金投资市场风险的度量问题。目前常用的市场风险度量方法主要有灵敏度方法、波动性方法、VaR 方法等。

（一）灵敏度方法

灵敏度方法（sensitivity measure）是利用金融资产价值对市场因子的敏感程度来度量其市场风险的方法。基本思想可以归结如下：首先根据定价理论和方法先将资产价值映射为一些市场风险因子的函数，并给出函数的具体表达形式。于是，假设资产价值 P 受到 n 个市场风险因子 x_i（$i=1$，…，n）的影响，利用定价理论可得到的资产价值关于市场风险因子的映射关系为，$P=P(t, x_1, \cdots, x_n)$，再利用泰勒展开式近似地得到资产价值随市场因子变化的二阶形式，即

$$\Delta P \approx \frac{\partial P}{\partial t}\Delta t + \sum_{i=1}^{n}\frac{\partial P}{\partial x_i} + \frac{1}{2}\sum_{i,j=1}^{n}\frac{\partial^2 P}{\partial x_i \partial x_j}\Delta x_i \Delta x_j \tag{11-31}$$

其中，ΔP 表示资产价值 P 的变化，Δx_i 表示市场风险因子 x_i 的变化，$\frac{\partial P}{\partial t}$ 表示资产组合

对时间 t 的灵敏度系数，$\frac{\partial P}{\partial x_i}$和$\frac{\partial^2 P}{\partial x_i^2}$分别表示资产组合对风险因子 x_i 的一阶和二阶灵敏度，$i=1$，…，n。

资产组合的市场风险来自市场风险因子未来变动的方向和幅度的不确定性。（11－31）式表明，资产组合所面临的市场风险取决于两个因素：一是资产价值对风险因子变动的敏感性；二是市场风险因子本身变动的方向和幅度。对于不同的资产价值和不同的市场风险因子，我们可以运用（11－31）式定义不同的灵敏度指标，例如 δ、γ、θ、Λ、ρ 等。

金融资产的价格 P 可以表示成如下形式：

$$P=P(S,t,r,\sigma) \tag{11-32}$$

其中，S 表示标的资产的当前价格，t 表示当前时间，r 表示无风险利率，σ 表示标的资产价格的波动率。根据多元函数的泰勒展开式，P 的价格变化可以近似地表示为：

$$\Delta P \approx \frac{\partial P}{\partial S}\Delta S+\frac{1}{2}\frac{\partial^2 P}{\partial S^2}(\Delta S)^2+\frac{\partial P}{\partial t}\Delta t+\frac{\partial P}{\partial r}\Delta r+\frac{\partial P}{\partial \sigma}\Delta \sigma \tag{11-33}$$

其中，$\frac{\partial P}{\partial S}$、$\frac{\partial P}{\partial t}$、$\frac{\partial P}{\partial r}$、$\frac{\partial P}{\partial \sigma}$分别表示金融资产价格 P 对标的资产价格 S、时间 t、无风险利率 r 和标的资产价格波动率 σ 的灵敏度系数，并依次称为 δ（Delta）、θ（Theta）、ρ（Rho）、Λ（Vega），$\frac{\partial^2 P}{\partial S^2}$是资产价格 P 对标的资产价格 S 的二阶导数，表示灵敏度系数 δ 对标的资产价格 S 的灵敏度，记为 γ（Gamma）。

1. δ

$\delta=\frac{\partial P}{\partial S}$，是金融资产价格关于其标的资产价格的一阶导数，表示金融资产价格对其标的资产价格的线性或一阶灵敏度。

2. γ

$\gamma=\frac{\partial^2 P}{\partial S^2}=\frac{\partial \delta}{\partial S}$，是金融资产价格关于其标的资产价格的二阶导数，也是金融衍生品的灵敏度系数 δ 关于标的资产价格的一阶导数，反映了灵敏度系数 δ 对标的资产价格 S 的灵敏度，或者说 γ 度量了金融资产价格变化对标的资产价格变化的非线性灵敏度。

3. θ

$\theta=\frac{\partial P}{\partial t}$，又称为时间耗损，是金融资产价格关于时间的一阶导数，反映金融资产价格随着时间的推移而发生的变化，该系数度量了金融资产价格对时间变化的灵敏度。

4. Λ

$\Lambda=\frac{\partial P}{\partial \delta}$，是金融资产价格关于标的资产价格波动率的一阶导数，用以测量资产价格对其标的资产价格波动率的线性或一阶灵敏度。

5. ρ

$\rho=\frac{\partial P}{\partial r}$，是金融资产价格关于利率的一阶导数，用以测量金融资产价格关于利率的线性或一阶灵敏度。

根据（11-23）式，金融资产价格的变化可用各个影响因子的变化量及其灵敏度指标表示出来，即

$$\Delta P \approx \delta \Delta S + \frac{1}{2}\gamma(\Delta S)^2 + \theta \Delta t + \rho \Delta r + \Lambda \Delta \delta \qquad (11-34)$$

若以黄金市场上的纸黄金为例，用灵敏度方法来度量其风险。通过对纸黄金投资的风险识别，可知其市场因子包括美元利率、人民币汇率、石油价格和股票指数等。假定纸黄金的价值为 G，其市场因子为 x_1，x_2，…，x_n，价值 G 为市场因子 x_1，x_2，…，x_n 的函数，因此市场因子的变化将导致纸黄金价格的变化。即：

$$\Delta G = \sum_{i=1}^{n} g_i \Delta x_i \qquad (11-35)$$

其中，g_1，g_2…，g_n 为纸黄金价格对相应市场因子的灵敏度，又称为风险暴露。$g_1 = \frac{\partial G}{\partial x_i}$，表示当市场因子变化一个百分点时纸黄金价格变化的百分点。它描述了纸黄金的市场风险，灵敏度越大代表受市场因子变化影响越大，纸黄金的价格风险就越大。

在使用灵敏度方法测量金融资产的市场风险时，随着金融资产类型和市场因子选取的不同，测量得出的灵敏度的结果也不同。因此，很难使用灵敏度方法对不同金融资产的市场风险进行比较。灵敏度方法的优点是理解上的直观性和使用上的简单性，缺点是使用线性近似不能很好地估测金融资产的风险，准确性较差。由于影响纸黄金的市场因素很多，同时各因素之间又相互联系和制约，使得灵敏度方法不适合用来度量纸黄金投资的市场风险。

（二）波动性方法

波动性方法（volatility measure），是用因市场风险因子的变化而导致的资产组合收益的波动程度来度量资产组合的市场风险。马科维茨（1952）在其资产组合选择理论中提出了均方差分析方法，波动性方法就是均方差分析在风险度量中的应用，描述了收益偏离其平均值的程度，在一定程度上可以测量金融资产价值变化的程度。波动性方法既适用于单个金融资产也可用于多种金融资产的投资组合的风险度量。

当只度量一种金融资产的风险时，假设其收益率序列为 R，收益率序列的数学期望为 μ，标准差为 σ。标准差度量的是资产收益率 R 偏离其预期收益率的程度。一般可以用标准差来度量金融资产的风险。标准差越大，金融资产面临的市场风险就越大，反之亦然。

在不确定资产收益率服从何种分布时，我们一般利用收益率的历史样本观测值来估测数学期望和标准差。假设 R 有 m 个样本观测值，分别为 x_1，x_2，…，x_m，则 R 的数学期望 μ 的样本估计值为：

$$\mu = \frac{1}{m}\sum_{i=1}^{m} x_i \qquad (11-36)$$

标准差的样本估计值为：

$$\sigma = \sqrt{\frac{1}{m-1}\sum_{i=1}^{m}(x_i - \hat{\mu})^2} \qquad (11-37)$$

当度量多种金融资产构成的投资组合时，假设有 n 种资产，其权重分别为 p_1，p_2，…，

p_n，且 $p_1+p_2+\cdots+p_n=1$。通过样本观测值进行无偏估计得到投资组合的收益率的数学期望为：

$$\mu_p=\frac{1}{n}\sum_{i=1}^{n}p_i\mu_i\ ,\quad i=1,\ 2,\ \cdots,\ n \tag{11-38}$$

投资组合的方差为：

$$\sigma_p^2=\sum_{i=1}^{n}\sum_{j=1}^{n}p_ip_j\mathrm{Cov}(x_i,\ x_j)=\sum_{i=1}^{n}\sum_{j=1}^{n}p_ip_jp_{ij}\sigma_i\sigma_j\ ,\quad i,\ j=1,\ 2,\ \cdots,\ n \tag{11-39}$$

其中，μ_i是第 i 种资产的收益率的数学期望，σ_i 和 σ_j 分别是第 i 种和第 j 种资产的标准差。$\mathrm{Cov}(x_i,\ x_j)$ 和 p_{ij} 分别是资产 i 和资产 j 的协方差和相关系数。其中相关系数的无偏估计计算公式为：

$$p_{ij}=\frac{\frac{1}{n-1}\sum_{k=1}^{m}(x_{i,k}-\mu_i)(x_{j,k}-\mu_j)}{\sigma_i\sigma_j}\ ,\quad k=1,\ 2,\ \cdots,\ m \tag{11-40}$$

波动性方法的含义清楚，应用也比较简单，但存在着明显的缺陷：

(1) 对资产组合未来收益概率分布的准确估计比较困难，普遍使用的正态分布与实际不符。

(2) 波动性方法仅仅描述了资产组合未来收益的波动程度，并不能说明资产组合价值变化到底是收益还是损失，而现实投资中最关心的是损失。

(3) 波动性方法也不能给出资产组合价值变化的具体数值。

(三) VaR 方法

VaR 方法以概率论和数理统计为基础，统一了金融市场风险的度量标准，把投资者和金融机构面临的各种金融市场风险简化成具体的数字，使得对风险的测量更加容易掌握和运用，VaR 的广泛使用有利于提高各金融市场的透明度，有助于投资者更直观地判断金融市场风险，从而增强投资信心。同时 VaR 为金融监管部门掌握银行等金融机构的风险状况提供了专业和统一的工具，同时也方便了金融机构之间对于市场整体风险程度的比较和判断。最后，VaR 除了评估金融市场风险外，还可以用于其他领域中，如项目管理、企业经营管理。

具体 VaR 方法的使用、VaR 的计算参考本书第 2 章的内容。

(四) 基于 VaR-GARCH 模型的度量方法

静态 VaR 方法有很大的局限性，其隐含金融资产收益的波动率在持有期内是不变的假设，即在持有期内收益率序列的随机扰动项的方差为常数。但现实市场中常常出现金融资产的价格在某一时期内持续地大幅震荡，而在另一时期内持续地小幅震荡，存在着聚集效应。因此可以采用基于 GARCH 模型的动态 VaR 方法。

1982 年美国的恩格尔教授提出了自回归条件异方差（ARCH）模型。1986 年，波勒斯勒夫（Bollerslev）通过对恩格尔的 ARCH 模型的研究和发展，提出了广义自回归异方差（GARCH）模型。此模型是通过把残差方程的滞后项加入自回归条件异方差模型的方差方程中得到的，较好地解决了金融时间序列中经常出现的异方差性问题。VaR-GARCH 模型可以较好地度量黄金投资的市场风险。

使用 GARCH 模型估测 VaR 值的关键是通过 GARCH 模型估测出样本序列的均值方程和条件方差方程，并得出样本序列的均值序列和条件方差序列。具体步骤为：

第一，检验收益率序列的平稳性、自相关性和异方差性，为 GARCH 模型的建立提供依据；

第二，在假定残差服从正态分布下，比较各 GARCH 模型参数估计的显著性，选出对纸黄金收益率序列拟合最优的 GARCH 模型；

第三，选定 GARCH 模型后，比较模型在不同残差分布下的 VaR 事后检验结果，选出失误最少的残差分布；

第四，最终确立 VaR-GARCH 模型并计算出黄金投资的市场风险的 VaR 值。

分析案例

黄金期货的套期保值

2007 年与 2008 年之交，国际金价一路飙升，并在 2008 年 3 月 17 日达到 1 033 美元/盎司的历史高位，金融危机深化后，黄金价格自历史高点回落，并于 2008 年 10 月 24 日跌破 700 美元/盎司，剧烈的价格波动使金矿企业面临黄金价格下滑的风险，但黄金期货的适时推出为企业提供了进行套期保值及无风险套利的利器。下面以紫金矿业为例来介绍企业在期现套利中的操作：黄金期货上市首日价格高达 230.99 元/克，依据基差理论价格，黄金 806 合约应该高于现货金价约 5 元，结果价差达到 20 多元，因此，紫金矿业果断地在期货市场抛空，同时在黄金交易所现货市场买入，进行无风险套利。据了解，1 月 9 日，紫金矿业尝试性地卖出了 130 手合约，此后的三个交易日，紫金矿业持有的空单数量大幅增加至 1 513 手，且都是 6 月 15 日到期的，同时，在现货市场买入相等头寸现货进行严格的无风险套利，事实表明，套利的结果给紫金矿业带来了丰厚的利润。与套期保值相比，无风险套利手续简单、风险相对较小，但成本偏高。

为方便计算，我们假定紫金矿业期货空头头寸为 1 513 手，均价在 230 元/克，现货多头头寸为 1.513 吨，均价为 205 元/克，6 月 11 日平仓了结头寸，期现平仓价格均为 195 元/克。黄金交易所交易手续费为 0.12 元/克，运保费为 0.07 元/克，出库费为 0.02 元/克，期货交易所交易手续费单边每手按照 60 元计算，仓储机会成本为 1.8 元/千克/天，每月 30 天，仓储期限为 158 天。我们分别比较两种操作方式的效果：方案一，进行期现无风险套利，在 1 月 9 日建立 1 513 手空头部位，同时在现货市场上买入 1.513 吨现货黄金。这也正是紫金矿业所采用的方法；方案二，对未来几个月产出的黄金进行套期保值，即 1 月 9 日建立 1 513 手空头部位。

方案一的结果分析：企业在期货上的收益为(230－195)×1 513 000＝52 955 000(元)，现货上亏损(195－205)×1 513 000＝－15 130 000(元)，盈亏相抵后总盈利为 37 825 000 元，交易费用方面，期货开平仓手续费为 1 513×2×60＝181 560（元），黄金现货购置成本为 1 513 000×(0.12＋0.07＋0.02)＋158×1 513×1.8＝748 027.2（元），总成本为 929 587.2 元，扣除成本后净利润为 36 895 412.8 元。利润丰厚，套利成功。

方案二的结果分析：企业在期货市场的盈利不变，仍为 52 955 000 元，而在现货市场的机会成本与方案一中现货上的亏损一致，仍为 15 130 000 元，盈亏相抵后总超额收益为盈利 37 825 000 元。成本方面，因为不涉及现货买入，所花费的成本仅仅是期货交易成本，即 181 560 元，扣除成本后盈利 37 643 440 元，套期保值成功。

比较上述两个方案，尽管套利交易成本较高，但其具有风险小、手续简单的优点，风险收益较大，在存在无风险套利的情况下，企业都愿意去做。本例中两种方案都存在的原因是市场存在无风险套利机会，但在一个有效市场，这种套利机会很少出现，因此套期保值常常以方案二的形式出现，这时套期保值的效果要视基差变动是否有利而定，这样就会出现套期保值不完全成功的可能。

三、黄金市场风险管理策略

（一）利用 VaR 方法

投资者在每笔交易中可以接受的最大损失与其风险偏好和持有资金量密切相关。事先设定止损能够把纸黄金投资的市场风险控制在一个可以承受的范围内，是一种最直接有效的价格风险控制方法。投资者可以运用 VaR 结合止损方法来控制黄金投资的市场风险，VaR 最大亏损法就是这样的方法，它就是将市场风险的 VaR 和最大亏损法结合起来，从而有效控制市场风险。投资者可以根据自身的风险偏好和持有资金量决定止损范围。比如，为了把每日资金的最大损失控制在 2%以内，当日风险价值大于等于 2%时，投资者的止损最大范围应该设定为 2%；而当风险价值小于 2%时，投资者的止损最大范围可以设定为 VaR 估测值。

（二）分散投资组合

黄金作为一种具有较高风险的金融投资工具，投资者进行投资时不应把所有的资金都投入到黄金中来，应该考虑分散投资组合。一般投资组合内只涵盖三种资产类别：股票、债券及现金。因此可以考虑在原来的投资组合中加入黄金、白银、商品等另类投资，以抵御某项资产或资产类别的负面变动，致力于达到有效的分散投资组合。由于黄金与大部分资产不存在相关性，所以黄金对于分散投资组合有重要的价值。

相对于不少另类资产，黄金提供更佳的分散投资的机会。研究表明，在市场受压或不稳期间，另类资产及传统分散投资工具通常未能发挥效用，但即使购入少量黄金，在金融市场稳定及不稳期间，均可显著改善投资组合表现的稳定性。

（三）制定最佳投资计划和规模

首先，根据资金状况制定合理的投资计划和方案。在操作之前根据资金量合理地确定资金运作的比例，为失误操作造成的损失留下回旋的空间和机会。然后，根据时间条件确定适宜的操作风格。如果有足够的时间盯盘，并且具有一定的技术分析功底，可以采取短线操作方式；如果没有时间关注盘面，则不宜作短线操作，需要寻找一个合理介入点中长线持有。

其次，一般来说，投资者进行金融投资时，不应把所有的资金都投入高风险资产。黄金作为一种具有较高风险的金融投资工具，对于准备加入黄金投资的人来说，首要考虑的问题就是确定黄金投资规模的大小，这主要考虑两个因素：第一个因素是自身的风险承受能力，这取决于投资者对风险的偏好和自身的资金实力。第二个因素是黄金投资的特点。一方面，黄金由于投资门槛低，使得投资者在投资规模上的选择空间较大，另一方面，不同的操作手法也会影响黄金投资者的最佳投资规模。

（四）制定最佳投资策略

在黄金投资中，为了控制市场风险，必须加强对市场运行规律的研究，制定科学的投资策略。一般来说，制定黄金投资策略应该注意下几点：

1. 把握决策方向的正确性

一般来说，决策初期对金融市场的基本形势的判断决定了投资的最终结果。事实上，绝大多数的严重投资失误都是由于最初的决策偏差造成的。对于黄金基本形势的判断离不开对黄金价格影响因素的持续关注。因此，黄金投资者应该预测分析全球重要地区政治形势和重要国际政治事件、全球经济形势和金融形势、主要经济体的金融政策动向、全球金融市场的变化、主要货币的汇率和利率水平及走向等因素。

2. 保持决策过程的完整性

一个完整的投资决策过程包括：第一，提出决策问题，确定决策目标；第二，针对决策目标设计各种备选方案；第三，大量收集与各方案有关的信息；第四，比较和评价备选方案；第五，选择最优方案；第六，对最优方案进行实施、评价与反馈。

3. 保持交易的计划性

在进行黄金投资之前，必须制订好详细的交易计划，从而避免盲目操作和操作失误。黄金交易计划应包括：黄金的入手价格、交易方向、交易量及盈利目标；能承受的风险大小及止损目标；黄金交易的操作流程。在制订了完善的交易计划后，投资者要坚决执行。

（五）保持良好操作纪律

投资者在进行投资时如果心态平和，思路比较清晰，则面对行情的波动能够理性操作。而实际情况是投资者经常要面临冲动、固执、自负、盲从、贪婪和恐惧等非理性情绪，这些非理性情绪会导致投资者偏离既定的投资策略。因此，投资者不仅需要具备一定的专业投资知识和技巧，更重要的是应该用冷静的头脑来捕捉各种细微的动态变化和各种信息，独立思考，并理性地支配自己的行动，克服各种非理性的情绪，让自己在保持良好心态的基础上，建立操作纪律并严格执行。

关键概念

金融衍生品　期货　远期　期权　互换　基金　套期保值　风险管理　灵敏度方法　波动性方法　VaR-GARCH　VaR 最大亏损法

思考题

1. 根据 B－S 公式，期权价值与哪些因素有关？
2. 控制互换风险的关键是要做好什么工作？
3. 在中国股指期货退出的背景下，应该如何做好风险管理准备？
4. 基金市场的风险管理策略有哪些？
5. 黄金市场风险主要包括哪几种？
6. 常用的黄金市场风险管理方法有哪些？

实践案例

中国银行“原油宝”事件

“原油宝”是中国银行于2018年1月开办的产品，为境内个人客户提供挂钩境外原油期货的交易服务。从2020年3月初开始，国际油价持续低迷，很多人认为油价肯定会涨起来，因此就想抄底原油市场，其中就包括选择看多原油价格的中行“原油宝”投资者。

在4月20日晚，美国原油05合约出现了历史上首次负值结算价，WTI原油（西得克萨斯轻质原油）5月期货合约CME（芝加哥商品交易所）官方结算价收报−37.63美元/桶。由于4月20日22时中行“原油宝”账户就已停止交易，这就导致选择看多的投资者不但亏掉了本金，还倒欠银行钱。因为这款产品最终投资的是原油期货，期货是需要移仓换月的，所以投资者在4月21日美油5月期货交割前，需要进行移仓，平仓客户目前的合约，同时开仓下期合约，也就是美油6月合约。还有一个选择就是轧差处理，即平仓客户持有的全部当期合约，用户收入和亏损就是购入价格和美油5月期货的结算价之差。例如购入价是140元，美油5月合约的价格是−266元，投资者就亏了406元。不仅亏了本金140元，还欠银行266元。

4月22日，中行公告称，经审慎确认，美国时间2020年4月20日，WTI原油5月期货合约CME官方结算价−37.63美元/桶为有效价格。根据客户与该行签署的《中国银行股份有限公司金融市场个人产品协议》，中行“原油宝”产品的美国原油合约将参考CME官方结算价进行结算或移仓。同时，鉴于当前的市场风险和交割风险，中行自4月22日起暂停客户“原油宝”（包括美油、英油）新开仓交易，持仓客户的平仓交易不受影响。

4月22日晚间，中行发布关于“原油宝”业务情况的说明。关于WTI原油期货5月合约处理，中行称，为排除当日结算价为负值是由于交易所系统故障等非正常原因造成错价的情况，中行积极与芝加哥商品交易所及市场参与者联系求证，因此暂停挂钩美油合约的“原油宝”产品交易一天，未影响客户权益。目前，主要参与者仍将根据交易所规则参考该结算价进行结算。中行已依据事先约定完成5月合约的到期处理。据报道，中行“原油宝”客户有6万余户，按照协议结算价统计，6万余客户的保证金42亿元全部损失，还“倒欠”中行保证金逾58亿元，估计此次总体损失规模应不少于90亿元。

“原油宝”事件警示我们：产品运作过程中要做好风险监测与风险预警，同时关注同业动态，严防流动性风险，合理设计合同条款并将风险提示到位。经此事后，希望各市场参与主体能加强风险控制，投资者能更加理智。商业银行也应该立即按照监管要求开展自查，加强衍生品业务的风险管理。

问题思考： 分析“原油宝”产品的最大风险点在哪里？监管部门从这个事件中应该吸取什么教训？如何强化投资者的适当性管理？

职业素养提升： 树立国家金融安全大局意识、守住不发生系统性金融风险的底线意识；树立风险意识、法制意识；充分认识衍生品的高风险特征；提高专业素养，培养正确金钱观。

第12章

保险市场风险管理

学习目标

1. 理解保险市场风险的定义、类型和产生原因。

2. 掌握保险市场风险识别方法；掌握保险市场风险的内部管理方法和外部监管方法。

3. 了解度量保险市场风险的TailVaR模型和KMV模型；了解我国保险市场风险管理的现状。

4. 价值塑造：树立国家金融安全大局意识、守住不发生系统性金融风险的底线意识、保险意识和法治意识；培养家国情怀、社会责任感和使命感；培养创新思维，开拓国际视野等。

导入案例

AIG危机

美国国际集团（American International Group，AIG）是一家以美国为基地的国际性跨国保险及金融服务机构集团，总部设于纽约市的美国国际大厦，根据2008年度《福布斯》（*Forbes*）杂志全球2 000大跨国企业名单，AIG排在第18位。但这家全球保险巨头在美国次贷危机中未能幸免，最终被美国政府变相接管。AIG危机背后显现出来的金融风险问题值得人们深思。

AIG这个“保险巨擘”为何在受到金融风险的波及后会顷刻之间濒临倒塌？主要的原因是AIG投资收益的下降和在信用违约掉期（CDS）产品方面的亏损，导致了AIG财务状况的急剧恶化。AIG为追求成长性，为大量风险极高的担保债务凭证（CDO）和次级债产品提供担保，其中 AIG 对抵押债券的担保金额就高达 4 000 亿美元，在住房贷款违约率迅速上升的背景下，很多由 CDS 担保的债券出现了违约，导致 AIG 在信用违约掉期上遭受了巨大的损失。具体过程如下：

2007 年以来，AIG 在信用违约掉期上遭受的损失不断加重，连续三个季度出现净亏损。至 2018 年 6 月底，AIG 信贷违约掉期业务亏损累计达 250 亿美元，其他业务亏损累计达 150 亿美元。9 月 12 日，AIG 股价暴跌了 31%，标准普尔向其发出警告，称由于该公司股价大幅下挫，债券利息上升，标准普尔可能将其信用评级下调一至三档。为避免评级机构下调公司评级，AIG 向美国联邦储备系统寻求 400 亿美元贷款的资金援助。9 月 15 日，美国联邦储备系统要求高盛和摩根大通帮助 AIG 取得 700 亿～750 亿美元贷款。两家公司经评估后拒绝贷款。就在同一天，AIG 的股价暴跌 61%至 4.76 美元，令 AIG 市值缩水近 200 亿美元。2008 年以来，该股累计下跌 93%，为道琼斯指数成分股中表现最差的一个。9 月 16 日，AIG 做了最后一搏，即用尽自己的循环信贷额度，但大多数银行都拒绝了其贷款申请，它们表示在 AIG 债券评级下调的情况下不会为其提供贷款。同时，AIG 股价再跌 31%，在连续三个交易日中跌幅达 79%。紧接着，美国联邦储备委员会于 16 日晚间宣布，遵照《联邦储备法》第 13 条第 3 款，授权纽约联邦储备银行向 AIG 发放 850 亿美元紧急贷款。贷款窗口的有效期为 24 个月，利率为 3 月期 LIBOR 利率再加 850 个基点。为保障纳税人的利益不受损害，贷款将以 AIG 的全部资产为抵押作为提供贷款的条件，美国政府将持有 AIG 79.9%的股份，并有权否决普通股和优先股股东的派息收益。这也意味着美国政府仿照接管“两房”模式接管了该集团。但美联储的援助并没有缓解保险市场愈发恐慌的局面，不只是在中国香港和中国台北，在新加坡等东南亚地区，美国友邦保险（AIG 的全资附属公司）的分支机构都出现了客户退保潮。退保潮的出现使得 AIG 雪上加霜，危机再次升级。10 月 8 日，美国联邦政府由于担心这家保险巨头可能再度出现现金短缺，决定对 AIG 再增加 378 亿美元的援助，这比当初承诺向该公司提供的资金数额高出近 50%。AIG 被美国政府接管，避免了倒闭的命运，但 1 000 多亿美元的高息贷款其实是一个清盘方案，普通股股东很可能最后血本无归，AIG 仍不得不通过出售资产来尽快还清这笔贷款。

AIG 被接管的事实告诉我们，如果不注意风险管理，保险公司也不保险。本章主要介绍保险市场、保险市场风险以及保险市场风险的度量和管理等内容。

第一节　保险市场风险概述

一、保险的概念与功能

保险公司不同于一般的生产型企业，保险公司是经营风险的企业，能够在社会生活中起到“稳定器”的作用，这一性质要求保险公司自身的发展需要更加稳健。保险的这一特殊性质也决定了其风险不同于一般的金融风险，因此，要对保险风险进行有效管理，首先必须全面了解保险的基本知识。

（一）保险的定义

保险，是指投保人根据合同的约定，向保险人支付保险费，保险人对于合同约定的可能发生的事故因其发生所造成的财产损失承担赔偿保险金责任，或者当被保险人死亡、伤残、疾病或者达到合同约定的年龄、期限时承担给付保险金责任的保险行为。

保险的具体内涵包括四个方面：(1) 从经济角度看，保险是分摊意外事故损失的一种财务安排；(2) 从法律角度看，保险是一种合同行为，是一方同意补偿另一方损失的一种合同安排；(3) 从社会角度看，保险是社会经济保障制度的重要组成部分，是社会生产和社会生活"精巧的稳定器"；(4) 从风险管理角度看，保险是风险管理的一种方法。

(二) 保险的功能

保险具有经济补偿、资金融通和社会管理功能，这三大功能是一个有机联系的整体。经济补偿功能是基本的功能，也是保险区别于其他行业的最鲜明的特征；资金融通功能是在经济补偿功能的基础上发展起来的；社会管理功能是保险业发展到一定程度并深入到社会生活诸多层面之后产生的一项重要功能，它只有在经济补偿功能和资金融通功能实现以后才能发挥作用。

1. 经济补偿功能

经济补偿功能是保险的立业之基，最能体现保险业的特色和核心竞争力。具体体现为两个方面：(1) 财产保险的补偿：保险是在特定灾害事故发生时，在保险的有效期和保险合同约定的责任范围以及保险金额内，按其实际损失金额给予补偿。通过补偿使得已经存在的社会财富因灾害事故所致的实际损失在价值上得到补偿，在使用价值上得以恢复，从而使社会再生产过程得以连续进行。(2) 人身保险的给付：人身保险的保险数额是由投保人根据被保险人对人身保险的需要程度和投保人的缴费能力，在法律允许的情况下，与被保险人双方协商后确定的。

2. 资金融通功能

资金融通功能是指将形成的保险资金中的闲置部分重新投入到社会再生产过程中。一方面，保险人为了使保险经营稳定，必须保证保险资金的增值与保值，这就要求保险人对保险资金进行运用。另一方面，由于保险保费收入与赔付支出之间存在时间差，加上保险事故的发生不都是同时的，这为保险资金的融通提供了可能。

3. 社会管理功能

社会管理是指对整个社会及其各个环节进行调节和控制的过程，具体体现为社会保障管理、社会风险管理、社会关系管理和社会信用管理四个方面。

二、保险市场风险的根源

(一) 保险商品的定价风险

保险商品定价的特殊性在于它不是对实实在在的产品进行定价，而是要对无形的"风险"进行定价，由于风险的发生在时间上和规模上都具有不确定性，保险公司为保险商品定价的时候只能是根据以往的风险概率来预期未来可能发生的损失，但是以往的风险概率相对于未来的损失并不是非常准确的数据，这就增加了保险商品定价的风险。

(二) 保险经营的不确定性

保险经营是以概率论和大数法则为数理基础。但是，在保险业无论是从损失的程度，还是损失出现的概率上都不大可能存在足够多的同质性标的。因此，大数法则运用的前提条件很难满足。在我国保险公司中，中、小公司和区域性公司占绝大多数，这些公司的分支机构极少，承保的风险也集中于一个地区，这就使风险标的很难达到大数法则要求的数量，风险标的的集中性也很难通过大数法则加以分散，使大数法则的应用受到局限。

概率论要求保险人尽可能搜集全面详细的历史损失记录，科学地根据调查所得资料计算出保险损失率，由此制定保险费率。但在计算过程中，由于统计资料不全和不够精确，人的主观判断往往起主导作用，从而使保险经营的数理基础具有不确定性，增大了计算误差。

（三）道德风险和逆向选择

保险市场是一个很典型的不完全信息市场，因此道德风险和逆向选择问题在保险市场上很突出。道德风险和逆向选择的存在使得保险作为一种应对风险的机制受到限制，因为逆向选择的存在将减少保险公司的保险需求，导致保险公司聚集了大量质量低下的投保者，使保险公司经营效益降低、风险增大。而道德风险的存在将增大保险公司的赔付率。

三、保险市场风险的类型

根据风险来源不同可以把保险市场风险分为环境性风险和经营性风险两大类，前者主要反映公司外部环境变化带来的风险，后者主要反映公司经营过程中产生的风险。

（一）环境性风险

环境性风险主要指由于宏观经济环境、市场环境、经济政策调整、经济体制变革以及监管等经济环境因素以及除经济因素以外的一般社会环境因素的变化，导致保险公司产生损失的风险。这种风险通常被认为是外生变量，可以分为一般社会环境风险和经济环境风险。

1. 一般社会环境风险

一般社会环境风险主要包括四类：（1）政治风险，是指由于战争、政变以及其他政治动荡而带来的不确定性影响。（2）政策风险，是指财政及货币政策、政府法规、保险法规、监管政策和其他规章制度变化带来的影响。（3）社会风险，是指社会风俗变动、社会消费观念变化、社会不安定、示威及罢工等带来的影响。（4）自然风险，是指由于自然灾害对保险公司的自有财产造成损失的风险。这类风险是普遍存在的，并不会因保险公司经营风险的特殊性而有所改变。

2. 经济环境风险

经济环境风险也称宏观经济风险，指由于利率、汇率、物价水平、股价和房价等因素变动导致的风险。具体包括以下五种：（1）利率风险，是由于利率水平以及利率期限结构的变动给保险公司造成的影响。（2）通货膨胀风险，指由于通货膨胀率的变动给保险公司带来的影响。通货膨胀一方面作用于保险需求，另一方面直接对财产保险公司的赔付金额产生影响。（3）汇率变动风险。经营涉外业务的保险公司在接受国际运输保险、国际再保险等业务时，是以外币为收费币种，因而持有多种外币，外币汇率的变动可能带来财务损失。（4）股价波动风险，指由于股票市场价格波动给保险公司的股票投资带来的风险。（5）市场竞争风险，主要来源于市场竞争各方的力量出现非预期的情况而造成的影响。

（二）经营性风险

这是保险公司经营过程中的不确定性带来的风险，公司的业务活动、决策是影响风险效果的主要来源。可以细分为：

1. 承保风险

源于保险公司承保的全部风险暴露的不确定性。主要表现为损失频率、损失幅度的随机波动情况，保险未到期责任的分布构成及随机波动。可以按承保过程各个经营环节对其划分如下：(1) 定价风险，指因保险公司厘定费率不准确而给公司带来的影响。(2) 营销风险，主要来源于营销人员缺乏对风险标的的评估和选择，以及与被保险人之间的信息不对称。(3) 核保风险，源于公司核保制度的不完善，对保险标的不能进行有效的风险选择和承保控制而给保险公司带来的风险。(4) 理赔风险，是由于保险企业在理赔过程中缺少有效的核赔手段和对各种骗赔行为的鉴别手段而导致的风险。

2. 资金运用风险

资金运用风险具体包括以下几种：(1) 资产价值风险，是指投资资产价值的波动，以及资产最优组合的难以确定给保险公司带来的不确定性影响。(2) 流动性风险，是保险公司因资产与负债的流动性不一致，从而带来的财务上的风险。(3) 信用风险，来源于合同签订者不能按事先约定履行其责任及义务的可能性。

3. 巨灾风险

巨灾风险源于在承保的风险范围内，由于地震、台风、洪水、瘟疫等发生，保险标的的相互独立性被严重损坏，从而造成巨大财产损失和严重人员伤亡的可能性。巨灾风险发生的频率虽然低于一般的灾害事故，但损害程度非常高，会有多个风险单位同时受到严重影响。

4. 再保风险

再保风险是源于对公司整体承保能力、总资本需求以及再保险市场难以把握，以及对再保险的结构、规模、品种选择上出现偏差。如何安排再保险，对保险公司特别是规模不大的公司有着至关重要的影响。另外，再保险合同形式很多，不同的再保方式产生不同的风险转移效果，合理安排整个公司的再保险结构，是解决这一问题的关键。

5. 操作风险

操作风险来源于行为人个体行为的不确定性。具体表现为两个方面：一是决策风险，指在制定保险公司未来发展的重要决策时出现偏差或失误而导致的风险。二是行为风险，是指公司除最高决策者之外的其他员工的能力、道德、品行等给保险公司带来的影响。行为风险可能会导致效率低下、专业判断能力不足，甚至违法，将严重影响保险公司的利益与目标实现。

知识链接

表 12-1 列举了一些国际保险机构和企业对保险风险的分类。

表 12-1 不同主体的保险风险分类

主体	风险的类型
美国精算师协会（AAA）	资产风险、价格风险、资产负债匹配风险和其他风险
美国保险监督官协会（NAIC）	寿险公司风险包括关联企业风险、资产风险、保险风险、利率风险和业务风险；财产保险公司风险包括表外风险、资产风险、信用风险、核保风险和净签单保费风险

续表

主体	风险的类型
国际保险监督官协会（IAIS）	承保风险、与准备金有关的风险、市场风险、经营风险、法律风险、机构和集团风险以及信用风险
美国国际集团（AIG）	保险业务相关风险、操作风险、法律风险、信用风险和财务风险
法国安盛集团（AXA）	市场风险、信用风险、操作风险和保险风险
德国安联集团（AG）	市场风险、信用风险、精算风险、业务风险
德国慕尼黑再保险公司	战略风险、承保风险、违约风险、投资风险、操作风险、信息风险、人力风险、法律风险和环境风险
中国平安保险（集团）股份有限公司	保险风险、市场风险、金融风险、资产与负债的失衡风险和经营风险

第二节　保险市场风险的度量模型

一、保险市场风险的度量流程

一般来说保险市场风险度量分为三部分：风险辨识、风险聚合和风险报告。风险辨识是保险公司风险管理的首要环节，也是风险管理的基础。它指的是识别经营活动与业务流程中是否存在着风险以及存在着何种风险。只有在全面了解各种风险的基础上，才能预测到风险可能导致的危害，选择处理风险的有效方法。风险聚合是指充分考虑风险之间的关联性，将各类风险进行有效的聚合，这是度量的核心部分。风险报告是建立在风险聚合的基础之上的，通过对风险的分析和聚合，得出各种影响公司战略选择和经营发展的重要指标和结果，包括经济资本（EC）和在险价值（VaR）等，进而为进行最有效的风险管理提供依据。

二、保险市场风险度量的核心概念

（一）经济资本的定义

经济资本，也称风险资本，是在一个给定的置信水平下，用来吸收由所有风险带来的非预期损失的资本，是测量企业真正所需资本的一个风险尺度。通过各个风险的测量模型可以得到各种风险所需的弥补非预期损失的资本。它反映了市场及企业内部风险管理的需求，是为承担风险而真正需要的资本，完全反映了企业自身的风险特征。经济资本是一个管理会计的概念，是一个算出来的数字，以抵御企业的非预期损失，与账面资本、监管资本有着本质的区别。下面给出经济资本的一般性定义。

设 X 为一非负随机变量，$E(X)$ 表示企业的总损失，ρ 是某种风险测度，经济资本 $\text{EC}(X)=\rho(X)-E(X)$，$\rho(X)$ 表示非预期的风险资本。由于现在很多经济资本的计算仍然是基于 VaR，从而基于 VaR 的经济资本可表示为 $\text{EC}(X)=\text{VaR}(X)-E(X)$。

(二) 经济资本配置的一致性

风险的度量要满足一致性要求，经济资本的配置也需要满足一致性要求。如果经济资本的配置结果不满足一致性要求，必然会导致资本配置结果的不合理，造成保险企业内部管理失效。如果令 $K=\rho(X)$ 为总风险 X 的经济资本，令 $K(i)$ 表示第 i 个风险的经济资本，$i=1,\ 2,\ \cdots,\ n$，则经济资本配置的一致性要求满足以下四个性质：

1. 配置完全性

$$\sum K_i = K \tag{12-1}$$

即所有单个风险的经济资本之和等于总风险经济资本。

2. 无缩减性

设 $N=(1,\ 2,\ \cdots,\ n)$，对所有子组合 $M\subseteq N$，设 K_i 为对 $i\in M$ 配置的资本，则有

$$\sum_{i\in M} K_i \leqslant \rho\left(\sum_{i\in M} X_i\right) \tag{12-2}$$

上式表明，对于总风险集合中的任意一个风险子集，已经分配给该子集中单个风险的经济资本之和不会超过该风险子集作为整体计量所需的经济资本。

(12-2) 式表明，对于总风险集合中的任意一个风险子集，已经分配给该子集中单个风险的经济资本之和不会超过将该风险子作为整体计量时所需的经济资本。

3. 对称性

在任意子集内，用一种风险 X_1 替换另一种相同的风险 X_2 不会导致经济资本配置发生任何变化。

4. 无风险配置性

对于不存在任何不确定性的风险所需配置的经济资本为零。

经济资本是一个非常有效的管理工具，反映了风险之间的相互作用，能够协助进行有效的业绩衡量、风险补偿、资产和业务配置，能够提供管理决策支持和业务规划，协助定价和利润评估，建立最优的风险收益组合和战略，因而已经成为全面风险管理的核心工具。

三、保险市场风险的识别方法

风险识别是保险公司风险度量和风险管理决策的基础，它通过运用相关的知识、技术与方法，对风险主体所面临的风险内容、受险部位、风险源、严重程度等进行连续、系统、全面的识别、判断和分析，从而为度量风险和选择合理的管理策略提供依据的动态行为或过程。常见的风险识别方法有以下几种：

(一) 流程图法

这种方法是将公司的各项经营活动按照其内在的逻辑联系建立一系列的流程图，针对流程图中的每一个环节逐一进行调查、研究和分析，从中发现潜在风险的一种风险识别方法。该方法便于发现容易引出风险事故和损失的环节和部门。保险公司既可编制从企业供应商所在地的原料、能源等投入开始至成品送到用户手中为止的总体经营流程图，也可编制企业的部分经营（如制造、销售等）的更详细的流程图。借助潜在损失一览表，分析每一流程图所展示的各种经营活动所涉及的财产、责任、人身等方面的潜在损失，将使保险公司能够有效地识别和鉴定承保企业的风险，及时确定相应的对策。

（二）组织图分析法

指通过规范化结构图来分析公司的内部组成、财务状况及职权、功能关系等，从中发现风险及潜在损失威胁的一种风险识别方法。该方法利用组织结构图描述经济单位的活动性质和规模，反映单位内部的组成部门、各部门所承担的责任和风险，以及各部门之间的内在联系和相互依赖程度，揭示单位内部关键人物对本单位经营管理的影响和可能使风险状况恶化的薄弱环节，即识别风险发生的领域或部门。因此，该方法不是用来识别个别风险，而是考察风险可能发生的范围。通过组织结构图，风险管理人员可以初步确定风险管理的重点。这对于组织结构复杂、分支机构众多的风险主体，识别内在风险、估计风险严重程度有重要意义。

（三）现场检查法

指风险管理者直接深入到公司各个职能部门和业务单位、分支机构现场、通过核实和查清公司生产经营中的问题和疑点进行风险判断和分析，达到全面深入了解和判断公司风险状况进行实地检查的一种风险识别方法。该方法使风险管理者可以获得识别风险所需的第一手资料而不必依赖他人的报告，提供了风险管理者与实际工作人员当面沟通的机会，有助于二者建立和维持良好关系，以便进一步了解潜在损失和将来可能出现的风险。但现场检查法比较耗费时间，且定期检查可能使相关人员忽视对风险的识别或疲于应付检查工作。

（四）财务报表分析法

财务报表分析法是目前普遍采用的基本分析方法，通过对一段时期企业的资产负债表、利润表、现金流量表等财务报表的分析，对企业的财务状况、经营成果和现金流等做出评价，及早识别潜在的风险。由于财务报表记录的是过去的情况，只能作为将来可能发生情况的参考指标，风险管理者要据此估计将来可能发生的事件，估计未来事件如何使潜在损失发生变化。

（五）专家意见法

该方法由风险管理人员制定调查方案和调查内容，把公司经营状况的资料以调查表的形式发给专家。专家根据列举的问题，提出自己的意见，风险管理人员汇集整理后，再反馈给专家，反复进行多轮，最后会形成趋于一致的意见。

当保险公司面临的风险涉及原因较为复杂、产生的影响较为重大并且不能借助数量分析方法进行辨别时，专家意见法就成为一种非常有效的方法。

（六）故障树分析法

故障树分析法是从结果出发，通过推理查找原因的一种方法。该方法采用图解的方式，将大的故障分解成各种小的故障，或对引起故障的原因进行分解。由于分解后的图形呈树枝状，分解越细，树枝就越多，因而称为故障树。它可以将风险主体面临的主要风险分解成许多细小的风险，也可以将产生风险的原因一层又一层地分解，排除无关的因素，从而准确地找到真正对风险主体产生影响的风险及原因。

（七）损失统计分析法

对于特大型公司可以通过对以往损失事件的统计记录进行分析来识别风险。这些记录可以通过风险管理信息系统（RMIS）收集到。该系统按照事故的原因、发生地点、损失量等方面来分析损失事件。统计记录使得风险管理者能够估计风险主体已发生的损失事件的趋势，并能把它与其他类似单位相比较。由于风险管理信息系统越来越先进，使得更多的经济单位在风险管理活动中能够有效地使用损失统计分析法。

四、保险市场风险度量的常见模型

风险识别之后，就应准确地对风险进行度量，即对与各种风险相关联的损失进行估计。风险度量是具体的统计计算和分析，是对风险损失可能性及损失程度的定量化的研究。常用的保险风险度量模型有以下几种：

（一）偿付能力模型

1. 精算风险理论模型

精算风险理论是传统非寿险精算的经典理论，重点研究损失赔付的不确定性。按照研究对象和区间可以把精算风险理论模型分为短期个别风险模型、短期聚合风险模型、长期聚合风险模型。

（1）短期个别风险模型。

该模型针对不同风险的险种分别进行研究，考察期间通常是1年。假定有 n 份同质独立保单，每份保单的损失金额 X_i 为随机变量，则只要确定总损失额 S 就可以确定需要多少资金来满足偿付要求，具体见下面的公式：

$$S=\sum_{i=1}^{n} X_i \tag{12-3}$$

（2）短期聚合风险模型。

对 n 份同质独立保单，将一定期间内的每一次损失作为单位，将每一次损失的金额 X_i 和期间内的损失次数 N 同时作为随机变量，同样要先确定总损失额 S，进而确定需要多少资金来满足偿付能力额度，考察期间通常也是1年，计算公式如下：

$$S=X_1+X_2+\cdots+X_N=\sum_{i=1}^{N} X_i \tag{12-4}$$

在短期聚合风险模型的基础上，可以建立公司的理赔总量模型 TS，分析 K 个险种同时作用下，公司需要满足的偿付能力额度，计算公式如下：

$$TS=\sum_{j=1}^{K} S_j \tag{12-5}$$

（3）长期聚合风险模型。

在短期模型中，“丧失偿付能力”是指在考察期末，保费收入和初始资本不足以弥补赔付损失。而长期聚合风险模型是从动态的角度出发，认为不论任何时刻出现资不抵债的状况，即发生“流动性”危机时，都意味着丧失了偿付能力。显然，这是对偿付能力更高层次的要求。

2. 破产概率模型

破产概率模型研究保险基金受保费收入和赔款支出的影响，探求保险基金耗尽（丧失偿付能力）的概率。破产概率模型假设资产价值保持不变，主要研究承保风险和再保险选择对偿付能力的影响。实际上，资产价值的变动、投资组合的绩效对保险公司的偿付能力有很大的影响，于是投资收益率、利率、资本损失、红利和股权价格逐渐被引入破产概率的研究中。

3. 风险资本模型

风险资本这一概念最早由金博尔（Kimball）在其著作《保险与公共政策》（1960）中提出，他认为固定最低资本标准作为设立保险公司的资本要求可能是合理的，但随着保险业务的不断增长，固定资本要求就难以为继了。因此，应当根据公司规模和风险状况来评估资本和盈余的充足性，当保险公司的资本和盈余达不到规定的最低标准时，监管机构就应进行干预。显然，风险资本模型是作为行业监管工具出现的，其风险分析和测量基础是各家公司的财务数据。从公司内部管理来讲，使用该标准来评价自我偿付能力的变化，也具有积极意义。

（二）风险-回报模型

这类模型的典型代表是马科维茨（1952）提出的均方差模型，该模型以期望收益作为回报指标，以收益的方差作为风险指标，主要用来分析投资组合风险。将马科维茨的投资组合理论应用于保险业，可以得到保险市场的均方差模型，利用该类模型可以分析保险公司的承保与投资最佳组合，得出效率前沿曲线。决策者可以根据决策的原则在有效边界上选取最优点。如果在模型中考虑监管限制、法规限制、产品保额限制、投资不同资产比例限制等约束条件，则模型具有更为现实的意义。

（三）现金流分析模型

这类模型的共同特点是以实现公司资产和负债的安全性和流动性为首要目标，重点考察利率风险。由于寿险公司的资产和负债对利率的敏感性更胜于财产保险公司，所以在寿险行业有更好的发展。主要的现金流分析模型有现金流匹配模型和免疫模型。

1. 现金流匹配模型

现金流匹配模型的基本思路是通过购买固定收益债券组合（不含隐含期权），使得每一时期从债券获得的现金流入与该时期约定的现金流出在时间和数量上相一致，从而规避再投资风险。但该模型在实际使用中存在不少问题：（1）当负债现金流到期延长，而与之相匹配的资产在市场上不存在时，完全匹配是不可能实现的；（2）完全匹配的要求对于组合管理而言过于严格，容易造成利润损失；（3）该类模型要求对现金流的时间完全了解，这也是不现实的。

2. 免疫模型

免疫模型也称久期匹配模型，是以麦考利（1938）的久期理论为基础，根本目的是要将资产和负债的利率风险相抵消。根据该类模型，达到免疫的条件是：资产和负债对利率的一阶偏导数（久期）相等，但资产的二阶偏导数（凸度）大于等于负债的二阶偏导数（凸度）。标准免疫模型由于假设期限结构是水平的以及假设现金流是固定不变的，也没有考虑存在隐含期权的情况，所以该方法也有缺陷。

（四）综合目标模型

上述模型的共同特点是研究某一风险或多种风险对单一目标的影响，综合目标模型则更加灵活，研究的风险变量和目标变量可以根据需要加以选择，主要有以下几种：

1. 统计回归模型

该模型主要讨论保险公司偿付能力问题。通过从整个行业的角度着手，分析公司的历史数据，将公司的偿付能力作为因变量，选取可能影响公司偿付能力的财务指标作为自变量，然后使用不同的数理统计方法，得到最终的偿付能力方程。利用偿付能力方程，可以看出在行业平均水平下，各种风险因素对公司偿付能力的影响程度、影响方式以及相对重要程度，从而为公司分析各种风险暴露提供一定的依据。在不同的假设条件下，研究者可以选取单变量分析、多元分析、分组回归、非参数分析、神经网络方法等不同的研究方法。

2. 规划模型

规划模型的一般做法是在一定的约束条件下，使用数学规划的方法使目标函数的期望值达到最优。这类模型通常用于资产负债管理，通过设定不同目标函数，规划求解得到最优的资产负债组合。目标函数的选取可以比较灵活，比如，将风险暴露作为约束时，目标函数通常为资产收益最大化或期望效益最大化；将要实现的资本收益率作为约束时，目标函数通常为风险控制成本的最小化。

3. DFA 模型

DFA（dynamic financial analysis）模型是一种财务预测分析管理方法。区别于静态、传统的财务比率分析，该方法体现了随机性和动态性的特点，能够随机模拟不确定性环境下公司的资产、负债及未来的经营成果，为高层管理者控制经营风险提供决策依据。

分析案例

澳大利亚 HIH 保险公司破产案

HIH Insurance Limited（以下简称 HIH）是澳大利亚第二大非寿险保险公司，总部设在悉尼，在英国、新西兰、美洲和亚洲等多个国家和地区都设有分公司及子公司。HIH 业务范围广泛，包括承保非寿险，管理承保代理人和管理投资基金等，2000 年 6 月前的毛保费收入达 28 亿澳元，总资产为 80 亿澳元，总负债为 71 亿澳元，净资产为 9 亿澳元。

2000 年伊始，看似“辉煌”的 HIH 公司状况突然急转直下，在短短一年之后，这艘“航空母舰”就沉没了。2001 年 3 月 15 日，澳大利亚新南威尔士地方高等法院勒令 HIH 及其在澳大利亚当地的 17 家子公司进行临时清算。经过初步调查发现，HIH 账面亏损高达 8 亿澳元，如果加上可能的未决赔款和潜在追索，实际总损失可能高达 36 亿～53 亿澳元。在确信 HIH 无力清偿债务的情况下，澳大利亚高等法院于 2001 年 5 月 17 日正式宣布 HIH 破产，这是澳大利亚历史上最大的破产案件。

“冰冻三尺，非一日之寒”，一家资产超过 80 亿澳元的大型保险公司的破产，其原因是错综复杂的，但最主要原因有以下几点：

（1）HIH 的扩张策略及其海外业务问题。HIH 的扩张性政策迫使其进入高风险的承保领域，加之其缺乏对风险的有效控制，损失也就在所难免。

（2）收购 FAI 及其再保险交易问题。FAI 曾经是澳大利亚著名的非寿险保险公司，1998 年 9 月被 HIH 以 3 亿澳元的价格收购。然而两年之后即 2000 年 9 月，HIH 公布因收购 FAI 导致的总损失共计 4.05 亿澳元，这一结果使 HIH 的财务能力更加恶化。

（3）HIH 的风险管理策略。HIH 的保单很多是普通保险，因此很容易面临着风险定价和准备金方面的错误，尤其是在长尾风险方面，例如雇员补偿保险和职业责任保险。

（4）精算师的作用被忽视。作为 HIH 独立精算师，David Slee 先生曾多次警告过，HIH 有偿付能力不足的问题，David Slee 的报告中也多次提到 HIH 会计操作的方法应加以规范。但他的报告并未被送达董事会。

第三节 保险市场风险的管理方法

一、保险市场的内部风险管理

保险市场的内部风险管理是指保险公司围绕其经营目标，对保险经营中的风险进行识别、评估和控制的基本流程以及相关的组织架构、制度和措施。主要技术和方法包括：

（一）风险分散与风险对冲

作为经营风险的行业，如何对自身承担的风险进行分散，是保险业风险管理技术中重要的一环。保险公司在销售上可以采用同类保单数目增加、不同险种数目增加、保单承保地区分散、投保所属行业分散、销售渠道分散以及参加共保、再保险等有效的风险分散方法。在投资方面应利用空间的分散性、地域的广阔性、行业的多元化、品种的多样性来最大限度地促使保险公司分散风险、提高收益，由此达到降低保单成本、提高价值和效用、使消费者最终受益的目的。

风险对冲是利用产品对风险特性反映的不同，通过产品合理组合抵消或降低所承受的风险。在产品设计时，刻意构造某些特性，使产品中一种风险的增加造成其他风险的相对减少。保险公司还可以通过购入特定类型的保险期货、期权等金融衍生工具来分散、对冲风险。例如芝加哥商品交易所的巨灾风险损失指数的期货、期权交易。

（二）风险预算管理

风险预算管理能够有效控制投资总风险。具体做法是：第一步，根据保险公司的资本和财务状况计算最大风险承受能力，然后根据各部门的投资业绩和市场情况，将风险限额合理分配到各业务部门，将各业务部门的风险额度再分配到各投资品种；第二步，在投资过程中，按照统一的风险值计量标准，定期计算各部门和各风险类别的风险值，按照风险预算控制投资风险，如果某个业务部门或投资品种的风险值超过预算额度，则要调整投资组合，这样就能将投资的全部风险控制在预算范围内。

（三）内控管理体系

建立一个严格规范的内控管理体系，对于防范和化解操作风险至关重要。资金运用的决策、管理、监督和操作程序复杂、环节多、涉及面广，所以，必须沿着控制风险这条主线，建立严格的内部控制制度。一方面，这些制度必须涵盖所有的投资领域、投资品种、投资工具的每个环节和岗位；另一方面，使每个人都能清楚自己的职责权限和工作流程，做到令行禁止，确保投资活动能得到有效的监督，投资目标能够顺利实现。

在实践中，可以将内控管理体系的主要内容编制成册，包括：内部控制的基本概念与理论体系；公司关键业务、财务流程的具体描述和流程图；具体到每个岗位的工作职责、工作流程以及在该岗位需要关注的风险点以及风险应对措施；识别风险之后的信息报告通道和方式等。通过将控制手册下发至公司各业务单元、各职能部门及子公司，帮助各层级管理人员，特别是基层的岗位操作人员熟悉、了解自身所需承担的风险管理职责和工作要求及注意事项，并在日常工作中以此为指引，从而达到将风险管理渗透，真正使风险管理下沉至公司的业务最前线，大大提升风险管理工作的效果。

（四）提取风险准备金

保险公司为应付超常年景的损失和巨灾风险，必须准确提存各种准备金，以满足偿付能力要求，包括：未到期责任准备金、赔偿准备金、法定公积金、保险保障基金。为防止市场利率的波动给企业带来利差损失，寿险企业还要从每年盈余里提取一定比例的利率波动准备金。保险公司必须在偿付能力和盈利以及业务不断发展之间选择一个最佳的结合点，保证准备金积累的适度规模。

（五）资产负债匹配管理

所谓资产负债匹配管理（ALM），是指保险公司资产与负债的匹配，是对保险公司的产品组合以及投资组合两个方面的财务结果进行协调和管理的计划方案，它集中在对保险人的净现金流及与之相联系的利率风险管理上，以维持其持续的技术偿付能力。资产负债匹配管理有两个主要目标：一是通过管理公司日常的净现金流以更好地满足偿付能力要求；二是对利率风险进行管理，控制因保险公司产品组合与投资组合的现金流的不匹配所导致的利率风险。

资产负债匹配管理的具体操作程序如下：首先，将资产和负债按其现金流和风险特点进行组合分类；其次，利用凸度和久期等预测性指标，对资产和负债的组合分类进行分析；最后，将久期和凸度匹配的资产和负债结合起来管理。在此过程中，用模型对可能产生的后果进行预测。主要包括动态现金流测试（dynamic cash flow testing，DCFT）和动态偿付能力测试（dynamic solvency testing，DST）两种：

1. 动态现金流测试

动态现金流测试是在某一确定的评估日，在一系列预测的基本假设下，通过预测和比较资产与负债在未来某个时间段中可能出现的现金流的时点和数量，来分析保险公司的财务状况、偿付能力水平、准备金水平以及产品设计的可行性等。寿险公司通常采用五年的预测期，而财产保险公司则采用一年的预测期。

DCFT 是一种保险公司动态风险评估方法，主要用于对保险公司的利率风险暴露进行分析。DCFT 集中测试了保险公司提存准备金充足情况，但它只适用于长期产品以及经济条件变化非常敏感的业务，而且 DCFT 仅对确定的几种利率情景进行分析，只适用于对利率风险进行评估，而不能反映保险公司经营过程中所面临的其他风险对保险公司偿付能力的影响，并且，只有当利率假设合理地反映经济环境变化时，测试结果才有意义。由于没有考虑保险公司未来将要发生的业务，DCFT 不能充分地反映利率变动对公司经营的影响，其正确评估保险公司偿付能力的作用也要大受影响。

2. 动态偿付能力测试

动态偿付能力测试又称为动态资金充足率测试（dynamic capital adequacy testing，DCAT），是由保险公司的委任精算师通过分析保险公司面临的各种风险，建立综合模型来测试在未来一段时间内保险公司现在和未来业务相关的准备金和盈余的充足性。精算师在调查保险公司前三年资本充足性的趋势后，根据保险公司的发展计划以及合理的假设，测试资本的敏感性，预测公司未来五个会计年度的资本水平和资本要求，并与保险公司当前的资本状况进行比较，从而判断保险公司的资本是否充足。

与 DCFT 相似，DST 通过设定一系列的不利情景假设，进行情景分析，考查保险公司在各种不利假设下的财务状况和未来的偿付能力。但与 DCFT 相比，DST 由于更全面地考查保险公司所面临的潜在风险，因而能更有效地反映保险公司未来的偿付能力。这主要体现在以下三个方面：第一，DST 不仅对利率变动进行情景分析，还对其他所有影响保险公司财务状况的风险进行情景测试。第二，DST 不仅考虑当前生效的保单，还考虑保险公司未来发展的新业务。第三，DST 在进行情景分析时同时考虑不利假设下各方的反应及其所带来的影响。

DST 是在一些特定的情景下模拟保险公司的现金流量和财务状况以对保险公司的偿付能力进行判断，而其中的各种情景就是对保险公司经营影响因素的各种假设。测试结果基于一定的假定情景，通过情景测试所得到的结果仅当所假设的情景正确时成立。但是，由于现实经济生活复杂多变，这些假设的正确性往往没有办法保证，因此采用 DST 进行保险公司风险评估也很难做到完全准确。

知识链接

我国保险业资产负债匹配管理的主要内容和工具

一、资产负债匹配管理的主要内容

(1) 资产与负债的数额匹配，即各产品类别对应的投资资产与负债的总额相匹配。

(2) 资产与负债的期限匹配，即各产品类别对应的投资资产的期限结构与负债来源的期限结构相匹配。

(3) 资产收益与负债的期望收益匹配，即各产品类别对应的投资资产产生的收益要高于负债的期望收益。

(4) 对匹配缺口的管理，即定期审视和评估资产负债的匹配缺口，并研究适当的方法把匹配缺口控制在公司风险容忍度内。

二、资产负债匹配管理工具

(1) 缺口分析，指分析各产品类别对应的投资资产的数额与其对应负债数额的差值。

(2) 久期匹配，指通过免疫技术使资产组合与负债组合的利率敏感性接近或相同，以此来规避利率风险。对不同产品类别的负债应分别进行资产匹配。

(3) 现金流匹配，指通过定期测算资产和负债在不同情景下发生的变化，以及导致的净现金流的变化，来判断资产能否产生足够的现金流支付负债，进而衡量潜在的资产负债错配风险。

(4) 动态财务分析法，指在设定预测区间和各个风险的评估方法基础上，选择相应变量来分析公司面临的各种风险和影响风险大小的因素。

(六) 全面风险管理

全面风险管理（ERM）是由企业的董事会、管理层、员工共同实施的，应用于战略制定和日常运营中各层次的活动，识别对企业实现经营目标可能产生不利影响的不确定性因素和潜在风险，预测风险影响程度，并在企业风险偏好范围内有效管理风险，为企业经营目标的实现提供合理的保证。全面风险管理的具体操作程序如下：

第一，从战略层面建立由风险偏好、风险容忍度及风险限额组成的风险偏好体系。风险偏好及风险容忍度应经董事会审批，风险限额则经管理层审批。

第二，风险识别和评估。由风险管理部门组织和提供风险分类标准、风险识别和评估方法，并整理汇总识别出的风险、损失数据和评估结果，形成风险事件库、损失数据库和全面风险轮廓，各职能部门和业务单位具体负责风险识别和评估工作。

第三，风险度量。以经济资本为核心方法，以敏感性分析、情景分析及压力测试等计量方法为辅助，计量公司所承受的风险。

第四，制定风险应对方案，对风险进行控制。由风险管理部门和风险责任人提出风险应对方案，相关职能部门和业务单位负责落实到位。选择风险应对方案时应综合考虑公司发展战略、风险偏好与容忍度以及评估与计量结果。

第五，监测和分析。公司应对风险应对方案的执行情况进行持续监测和分析，确保将剩余风险控制在可接受范围之内，并根据公司经营实际变化情况不断完善风险控制制度与流程，确保其内容的完整性和有效性。

第六，风险预警、监督和报告。保险公司在实施风险管理的过程中，通过完善的风险预警体系，度量风险状态偏离预警标准的程度并以此发出警戒信号，及时觉察并化解经营中的风险；通过风险监督的三道防线，定期对全面风险管理的健全性、合理性和有效性进行监督检查，发现风险管理薄弱环节，不断完善全面风险管理体系；建立公司内部与监管部门之间的风险信息报告、流动路径，确保风险信息能够在公司内部顺畅传递，也便于监管机构及时掌握公司风险状况和风险管理情况，履行监管职责。

知识链接

全面风险管理体系下风险的识别方法和应对工具

一、风险的识别方法

（1）流程图法，指将公司的各项经营活动按照其内在的逻辑联系建立一系列的流程图，针对流程图中的每一个环节逐一进行调查、研究和分析，从中发现潜在风险的一种风险识别方法。

（2）组织图分析法，指通过规范化结构图来分析公司的内部组成、财务状况及职权、功能关系等，从中发现风险及潜在损失威胁的一种风险识别方法。

（3）现场检查法，指直接深入到公司各个职能部门和业务单位、分支机构现场，通过核实和查清公司生产经营中的问题和疑点进行风险判断和分析，达到全面深入了解和判断公司风险状况进行实地检查的一种风险识别方法。

二、风险的应对工具

（1）风险自留，是指当固有风险在公司风险偏好之内时，公司不对风险发生的可能性或影响程度采取任何措施，而是自我承担风险。

（2）风险规避，是指当固有风险超出公司风险偏好时，公司为避免受风险的影响而退出产生风险的业务活动。

（3）风险缓释，是指通过风险控制措施来降低风险的损失频率或影响程度。

（4）风险转移，是指利用技术或工具将风险部分或全部转移给第三方独立机构，以防止遭受灾难性损失的风险。

二、保险市场的外部风险管理

保险市场的外部风险管理是指保险监督管理机构为了维护保险市场的正常秩序，维护被保险人的利益，也为了保险公司正常的偿付能力，对本国的保险业所进行的监督与管理方法、措施以及政策与制度规定等的总和。

（一）压力测试与情景规划

1. 压力测试

压力测试是指将整个金融机构或资产组合置于某一特定的极端市场环境下，如出现经济危机、市场崩溃的情况下，该金融机构或资产组合能够承受的最大价格变动或者综合价格变动，并将这一信息应用于实际的业务活动和投资组合中，以量化潜在的收益和风险。

压力测试作为风险管理的一个辅助工具，在一定程度上弥补了如 VaR 等工具的不足。通过压力测试，可以使风险管理者了解到在极端市场情况下，金融机构所能承受的压力水平，以此来确保一旦市场出现异变的情况，不至于破产。因此压力测试可以使金融机构的风险管理者和股东除了在了解正常市场情况下所面临的收益和风险，还可以使其了解到在极端市场环境下的状况，以做好风险防范和管理工作。做好压力测试的关键是选取合适的风险因子，应尽量选取能够影响资产组合的所有风险因子。进行压力测试或者说取得价格变动信息的主要技术方法有情景分析、VaR 压力测试和系统压力测试等。

知识链接

我国对财产保险公司的要求

2008 年，中国保监会下发了《关于建立压力测试及应急风险预案报告制度的通知》，从监管要求出发，各个财产保险业务经营主体需要进行压力测试，并明确了压力测试的内容与方式：

1. 压力测试对象：现金流状况、偿付能力状况、净资产。

2. 压力测试的数据基础：以当前的财务、业务数据为基础，并对重要假设进行了明确，主要包括：

（1）保费收入：对于偿付能力充足的公司，保费收入下降 10%；对于偿付能力不充足的公司，保费收入下降 30%；

（2）赔付情况：假设赔款增加 10%；

（3）费用情况：费用率提高 5%，假设固定费用与可变费用的比例相同；

（4）应收保费情况：与经验数据保持一致；

（5）赔付模式：未来的赔付模式与以往保持一致，包括赔付进度、赔付周期、流程等；

（6）再保模式：未来的再保模式与以往保持一致，包括分保比例、分出保费的付款进度、摊回费用与赔款的时间进度以及再保分入人信用情况；

（7）权益类资产公允价值情况：上证综合指数下降到 1 000 点，公司所持有的权益类资产同比例下降；

（8）退保情况：传统非寿险业务的退保情况与以往经验数据一致，对预定收益型、投资型产品有单独的规定；

(9) 增资扩股与发行次级债等补充资本的情况。

对于保险公司现有资产配置不能承受上述负现金流压力的，在压力测试报告中要补充说明保险公司能够最大限度承受的保费收入减少、赔付与费用增长以及资本市场下跌等情况。

2. 情景规划

情景规划的基础是通过假设确定情景，方法主要有历史情景法和最坏情景法，而通常情景分析采用的是最坏情景法。最坏情景法不管历史或经验上是否发生过，而是以测试者认为未来可能会发生的各种状态为情景，这些可能会发生的状态可以是平均状态，也可以是对测试对象最不利的结果。确定最坏情景的方法可以通过广泛的专业智库对市场、资产组合、市场交易等方面的了解来选取可能导致市场出现最坏情景的因素，也可以利用计算机进行模拟。

（二）资本充足性管理

1. 风险资本理论（risk-based capital，RBC）

风险资本理论基于风险的偿付能力要求，对承保人面对的风险进行识别及分类，计算出各种风险的资本要求，总计各种风险的资本要求后进行分散和调整。此理论主要应用于加拿大和美国等国家的保险市场。

以美国的人身保险为例，人寿与健康保险公司的风险资本公式包括四类风险：资产风险 C_1（包括债权资产的违约风险与权益资产的市值损失）、保险风险 C_2（包括死亡率风险与发病率风险）、利率风险 C_3（指因利率变动而导致的直接损失以及由此引发的早期退保的损失）和营业风险 C_4（包括上述风险之外的其他风险种类）。各项风险所需的资本金计算公式为：

$$C_1=\sum(\text{资产项目的资产市值}\times\text{此项目风险因子})$$

$$C_2=\sum(\text{健康险保费}\times\text{此项目风险因子})+\sum(\text{寿险风险净额}\times\text{此项目风险因子})$$

$$C_3=\sum(\text{负责项目准备金}\times\text{此项目风险因子})$$

C_4 广泛，且较难定量分析，精算师一般对此风险进行定性分析，然后根据以往经验确定其风险资本额。

风险资本总额 C 并不是将上面计算出的四种金额简单加总，因为各种风险不是相互独立的，有的风险之间还存在一定相关性，应该把相关性也考虑进去：

$$C=\sqrt{(C_1+C_3)^2+(C_2)^2}+C_4 \tag{12-6}$$

对于财产与责任保险公司的风险资本总额，计算思路是一样的，就是在风险划分与计算方面有不同之处。此外，还有一个指标是风险资本比率，其公式为：

$$\text{风险资本比率}=\frac{\text{总调整后资本}}{50\%\times\text{风险资本总额}} \tag{12-7}$$

总调整后资本为保险公司法定资本与盈余、自主投资准备金、资产评估准备和50%保单分红责任的总和。

监管机构把风险资本比率划分为几个级别，其中若比率大于等于200%时不采取任何措施；若在150%和200%之间，保险公司应向监管机构说明原因以及要采取的措施，监管机构可以给予建议；若是在100%和150%之间，监管机构进行审查，提出改进措施，保险公司提交行动方案；若在70%和100%之间，监管机构可以依法进行清算或者整顿；若是在70%以下，监管机构可以对其进行接管。

2. 保险监管信息系统（Insurance Regulatory Information System，IRIS）

IRIS系统是在早期预警系统（如RBC）的基础上，逐步发展起来的一套比较完善的指标系统，并于1974年由美国保险监督官协会（NAIC）推行实施。IRIS系统对财产与责任保险公司和人寿与健康保险公司各设置了12个指标来衡量资本的充足性，这些指标虽然简单、离散，但能起到筛选作用，在目前的技术水平下仍具有不可替代性，这些指标具体如表12-2所示。

表12-2　IRIS的指标体系

1. 毛保费与盈余的比率	7. 盈余的变化
2. 净保费与盈余的比率	8. 负债与流动资产的比率
3. 保费的变化	9. 代理人的资产与盈余的比率
4. 盈余的增量与盈余的比率	10. 一年的准备金进展与盈余的比率
5. 两年的杠杆率	11. 两年的准备金进展与盈余的比率
6. 投资回报率	12. 预计目前的准备金赤字与盈余的比率

资料来源：王一佳，等．寿险公司风险管理．北京：中国金融出版社，2003.

对于每一个比率，都有一个合理的区间。如果指标值落在正常区间范围内，则说明保险公司风险状况良好；如果某保险公司有4个或4个以上的IRIS指标值超出正常范围，则认为该保险公司处于风险状态。从而在分析阶段，对于不符合一定标准的保险公司，政府监管部门抽调有经验的财务检查和分析人员组成专家小组，重新分析年报数据和IRIS比率。

3. 财务分析和偿付能力追踪系统（Financial Analysis and Solvency Tracking，FAST）

从1995年开始，NAIC在IRIS的基础上针对那些至少在17个州开展业务并且毛保费收入超过5 000万美元的人寿与健康保险公司以及毛保费收入超过3 000万美元的财产与责任保险公司进行另一项附加分析，即FAST系统。财产与责任保险公司FAST系统的具体指标如表12-3所示。

表12-3　财产与责任保险公司FAST指标

1. 净保费收入与盈余之比	13. 流动资产增长率
2. 毛保费收入与盈余之比	14. 代理人账户余额增长率
3. 准备金与盈余之比	15. 已决赔款的应收摊回款与盈余之比
4. 净保费收入增长率	16. 未决赔款的应收摊回款与盈余之比
5. 毛保费收入增长率	17. 长尾型险种的保费与总保费之比
6. 盈余津贴与盈余之比	18. 附属机构投资与盈余之比
7. 投资收益率	19. 附属机构应收账款与盈余之比

续表

8. 盈余增长率	20. 其他应收款与盈余之比
9. 两年期提存准备金与盈余之比	21. 非投资级别债券与盈余之比
10. 综合比率增长率	22. 其他投资资产与盈余之比
11. 毛费用与毛保费之比	23. 管理者潜在风险
12. 毛费用增长率	24. 现金流出测试

资料来源：王一佳，等．寿险公司风险管理．北京：中国金融出版社，2003.

(三) 经济资本管理

1. 经济资本产生的背景

经济资本最早起源于1978年美国信孚银行创造的风险调整后的资本率（RAROC）模型，20世纪90年代后期，经济资本被欧洲和美国的一些大型商业银行广泛应用，许多国际金融集团（如花旗集团）以及一些知名的国际银行（如加拿大蒙特利尔银行）更是在自身的业务发展规划中注入了经济资本理念。许多行业协会（如SOA，GAAP等）、咨询机构（如普华永道）、金融企业和监管部门（如NAIC）以及评级机构（如标准普尔）对此都进行了比较深入的探索。经济资本这一概念逐渐成为金融行业衡量风险和资本管理的重要标准，经济资本的内涵不论从理论角度还是从实践角度都得到了极大的丰富。

保险行业运用经济资本的步伐较银行业落后很多。目前国际上只有一些大型的保险集团公司引入了经济资本的风险管理、资本配置办法。例如，法国的安盛集团（AXA），作为业内经济资本的主要支持者之一，早在1999年就引入了这一理念，通过多年实践，于2002年首次发布了统一的用于判断各业务线资本配置状况的经济资本计算系统。

2. 经济资本的内涵

从概率论的观点看，经济资本是用以防范一段时期内在既定置信水平下的意外损失而留存的资本量。对于保险公司来说，经济资本可以定义为保险公司为了对付非预期风险而应持有的资本，即在某一置信度下，大于某一分位点的损失金额的期望。根据定义，置信水平应该如何确定，以及在给定置信水平的条件下，意外损失应该如何定义，是确定经济资本的关键。

经济资本具有以下特点：

(1) 经济资本的“经济性”。“经济性”即资本的有效配置。作为盈利性主体的保险公司，资本成本与内部配置至关重要，配置过多将减弱资本的盈利能力，配置过少又将影响资本防范风险的能力。经济资本的概念是基于经济现实的、动态的以及可调整的。这与现行的监管资本概念不一致。目前的监管资本设定是出于对保险公司偿付能力的要求，主要关注债权人资金的风险，并不关注资本成本、资本配置和企业效益。

(2) 经济资本的风险匹配。经济资本的风险匹配是指经济资本用于弥补哪一类型的损失。一般来说，可以将损失划分为预期损失（EL）和意外损失（UL）。预期损失可根据损失的历史数据统计，这一损失往往频率高、程度轻。意外损失是指超过期望损失水平以上的损失，这类损失往往发生频率较低，但损失程度重，很难预测，风险性较大。此外，发生频率极低但损失程度极重的一类损失事件，通常被称为重大损失（SL）或最糟糕损失（WCL），此类风险如果运用资本分配的方式进行弥补会有较高的资本成本，因此一般采用再保险方式转移风险。

3. 对经济资本的简要评价

经济资本的优势主要有：(1) 对整个组织的所有风险做一个整体的测量；(2) 与风险资本和资本充足性比率比较而言，经济资本对于管理更有意义；(3) 强制公司将其所面临的风险进行量化，并将其整合成一个概率分布；(4) 不仅为组织整体，也为独立的各条业务线设置一个可接受的风险水平的框架。

经济资本的局限性包括：对于非保险企业来说，在企业风险管理中的资本是从经济资本开始考虑的，通常采用尾部概率的方式来衡量在险价值。但是对于保险人来讲，这种方式太简单，保险公司趋向于综合采用多种风险衡量方式进行风险测量，同时观测各种方式的结果是否具有一致性。

关键概念

财务报表分析法　流程图法　精算风险理论模型　破产概率模型　风险资本模型　现金流匹配模型　免疫模型　DFA 模型　规划模型　统计回归模型　资产负债匹配管理（ALM）　企业风险管理（ERM）　经济资本管理　保险监管信息系统（IRIS）　财务分析和偿付能力追踪系统（FAST）　动态现金流测试（DCFT）　动态偿付能力测试（DST）

思考题

1. 简述保险市场的功能。
2. 简述保险市场风险产生的根源。
3. 保险市场风险主要包括哪几种？
4. 保险市场风险的识别方法有哪些？
5. 保险市场风险的度量模型有哪些？各有什么优缺点？
6. 简述保险市场风险内部管理和外部监管的方法。

实践案例

安邦保险落幕：2 万亿元金融集团走上解散和清算之路

2020 年 9 月 14 日，安邦保险集团股份有限公司（以下简称安邦集团）在官网公告称，公司当日召开股东大会，会议决议解散公司，并成立清算组（筹）。下一步，安邦集团将按照法律法规向中国银保监会申请解散，在取得相关行政许可后及时组织清算。这意味着，这家资产曾达 2 万亿元的保险巨鳄将正式退出历史舞台。

2004 年，安邦财产保险股份有限公司正式成立，注册资本为 5 亿元，这是安邦集团的前身。2011 年，安邦财险进行集团化改组，安邦集团正式成立。同年，其通过收购取得了成都农村商业银行 35%的股权，完成了安邦集团史上的重大一跃。从 2014 年起，安邦集团迅速扩张，大举海外并购，引发全球关注。其相继收购了美国纽约华尔道夫酒店、比利时百年保险公司 FIDEA 和德尔塔·劳埃德银行、荷兰 VIVAT 保险公司、韩国东洋人寿、美国信保人寿保险公司等。随着安邦集团金融版图不断扩张，其资产也实现了几何级的增长。短短几年时间里，安邦集团总资产已经达到 1.97 万亿元，而发展 20 多年的中国人寿总资产规模为 2.6 万亿元。

凭借“资产驱动负债”模式，安邦集团仅用十余年时间，就从一个小公司成长为一个资产规模约 2 万亿元的我国第三大保险集团。该模式表面上帮助企业快速做大了规模，但背后也带来了诸多的风险隐患。安邦集团因关联交易、虚假增资、循环注资以及潜在偿付能力问题等备受质疑。2018 年 2 月 23 日，保监会发布公告称，鉴于安邦保险集团存在违反《中华人民共和国保险法》规定的经营行为，可能严重危及公司偿付能力，依照《中华人民共和国保险法》第 144 条规定，决定对安邦保险集团实施接管，接管期限一年。与此同时，安邦集团原董事长吴小晖也因涉嫌经济犯罪，被依法提起公诉。

2019 年 2 月 22 日，中国银保监会表示为巩固成果、积极推进安邦集团转入正常经营，依照《中华人民共和国保险法》第 146 条规定，决定将安邦集团接管期限延长一年。

2019 年 7 月，大家保险集团正式宣告成立，注册资本为 203.6 亿元，将依法受让安邦人寿、安邦养老和安邦资管股权，并设立大家财险，依法受让安邦财险的部分保险业务、资产和负债。

2020 年 2 月 22 日，银保监会发布公告，根据《中华人民共和国保险法》第 147 条规定，从安邦集团拆分新设的大家保险集团已基本具备正常经营能力，银保监会依法结束对安邦集团的接管。

安邦集团从快速发展到被监管机构接管，再到走向解散的命运终局引人深思。作为集合与分散风险的专业金融机构，保险企业不仅要承担和转化被保险人的风险，同时还要防范和化解自身的风险，只有有效地进行风险管理，坚持“坚守合规、尊重规律，服务立司，专业立身”的经营理念，才能维持保险业长期健康稳定的发展。

问题思考：安邦集团的快速发展带来什么风险？监管机构在安邦集团发展过程中的为什么会缺位？

职业素养提升：树立国家金融安全大局意识、守住不发生系统性金融风险的底线意识；树立合法经营的法治意识；培养勇于担当的社会责任感和使命感；培养良好职业道德等。

参考文献

1. Basle Committee on Banking Supervision. Credit Risk Modeling: Current Practice and Applications. Consultative Paper, Basle, 1999.
2. Basel Committee on Banking Supervision: "Soud Practices for the Management and Supervision of Operation Risk", BIS, 2003 (2).
3. Cade E. C. *Risk Management of Banking*. Woodhesd Press, 1997.
4. FCIC: Preliminary Staff Report: Shadow Banking and Financial Crisis, May 4, 2011 .
5. FCIC: Final Report of the National Commission on the Causes of the Financial and Economic Crisis in the United States, Jan. 2011.
6. FSB: Press Release: Meeting of Financial Stability Board, 18 July 2011.
7. FSB: Shadow Banking: Strengthening Oversight and Regulation, 27 October 2011.
8. FSB: Report on the Overview of Progress in the Implementation of the G20 Recommendations for Strengthening Financial Stability— Monitoring Progress of the United States, September 2011.
9. 桑德斯，科尼特. 金融风险管理（第5版）. 北京：人民邮电出版社，2012.
10. 中国银保监会政策研究局统计信息与风险监测部课题组. 中国影子银行报告. 金融监管研究，2020（11）.
11. 陈松男. 金融风险管理：避险策略与风险值. 北京：机械工业出版社，2014.
12. 陈蓉，郑振龙. 固定收益证券. 北京：北京大学出版社，2011.
13. 崔莹. 金融稳定理事会（FSB）近期工作与国际金融监管改革. 金融发展评论，2010（5）.
14. 戴国强，等. 我国商业银行利率风险管理研究. 上海：上海财经大学出版社，2005.
15. 杜习瑞. 债券投资组合管理策略及其实证研. 东北财经大学硕士学位论文，2007.
16. 乔瑞. 金融风险管理师手册（第2版）. 北京：中国人民大学出版社，2004.

17. 乔瑞. VAR：风险价值. 北京：中信出版社，2000.
18. 法博齐. 固定收益证券手册（第八版）. 北京：中国人民大学出版社，2018.
19. 法博齐. 债券组合管理（第 2 版）. 上海：上海财经大学出版社，2004.
20. 高晓燕. 金融风险管理. 2 版. 北京：清华大学出版社，2019.
21. 李社环. 整体风险管理及其在金融业的应用. 北京：中国财经经济出版社，2008.
22. 李红梅. 中国商业银行整体风险管理研究. 辽宁大学博士学位论文，2010.
23. 林清泉. 固定收益证券. 北京：中国人民大学出版社，2013.
24. 刘园. 金融风险管理. 北京：首都经济贸易大学出版社，2012.
25. 刘湘云. 商业银行利率风险动态综合计量与管理研究. 暨南大学博士学位论文，2007.
26. 刘昕. 商业银行流动性风险管理研究. 辽宁大学博士学位论文，2010.
27. 刘小坤. 企业债券：信用风险与市场监管研究. 复旦大学博士学位论文，2005.
28. 刘潇. 金融衍生工具在跨国企业外汇风险管理中的应用研究. 对外经济贸易大学硕士学位论文，2018.
29. 吕香茹. 商业银行全面风险管理. 北京：中国金融出版社，2009.
30. 卢亚娟. 金融风险与管理. 北京：中国金融出版社，2012.
31. 陆静. 金融风险管理. 2 版. 北京：中国人民大学出版社，2019.
32. 王灵芝. 中国证券市场流动性风险的量化与管理研究. 上海交通大学安泰经济与管理学院博士学位论文，2010.
33. 汪办兴. 中国银行业全面风险管理改进研究——基于“新资本协议”的视角. 复旦大学博士学位论文，2007.
34. 温红梅. 中国商业银行操作风险的度量与控制研究. 哈尔滨工业大学博士学位论文，2008.
35. 邬瑜骏. 现代金融风险管理. 南京：南京大学出版社，2018.
36. 辛乔利. 影子银行. 北京：中国经济出版社，2010.
37. 谢荔. 固定收益证券的定价及风险度量分析. 天津大学管理学院硕士学位论文，2009.
38. 闫永新. 金融风险管理. 北京：机械工业出版社，2013.
39. 杨海明，王燕. 投资学. 上海：上海人民出版社，2007.
40. 于研. 信用风险的测定与管理. 上海：上海财经大学出版社，2003.
41. 张晓琦. 我国商业银行信用风险度量及管理研究. 哈尔滨工程大学博士学位论文，2011.
42. 张目标. 个人黄金投资策略与风险管理研究. 南昌大学硕士学位论文，2012.
43. 张金清. 金融风险管理. 2 版. 上海：复旦大学出版社，2011.
44. 朱淑珍. 金融风险管理. 3 版. 北京：北京大学出版社，2017.
45. 邹宏元. 金融风险管理. 4 版. 成都：西南财经大学出版社，2017.

图书在版编目（CIP）数据

金融风险管理 / 王金安，陈蕾主编. --北京：中国人民大学出版社，2021.9

普通高等学校应用型教材. 金融

ISBN 978-7-300-29590-9

Ⅰ.①金… Ⅱ.①王… ②陈… Ⅲ.①金融风险—风险管理—高等学校—教材 Ⅳ.①F830.9

中国版本图书馆 CIP 数据核字（2021）第 131131 号

普通高等学校应用型教材・金融

金融风险管理

主　编　王金安　陈　蕾

副主编　张玉凤

Jinrong Fengxian Guanli

出版发行	中国人民大学出版社		
社　　址	北京中关村大街 31 号	**邮政编码**	100080
电　　话	010－62511242（总编室）		010－62511770（质管部）
	010－82501766（邮购部）		010－62514148（门市部）
	010－62515195（发行公司）		010－62515275（盗版举报）
网　　址	http://www.crup.com.cn		
经　　销	新华书店		
印　　刷	北京七色印务有限公司		
开　　本	787 mm×1092 mm　1/16	**版　　次**	2021 年 9 月第 1 版
印　　张	18.5	**印　　次**	2024 年 11 月第 5 次印刷
字　　数	443 000	**定　　价**	46.00 元

教学支持说明

1. 教辅资源获取方式

为秉承中国人民大学出版社对教材类产品一贯的教学支持，我们将向采纳本书作为教材的教师免费提供丰富的教辅资源。您可直接到中国人民大学出版社官网的教师服务中心注册下载——http://www.crup.com.cn/Teacher。

如遇到注册、搜索等技术问题，可咨询网页右下角在线 QQ 客服，周一到周五工作时间有专人负责处理。

注册成为我社教师会员后，您可长期根据您所属的课程类别申请纸质样书、电子样书和教辅资源，自行完成免费下载。您也可登录我社官网的“教师服务中心”，我们经常举办赠送纸质样书、赠送电子样书、线上直播、资源下载、全国各专业培训及会议信息共享等网上教材进校园活动，期待您的积极参与!

2. 赠送“经管之家”论坛币

经管之家（http://www.jg.com.cn）于 2003 年成立，致力于推动经济学科的进步，传播优秀教育资源，做最好的经管教育。目前已经发展成国内最大的经济、管理、金融、统计类在线教育平台，也是国内最活跃和最具影响力的经济类网站。

为了更好地服务于教学一线的任课教师，凡使用中国人民大学出版社经济分社教材的教师，注册成为我社教师会员后，均可填写以下信息调查表，发送电子邮件或者邮寄或者传真给我们，我们将会向您赠送经管之家论坛币 200 个。

教师信息表
姓名：
学校：
论坛 ID：
教授课程：
使用教材：
论坛识别码：pinggu_com_1501511_8899768

3. 高校教师可加入下述学科教师 QQ 交流群，获取更多教学服务

经济类教师交流群：809471792

财政金融教师交流群：766895628

国际贸易教师交流群：162921240

税收教师交流群：119667851

4. 购书联系方式

网上书店咨询电话：010－82501766

邮购咨询电话：010－62515351

团购咨询电话：010－62513136

中国人民大学出版社经济分社

地址：北京市海淀区中关村大街甲 59 号文化大厦 1506 室　100872

电话：010－62513572　010－62515803

传真：010－62514775

E-mail：jjfs@crup.com.cn